文革史料叢刊第六輯

第三冊

李正中　輯編

只有不漠視、不迴避這段歷史，中國才有希望，中華民族才有希望！忘記歷史意味著背叛！

——摘自「文革史料叢刊・前言」

蘭臺出版社

巴金先生说在文革
受盡火与血磨煉
的人是不会沉默的

八十又五叟 李正中

著名中國古瓷與歷史學家、教育家。
李正中　簡介

祖籍山東省諸城市，民國十九年（1930）出生於吉林省長春市。

北平中國大學史學系肄業，畢業於華北大學（今中國人民大學）。

歷任：天津教師進修學院教務處長兼歷史系主任（今天津師範大學）。

　　天津大學冶金分校教務處長兼圖書館長、教授。

　　天津社會科學院中國文化研究中心主任、研究員。

現任：天津文史研究館館員。

　　天津市漢語言文學培訓測試中心專家學術委員會主任。

　　香港世界華文文學家協會首席顧問。

　　（天津理工大學經濟與文化研究所供稿）

為加強海內外學術交流，應邀赴日本、韓國、香港、臺灣進行講學，其作品入圍德國法蘭克福國際書展和美國ABA國際書展。

提要

無產階級文化大革命時間長達十年之久，被人們稱為「十年動亂」、「十年浩劫」，在歷史的長河中，它的重要性終究不會被抹滅。李正中是一位文革受難者，也是歷史研究者，他認為保留史料以供後人研究是十分重要的事，於是花費數十年的歲月，有計畫地整理蒐集。

本書由李正中輯編，其所蒐集的文革史料，部分來自於天津拍賣市場、古舊物市場等地購買；部分是學生贈送。這些第一手直接史資料的內容，包羅萬象，有手寫稿、油印品，鉛印文字、照片、繪畫，傳單、小報等等文革遺物，甚至造反隊的隊旗、臂標也在內。

《文革史料叢刊》第六輯共五冊，收錄文革時期的舞臺藝術劇本及政治性質歌曲集。

本書為第六輯第三冊，總共381頁，由下列三本書籍合併編排印刷：

1. 革命現代京劇-奇襲白虎團

   八大革命樣板戲之一。山東省京劇團《奇襲白虎團》劇組集體改編，1972年9月演出本，人民文學出版社出版，1973年7月第一版，全書123頁。

2. 革命現代京劇-杜鵑山

   文革樣板戲，紅色經典之一。出版年代與單位不詳，全書174頁。

3. 天津創作歌曲選

   文革時期紅色歌曲。天津市紀念毛主席《在延安文藝座談會上的講話》發表三十周年辦公室編，天津人民出版社，1972年出版，全書73頁。

文革五十周年祭

百萬紅衛兵打砸搶燒殺橫掃五千年中華文史精華　可惜

中國知識分子慘遭蹂躪委曲求全寧死不屈有氣節　可敬

國家主席劉少奇無法可護窩窩囊囊死無葬身之地　可歎

內鬥中毛澤東技高一籌讓親密戰友林彪墜地身亡　可悲

2016年李正中於5.16敬祭

前言：忘記歷史意味著背叛

文學巨匠巴金說：

應該把那一切醜惡的、陰暗的、殘酷的、可怕的、血淋淋的東西集中起來，展覽出來，毫不掩飾，讓大家看得清清楚楚，牢牢記住。不能允許再發生那樣的事。不再把我們當牛，首先我們要相信自己不是牛，是人，是一個能夠用自己腦子思考的人！

那些魔法都是從文字遊戲開始的。我們好好地想一想、看一看，那些變化，那些過程，那些謊言，那些騙局，那些血淋淋的慘劇，那些傷心斷腸的悲劇，那些勾心鬥角的醜劇，那些殘酷無情的鬥爭……為了那一切的文字遊戲！……為了那可怕的十年，我們也應該對中華民族子孫後代有一個交代。

要大家牢記那十年中間自己的和別人的一言一行，並不是讓人忘記過去的恩仇。這只是提醒我們要記住自己的責任，對那個給幾代人帶來大災難的「文革」應該負的責任，無論是受害者，或者害人者，無論是上一輩或是下一代，不管有沒有為「文革」舉過手點過頭，無論是造反派、走資派，或者逍遙派，無論是鳳或者是牛馬，讓大家都到這裡來照照鏡子，看看自己為「文革」做過什麼，或者為反對「文革」做過什麼。不這樣，我們怎麼償還對子孫後代欠下的那一筆債，那筆非還不可的債啊！

（摘自巴金《隨想錄》第五冊《無題集・紀念》）

我高舉雙手讚賞、支持前輩巴老的呼籲。這不是一個人的呼籲，而是一個民族對其歷史的反思。一個忘記自己悲慘歷史和命運的民族，就是一個沒有靈魂的民族，沒有希望的民族，沒有前途的民族。中華民族要真正重新崛起於世界之林，實現中華夢，首先必須根除這種漠視和回避自己民族災難的病根，因為那不意味著它的強大，而恰恰意味著軟弱和自欺。這就是我不計後果，一定要搜集、編輯和出版這部書的原因。我想，待巴老呼籲的「文革紀念館」真正建立起來的那一天，我們才可以無愧地向全世界宣告：中華民族真正走上了復興之路……。

當本書即將付梓時刻，使我想到蘭臺出版社出版該書的風險，使我內心感動、感激和感謝！同時也向高雅婷責任編輯對殘缺不全的文革報紙給以精心整理、校對，付出辛勤的勞累致以衷心得感謝！

感謝忘年交、學友南開大學博導張培鋒教授為拙書寫「序言」，這是一篇學者的呼喚、是正義的伸張，作為一個早以欲哭無淚的老者，為之動容，不覺潸然淚下：「一夜思量千年事，人生知己有一人」足矣！

李正中於古月齋

2014年6月1日文革48周年紀念

序言：中國歷史界的大幸，也是國家、民族之大幸

張培鋒

李正中先生積三十年之功，編集整理的《文革史料叢刊》即將出版，囑我為序。我生於1963年，在文革後期（1971-1976），我還在讀小學，那時，對世事懵懵懂懂，對於「文革」並不瞭解多少，因此我也並非為此書寫序的合適人選。但李先生堅持讓我寫序，我就從與先生交往以及對他的瞭解談起吧。

看到李先生所作「前言」中引述巴金老人的那段話，我頓時回想起當年我們一起購買巴老那套《隨想錄》時的情景。1985年我大學畢業後，分配到天津大學冶金分校文史教研室擔任教學工作，李正中先生當時是教務處長兼教研室主任，我在他的直接領導下工作。記得是工作後的第三年即1987年，天津舉辦過一次大型的圖書展銷會（當時這樣的展銷會很少），李正中先生帶領我們教研室的全體老師前往購書。在書展上，李正中先生一眼看到剛剛出版的《隨想錄》一書，他立刻買了一套，並向我們鄭重推薦：「好好讀一讀巴老這套書，這是對「文革」的控訴和懺悔。」我於是便也買了一套，並認真讀了其中大部分文章。說實話，巴老這套書確實是我對「文革」認識的一次啟蒙，這才對自己剛剛度過的那一個時代有了比較深切的瞭解，所以這件事我一直記憶猶新。我記得在那之後，李正中先生在教研室的活動中，不斷提到他特別讚賞巴金老人提出的建立「文革紀念館」的倡議，並說，如果這個紀念館真的能夠建立，他願意捐出一批文物。他說：「如果不徹底否定「文革」，中國就沒有希望！」我這才知道，從那時起，他就留意收集有關「文革」的文獻。算起來，到現在又三十年過去了，李先生對於「文革」那段歷史「鍾情」不改，現在終於將其裒輯付梓，我想，這是中國歷史界的大幸，也是國家、民族之大幸！

前兩年，我有幸讀到李正中先生的回憶錄，對他在「文革」中的遭遇有了更為真切的瞭解。「文革」不僅僅是中國知識分子的受難史，更是整個民族、人民的災難史。正如李先生在「前言」中所說，忘記這段歷史就意味著背叛。李先生是歷史學家，他的話絕非僅僅出於個人感受，而是站在歷史的高度，表現出一個中國知識分子的真正良心。

就我個人而言，雖然「文革」對我這一代人的波及遠遠不及李先生那一代人，但自從我對「文革」有了新的認識後，對那段歷史也有所反思。結合我個人現在從事的中國傳統文化教學與研究來看，我覺得「文革」最大的災難在於：它對中華優秀傳統文化做出了一次「史無前例」的摧毀（當時稱之為「破四舊，立新風」，當時究竟是如何做的，我想李先生這套書中一定有非常真實的史料證明），從根本上造成人心

的扭曲和敗壞，並由此敗壞了全社會的道德和風氣。「文革」中那層出不窮的事例，無不是對善良人性的摧殘，對人性中那些最邪惡部分的激發。而歷史與現在、與未來是緊緊聯繫在一起的，當代中國社會種種社會問題、人心的問題，其實都可以從「文革」那裡找到根源。比如中國大陸出現的大量的假冒偽劣、坑蒙拐騙、貪汙腐化等現象，很多人責怪說這是市場經濟造成的，但我認為，其根源並不在當下，而可以追溯到四十年前的那場「革命」。而時下一些所謂「左派」們，或別有用心，或昧了良心，仍然在用「文革」那套思維方式，不斷地掩飾和粉飾那個時代，甚至將其稱為中國歷史上最文明、最理想的時代。我現在在高校教學中接觸到的那些八十年代、九十年代後出生的年輕人，他們對於「文革」或者絲毫不瞭解，或者瞭解的是一些經過掩飾和粉飾的假歷史，因而他們對於那個時代的總體認識是模糊甚至是錯誤的。我想，這正是從巴金老人到李正中先生，不斷呼籲不要忘記「文革」那段歷史的深刻含義所在。不要忘記「文革」，既是對歷史負責，更是對未來負責啊！

記得我在上小學的時候，整天不上課，拿著毛筆——我現在感到奇怪，其實就連毛筆不也是我們老祖宗的發明創造嗎？「文革」怎麼就沒把它「革」掉呢？——寫「大字報」，批判「孔老二」，其實不過是從報紙上照抄一些段落而已，我的《論語》啟蒙竟然是在那樣一種可笑的背景下完成的。但是，僅僅過去三十多年，孔子仍然是我們全民族共尊的至聖先師，「文革」中那些「風流人物」們今朝又何在呢？所以我認為，歷史是最公正、最無情的，是不容歪曲，也無法掩飾的，試圖對歷史進行歪曲和掩飾其實是最愚蠢的事。李正中先生將這些「文革」時期的真實史料拿出來，讓那些並沒有經歷過那個時代的人們真正認識和體會一下那場「革命」的真實過程，看一看那所謂「革命」、「理想」造成了怎樣嚴重的後果，這就是最好的歷史、最真實的歷史，這也就是巴老所說的「文革紀念館」的一個重要組成部分啊！我非常讚成李正中先生在「前言」中所說的，只有不漠視、不回避這段歷史，中國才有希望，中華民族才有希望！

是為序。

中華民族最黑暗的年代「文革」48周年紀念於天津聆鍾室

〔注〕張培鋒：現任南開大學文學院教授博士班導師

古月齋叢書8　文革史料叢刊　第六輯

第五冊：劇本、歌曲集

革命现代京剧
奇袭白虎团

毛主席语录

革命文化，对于人民大众，是革命的有力武器。革命文化，在革命前，是革命的思想准备；在革命中，是革命总战线中的一条必要和重要的战线。

我们的文学艺术都是为人民大众的，首先是为工农兵的，为工农兵而创作，为工农兵所利用的。

革命现代京剧

奇袭白虎团

山东省京剧团《奇袭白虎团》剧组集体改编

（一九七二年九月演出本）

第一次刊印本

人民文学出版社

革命现代京剧
奇袭白虎团
人民文学出版社出版
新华书店发行
北京新华印刷厂印刷
1973年7月第1版
1973年7月北京第1次印刷
书号 10019·2034 定价 0.25 元

目　　录

剧　本

主要唱段

严伟才——中国人民志愿军某部侦察排排长。

韩大年——朝鲜人民军某部侦察排副排长。

王团长——中国人民志愿军某部团长。

关政委——中国人民志愿军某部团政治委员。

崔大娘——朝鲜群众，朝鲜劳动党党员。

崔大嫂——崔大娘的儿媳。

人　物　表

严伟才——中国人民志愿军某部侦察排排长。

王团长——中国人民志愿军某部团长。

关政委——中国人民志愿军某部团政治委员。

张顺和——中国人民志愿军某部侦察排班长。

吕佩禄——中国人民志愿军某部侦察排战士。

鲍玉禄——中国人民志愿军某部侦察排战士。

胡书斌——中国人民志愿军某部侦察排战士。

高参谋——中国人民志愿军某部团作战参谋。

张股长——中国人民志愿军某部团侦察股长。

中国人民志愿军营、连干部甲、乙、丙、丁。

中国人民志愿军某部侦察排战士甲、乙、丙、丁。

中国人民志愿军指战员若干人。

崔大娘——朝鲜群众，朝鲜劳动党党员。

崔大嫂　　崔大娘的儿媳。

韩大年　　朝鲜人民军某部侦察排副排长。

金大勇　　朝鲜人民军某部侦察排战士。

顺　姬——朝鲜儿童。

朝鲜群众甲——安平里的一位老大爷。

朝鲜群众乙、丙、丁、戊、己等若干人。

美国顾问。

美军参谋。

美军士兵二人。

白虎团长——南朝鲜伪首都师白虎团团长。

机甲团长——南朝鲜伪军某部机甲团团长。

伪参谋长——伪白虎团参谋长。

伪连长——伪白虎团警卫连连长。

伪排长——伪白虎团警卫连排长。

伪白虎团士兵甲、乙、丙、丁、戊等若干人。

序幕　并肩前进

〔奏《国际歌》。

〔战鼓声中幕启：战火弥漫。中、朝战士各一人，高举中华人民共和国国旗和朝鲜民主主义人民共和国国旗，分别由舞台两侧同时上场，舞蹈。

〔战鼓愈骤。严伟才、韩大年英姿焕发，持枪上场。舞蹈，“亮相”。转身挥手。

〔众中、朝战士全副武装，分别由舞台两侧列队上场。国旗招展下，严伟才、韩大年登上高坡。众舞蹈，“亮相”，表现出并肩战斗所向无敌的英雄气概。

〔雄壮的《国际歌》乐曲再起。舞台两侧各出两面红旗。严伟才、韩大年分别率中、朝战士，迎着战火，并肩前进。

——幕　闭

第一场 战斗友谊

〔一九五三年七月某日晨。

〔朝鲜民主主义人民共和国金城前线附近的安平里。

〔山村一角。安平山巍然屹立，山顶红旗飘扬，稻田绿秧如茵，苍松刚劲挺拔，雨后的景色更加清新、明朗。从地面上的炸弹坑、交通沟和挂在断树上的炸弹皮，可以看出战争的痕迹。

〔音乐声中幕启：崔大娘与数朝鲜群众正向远处频频招手。齐呼："人民军同志再见……"

朝鲜群众甲 （向崔大娘）你儿子是个优秀的游击队员，现在又参加了人民军，真是好样的！哈哈哈……

朝鲜群众乙 崔大娘，您家崔大嫂没去送送他？

崔大娘 她送军粮去了。

〔崔大嫂内喊："妈妈！"与朝鲜群众丙、丁上。

朝鲜群众 崔大嫂。

朝鲜群众乙 崔大嫂。

崔大娘 孩子，军粮送完了吗？

崔大嫂 还没完。我们趁休息的时候特意赶回来给您送个信儿。妈妈，您猜我们在里委员会碰见谁啦？

崔大娘 谁呀？

崔大嫂 是中国人民志愿军，在安平山打过仗的。他负了伤还带领全排同志消来美国鬼子一个连！

朝鲜群众丙 还在您家养过伤呢。

崔大娘
朝鲜群众　是严排长?

崔大嫂
朝鲜群众丙　对！就是侦察英雄严伟才！

崔大娘　（高兴地）太好啦！一年多没见啦，真想他们哪！

（唱）【西皮散板】

雨过天晴山色新，

满天朝霞迎亲人。

为抗击美帝他们到朝鲜，

英勇奋战痛歼美李军。

三战三捷安平里，

英雄事迹传遍了——

崔大娘
朝鲜群众　（齐唱）

万户千村。

崔大嫂　妈妈，严排长正和里委员长谈话呢，说等会儿就来看您老人家。

崔大娘　好

朝鲜群众　（欢悦地）崔大娘！

崔大嫂　走！咱们赶快把军粮送完。

朝鲜群众丙、丁　好！

崔大嫂　妈妈，我们一会儿就回来。（向朝鲜群众丙、丁）走吧。

〔崔大嫂与朝鲜群众丙、丁下。

〔朝鲜群众戊内喊："乡亲们！"急上。

朝鲜群众戊　乡亲们，告诉大家一个好消息，中国人民志愿军同志就要到了！

崔大娘　快！咱们赶快回村烧点水，准备迎接同志们！

朝鲜群众　走。

〔朝鲜群众下。

顺　姬　崔奶奶，我在这儿等中国人民志愿军叔叔。

崔大娘　好，等中国人民志愿军叔叔来了，你就回村送个信儿。啊？

顺　姬　（答应）唉。

〔崔大娘下。

顺　姬　（登上高坡了望）哎，中国人民志愿军叔叔来啦！（向远处高喊）志愿军叔叔……

〔顺姬跑下。

〔顺姬、张顺和与鲍玉禄等数战士上。

顺　姬　哎，怎么没看见严叔叔啊？

张顺和　严叔叔一会儿就来。

顺　姬　好，我给崔奶奶送个信儿去。

鲍玉禄　班长，我是不是先进村去看看？

张顺和　好。

〔鲍玉禄、顺姬下。

战士丙　班长，排长来啦。

众战士　（向内喊）排长——

张顺和　到安平里啦！

〔严伟才上，"亮相"。向安平里了望。

严伟才　（唱）【西皮摇板】

风雨行军一夜晚，

〔严伟才走下高坡。

〔吕佩禄上。胡书斌背报话机上。

严伟才　（接唱）

　　　　敌后侦察白虎团。

　　　　同志们一路纷纷来争辩，

　　　　只因为美帝真打假和谈。

　　胡书斌！

胡书斌　到。

严伟才　马上向团部喊话报告情况。

胡书斌　是。

〔胡书斌下。

〔吕佩禄气冲冲地将伪装圈摔在地下。

战士丙　吕佩禄，脚上打泡了吧？

吕佩禄　嗨！脚上没打泡。

战士乙　这么说是思想上“打泡”了？

〔众战士笑。严伟才示意不要跟吕佩禄开玩笑。

吕佩禄　我就是有点想不通。排长！

（唱）【西皮散板】

　　　　敌人不断来进犯，

　　　　分明真打假和谈。

　　　　既知美帝无诚意，

　　还跟它谈判什么？

　　　　浪费时间！

战士丁　嗨！美国鬼子被咱们打得头破血流，现在它不谈判也不行啦！

张顺和　咱们今天侦察看得很清楚，敌人在拚命地加修工事，又调来李承晚的什么“王牌军”白虎团，不断挑衅。依我看，它是想利用谈判，争取时间，准备缓口气好再捣乱。

严伟才　对！美帝国主义惯用真战争假和平的两手来对付世界人民。它一面暗地调兵向我们进攻；一面拿谈判来欺骗人民。我们必须针锋相对，在谈判桌上彻底揭穿它的阴谋诡计，在战场上坚决粉碎它的进攻。

吕佩禄　排长，这么说敌人不老实咱们就打！

严伟才　对！正象毛主席教导我们的那样："**只要美帝国主义一天不放弃它那种横蛮无理的要求和扩大侵略的阴谋，中国人民的决心就是只有同朝鲜人民一起，一直战斗下去。**"同志们，敌人是不会自动放下武器的。我们必须用革命的两手，对付美帝国主义反革命的两手。这就叫做谈谈打打——

众战士　对！打打谈谈。

严伟才　（唱）【西皮流水】

同志们一番辩论心明亮，
识破敌人鬼心肠。
美帝野心实狂妄，
梦想世界逞霸强。
失败时它笑里藏刀把"和平"讲。
一旦间缓过劲来张牙舞爪又发疯狂。
任凭它假谈真打施伎俩，
狼披羊皮总是狼。
对敌从不抱幻想，
我们还要更警惕，紧握枪，打败美帝野心狼！

众战士　对。

（唱）【西皮摇板】

对敌决不抱幻想，

提高警惕紧握枪。

〔鲍玉禄内喊：“排长！”跑上。

鲍玉禄　排长，乡亲们来啦！

吕佩禄　哎，排长，你看都来啦。

众战士　喂……乡亲们，乡亲们！

〔朝鲜群众欢跃地上，与众战士互相热烈问候。

〔顺姬高喊：“严叔叔！”跑上。

严伟才　顺姬！

顺　姬　叔叔！

严伟才　顺姬，张这么高啦！

顺　姬　叔叔，你看，崔奶奶来了。

〔崔大娘上。

严伟才、众战士　（兴奋地）阿妈妮！（急上前）

崔大娘　（紧抱严伟才的双臂）

（唱）【西皮散板】

一年不见亲人面，

往事历历在眼前。

在我家养重伤朝夕相伴，

情逾骨肉相依相关。

伤未愈赴前线叫我挂念——

严伟才　阿妈妮，（拍了一下自己的臂膀）看，早好啦！（深切地）

（唱）【西皮二六】

养重伤您为我昼夜不眠。

一口水一口饭细心照看，

这阶级的情义重如泰山！

志愿军离祖国千里远

您就是我们的慈母在面前。

众战士　（亲切地）阿妈妮！

众战士
朝鲜群众　（齐唱）

中朝
朝中友谊花朵是鲜血来浇灌。

崔大娘　（唱）【西皮一板两眼】

安平山上彩虹现，

崔大娘
朝鲜群众　（齐唱）

两件喜事巧相连。

崔大娘　（接唱）

刚刚送走人民军，

志愿军同志又来到村前。

男女老少尽开颜！

众战士
朝鲜群众　（齐唱）

男女老少尽开颜！

〔起舞曲。众欢呼，跳朝鲜民间舞。

〔突然传来飞机声。

吕佩禄　哎！敌机！

〔众怒视敌机。

严伟才　卧倒！

〔严伟才张开双臂掩护崔大娘。众卧倒。战士们举枪瞄准敌机。机声由远而近——由近而远。远处响起炸弹爆炸声。

崔大娘　（唱）【西皮散板】

敌机又来逞凶残！

〔胡书斌内喊："排长！"急上。

胡书斌　排长，团长命令我们马上回团部待命！

严伟才　有什么情况？

胡书斌　美帝国主义和李承晚匪帮又破坏停战谈判！它

严伟才　它怎么样？

胡书斌　它又向我们发起进攻啦。

众战士　（愤怒地）啊！

〔朝鲜群众已内喊："阿妈妮："急上。

朝鲜群众已　阿妈妮，里委员长叫我们马上把公路破坏掉，叫你现在去开党员大会。

崔大娘　好。

严伟才　阿妈妮，有些情况刚才我已经跟里委员长谈过了。为了消灭敌人有生力量，部队可能会转移。万一情况发生变化，我们到什么地方和您联系？

崔大娘　这里找不到我，就到我儿媳的娘军。

严伟才　青石里？

崔大娘　对！青石里。

严伟才　料。同志们，美帝国注意破坏停战谈判，果不出上级所料。毛主席早就教导我们，帝国主义和一切反动派对待人民事业的逻辑就是**"捣乱，失败，再捣乱，再失败，直至灭亡"**！这次我们一定要狠狠地教训它！

吕佩禄　敌人就是不打不倒！

众战士　要坚决消灭它！

（唱）【西皮散板】

胸中怒火高万丈，

不消灭敌人不下战场！

严伟才 整装出发！

众战士 是！

崔大娘 （唱）【西皮散板】

别亲人说不尽千言万语！

严伟才 （唱）【快板】

鸭绿江，白头山，

唇齿相依，休戚相关。

两国同饮一江水，

两岸青山一脉连。

锦绣江山属人民，

不容美帝来侵犯。

告别乡亲赴前线，

〔众战士列队。

严伟才 （唱）【散板】

见首长请命令痛把敌歼。（与崔大娘握手告别）

〔战士们斗志昂扬，向朝鲜群众挥手，急下。严伟才、吕佩禄登上高坡，回身激动地招手。

——幕急闭

第二场　坚持斗争

〔三日后傍晚。

〔敌人占领后的安平里村头。由于敌人炮火摧残，安平里变成了一片焦土。炸弹坑、断树干，遍地皆是。远处可见安平山上被凝固汽油弹烧毁的焦枯树木。

〔幕启：伪连长、伪排长带众伪兵上。

伪排长　立正！

伪连长　弟兄们。咱们进占安平里已经三天了，美国顾问和咱们团长，命令多抓民佛抢修公路。可是你们这些个废物，老是慢腾腾的！

伪排长　连长，这里的老百姓实在难对付！

伪连长　什么难对付？饭桶！今儿个早上在南山发现一个形迹可疑的老太婆，你们瞪着两眼叫她溜啦！等会儿团长要陪美国顾问来视察，你们不要脑袋了吗？还愣着干什么？沿公路放出警戒！

众伪兵　（畏缩不振地）耶。

伪排长　快！

〔伪连长、伪排长及众伪兵下。

〔崔大娘、崔大嫂背柴架警惕地奔上。

崔大娘　（悄声地）孩子，刚才咱们了解的情况很重要。党组织和里委员会——

〔崔大嫂突然发现可疑动静。二人机警地向四周了望。

崔大娘　要我们继续注意敌人的动向。

崔大嫂　唉。

崔大娘　还有，敌人强迫我们修公路，我们要想尽一切办法，拖延时间，和它斗争！

崔大嫂　好。

〔远处汽车响。

〔崔大娘向崔大嫂示意。二人分头下。

〔伪连长、伪排长带众伪兵急上。

伪连长　快，快，放出警戒！

〔美国顾问、美军参谋、美军士兵、白虎团长、机甲团长、伪参谋长上。

伪连长　立正！首都师白虎团警卫连上尉连长李元吉报告：奉顾问和团长命令正在抽调民扶，抢修公路。报告完毕。

白虎团长　顾问先生，请看。

美国顾问　好。朋友们，我们这次利用板门店谈判赢得了时间，在金城一线集结了十万精锐部队，即将来一个闪电式的进攻。只要一声令下，我们就可以长驱直入，一举拿下平壤。（向白虎团长）朋友，你大显身手的时机到啦！

白虎团长　（毕恭毕敬地）愿为自由世界效劳！

美国顾问　奥开！

〔美军参谋向美国顾问暗指远方阵地。

美国顾问　（举望远镜了望。突然，紧张地）恩！？“三八六”和“四一九”之间的开阔地带，工事为什么这样薄弱？

白虎团长　机甲团长先生，那儿可是你的防区！

机甲团长　顾问先生，永进桥到前沿的公路，至今没有修好。工事进度很手影响！

美国顾问　先生们，共军战术，一向莫测，难道你们还没领教够吗？

机甲团长　是。

美国顾问　立即抢修工事，多设鹿柴铁丝网，密布地雷群。

机甲团长　是。

伪参谋长　耶。

〔机甲团长、伪参谋长下。

美国顾问　（向白虎团长）公路为什么还没修好？

白虎团长　（向伪连长）为什么还没修好？

伪连长　报告团长，安平里一带的老百姓就是不去修公路。

美国顾问　什么！我提醒你们：一个军人应该知道怎样去对付他们！

白虎团长　（向伪连长等）混蛋！立即给我把村里的房子烧掉，赶他们抢修公路！

伪连长　是。（向伪排长一挥手）烧！

伪排长　（向众伪兵一挥手）烧。（率众伪兵下）

〔伪排长带众伪兵持火把过场。

〔安平里火光冲天。伪兵赶朝鲜群众上。

众伪兵　走！走！

朝鲜群众甲　（唱）【二黄散板】

美李匪烧村庄群情激愤！

〔伪排长跑上。

伪排长　报告，有群老百姓就是不走，当中有个很象我们在南山发现的哪个老太婆。

白虎团长　给我枪毙！

伪排长　耶。（欲下）

美国顾问　等一等，这里的老百姓都被共军洗过脑筋。象这样的

人……恩！（示意抓来）

白虎团长　明白了。（向伪连长）抓来！

伪连长　耶。（向伪连长）巴里！

伪排长　（向伪兵）快！

伪　兵　耶。

〔四伪兵跑下。少顷，押崔大娘上。

朝鲜群众　（关切地）崔大娘！

伪　兵　走！

伪排长　快！

白虎团长　（恶狠狠地向朝鲜群众）你们说，是谁煽动你们不去修公路？

〔朝鲜群众怒视不语。

白虎团长　修公路是盟军的命令！

美国顾问　不，不，不，修公路是为了你们大韩民国。（转向崔大娘）老太婆你明白吗？

崔大娘　你们的“好意”，我们心里都明白！

白虎团长　那你为什么还不去？

崔大娘　年老无力。

伪连长　你上山干什么去了？

崔大娘　家里的粮食、柴禾都被抢走了，上山砍柴。

美国顾问　为什么偏要到南山上去？

崔大娘　（理直气壮地质问）山是我们的山，树是我们的树，为什么不能去？！

〔美国顾问理屈词穷，尴尬异常。

白虎团长　那里是盟军阵地，是进去！

崔大娘　什么？

伪连长　禁区！

崔大娘　（冷笑）我们老百姓祖祖辈辈都在这南山上砍柴，不知道还有什么禁区.

伪连长　哼！你别装鹘突了。团长，（靠向伪团长）上南山刺探军情的就是她！

白虎团长　老太婆　　带走！

伪　兵　耶。

朝鲜群众　崔大娘！

崔大娘　（怒目毕退众伪兵）慢着！被忘了，你们是朝鲜人！

白虎团长　你窥探盟军阵地，还敢扰乱军心，煽动反抗……

崔大娘　（痛斥）卖国贼，你认贼作父，引狼入室，被杀抢劫，为所欲为！

白虎团长　打！

伪连长　老家伙！（上前欲打崔大娘）

崔大娘　走狗！（狠打伪连长一记耳光）

（唱）【二黄散板】

再凶狠也吓不倒英雄的人民！

白虎团长　（气急败坏地高嚷）我枪毙了你！

〔朝鲜群众挺身向前，怒视敌人。

美国顾问　（假惺惺地）不要开枪！（装作温和地）公民们，你们不要受赤色宣传的欺骗。我们美国人是来帮助你们统一国土，还给你们带来了和平、民主、自由和幸福，恩……

崔大娘　呸！（赤逼美国顾问步步后退）和平？幸福？民主？自由？（高声向朝鲜群众）乡亲们，（登上高坡）看！（指强烈的火光）这就是他们给我们带来的和平、幸福；这就是他们给我们带来的民主、自由。（向美国顾问）强盗，谁相信他们这些鬼话？！ 我们要你从朝鲜滚出去！

伪连长　抓起来！

朝鲜群众　从朝鲜滚出去！从朝鲜滚出去！

美国顾问　（目瞪口呆）……

伪连长　抓起来！

崔大娘　（向美国顾问）你这强盗，好话说完，坏事做尽，你这杀人不眨眼的魔王！你——

（唱）【二黄原板】

你侵略朝鲜把战火放，
花言巧语来伪装。
你们杀了多少朝鲜人？
烧了多少朝鲜房？
多少人民的仇和恨，
怒涛汹涌激汉江。

【垛板】

坏事都被你做尽，
你这凶暴残忍的野心狼！
待到我军来解放，
看你这刽子手怎样下场。
狗强盗你逃不出人民的法网！

〔美国顾问向白虎团长示意。

白虎团长　老家伙！（开枪打中崔大娘）

朝鲜群众　崔大娘！

〔崔大娘从容镇静，忍痛屹立。

美国顾问　（假惺惺地）公民们，我对今天发生的不幸事件非常遗憾。

朝鲜群众　呸！

崔大娘　（怒指敌人）野兽！

（唱）【散板】

定把你们埋葬在人民战争的大海洋！

美国顾问　（心惊胆战）太可怕啦！（开枪打倒崔大娘，和白虎团长等由伪兵护送下）

〔朝鲜群众急扶崔大娘。

朝鲜群众　崔大娘！

（齐唱）

亲人被害，怒火满腔！

朝鲜群众甲　（高呼）崔大嫂！

朝鲜群众　崔大嫂！

〔崔大娘急上。震惊，扑向崔大娘。

崔大嫂　妈！妈妈！妈妈！

崔大娘　（复苏）孩子，要坚持斗争……

崔大嫂　唉。

崔大娘　到青石里等严排长……

崔大嫂　奥，青石里！

〔崔大娘死去。

朝鲜群众　（悲愤地）崔大娘！崔大娘！

崔大嫂　啊！妈——妈——

（唱）【二黄散板】

见婆母遭惨害痛心绞肠。

你英勇不屈丧敌手，

仇恨在心头如倒海翻江。

乡亲们！

【滚板】

我巍然国土三千里，

英雄人民志气刚。

宁愿站着刀下死，

决不屈膝——

朝鲜群众 （接唱）

决不屈膝，

崔大嫂
朝鲜群众 （唱）【摇板】

决不当驯羊！

崔大嫂 （唱）【快板】

血海深仇永不忘，

冲破黑暗迎曙光。

坚持斗争，

崔大嫂
朝鲜群众 （接唱）

顶住风浪！

〔伪连长带众伪兵上。

伪连长 干什么！怎么还没修公路去？

〔朝鲜群众怒目逼近伪连长。

伪连长 （畏惧地退后）不去？（指崔大娘）她就是你们的下场。

朝鲜群众甲 （向大家）乡亲们，我们就是不去！

朝鲜群众 就是不去！

伪连长 不去？我开枪啦！

朝鲜群众甲 （挺身而出，手拍胸膛）来，开枪打吧！

朝鲜群众 开枪打吧！

伪连长　（惶然）哼哼，你们这是造反哪！来人！

众伪兵　耶。

伪连长　把他们给我抓起来修公路去！

伪排长　快！

众伪兵　走！走！快！

〔众伪兵驱赶朝鲜群众。

崔大嫂　（走向崔大娘尸体）妈——妈——

众伪兵　走！走！

伪连长　走！

〔朝鲜群众和伪兵相持，抬起崔大娘尸体。崔大嫂与朝鲜群众义愤填膺，怒视伪连长，昂然挺立于高坡。

——幕闭

第三场　侦察

〔次日拂晓前。

〔安平山一侧，伪白虎团前沿阵地。月光下，混乱的敌人公事隐隐可见。

〔幕启：一队伪兵持枪过场。

〔张顺和、鲍玉禄放下伪装，跳出树丛，作侦察舞蹈；向远处招手；下。

〔严伟才跃身而出，挺立高坡，环视四周。飞身下坡，作侦察舞蹈。

严伟才　（唱）【二黄散板】

趁月光安平山侦察情况。

〔张顺和、鲍玉禄、战士甲上。

张顺和　**排长！根据一夜的侦察，看来白虎团指挥部在二青洞是毫无问题了。**

严伟才　**对，团首长的判断安全正确。同志们，我们现在须要进一步了解“三八六”、“四一九”之间敌人的兵力部署。快！**

众战士　**是。**

〔严伟才与众战士同作侦察敌情的舞蹈，边舞蹈边念白。

张顺和　**排长！看！**

严伟才　**铁丝网——**

众战士　**层层密密。**

严伟才　**炮阵地——**

张顺和　**山林隐蔽。**

严伟才　**记下。看！碉堡群火力交叉。公路上——**

众战士　岗哨林立。

张顺和　排长，这一带敌人工事设置混乱，定是白虎团和机甲团的结合部。

严伟才　对，同志们，这里可是一个很好的突破点。

（接唱）

天欲晓寻大娘核对周详。

〔张顺和、鲍玉禄下。

战士甲　排长，看，安平里被敌人烧毁啦！

严伟才　啊！（急速地登上高坡，向远处眺望）

（唱）【二黄散板】

安平里遭火焚余烟茫茫，

火烧在安平里（走下高坡）

【原板】

如烧故乡。

【快三眼】

乡亲们安危默测我心难放，

更挂念阿妈妮生死存亡。

战士甲　排长，有人！

严伟才　隐蔽！

〔二人隐蔽。张顺和、鲍玉禄上。

严伟才　村里情况怎么样？

张顺和　排长，村里青壮年都被敌人抓走啦！崔大嫂下落不明！

鲍玉禄　排长，敌人盘踞安平山，杀人放火罪滔天。乡亲们挺身抗敌寇，阿妈妮她……她壮烈牺牲殉河山！

严伟才　阿——妈妮！

（唱）【二黄摇板】

心痛欲裂似箭穿，

【原板】

仇恨又在心头添。

同志们化悲痛为力量，

血债定要——

众战士　（接唱）

血债定要血来还！

严伟才　（接唱）

强盗！

【垛板】

我正要为你安排火葬场，

你在哪里放火定叫你在哪里灭亡！

张顺和　排长，咱们回团部请战。

严伟才　回团部请战！

鲍玉禄　坚决消灭白虎团！

严伟才　走！

战士甲　排长，（指远处）敌人！

严伟才　隐蔽！

〔众急隐蔽。严伟才作隐蔽舞蹈。

〔伪兵过场。

〔严伟才和众战士机警地“亮相”。

〔追光渐隐。

——幕　闭

第四场　请战

〔当天下午。

〔我中国人民志愿军某部侦察排坑道外。坚固的坑道口一侧写着“抗美援朝”四个大字。由近及远的交通沟，随着地形的变化时隐时现。远处山峦起伏，巍峨壮观。

〔幕启：远处传来隐约的炮声。

〔胡书斌持枪立于高坡。张顺和从坑道走出。

张顺和　胡书斌。

胡书斌　到。

张顺和　排长到团部请战回来没有？

胡书斌　还没有

〔鲍玉禄与二战士从坑道内急出。

鲍玉禄　班长，同志们听到敌人杀害朝鲜阶级弟兄和阿妈妮牺牲的消息，新都气炸了，大家实在憋不住了！

〔坑道内众战士高喊：“吕佩禄！吕佩禄！”

〔吕佩禄激动地跑出坑道，众战士跟出。张顺和上前拦住。

张顺和　吕佩禄，哪儿去呀？

吕佩禄　到团部找排长去！

张顺和　佩禄同志，沉着点……

吕佩禄　班长！得给乡亲们和阿妈妮报仇啊！

鲍玉禄　一定要把白虎团这颗硬钉子拔掉！

吕佩禄　什么硬钉子，它就是块生铁也要把它给碾碎了。

众战士 对！非消灭它不可！

吕佩禄 对！

〔远处响起炮声。

鲍玉禄 看，人家三营一天就打跨了敌人十几次进攻，杀伤了那么多的敌人！同志们，咱们可是监守上甘岭“五八七”高地的英雄排啊……

吕佩禄 对啊，同志们，走，找排长去！

众战士 对，找排长去。走！走！（欲下）

张顺和 冷静点！同志们，排长比咱们还着急啊！今天侦察回来，他都没顾得休息，就到团部汇报情况请求任务去啦。大家放心，咱们排长是全军有名的侦察英雄，经历过无数次战斗的考验，立过多次战功，哪次战斗他不是拣最重的担子挑！团首长一定会把最艰巨的任务交给我们的！

胡书斌 同志们，排长回来啦！

〔众战士兴奋地迎向前去。

众战士 （急切地）排长！

〔严伟才上。

吕佩禄 排长，回来了？

严伟才 回来了。

众战士 排长，领到任务啦？

鲍玉禄 是不是打白虎团？

吕佩禄 什么时间行动啊？

众战士 是啊！什么时间行动啊？

严伟才 同志们，团长和政委到师部开会去啦！

众战士 （失望地）排长！

严伟才 大家不要着急，有的是仗打，等团首长回来，我们一定要把任务拿到手！同志们，好好休息，做好战斗准备。

众战士　是。

〔众战士陆续进入坑道。

吕佩禄　（走了几步，复返）排长，咱们过去都是受过苦的，又一起出国作战，你最了解我。（激切地）叫我眼看着敌人发起进攻，杀害朝鲜阶级弟兄，我真受不了啊！

严伟才　佩禄同志，这一点，咱们的心情都是一样！美帝国主义欠下人民的血债，一定要它偿还！放心吧，打仗的事上级会有安排的。好好休息，准备打仗！

吕佩禄　是。

〔吕佩禄进入坑

〔远处炮声又起。

严伟才　（唱）【西皮导板】

心潮翻腾似浪卷，

【回龙】

新仇旧恨满胸间。

【原板】

遥望着安平山阴云弥漫，
阿妈妮英勇就义如在眼前。
当年情景又重现，
我的娘被美蒋杀害在崂山。
两山迢迢隔大海，
两家苦根紧相连。
中朝弟兄同患难，
阶级仇民族恨不共戴天。
党指引改天换地闹革命，

为人类求解放粉身碎骨也心甘！

【二六】

美李匪不甘死亡又来挑战，

怎容它横行霸道屠杀人民，蹂躏好河山。

【快板】

同志们磨拳又擦掌，

坚决要求把敌歼。

我代表全排再请战，

要把那最艰巨的重担挑在肩。

胡书斌　排长，政委来了。

〔关政委与一战士上。

严伟才　（向关政委敬礼）政委。

关政委　伟才同志，刚才又到团部请战去了？

严伟才　是，政委。

关政委　同志们情绪怎么样啊？

严伟才　大家求战情绪很高，有点沉不住气啦！

关政委　唔，那你呢，恩？（笑）

〔严伟才低头笑笑未语。

〔战士甲从坑道内走出。

战士甲　政委！（向坑道内）同志们，政委来啦！（向关政委）关政委。

〔众战士闻声拥出。

众战士　政委！

吕佩禄　您可回来啦！

关政委　回来了，还给你们带来个好消息呀。昨晚你们排长和几个同志到敌后进行了一次武装侦察，对上级制定作战方案提供了重要情况，师首长表扬你们啦！

〔众活跃。

吕佩禄　表扬归表扬，可就是有仗捞不着打，心里真象火烧的一样啊！

关政委　嗬！你这个“炮筒子”又着急啦！啊？（笑）来，这儿坐。哎，同志们，来，坐坐坐。

〔关政委、严伟才和部分战士坐下。

关政委　（对吕佩禄）同志，打仗的事可不能着急呀。毛主席怎么教导我们的？

张顺和　**“不打无准备之仗”**！

众战士　**“不打无把握之仗”**！

关政委　对嘛！毛主席怎么说的，我们就怎么做。同志们，现在就有个艰巨的任务等我们去完成啊。

严伟才　（站起来）打白虎团？

关政委　对！

〔关政委站起身来，众战士亦起。

关政委　为了粉碎敌人真打假谈的反革命阴谋，迫使它老老实实在板门店认输签字，上级指示，谁不老师就狠狠地打谁。

众战士　太好啦。

关政委　我们要用事实向全世界说明，敌人在谈判桌上得不到的东西，在战场上它同样得不到！

吕佩禄　首长，您真说到我们心里去啦。您快说怎么个打法吧？

众战士　是呀，怎么个打法？

关政委　我们团的任务是打穿插。组织一个穿插营，前面安上个尖刀班，就用这把尖刀直插敌人心脏！

（唱）【西皮摇板】

打穿插掏心战把它的五脏搅乱，

先捣毁白虎团指挥机关。
时间紧任务重敌后作战，
要有个机智勇敢的尖刀班。

严伟才　政委，把尖刀班的任务交给我们吧！

众战士　是啊，交给我们吧。

严伟才　我们侦察排有敌后作战的经验。抓得准，打得狠，进得去，出得来！对这一带的敌情也都熟悉。更重要的是我们全排同志苦大仇深，在毛主席的教导下有誓死打败美帝的决心！保证完成党交给我们的光荣任务！

众战士　保证完成任务！

关政委　好！告诉你们，我就是来组织尖刀班的。团党委已经决定把尖刀班的任务交给你们啦。

众战士　是。

严伟才　（唱）【西皮二六】

听首长交任务心情激动，
党指示赋予我力量无穷。
刀山火海何所惧，
愿为革命献青春！

关政委　伟才同志。

严伟才　到！

关政委　团长正在组织穿插营，你们马上做好战斗准备，到团部接受任务！

严伟才　是！

〔关政委与一战士下。

众战士　（异常兴奋地拥向严伟才）排长！

——幕　闭

第五场　宣誓出发

〔接上场。

〔我中国人民志愿军某团团部。山坡上栋梁松参天耸立，生气勃勃；山坡下是我军某部团指挥所。室内设置着军用电话机和沙盘，正面墙上挂有作战地图。

〔幕启：炮声隆隆。高参谋、张股长都在打电话。王团长和众营连干部围拢在沙盘周围。

高参谋　喂……

张股长　喂……

高参谋　喂，五号阵地吗？好，马上给你们补充弹药。

张股长　什么？敌人发射烟幕弹？

王团长　几号阵地？

张股长　六号阵地。

王团长　注意监视。

张股长　是，注意监视。

王团长　鬼名堂！（向高参谋）要炮兵指挥所。

高参谋　是。（摇电话）炮兵指挥所……张主任吗？（递电话）

王团长　（接电话）老张，集中火力轰击安平山两侧的敌人。给炮弹安上眼睛狠狠地打！

〔响起猛烈炮声。

王团长　同志们，根据严伟才同志的侦察，你们穿插营的行动路线就从这里（指沙盘）越过双石山，直插二青洞！

众营连干部　是！

王团长　你们穿插部队，必须按预定时间，埋伏在敌人前沿，等尖刀班插入敌后，你们随后跟进，吸引敌人，和它展开近战、夜战，打乱它的军事部署，为尖刀班奇袭伪团部创造有利条件，配合我师主力，彻底消灭敌人的“王牌军”白虎团！

众营连干部　是！

王团长　（唱）【二黄快板】

趁夜晚出奇兵变破防线，

猛穿插巧迂回分割围歼。

入敌后把它的逃路截断，

定叫它首尾难顾无法增援。

痛歼敌人在今晚，

决不让美李匪帮一人逃窜！

众营连干部　保证完成任务！

王团长　好。大家对作战方案还有什么意见和补充啊？

营连干部甲　捣毁伪团部是这次战斗的关键，尖刀班的任务很艰巨，需要有一个坚强的指挥员。团长，打算派谁去呀？

王团长　我们准备叫严伟才去完成这个任务，关政委已经到侦察排去了。你们看怎么样啊？

营连干部甲、乙　太好啦！

营连干部丙、丁　严伟才准能完成任务。

王团长　好，同志们，根据会议的决定，大家分头准备。

众营连干部　是。

〔张股长与众营连干部下。

〔关政委上。

关政委　老王！

王团长　老关！尖刀班怎么样啦？

关政委　小伙子门劲头可足啦，一会儿严伪才就来呀。

王团长　奥！

关政委　穿插营呢？

王团长　已经安排好了。老关，全团的战斗情绪可高啦！

（唱）【二黄摇板】

全军上下齐动员，

急待任务把敌歼。

战士们盼反击似强共弦满，

号令出奇向前如倒海排山！

〔张股长上。

张股长　团长。（递介绍信）

王团长　（看信。兴奋地）太好啦！老关，因为这次任务很重要，朝鲜人民军特地派联络员韩大年同志，还有金大勇同志来参加战斗，和我们一起行动。

关政委　好哇！张股长。

张股长　到。

关政委　快请同志们进来。

张股长　是。

〔韩大年、金大勇上。

韩大年　王团长。

王团长　（与韩大年握手）韩大年同志，欢迎你们，欢迎啊！有朝鲜人民军同志的参加，完成任务的条件就更好啦。

关政委　对，张股长。

张股长　到。

关政委 先请同志们休息休息。

张股长 是。

〔韩大年、金大勇随张股长下。

〔严伟才上。

严伟才 （唱）【西皮流水】

弹上膛，刀磨亮，
杀敌豪情满营房。
单等冲锋号角响，
尖刀直插敌胸膛。

报告。

关政委 进来。

〔关政委向高参谋示意，高参谋下。

〔严伟才进内，敬礼。

王团长 （与严伟才握手）伟才同志，你们准备得怎么样啦？

严伟才 一切准备完毕，就等首长下命令了。

王团长 好！为了严惩敌人，上级决定，明天拂晓全线发起大反击！我们要把金城一线的敌人—

严伟才 包围起来给它个狠狠的打击！

王团长 对。你来看。（走向沙盘）

严伟才 是。

王团长 （指沙盘内）朝鲜人民军在这里，我中国人民志愿军在这里，双方密切配合。命你带领尖刀班，化装成美、李军，完成捣毁白虎团指挥部的任务！

严伟才 是！

王团长 看，白虎团指挥部的位置就在这里。伟才同志，你们从哪里插入最为有利呀？

严伟才　（思索片刻，下判断）首长，根据我们的侦察，就从这儿——敌人配备最强、戒备最严的地方插入。

关政委　（故意试问）唔！为什么？

严伟才　敌人自以为配备最强、戒备最严的地方，我认为正是它最弱的地方。毛主席教导我们，要善于**“发现敌人的薄弱部分”**。它这一带兵种多，番号复杂，正适合我们尖刀班化装潜入。

王团长　（兴奋地）对！毛主席经常教导我们，对敌作战就是要善于寻找敌人的弱点。出其不意，攻其不备，突然袭击，才能出奇制胜。

关政委　小伙子，你的想法和团党委的意见完全一致。这任务很艰巨呀！关系到我们真个战役的胜利，思想上要有充分准备。

严伟才　是！

（唱）【西皮摇板】

钻狼群入虎穴千斤重担，
既艰巨又光荣非同一般。
哪怕它美李军成千上万，
无非是纸老虎外强中干。
任凭它设下了层层防线，

首长！

再艰巨也难不住

【原板】

共产党员。

关政委　（接唱）

革命者就应该气冲霄汉，

毛主席的教导要谨记心间。
纸老虎要当真虎打，
千斤要当万斤担。
这任务是我军胜利关键，
要敢斗争敢胜利冲破难关。

王团长　伟才同志。

（唱）【西皮二六】
行动中须灵活指挥要果断，
逢敌人尽可能避免纠缠。
入敌后并非你孤军作战，

【流水】
我带领穿插营紧随后边。

【快板】
兵贵神速莫迟缓，
要准时捣毁它的指挥机关。

严伟才　是！

（接唱）
上级布下天罗网，
数万敌兵一袋装。
毛泽东思想把我的心照亮，
浑身是胆斗志昂。
出敌不意从天降，
定教它白虎团马翻人仰。

〔韩大年上。

王团长　伟才同志，你看是谁？

严伟才　（惊喜）韩副排长。

韩大年　严排长。

严伟才　我们又见面啦。

韩大年　又见面啦。

〔二人拥抱。

王团长　朝鲜人民军派他们来协助我们，你们就一起行动吧！

严伟才
韩大年　是！

〔严伟才与韩大年亲密地握手。

王团长　近来敌人在永进桥一带布防严密，口令多变。这要靠你们自己去克服困难。

韩大年　首长，我和严排长曾在这一带共同作过战，情况比较熟悉，我们保证完成任务。

关政委　伟才同志，遇事要和韩大年同志好好商量。

王团长　马上作好出发准备！

严伟才
韩大年　是！

〔严伟才、韩大年下。

〔高参谋、营连干部甲及二战士上。

营连干部甲　（敬礼）报告，穿插营奉命来到。

王团长　同志们隐蔽部等候命令。

营连干部甲　是。

〔营连干部甲及二战士下。张股长上。

张股长　报告，尖刀班准备完毕。

王团长　同志们进来。

张股长　是。同志们进来。

〔众战士内应：“是！”化装成伪军，持枪列队上。

王团长　你们准备好了没有？

众战士　准备完毕，待命出发。

王团长　（检查众战士的装备）同志们！坚守在上甘岭“五八七”高地的不就是你们吗？

众战士　是！

王团长　敌人用几百门大炮，两个营的兵力，向你们轮番进攻。你们依靠什么寸土不让打败了敌人？

众战士　依靠毛泽东思想的伟大力量，誓死保卫社会主义东方前哨和打败美帝国主义的决心！

王团长　好！这次奇袭白虎团有信心吗？

众战士　坚决完成任务！

王团长　高参谋。

高参谋　到。

王团长　通知炮兵部队，做好战斗准备！

高参谋　是。

王团长　严伟才、韩大年！

〔严伟才、韩大年内应：“到！”和金大勇化装成美、伪军，上。）

王团长　今晚你们从七号阵地出发。我先用炮火给你们扫清前沿雷区障碍。穿插营吸引敌人。你们趁虚而入，分秒必争，发扬我军勇猛果敢，迅速顽强，不怕艰苦，不怕牺牲的战斗作风，坚决在拂晓前捣毁伪团部！

严伟才等　是。

王团长　（唱）【西皮散板】

出奇制胜把功建，

众战士　（接唱）

首长指示记心间。

严伟才　（接唱）

为祖国为朝鲜忠心赤胆，

关政委　（接唱）

志愿军与朝鲜人民息息相关。

王团长　同志们！祖国人民时时刻刻在关怀着我们；朝鲜人民日日夜夜在支援着我们。毛主席、金首相在等待着我们胜利的消息！

〔奏宣誓音乐。严伟才、韩大年和众战士宣誓。

严伟才　毛主席、金首相
韩大年　金首相、毛主席　我们坚决以实际行动保卫社会主义东方

前哨，为中朝
朝中人民的胜利而战斗！为祖国争光！

众战士　为祖国争光！

高参谋　时间到。

王团长　开炮！

高参谋　开炮！

严伟才　出发！

众战士　是！

〔众战士向首长敬礼，列队急下。严伟才、韩大年向首长敬礼后相互握手，挽臂飞身奔下。

〔王团长、关政委欣然向严伟才等招手致意。

——幕 闭

第六场　插入敌后

〔当天夜里。

〔敌后。高山直插入云，地面上敌人碉堡群、铁丝网密布。

〔幕启：雷声隆隆，风雨交加。

严伟才　（内唱）【二黄导板】

乔改扮捣贼巢插入敌人心脏。

〔三战士上。舞蹈。严伟才、韩大年等上。“亮相”。

严伟才　（唱）【回龙】

同志们精神抖擞，哪怕这雨暴风狂！

【原板】

深夜间路泥泞跑步前往——

韩大年　**铁丝网！**

严伟才　**卧倒！**

〔众纵身卧倒。铁丝网后面射来探照灯光，众急伏地。

战士甲　**排长，铰了吧？**

严伟才　（观察后）**不。跳！**

韩大年　**我来！**

〔韩大年挑过铁丝网，向严伟才招手示意。

严伟才　（会意）**跳！**

〔众战士和严伟才先后翻越铁丝网。

〔暗转。天幕上划过敌人信号弹和探照灯光。

〔灯光复明。二战士从悬崖上投石探测后，翻下。众战士和严伟才陆续翻下。

严伟才　卧倒!

（接唱）

越障碍跨天堑意志坚强。

韩大年　同志们，“三八六”、“四一九”高地已经过来了，前面就是公路。

吕佩禄　排长，今天晚上敌人的口令咱们还不知道。没有口令怎么能上公路啊?

严伟才　（接唱）

出发前团首长曾对我对，

敌人口令变化无常。

必须要抓“舌头”了解情况

〔众前进。

严伟才　（突然止步）卧倒!

〔众急卧倒。

严伟才　（坚定沉着地）同志们，我踩着地雷啦!

众战士　排长，你……

〔众战士争着要去排除地雷。

严伟才　（急忙阻止）不要动!

〔众战士停止前进

严伟才　同志们!万一地雷爆炸，惊动了敌人，就会影响我们完成任务。

众战士　排长!（又匍匐前进）

严伟才　服从命令，迅速后退!

张顺和　排长，你……

严伟才　退!（示意张顺和后退）

吕佩禄　排长……

张顺和　退!

〔众战士执行命令后退。

严顺才　张顺和!

张顺和　到!

严顺才　我现在开始排雷。如果我牺牲了，你代替我的职务，和韩大年同志很好合作。

张顺和　是!

严伟才　同志们，就是有天大的苦难，也要完成党交给我们的光荣任务!

众战士　是，坚决完成任务!

严伟才　大家隐蔽!

吕佩禄　排长!

张顺和　隐蔽!

〔严伟才开始排雷，众凝目注视。

严伟才　注意!（完成排雷，纵身翻出险区，卧倒）

〔少顷，众起立。战士们拥向严伟才。

众战士　排长，地雷排除啦?

严伟才　排除了。

吕佩禄　排长，刚才可把我急坏了。

战士乙　幸亏没响啊!

严伟才　这是一颗美制松发地雷，我不抬脚它怎么会响啊!

鲍玉禄　排长，咱们侦察的时候，这里还没有布雷呀?

严伟才　看来敌人又增强了防御。同志们，这里既有松发雷，可能还有别的地雷。

吕佩禄　排长，我看哪，咱们快点走吧。

韩大年　不行，若是引起地雷爆炸，惊动了敌人，就要影响我们完成任务！

吕佩禄　排长，可是时间呢，怎么办？

严伟才　同志们，现在只有先派两个同志，在前面探清地雷部位，我们大家随后前进。

韩大年　对，我去！

吕佩禄　排长，我去！

众战士　我去。

鲍玉禄　我去，我是中国共产党党员，让我去吧！

金大勇　我是朝鲜劳动党党员，我去吧！

张顺和　我是党员！

战士甲　我是党员！

战士丙　我是团员！

吕佩禄　排长，快下命令吧！

众战士　是啊，快下命令吧！

〔韩大年向严伟才示意，让金大勇去。

严伟才　鲍玉禄！

鲍玉禄　到！

严伟才　金大勇！

金大勇　到！

严伟才　你们二人前面引路，探清地雷部位，作好标记。需要小心！

鲍玉禄
金大勇　是！

〔鲍玉禄、金大勇二人抽出探雷针开始探测。

严伟才（接唱）

细探测须谨慎切莫慌忙。

〔鲍玉禄、金大勇二人作探雷舞蹈，发现地雷。

金大勇
鲍玉禄 **地雷！**

严伟才 **小心！**

〔众饶路行进。

金大勇
鲍玉禄 **是！**（二人继续作探雷舞蹈。行进间又发现地雷）**地雷！**

〔严伟才急欲上前掩护战士。

战士丙 **排长！**

〔战士丙抢上前去挡住严伟才。

〔众绕路行进。

金大勇
鲍玉禄 **地雷！**

〔战士丙等作掩护严伟才的舞蹈。

〔远方跑声响。

吕佩禄 **排长，咱们的大炮都说话啦，准是团长带领穿插营跟敌人打响了，赶快想办法过去！**

〔严伟才正在思索。募地穿来溪水声。众谛听。

严伟才 **溪水……**（当机立断）**同志们！想这溪水之中，敌人不会埋设地雷。**

众战士 **对。**

严伟才 **不能迟延，趁我军发射的炮弹火光，沿着这山涧溪水，奔向公路，快速前进。**

（唱）**【散板】**

趁火光涉溪水逆流而上。

〔严伟才率众战士挽臂举枪涉水前进，越出雷区直插公路。

〔伪兵甲跑上，狼狈地跟在众战士后面跑下。

严伟才　（接唱）

　　队伍中多一人来自何方？

〔严伟才向韩大年耳语，示意捉住伪兵甲。

〔伪兵甲尾随众战士复上。

〔韩大年夺下伪兵甲枪枝，将他踢倒在地。

严伟才　警戒。

〔伪兵甲爬起。

伪兵甲　（气冲冲地）谁抢我的枪啊？

张顺和　你跑什么？

伪兵甲　这是公路，让你们往回跑，就不许我跑了？快给我枪！

韩大军　（掏枪）不许动！

伪兵甲　（转了语气）哎……长官，都是自己人，这……是干什么？

严伟才　谁跟你是自己人，（威严地）我们是中国人民志愿军！

伪兵甲　哎呦我的妈呀！（吓瘫了）

张顺和　起来！

严伟才　告诉你，我们一向款待俘虏。只要你老老实实回答我的问话，保证你的生命安全。

伪兵甲　是，是！

韩大年　你跟在我们后面跑什么？

伪兵甲　我奉命去放哨，抱枪睡了觉。呼隆一声响，你们开了炮。班长炸断了腿，班副炸折了腰。就数我命大，撒腿往回跑。想起军纪哟三条，回去我也活不了。我寻思咱们是一道，也好跟着你们把命逃。他这一抓枪，吓了我一跳。中国话我会的不少，你们的俘虏政策我的统统的知道。

只要长官放我命一条，顶好的顶好。

韩大年　我问你，今天晚上的口令是什么？

伪兵甲　“古轮木欧巴”。

吕佩禄　说清楚点！

伪兵甲　“古—轮—木—欧—巴”。

严伟才　你们团部的位置在什么地方？

伪兵甲　在二青洞不远的山沟里。

严伟才　有什么标记？

伪兵甲　过去永进桥，就看见沟口的两棵老松树啦。

〔严伟才示意吕佩禄核对。

吕佩禄　（抓着伪兵甲）你这家伙可要说实话。

伪兵甲　哎……报告长官，我说的全是实话。

严伟才　（急问）团部？

伪兵甲　在二青洞的山沟里。

严伟才　标记？

伪兵甲　有两棵老松树。

严伟才　口令？

伪兵甲　“古轮木欧巴”。

严伟才　你说的三条军纪是什么？

伪兵甲　美国顾问给我们规定的三条军纪是：上前者赏，后退者杀，当了俘虏跑回来还要枪毙。

〔严伟才向吕佩禄示意。

吕佩禄　委屈你了，走！快！

〔吕佩禄押伪兵甲下。

严伟才　同志们，口令虽得，但不知是真是假。若遇敌人盘问，请朝鲜人民军同志上前答话。

〔吕佩禄喊：“排长”跑堂。

吕佩禄　排长，那家伙叫我捆起来堵住嘴，放到山洞里啦。等战斗结束了再放了他。

张顺和　（忽然发现情况）排长，敌人巡逻队！

韩大年　对证口令。

金大勇　是。

严伟才　快！

〔伪兵乙领伪兵上。

金大勇　口令？

伪兵乙　“古轮木—”

金大勇　“—欧巴”。

伪兵乙　奥，是自己人哪！

韩大年　差点闹成误会。

伪兵乙　耶。（向伪兵们）巴里卡！

〔伪兵乙领伪兵下。

严伟才　同志们，口令已经对证。前面就是中心哨所，敌人戒备严密。我们还要提高警惕，提防突然变化。

众战士　是。

〔严伟才指向前方，众战士围拢严伟才，雄伟地“亮相”。

〔追光渐隐。

——幕　闭

第七场　智夺哨所

〔接上场。

〔伪白虎团中心哨所。

〔幕启：一伪兵站岗，另一伪兵指挥汽车。

〔伪连长、伪排长带伪兵丙、丁上。

伪连长　有什么情况没有？

伪兵丙、丁　（同时立正）没有。

伪连长　稍息！（指着手中的袖标）弟兄们，这袖标，是今晚上的临时通行证。没有袖标，一律不准通行。

〔伪连长将袖标交伪排长。伪排长将袖标分发给伪兵丙、丁。

伪连长　有什么情况打电话告诉我！

伪排长　耶。

〔伪连长带二伪兵下。

伪排长　（对伪兵丙、丁）别睡觉。

伪兵丁　耶。

伪排长　发现情况，立即报告。

伪兵丙　耶。

伪排长　可也别大惊小怪的。

伪兵丙、丁　耶。

〔伪排长下。

伪兵丁　今儿个可真新鲜，怎么连长亲自查岗，排长亲自带班？

伪兵丙　咱们马上就要向北大举进攻啦。这条公路又是通向团部的咽喉要道。他们来查岗、带班有什么新鲜的?

伪兵丁　北进，北进……又打仗啦!

伪兵丙　啊，不打仗吃什么?怎么，害怕啦?

伪兵丁　害怕?哼，从战争打响的那天起，我们九师跟共军打仗什么时候不在头里?(示出臂上伤疤)看，这是上甘岭挂的彩。这伤刚好，就补充到你们这儿来了。告诉你说，人民军和中国人民志愿军都不是好惹的!

伪兵丙　什么?不好惹?那是你们九师，这是白虎团!

伪兵丁　(自语)哼!

伪兵丙　(向远处望。突然)干什么的?

〔伪兵戊代数伪兵上。

伪兵戊　流动哨!

伪兵丙　口令!

伪兵戊　"古轮木—"

伪兵丙　"—欧巴"。

〔伪兵丙手持电筒上前检查袖标。

伪兵戊　看什么?不认识?

伪兵丙　对不起，今儿个晚上认袖标，不认人，这是上司的命令。

伪兵戊　快点，快点，巴里卡!

〔伪兵戊带树伪兵下。

伪兵丙　(向伪兵丁)恩，你好好在这儿呆着，有什么情况叫我。

伪兵丁　(自言自语地)你打过几回帐啊?!哼!

〔伪兵丙打火抽烟。

伪兵丁　(惊恐)谁?

〔金大勇、张顺和暗上。

伪兵丙　(向伪兵丁)怎么啦?

伪兵丁　抽烟哪！吓我一跳。

伪兵丙　吓我一跳。还吓我一跳呢！

伪兵丁　站岗不许抽烟！

伪兵丙　站你的岗去吧！管的还不少。

〔金大勇、张顺和走近伪兵丁。

伪兵丁　谁？

伪兵丙　口令？

金大勇　“古轮木—”

伪兵丙　“—欧巴”。干什么的？干什么的？（见对方不语）你聋啦，怎么不说话？

金大勇　（厉声地）你们瞎啦，没看见老子是干什么的吗？

伪兵丙　（假和气）嘿嘿……你们是哪部分的？

金大勇　师部的搜索队。

伪兵丙　师部搜索队？（奚落地冷笑）搜索队，搜索队，打起仗来往后退。你们回来干什么？

〔韩大年及二战士暗上。

金大勇　护送美国顾问到团部去。

伪兵丙　团部在什么地方？

金大勇　在二青洞。

伪兵丙　（故意地）二青洞走前边的岔道，怎么走到这儿来啦？

韩大年　你跟他罗嗦什么？

张顺和
金大勇　耶！

金大勇　小队长。

韩大年　（走向伪兵丙）你活糊涂啦？谁不知道这条公路直通永进桥，过了桥就看见二青洞沟口的两棵老松树了。怎么？

连你们团部的所在地都不知道啦？混蛋！（打伪兵丙一耳光）跟我来这一套。

伪兵丁　（强作笑容）嘿嘿嘿，长官，长官，不是不让你们过去，因为你们都没戴着袖标！

〔严伪才率数战士暗上。细听。

伪兵丁　这袖标是今儿个晚上临时通行证。上边有话，没有袖标一律不准通行。

韩大年　（训斥地）废话！我们是昨天跟美国顾问到前沿去的。这袖标我们哪能（狠敲伪兵丁的钢盔）有？

伪兵丁　耶。

伪兵丙　美国顾问？哼！（对伪兵丁）看住他们。（向众战士）好，我给团部打个电话，派车来接你们。

〔严伟才指挥张顺和等迅速杀死伪兵丙、丁，摘其袖标。众战士拖下伪兵尸体，并将二伪兵的枪和帽子放在岗楼旁边。严伟才灭掉血迹。

严伟才　同志们，敌人突然增加袖标，情况可能有新的变化。看来通过永进桥会有困难，我们必须作两手准备。金大勇！

金大勇　到！

严伟才　前面就是青石里，你马上去取联系。鲍玉禄！

鲍玉禄　到！

严伟才　靠近桥头查明敌人的兵力和两侧的水势。戴上袖标，集合地点在（略思）前面小松林。

金大勇
鲍玉禄　是。

〔金大勇、鲍玉禄下。

严伟才　同志们，此地不能久停，快走。

众战士　是！

张顺和　排长，对面来了个伪军官。

吕佩禄　干脆干掉他。

严伟才　不，来得正好。（轻声向战士们）来！

〔严伟才与众耳语，示意捉住伪排长。众战士急速列队。

韩大年　（故意放声）巴里卡！

众战士　耶！（欲走）

〔伪排长上。

伪排长　站住！你们是干什么的？

韩大年　师部搜索队。

〔严伟才示意张顺和、战士甲缴下伪排长武器。

伪排长　怎么没戴袖标？

〔伪排长欲掏枪，被张顺和、战士甲摔倒在地，武器被缴。

严伟才　警戒！

伪排长　（强作镇静）你们要打算干什么？告诉你们说，这儿是王牌军白虎团的防地！

严伟才　住口！别说你小小的白虎团，就是美国侵略军的司令部，我们也一样翻它个底朝天！（将为排长抓翻在地）

伪排长　你们到底是什么人？

严伟才　（字字千斤地）中国人民志愿军！

〔伪排长大惊。

严伟才　你放明白点，投降者生，顽抗者死。别忘了你们白虎团的三条军纪，（步步逼匪后退）上前者赏，后退者杀。象你这样作了俘虏回去也休想活命，生死由你选择！

〔一阵炮声。

严伟才　听，我们已经打过来啦！只要你立功赎罪，我们保证你的生命安全。

〔伪排长“跪步”向前，欲夺严伟才的手枪。严伟才机警地一闪身握住手枪，怒视敌人。

伪排长　（惶恐地）长官，长官，我愿意立功赎罪。

严伟才　好，我问你，现在团部有多少兵力？

伪排长　就是一个警卫排。

吕佩禄　（抓住伪排长）要是你不老实，我……

伪排长　是真话。因为你们开了炮，部队都调到前面去了。

严伟才　（发现新的情况，向韩大年示意。对伪排长）你立即打电话通知永进桥和沿途岗卡，让我们顺利通过。

伪排长　这……

韩大年　快！

伪排长　照办。

韩大年　走。

严伟才　（向战士甲）马上去把鲍玉禄和金大勇找回来。

战士甲　是。

〔战士甲下。

〔战士们以匕首威逼伪排长打电话。

伪排长　（战战兢兢地对着电话）喂……告诉三号、四好、五号岗卡，我是排长。现在师部搜索队有要事到团部，让他们通过。你们再通知永进桥的哨所，什么？什么……（惊慌）

〔严伟才机警地示意张顺和夺下伪排长的话筒。

韩大年　怎么回事？

伪排长　长官，电话里说，今天晚上美国的三五榴弹炮营开过来了，阵地就在永进桥南面，由美国督战队亲自守桥。

严伟才　还有什么情况？

伪排长　这……

众战士　说！

伪排长　哎……长官，我来的时候，美国顾问在二青洞召开紧急军事会议，决定提前发动进攻。

严伟才　什么时候行动？

伪排长　拂晓前。

严伟才　（对战士乙）快！把他捆起来放到山洞里。

战士乙　是。

〔战士乙牙伪排长下。战士乙复上。

〔战士甲上。

战士甲　排长，他们回来啦！

〔鲍玉禄、金大勇上。

鲍玉禄
金大勇　排长。

严伟才　情况怎么样？

金大勇　青石里的老乡都找不到了！

鲍玉禄　桥上美军流动哨不断巡逻，袖标严格查对；桥下水深流急，设有暗桩铁丝网，过桥困难。

〔严伟才思索。

〔天空升起信号弹。

韩大年　信号弹！

吕佩禄　排长，团长带领穿插营打过来啦。赶快行动吧！

张顺和　排长，咱们从下游泅水渡河吧！

严伟才　好，泅水渡河。

众战士　是！

战士甲　排长，从山上下来十几辆汽车，正向我们开来。

吕佩禄 排长，打了吧？

严伟才 （略思）不，不能与敌纠缠。把它们调到四号公路，叫我们的炮兵收拾它们。金大勇指挥汽车！

金大勇 是。（取过两面指挥旗，指挥汽车）喂：前面的桥被水中垮啦，走四号公路！

〔汽车灯光道道划过，马达声由近渐远。

严伟才 同志们，争取时间就是胜利。我们要抢先一步，在拂晓敌人行动之前，打掉伪团部！

众战士 是！

严伟才 （唱）【二黄快板】

敌情聚变事紧急，
一发之际关全局。
敌变我变莫迟疑，
泅水渡河歼顽敌。

〔严伟才挥手，"亮相"。众战士急下。

——幕 闭

第八场　带路越险

〔紧接上场。

〔永进桥侧小松林附近。

〔幕启。

崔大嫂　（内唱）【二黄导板】

闻北方炮声起奋身——（上场，“亮相”）**脱险，**

【回龙】

绕小路离开了永进桥边。

【快三眼】

被强迫修公路心如火燃，

怎能忘阿妈妮临终遗言。

青石里是我军联络地点，

与严排长取联系来把敌歼。

【垛板】

听炮声似雷鸣接连不断，

想必是朝中军大反击就在今天。

寻亲人哪顾得千难万险，

舍死忘生飞奔向前。

〔近处枪响。崔大嫂急欲奔下。严伟才率众战士迎面赶上，围一圆形掩护崔大嫂。

〔数伪兵追上。

韩大年　（机智地向众伪兵）**快！快！**

〔数伪兵朝韩大年所指的方向追下。

严伟才　警戒！

〔崔大嫂心中犹疑，欲行又止。

崔大嫂　你们到底是什么人？

严伟才　你是崔大嫂！

崔大嫂　你是——

严伟才　我是严伟才呀！

崔大嫂　严排长！

严伟才　大嫂。

韩大年　都是自己人哪！

众战士　大嫂！

崔大嫂　（惊喜交集，双手分握着严、韩的手

（唱）【二黄散板】

听说自己人，

两耳春雷震，

紧急关头逢亲人。

众战士　大嫂，你怎么到这儿来了？

崔大嫂　敌人抓我们到永进桥修公路。乡亲们掩护我跑出来，正要到青石里等你们。

严伟才　大嫂，我们马上就要过河打掉白虎团指挥部。前面有没有新的情况？

崔大嫂　严排长！

（唱）【吹腔曲牌】

二青洞正面防守紧，

美军岗哨密如林。

攀上悬崖过板桥，

　　　　居高临下见敌营。

严伟才　大嫂，从哪儿走?

崔大嫂　你看，由这里往东，那里水浅。过得河去，盘上山路，通过独木桥，就可以从背后到达伪团部。

严伟才　有条独木桥?

崔大嫂　对，我来带路。

严伟才　大嫂，谢谢你！走。

〔崔大嫂引路，至河边。

崔大嫂　跳!

〔众作过河舞蹈。上岸。面迎高山。

〔严伟才率众攀上悬崖。

崔大嫂　（行进间一惊）桥已被敌人破坏!

众战士　啊!

严伟才　（唱）【唢呐二黄导板】

　　　　面临深涧桥梁断。

张顺和　对面有灯光!

崔大嫂　那就是伪团部。

严伟才　（唱）【回龙】

　　　　见敌营，灯光闪，

　　　　贼在咫尺不能歼，万丈怒火冲云天。（略思）

【原板】

　　　　笑敌人伎俩穷，把路断，

　　　　休想将我来阻拦。

　　　　英雄何惧走天险，

　　　　志愿军从来不怕难!

　　　　夺战机要果断，

飞越深涧抢时间。

众战士　是，飞越深涧！

〔近处炮声响。

严伟才　张顺和。

张顺和　到！

严伟才　准备绳索！

张顺和　是！（作扔绳索动作）

〔严伟才检查绳索后，众作攀绳索过涧的舞蹈。

严伟才　吕佩禄！

吕佩禄　到！

严伟才　带领火力组首先消灭敌人警卫排。

吕佩禄　是。

严伟才　鲍玉禄、金大勇！

鲍玉禄
金大勇　到！

严伟才　负责打掉敌人的通讯联络。

鲍玉禄
金大勇　是。

严伟才　同志们！

众战士　到！

严伟才　戴上识别记号，猛袭伪团部！

〔众取出红绸标记，威武“亮相”。

〔切光。

——幕　闭

第九场　奇袭伪团部

〔紧接上场。

〔伪白虎团团部。高山峡谷，怪石嶙嶙，铁丝网、碉堡群层层环抱。室内，灯光暗淡，墙上挂着伪白虎团团旗，写字台上歪放着军用地图和电话机。显得阴沉零乱。

〔幕启：伪报务员正在收发电报。伪参谋长立于发报机旁。白虎团长伏着看地图。美国顾问惶惶不安地来回踱步。

白虎团长　（看手表）参谋长，盟军来过电话没有？

伪参谋长　还没有。

白虎团长　到底什么时间行动？

美国顾问　（向美军参谋）马上打个电话，要他们把提前行动的时间立刻告诉我们。

美军参谋　耶司。

伪参谋长　团长，敌人开始用猛烈炮火攻击我前沿阵地。在松云岭附近突然发现一股共军，约有一营兵力，正向我团部方向推进。

美国顾问　（向伪参谋长）命令基甲团立即把它消灭掉！

伪参谋长　耶。

〔匪兵端过酒来。

美国顾问　朋友们，金城一线的十万大军正在向北挺进，我们很快就要创造出震惊世界的奇迹。让我们为即将到来的胜利干杯吧！

白虎团长　好，为胜利干杯！

〔众匪正举杯欲饮，响起猛烈炮声。伪团部电灯熄灭。

〔传来吉普车声。机甲团长带伤狼狈急上。

机甲团长　（因全军覆没，气极）白昌谱！我的机甲团被共军全部击溃，你要负责任！

白虎团长　住口！你的部队要是早上去半个小时，局面也不会到这种地步！

〔机甲团长气愤欲辩—

伪参谋长　（向白虎团长）报告团长，电讯中断。（轻声地）总部电报，全线情况紧急。你要早作准备！

美国顾问　（惊慌失措，忙将美军参谋拉向一边，轻声地）马上把我们的榴弹炮营撤走。请总部赶快派一架直升飞机来接我。快，快！

美军参谋　耶司。

〔美军参谋与美军士兵急下。

机甲团长　（向美国顾问）你们赶快派兵增援。要不，我们就撤！

美国顾问　撤？（色厉内荏，故作镇静地）镇静，镇静。先生们，只要你们能顶住共军的先头部队，局面就会改变。请放心，这里地势险要，工事坚固，还有我们美国参加过第二次世界大战的三五榴弹炮营，在永进桥支援着你们，共军是绝对过不来的。

〔严伟才、韩大年等突然破窗而入。

严伟才　（挥枪）不许动！

〔机甲团员掏枪顽抗，被严伟才击毙。

〔伪团部乱作一团。美国顾问负伤，乘机溜走。伪参谋长躲入桌下。韩大年追击一伪兵下。

〔严伟才开枪打白虎团长，白虎团长急忙闪身，击中伪连长。白虎团长逃下。

〔一伪兵和严伟才搏斗，一战士与金大勇追其余伪兵上。严伟才等击毙数伪兵，“亮相”。严伟才挥手，一战士与金大勇追其余伪兵下。严伟才向白虎团长逃窜之处追去。

〔伪参谋长从桌底下爬出，正欲逃窜，此时鲍玉禄追一伪兵上，开枪将伪兵击毙。伪参谋长抓住鲍玉禄的枪。鲍玉禄欲射弹尽，伪参谋长拔除匕首，与鲍玉禄搏斗。又上二伪兵，混战。鲍玉禄扔出手榴弹，伪参谋长与数伪兵丧命。

〔美军士兵上，举枪欲打鲍玉禄。吕佩禄追上，打掉美军士兵的手枪。二人格斗。又一伪兵上。美、伪士兵先后被吕佩禄打翻在地，继而扔出窗外。

〔严伟才追白虎团长上。白虎团长开枪打严伟才，严伟才纵身跳起，击中身后一伪兵。又上数伪兵，其中一伪兵欲摘白虎团团旗，被严伟才击毙。其他数伪兵亦先后被严伟才击毙。严伟才用力踢掉白虎团长的手枪。白虎团长拔出战刀顽抗。又上美、伪士兵各一人，扑向严伟才。白虎团长乘机跳窗逃窜。严伟才用刺刀先后将二美、伪士兵刺死。

〔志愿军众战士上。张顺和拾起白虎团团旗。严伟才率众士兵飞身越窗，穷追残敌。

〔暗转。

尾声 乘胜追击

〔紧接上场。

〔伪白虎团团部附近一片开阔地带。天空彩霞万朵。近处山坡上的公路已被我炮火摧毁，余烟未尽。

〔一伪兵搀扶美国顾问狼狈不堪地跑上。该伪兵将美国顾问推倒，急欲逃命，被美国顾问开枪击毙。美国顾问戴上伪兵钢盔，仓惶逃下。

〔三伪兵跑过，下。

〔张顺和、金大勇、韩大年追三伪兵上。拼刺。一伪兵被刺死，另二伪兵被俘。

〔一战士押伪兵俘虏过场，下。

〔白虎团长、美军参谋及二伪兵疲于奔命地上。严伟才内喊“杀”声，持刺刀迎面赶上，单枪独身与白虎团长等激烈搏斗，先后刺死二伪兵和美军参谋，生擒白虎团长。

〔韩大年、崔大嫂和众战士将美国顾问押上，严伟才胜利地“亮相”。

〔军号嘹亮。远处穿来胜利欢呼声。

〔二战士押美国顾问、白虎团长下。二战士复上。

〔王团长、关政委率穿插营上。

众　（欢呼）**胜利！**

〔严伟才将缴获的伪白虎团团旗交给王团长。王团长将旗扔在地下。

王团长　**同志们！你们按预定时间胜利地完成了歼灭白虎团指挥机关的光荣任务。这是中朝两国人民并肩作战的胜利！**

这是毛主席军事思想的伟大胜利！现在金城全线之敌，正被我大军围歼中。我们决不让敌人喘息。乘胜追击！

众　乘胜追击！

严伟才　出发！

众　是。

〔在《国际歌》乐曲声中，我中国人民志愿军和朝鲜群众踏着伪白虎团团旗乘胜前进。

——幕　闭

（剧　终）

打败美帝野心狼

第一场　严伟才唱

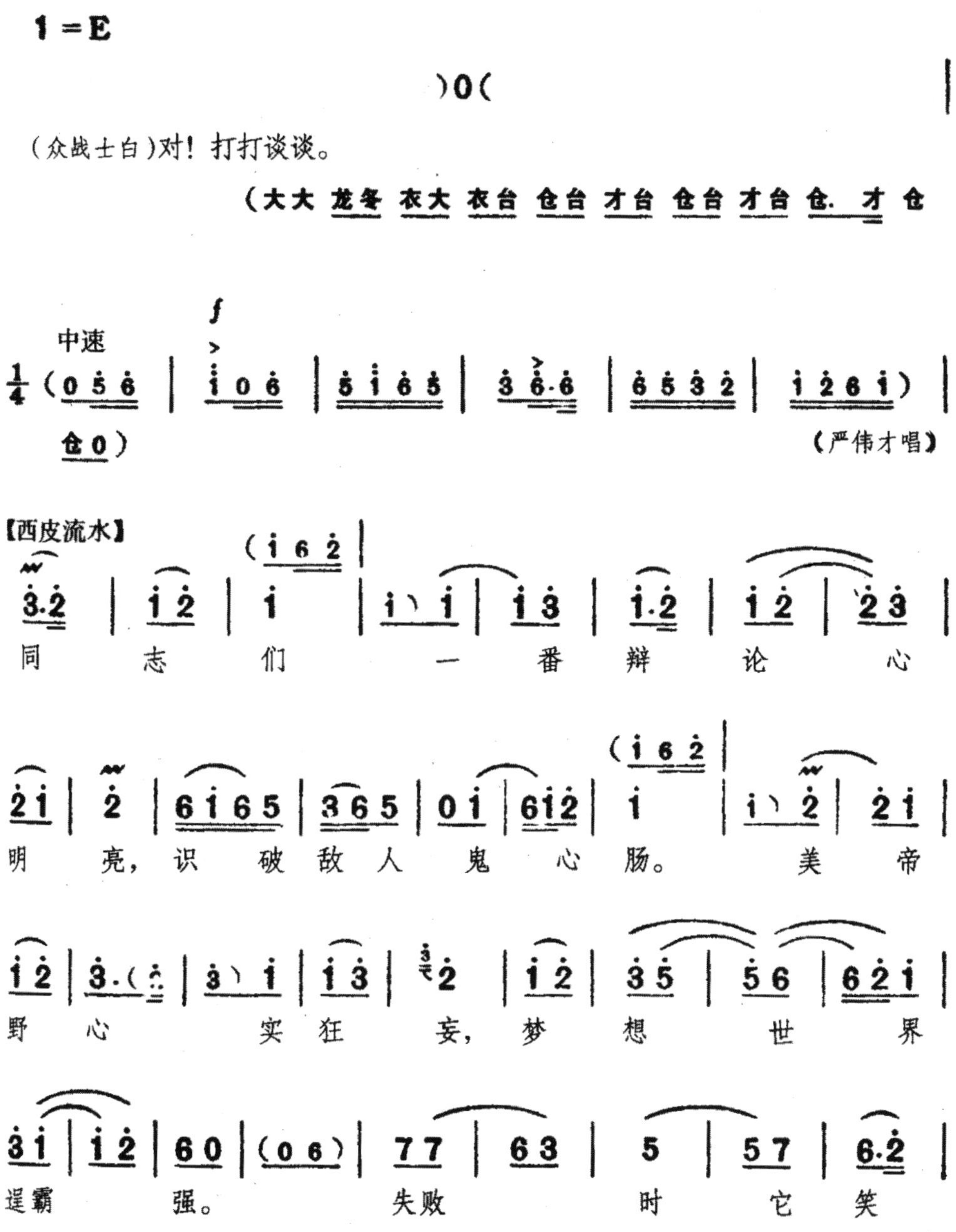

1＝E

)0(

（众战士白）对！打打谈谈。

（大大 龙冬 衣大 衣台 仓台 才台 仓台 才台 仓. 才 仓

中速

1/4（0 5 6 | 1 0 6 | 5 1 6 5 | 3 6·6 | 6 5 3 2 | 1 2 6 1）|

仓 0）　　（严伟才唱）

【西皮流水】

3·2 | 1 2 | 1 （1 6 2 | 1 1 | 1 3 | 1·2 | 1 2 | 2 3 |

同志们一番辩论心

2 1 | 2 | 6 1 6 5 | 3 6 5 | 0 1 | 6 1 2 | 1 （1 6 2 | 1 2 | 2 1 |

明亮，识破敌人鬼心肠。美帝

1 2 | 3·(| 3) 1 | 1 3 | 2 | 1 2 | 3 5 | 5 6 | 6 2 1 |

野心实狂妄，梦想世界

3 1 | 1 2 | 6 0 |（0 6）| 7 7 | 6 3 | 5 | 5 7 | 6·2 |

逞霸强。失败时它笑

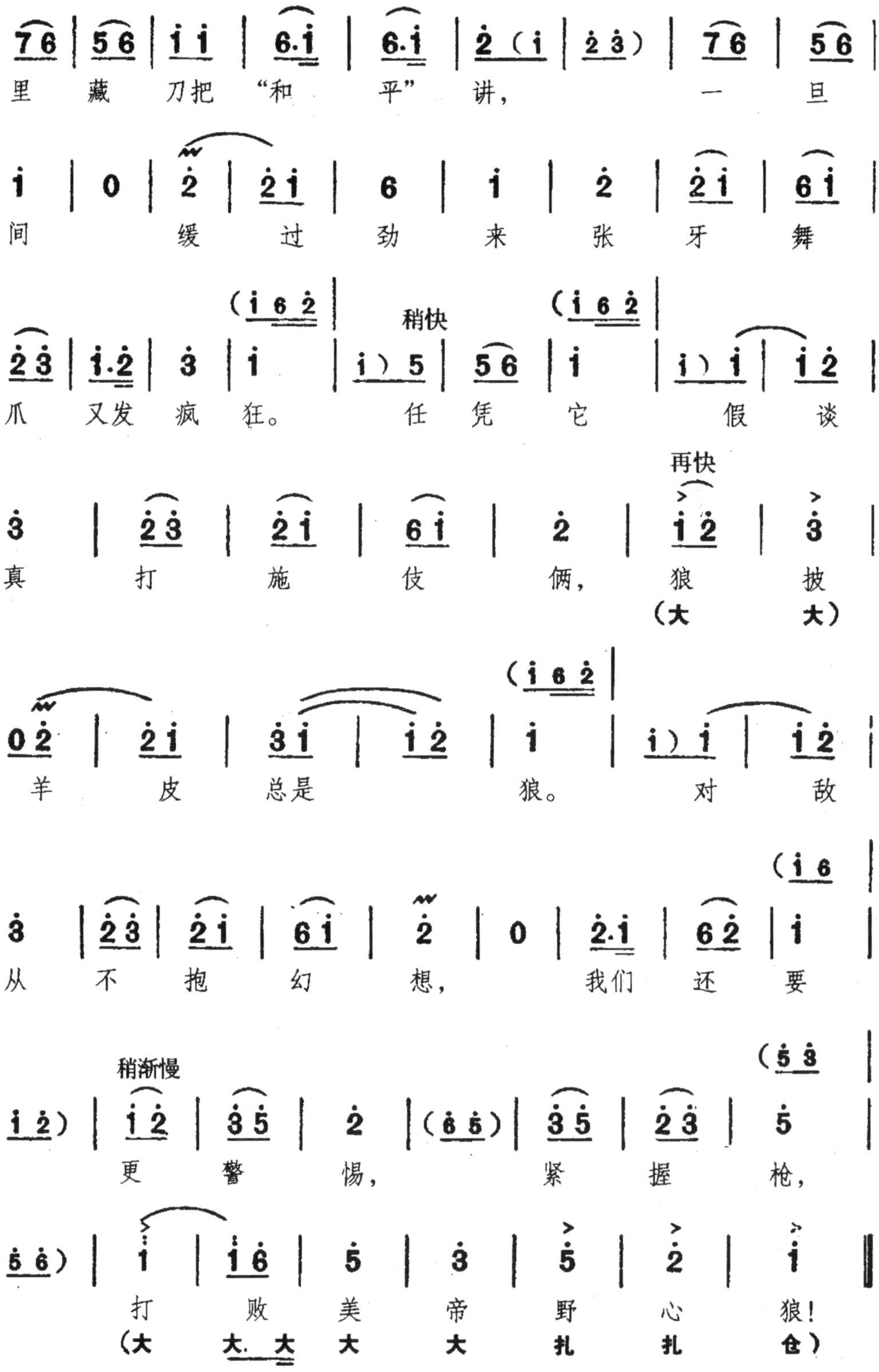

里藏刀把“和平”讲，一旦

间缓过劲来张牙舞

稍快

爪又发疯狂。任凭它假谈

再快

真打施伎俩，狼披

（大 大）

羊皮总是狼。对敌

从不抱幻想，我们还要

稍渐慢

更警惕，紧握枪，

打败美帝野心狼！

（大 大.大 大 大 扎 扎 仓）

阶级的情义重如泰山

第一场　崔大娘、严伟才唱

1＝E

mf
(0 0 06535 6 1 5 6 | 1 — 2 7 6 |
(仓. 嘟 才八台 仓 台才 乙个台 仓嘟 大 大 大

mp 【西皮散板】
5 —) 55 3 5 65 6 5 | 4 — 3 3 2 5 3 0 |
)(　　)一年不见亲人面，往事历历

32 21 1· 2 12 102 3 5 — 3 2 2 1 — |
在眼前。

(7 6 2 1 —) 2 1 2 2·3 12 3 | 2 2 2 7 |
(　一) 在我家养重伤朝夕相伴，

2 65 72 | 6 3·6 | 5· (2 36 5) |
情逾骨肉

3 2 6·1 61 2 1· (3 5·6 32 1 —)
相依相关。

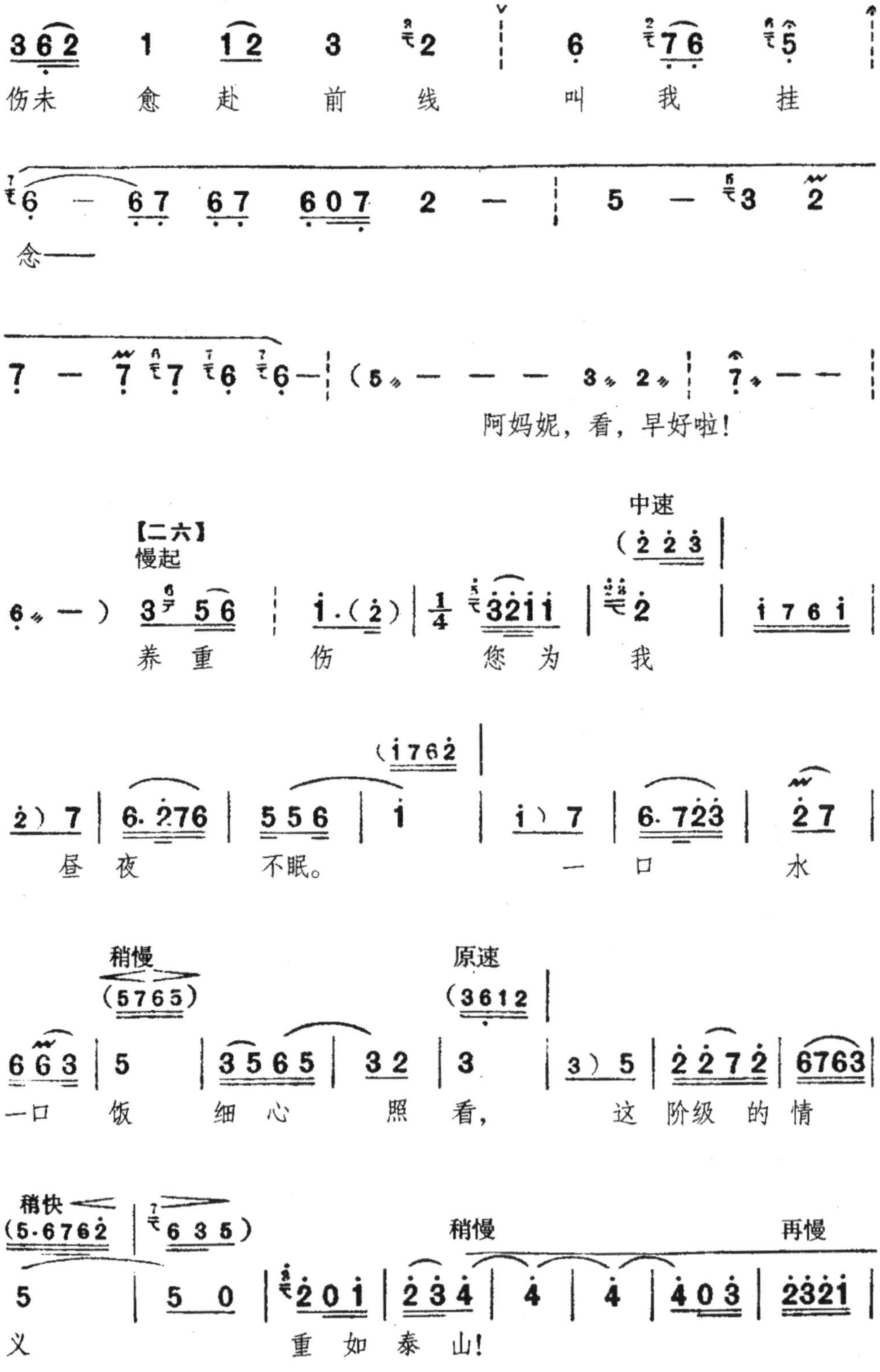

伤未 愈 赴 前 线 叫 我 挂

念——

阿妈妮，看，早好啦！

【二六】

慢起

中速

养 重 伤 您 为 我

昼 夜 不眠。 一 口 水

稍慢 原速

一口 饭 细 心 照 看， 这 阶级 的 情

稍快 稍慢 再慢

义 重 如 泰 山！

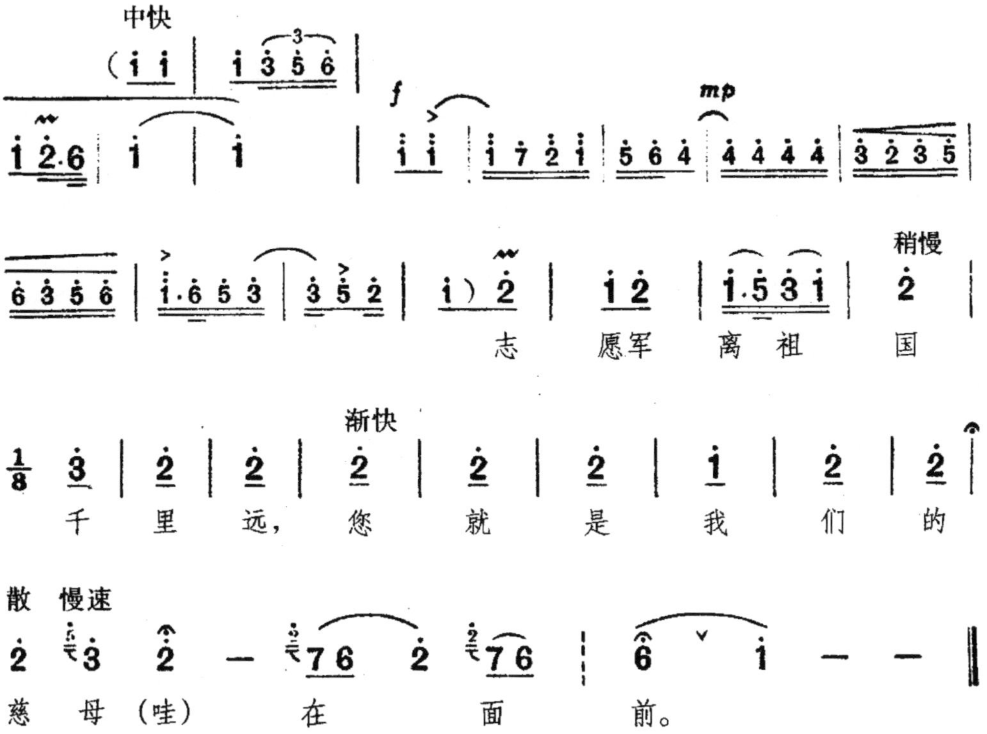

中快

稍慢

志 愿军 离 祖 国

渐快

千 里 远，您 就 是 我 们 的

散 慢速

慈 母（哇）在 面 前。

怒涛汹涌激汉江

第二场 崔大娘唱

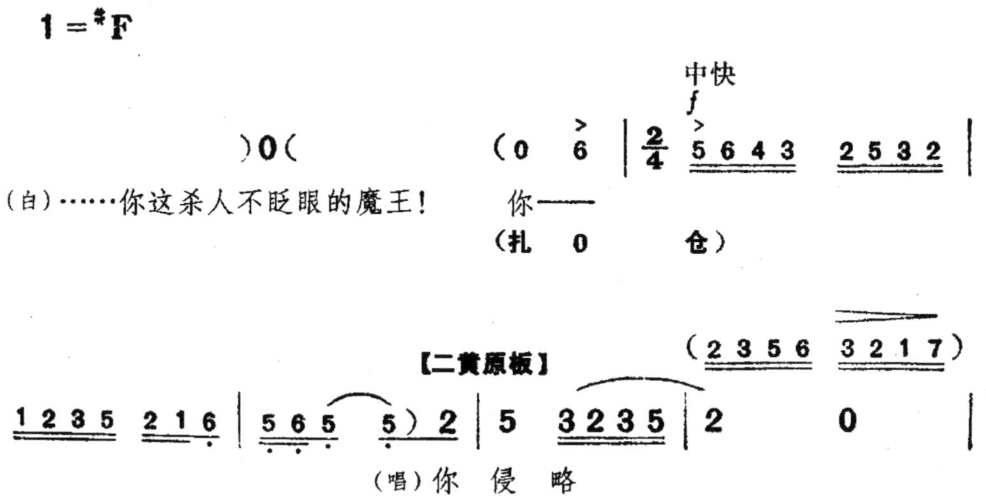

1 = #F

中快

（白）……你这杀人不眨眼的魔王！ 你——

（扎 0 仓）

【二黄原板】

（唱）你 侵 略

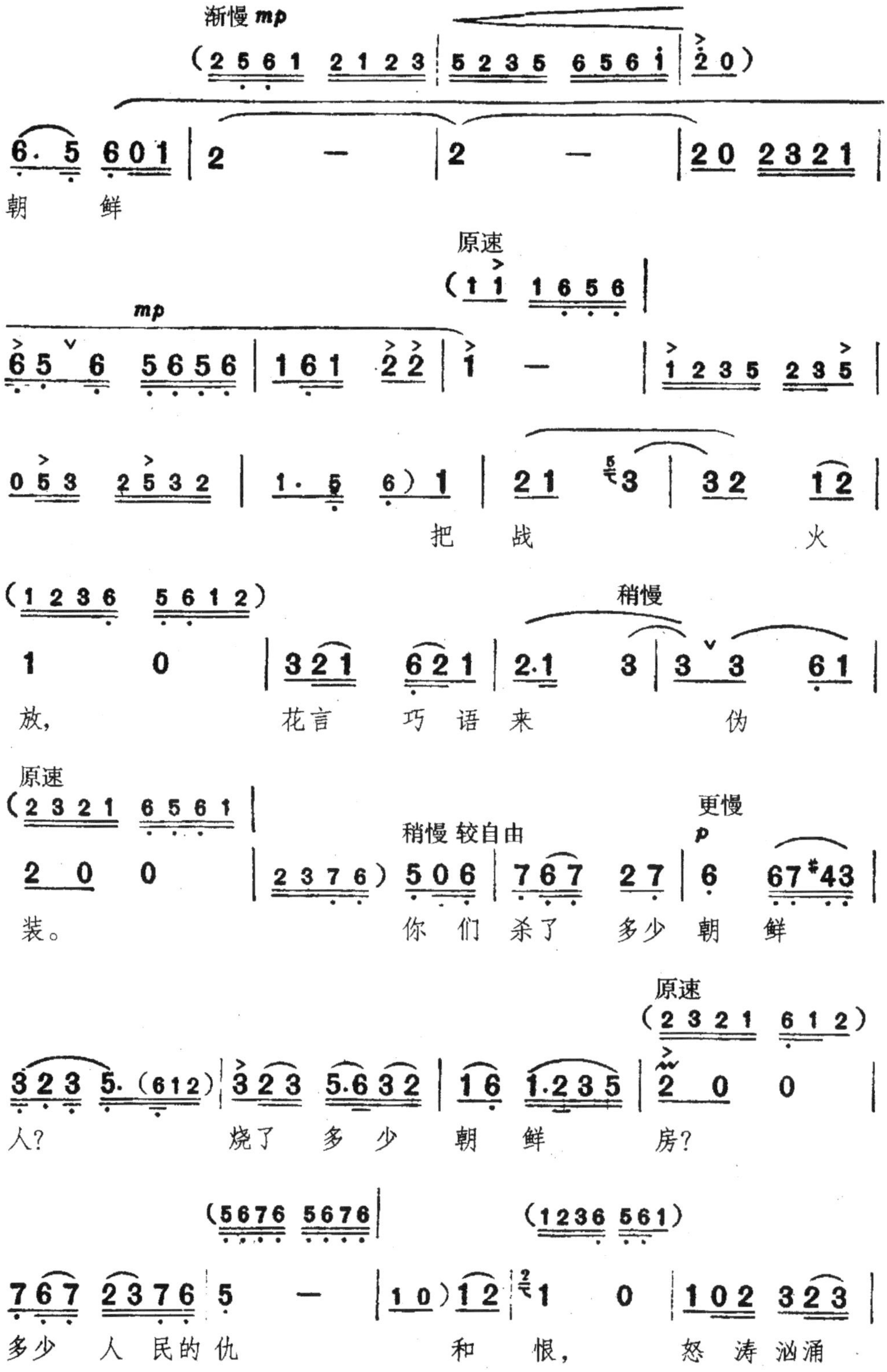

渐慢 *mp*

(2561 2123 | 5235 6561 | 20)

6. 5 601 | 2 — | 2 — | 20 2321 |

朝 鲜

原速

(11 1656 |

mp

65 6 5656 | 161 22 | 1 — | 1235 235 |

053 2532 | 1. 5 6) 1 | 21 3 | 32 12 |

把 战 火

(1236 5612)

稍慢

1 0 | 321 621 | 2·1 3 | 3 3 61 |

放， 花言 巧 语 来 伪

原速

(2321 6561 |

稍慢 较自由

更慢 *p*

2 0 0 | 2376) 506 | 767 27 | 6 67#43 |

装。 你 们 杀了 多少 朝 鲜

原速

(2321 612)

323 5.(612) | 323 5.632 | 16 1.235 | 2 0 0 |

人？ 烧了 多 少 朝 鲜 房？

(5676 5676 | (1236 561)

767 2376 | 5 — | 10)12 | 1 0 | 102 323 |

多少 人 民的 仇 和 恨， 怒 涛 汹涌

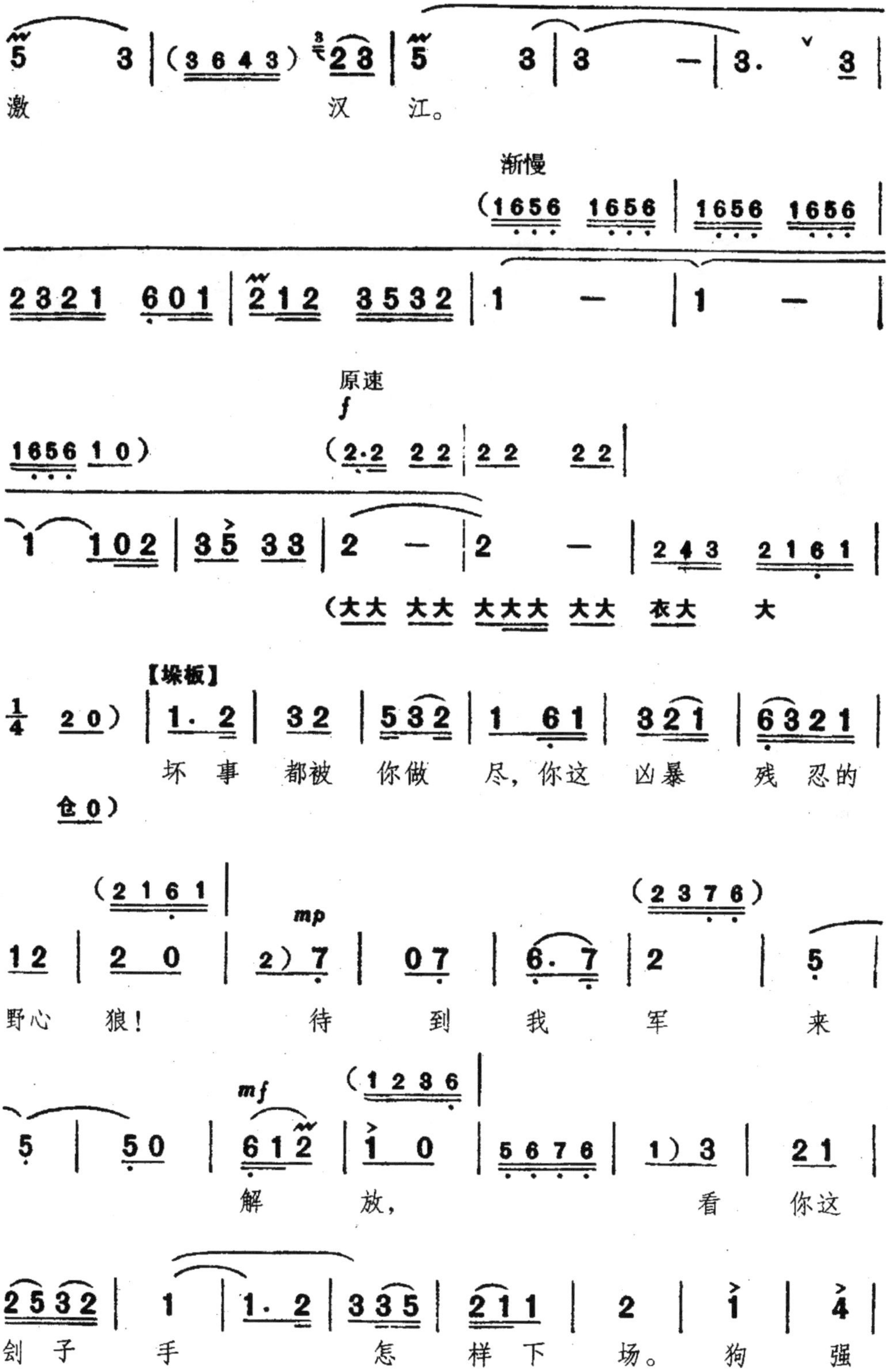

激 汉 江。

渐慢

原速

(大大 大大 大大大 大大 衣大 大

【垛板】

坏事都被你做尽，你这凶暴残忍的

仓0)

野心狼！待到我军来

解放，看你这

刽子手怎样下场。狗强

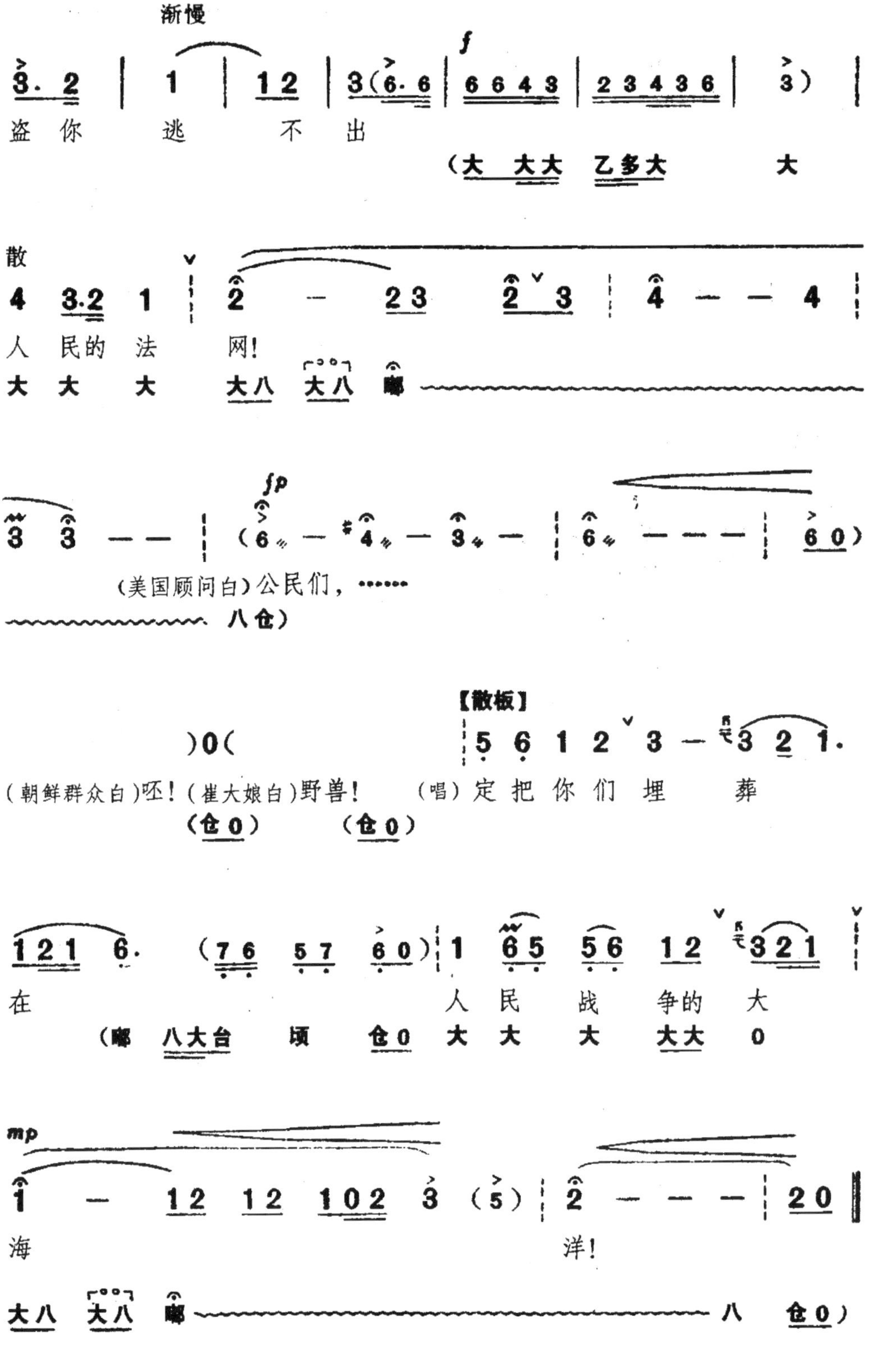

渐慢

盗你逃不出

（大 大大 乙多大 大

散

人民的法网！

大 大 大 大八 大八 嘟

（美国顾问白）公民们，……

八仓）

【散板】

（朝鲜群众白）呸！（崔大娘白）野兽！ （唱）定把你们埋葬

（仓 0） （仓 0）

在人民战争的大

（嘟 八大台 顷 仓 0 大 大 大 大大 0

mp

海洋！

大八 大八 嘟 八 仓 0）

英雄人民志气刚

第二场　崔大嫂唱

1 = ♭D

sfp　散 f

(白) 妈——妈——　(✱)

【二黄散板】

(唱) 见 婆 母 遭 惨 害 痛

p　渐快渐强

心 绞 肠。

稍慢　稍快　p

mf　f　稍慢

(嘟 ～～～～～～ 仓)

你 英 勇 不 屈 丧 敌 手，仇 恨 在

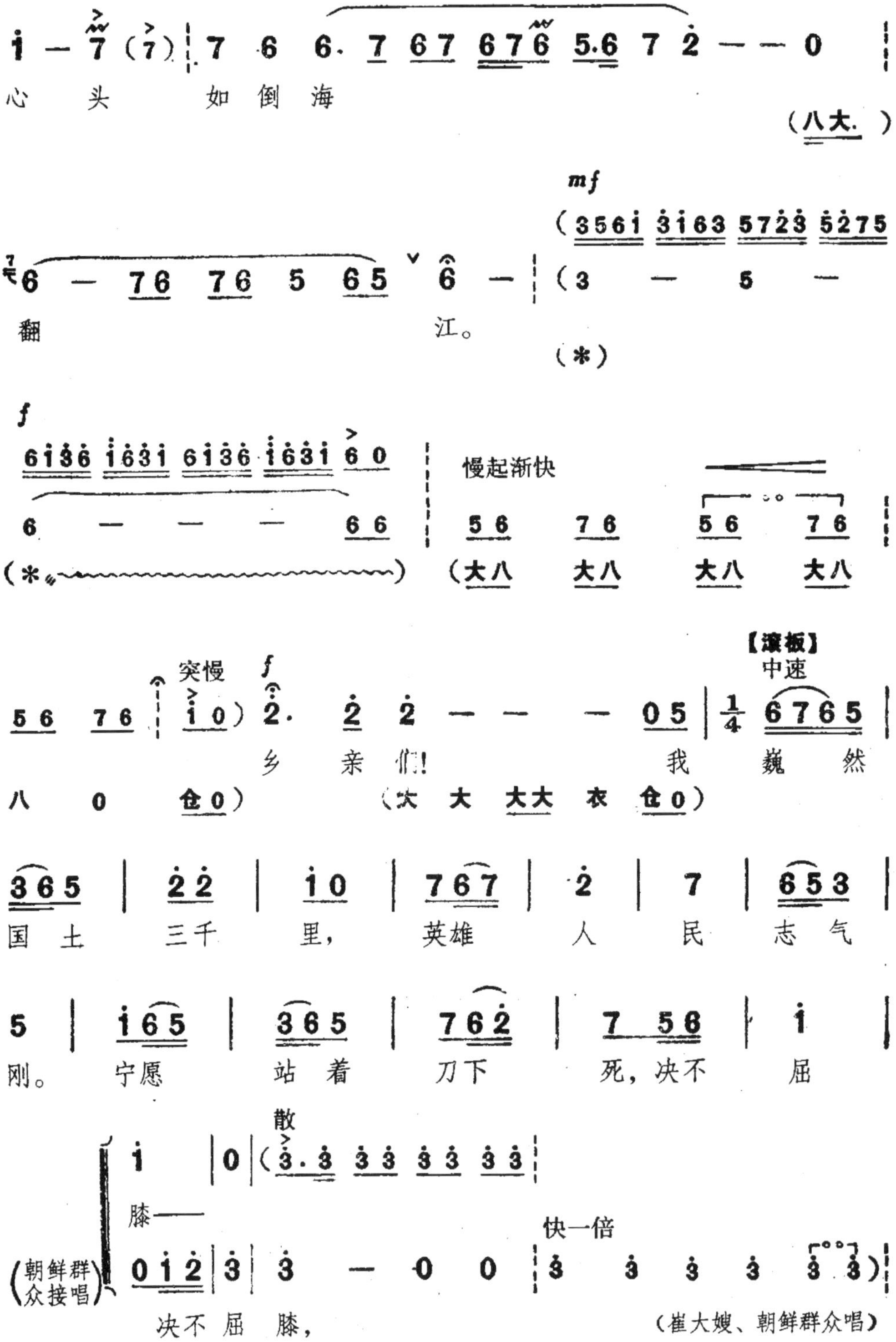

心头如倒海

（八大.）

翻江。

（＊）

慢起渐快

（大八 大八 大八 大八

突慢

【滚板】
中速

乡亲们！我巍然

八 0 仓0）（大 大 大大 衣 仓0）

国土三千里，英雄人民志气

刚。宁愿站着刀下死，决不屈

散

膝——

快一倍

（朝鲜群众接唱）

决不屈膝，

（崔大嫂、朝鲜群众唱）

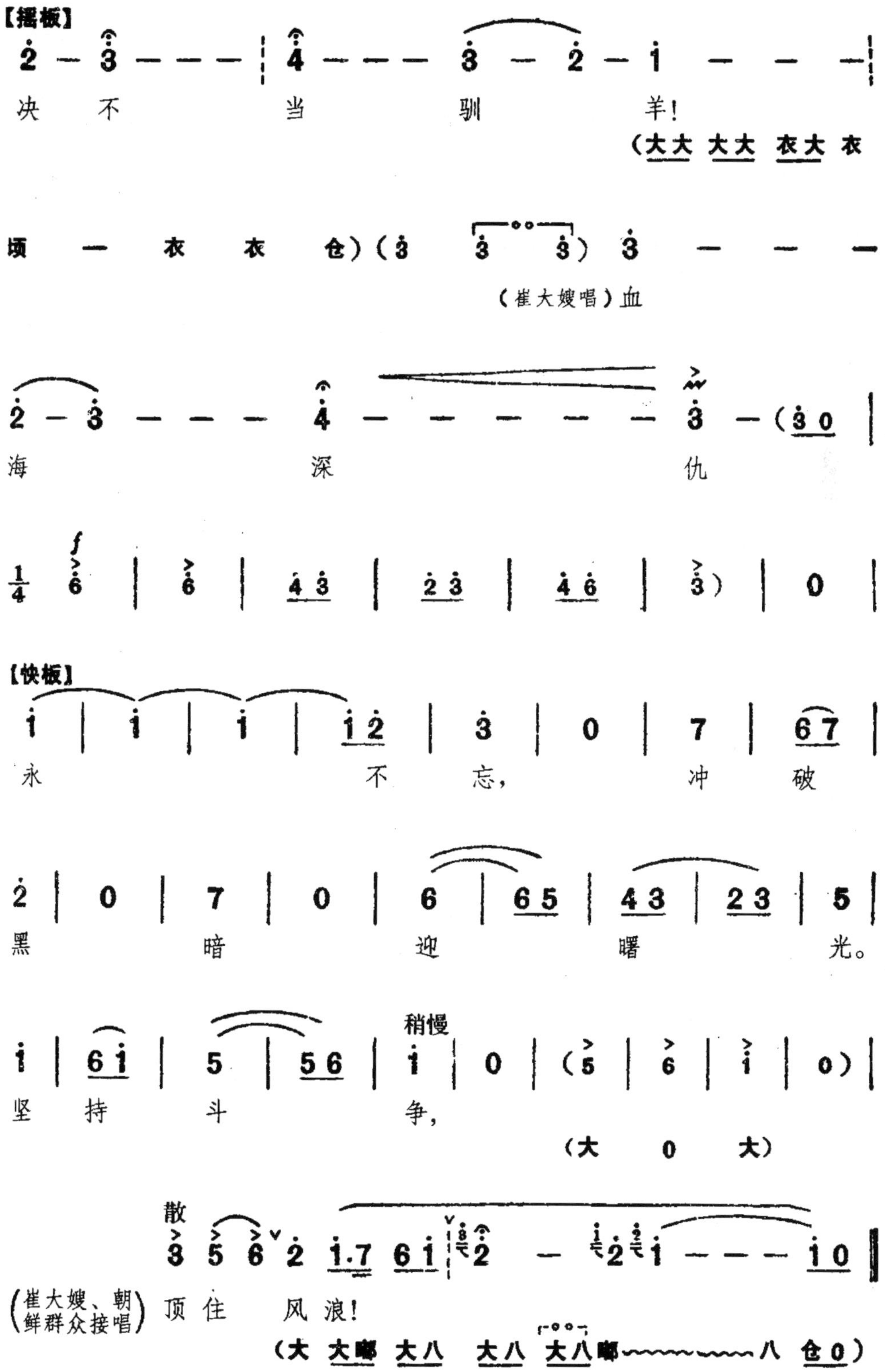

【摇板】

2 — 3 — — — | 4 — — — 3 — 2 — 1 — — — |

决 不 当 驯 羊!

（大大 大大 衣大 衣

顷 一 衣 衣 仓）（3 3 3）3 — — —

（崔大嫂唱）血

2 — 3 — — — 4 — — — — — 3 —（3 0 |

海 深 仇

1/4 6 | 6 | 4 3 | 2 3 | 4 6 | 3） | 0 |

【快板】

1 | 1 | 1 | 1 2 | 3 | 0 | 7 | 6 7 |

永 不 忘, 冲 破

2 | 0 | 7 | 0 | 6 | 6 5 | 4 3 | 2 3 | 5 |

黑 暗 迎 曙 光。

稍慢

1 | 6 1 | 5 | 5 6 | 1 | 0 |（5 | 6 | 1 | 0）|

坚 持 斗 争,

（大 0 大）

散

3 5 6 2 1.7 6 1 | 2 — 2 1 — — — 1 0 ‖

（崔大嫂、朝鲜群众接唱）顶 住 风 浪!

（大 大啷 大八 大八 大八啷〰〰八 仓 0）

血债定要血来还

第三场　严伟才唱

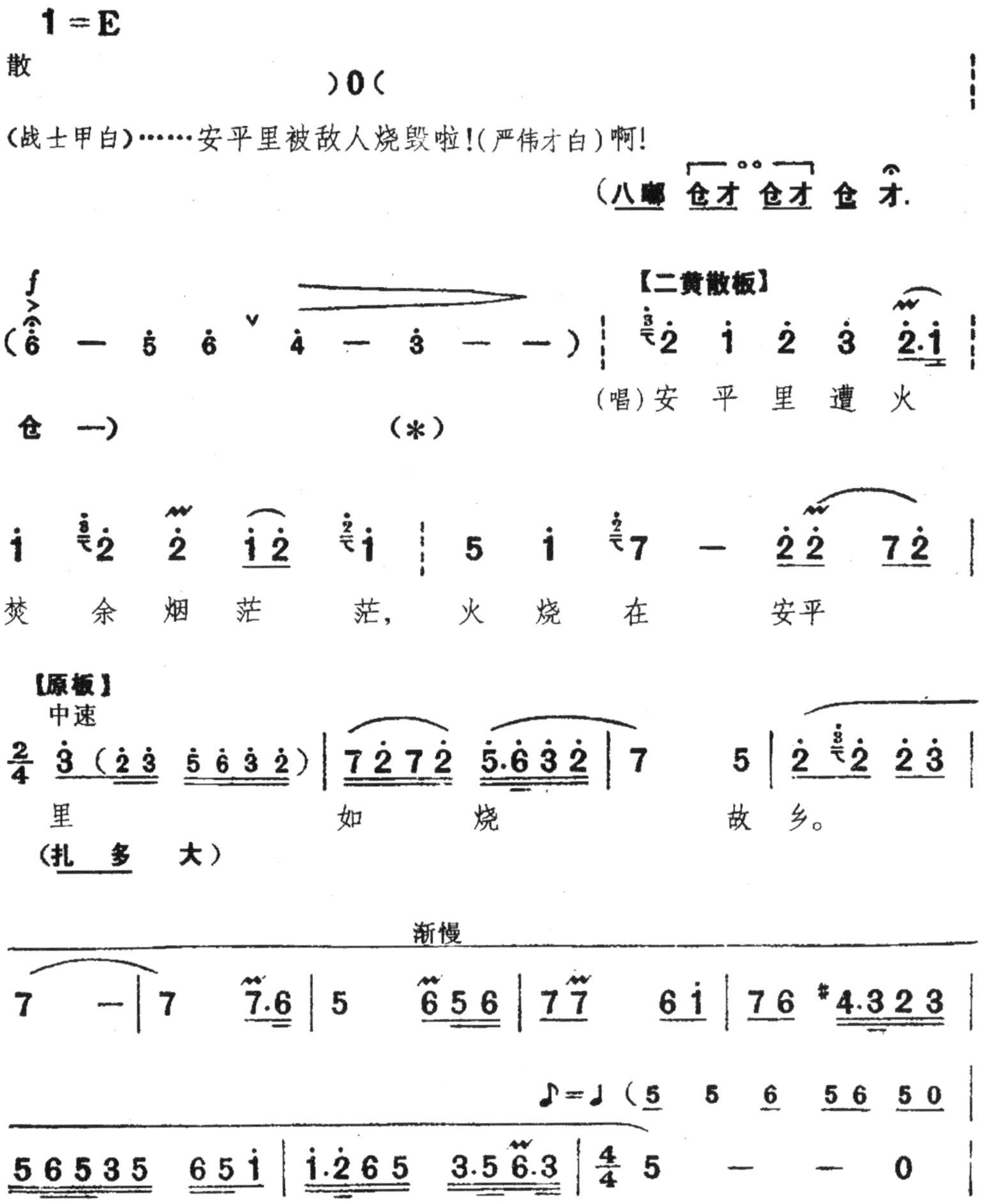

1＝E
散
)0(
（战士甲白）……安平里被敌人烧毁啦！（严伟才白）啊！
（八嘟 仓才 仓才 仓 才.
f
（6 — 5 6 4 — 3 — —）【二黄散板】2 1 2 3 2·1
仓 —）　（*）　（唱）安平里遭火
1 2 2 1 2 1 | 5 1 7 — 2 2 7 2
焚余烟茫茫，火烧在安平
【原板】
中速
2/4 3（2 3 5 6 3 2）| 7 2 7 2 5·6 3 2 | 7 5 | 2 2 2 3
里　如　烧　故乡。
（扎 多 大）
渐慢
7 — | 7 7·6 | 5 6 5 6 | 7 7 6 1 | 7 6 #4·3 2 3
♪＝♩（5 5 6 5 6 5 0
5 6 5 3 5 6 5 1 | 1·2 6 5 3·5 6·3 | 4/4 5 — — 0

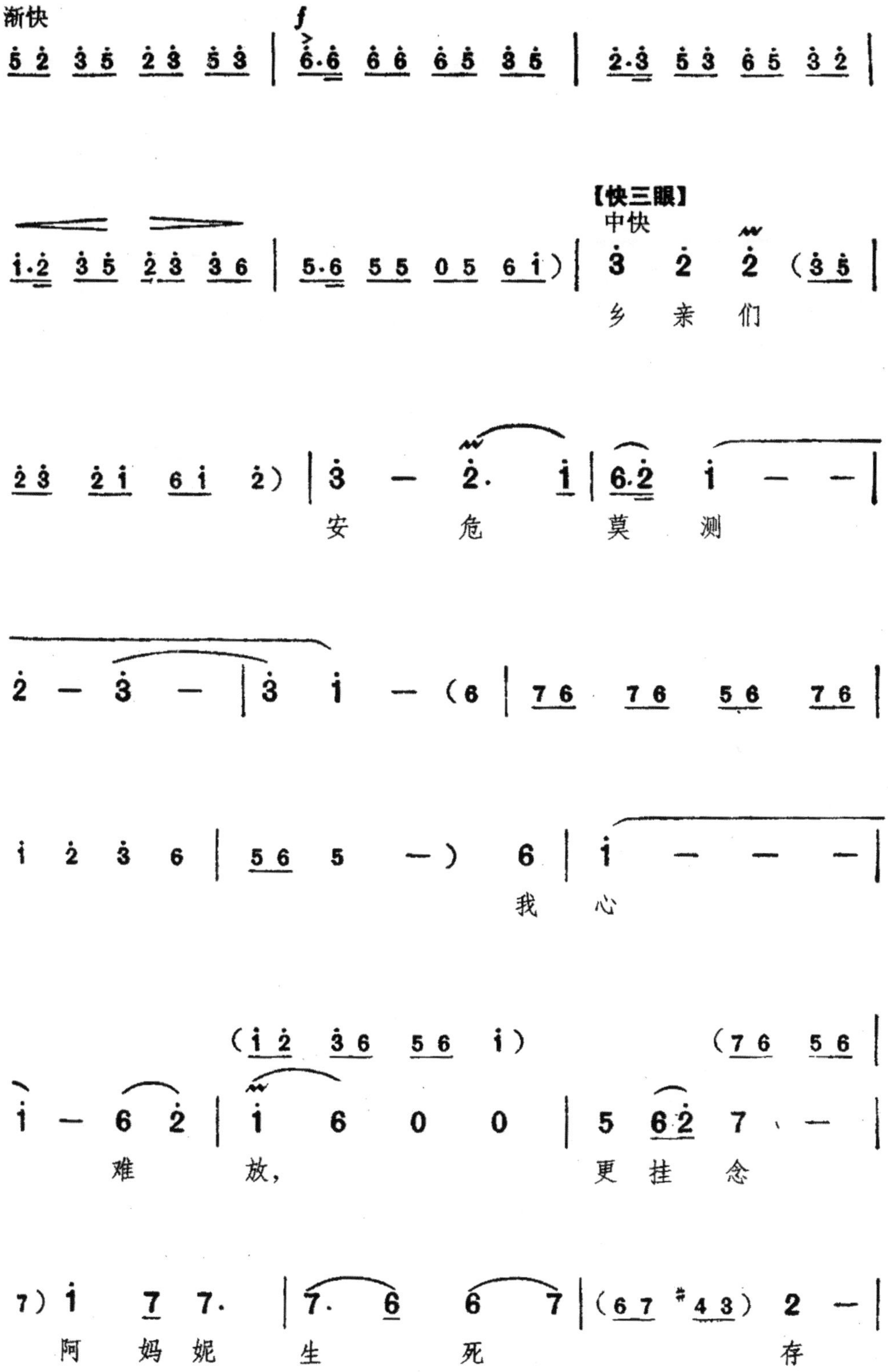

渐快

f

5 2 3 5 2 3 5 3 | 6·6 6 6 6 5 3 5 | 2·3 5 3 6 5 3 2 |

【快三眼】
中快

1·2 3 5 2 3 3 6 | 5·6 5 5 0 5 6 1） | 3 2 2 （3 5 |

乡 亲 们

2 3 2 1 6 1 2） | 3 — 2· 1 | 6·2 1 — — |

安 危 莫 测

2 — 3 — | 3 1 —（6 | 7 6 7 6 5 6 7 6 |

1 2 3 6 | 5 6 5 —） 6 | 1 — — — |

我 心

（1 2 3 6 5 6 1） （7 6 5 6 |

1 — 6 2 | 1 6 0 0 | 5 6 2 7 — |

难 放， 更 挂 念

7）1 7 7· | 7· 6 6 7 | （6 7 #4 3） 2 — |

阿 妈 妮 生 死 存

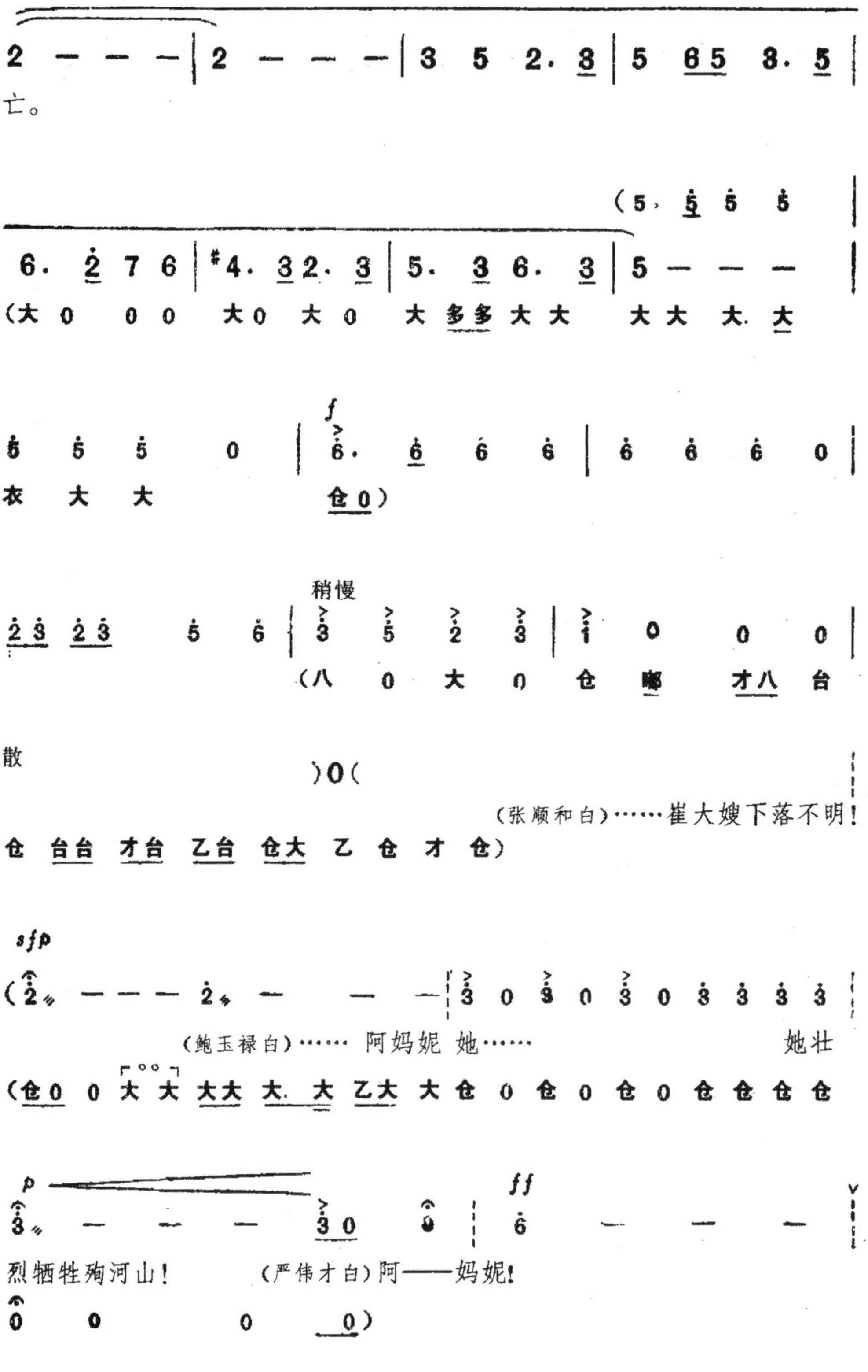

2 — — — | 2 — — — | 3 5 2. 3 | 5 65 3. 5 |
亡。

(5. 5 5 5 |
6. 2 7 6 | #4. 32. 3 | 5. 3 6. 3 | 5 — — — |
(大 0 0 0 大0 大 0 大 多多 大 大 大 大 大. 大

f
5 5 5 0 | 6. 6 6 6 | 6 6 6 0 |
衣 大 大 仓 0)

稍慢
23 23 5 6 | 3 5 2 3 | 1 0 0 0 |
(八 0 大 0 仓 嘟 才八 台

散
)0(
(张顺和白)……崔大嫂下落不明！
仓 台台 才台 乙台 仓大 乙 仓 才 仓)

sfp
(2 — — — 2 — — — | 3 0 3 0 3 0 3 3 3 3 |
(鲍玉禄白)…… 阿妈妮 她…… 她壮
(仓0 0 大 大 大大 大. 大 乙大 大 仓 0 仓 0 仓 0 仓 仓 仓 仓

p ff
3 — — — 3 0 0 | 6 — — — |
烈牺牲殉河山！ (严伟才白)阿——妈妮！
0 0 0 0)

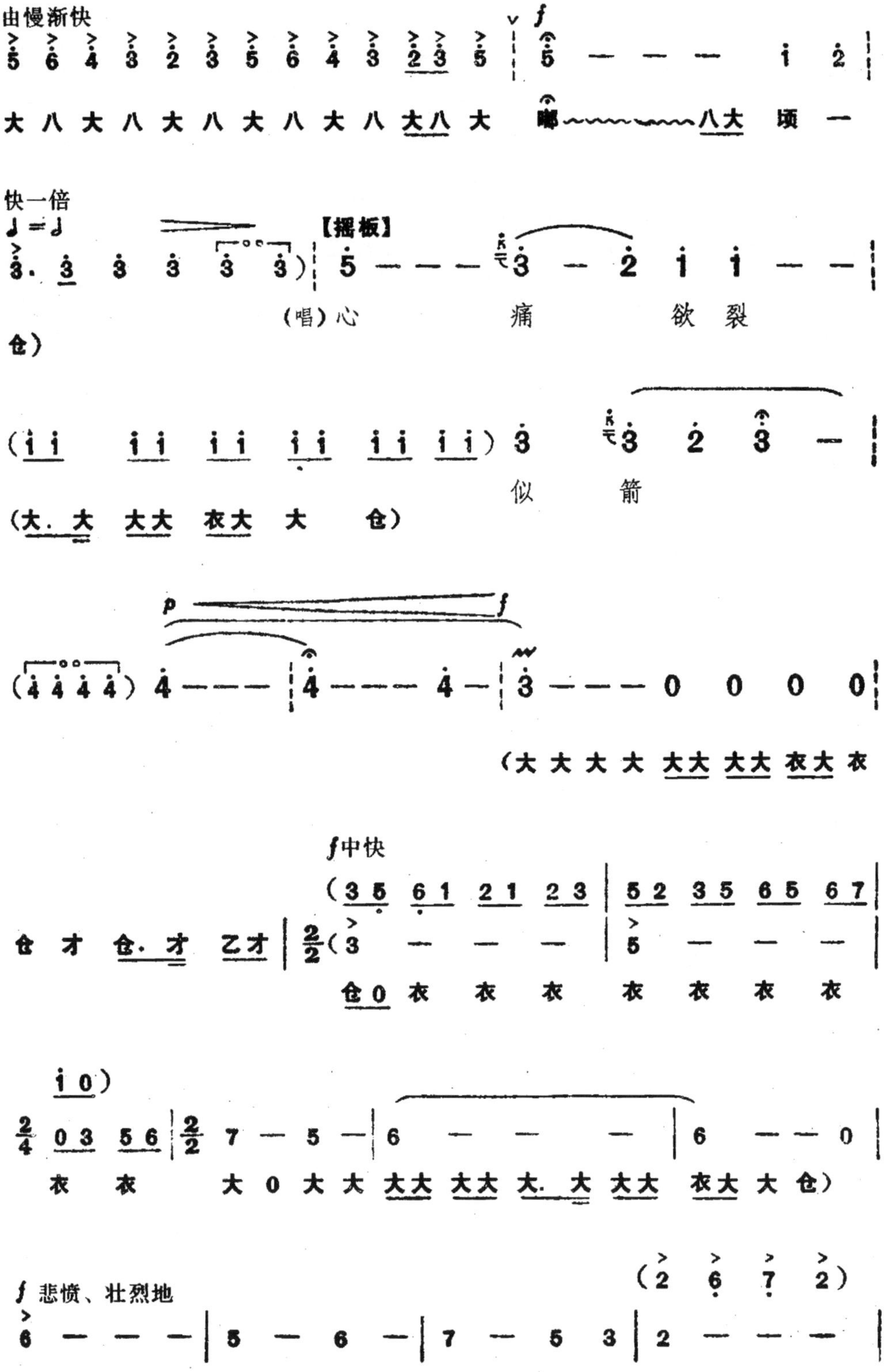

由慢渐快

5 6 4 3 2 3 5 6 4 3 23 5 | 5 — — — i 2 |

大 八 大 八 大 八 大 八 大 八 大八 大 嘟~~~~~~八大 顷 一

快一倍

♩=♩

【摇板】

3. 3 3 3 3 3) | 5 — — — 3 — 2 i i — — |

（唱）心 痛 欲 裂

仓）

(ii ii ii ii ii ii) 3 3 2 3 — |

似 箭

(大. 大 大大 衣大 大 仓)

(4444) 4 — — — | 4 — — — 4 — | 3 — — — 0 0 0 0 |

(大 大 大 大 大大 大大 衣大 衣

f中快

(35 61 21 23 | 52 35 65 67 |

仓 才 仓. 才 乙才 | 2/2 (3 — — — | 5 — — — |

仓0 衣 衣 衣 衣 衣 衣 衣

i 0)

2/4 03 56 | 2/2 7 — 5 — | 6 — — — | 6 — — 0 |

衣 衣 大 0 大 大 大大 大大 大. 大 大大 衣大 大 仓)

(2 6 7 2)

f 悲愤、壮烈地

6 — — — | 5 — 6 — | 7 — 5 3 | 2 — — — |

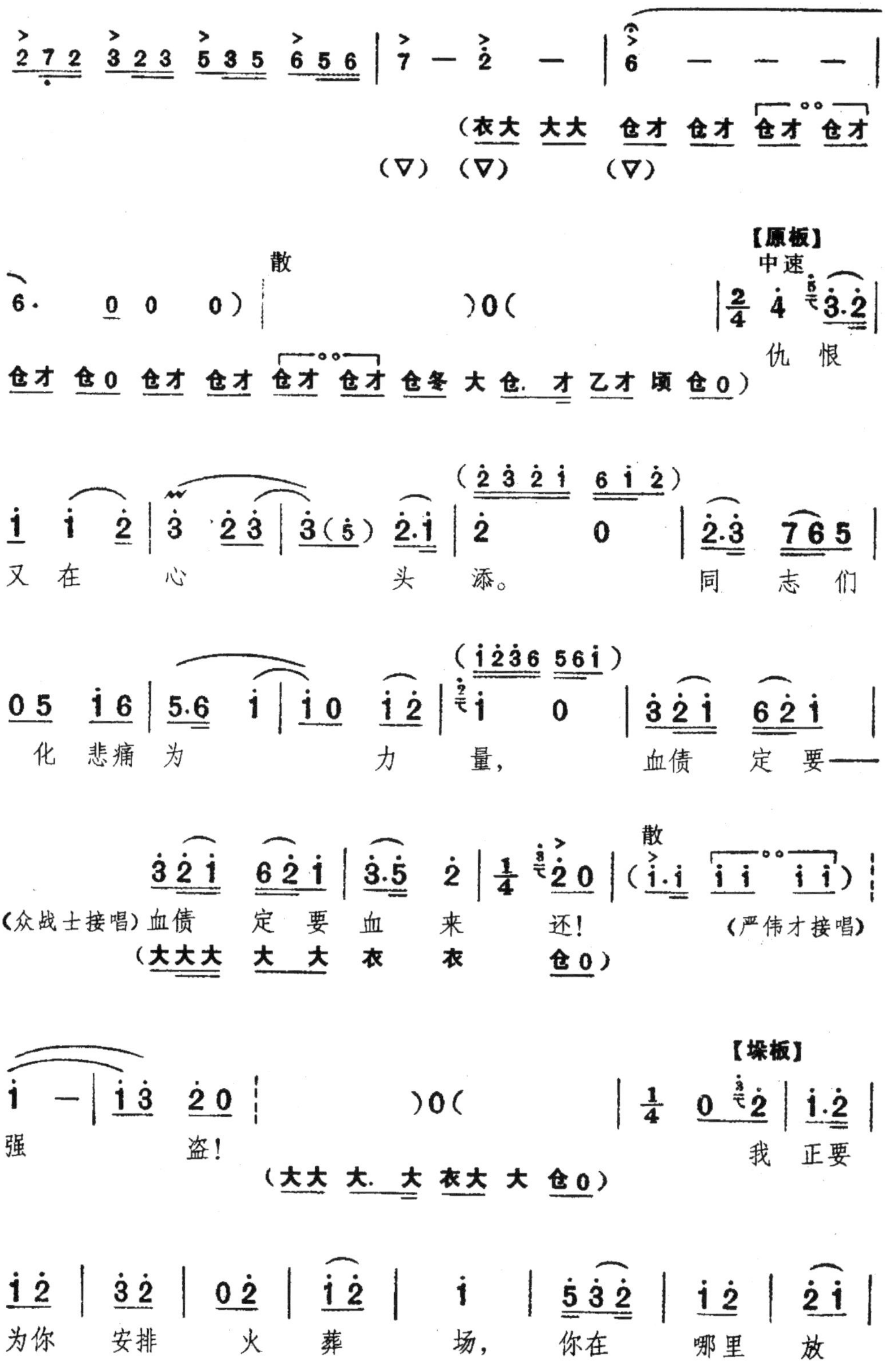

272 323 535 656 | 7 — 2 — | 6 — — — |

（衣大 大大 仓才 仓才 仓才 仓才

（▽） （▽） （▽）

散

【原板】

中速

6· 0 0 0） | ）0（ | 2/4 4 3.2 |

仓才 仓0 仓才 仓才 仓才 仓才 仓冬 大仓. 才乙才 顷 仓0）

仇 恨

（2 3 2 1 6 1 2）

1 1 2 | 3 2 3 | 3（5）2 1 | 2 0 | 2·3 765 |

又在心头添。同志们

（1 2 3 6 5 6 1）

05 16 | 5·6 1 | 1 0 1 2 | 1 0 | 3 2 1 6 2 1 |

化悲痛为力量，血债定要——

散

3 2 1 6 2 1 | 3·5 2 | 1/4 2 0 |（1·1 1 1 1 1）|

（众战士接唱）血债定要血来还！（严伟才接唱）

（大大大 大 大 衣 衣 仓0）

【垛板】

1 — | 1 3 2 0 | ）0（ | 1/4 0 2 | 1·2 |

强盗！我正要

（大大 大. 大 衣大 大 仓0）

1 2 | 3 2 | 0 2 | 1 2 | 1 | 5 3 2 | 1 2 | 2 1 |

为你安排火葬场，你在哪里放

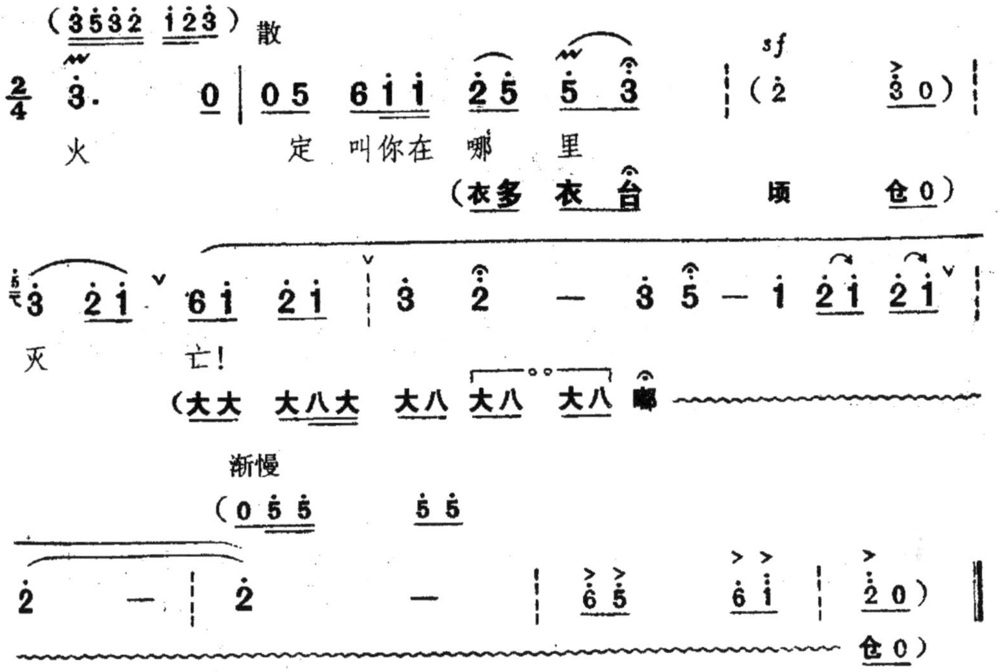

（3532 123）散

2/4 3. 0 | 05 611 25 5 3 | （2 30）|

火 定 叫你在 哪 里

（衣多 衣 台 顷 仓0）

3 21 61 21 | 3 2 — 3 5 — 1 21 21 |

灭 亡！

（大大 大八大 大八 大八 大八 嘟

渐慢

（055 55

2 — | 2 — | 65 61 | 20）‖

仓0）

为人类求解放粉身碎骨也心甘

第四场 严伟才唱

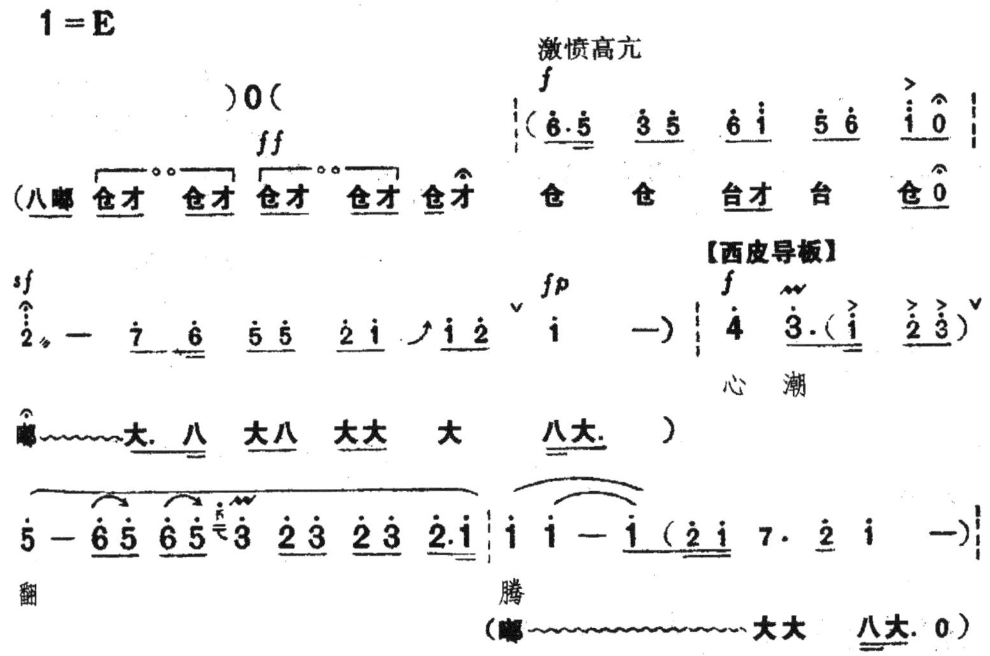

1=E

激愤高亢

)0(

ff *f*

|（6.5 35 61 56 10 |

（八嘟 仓才 仓才 仓才 仓才 仓才 仓 仓 台才 台 仓0

【西皮导板】

sf *fp* *f*

2 — 7 6 55 21 12 1 —）| 4 3.（1 23）

心 潮

嘟 大. 八 大八 大大 大 八大. ）

5 — 65 65 3 23 23 2.1 | 1 1 — 1（21 7. 2 1 —）|

翻 腾

（嘟 大大 八大. 0）

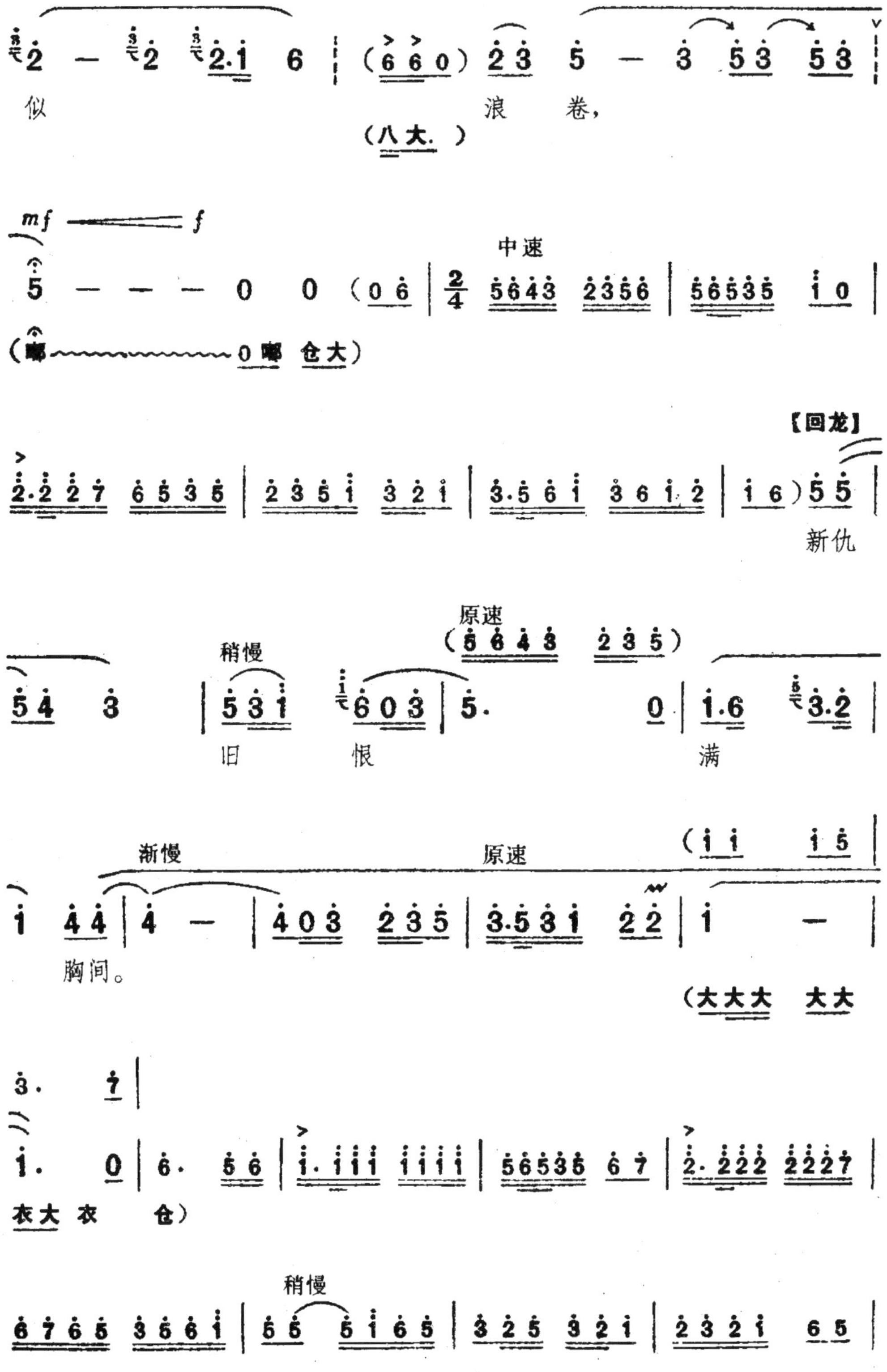

似　浪　卷，

（八大．）

中速

（嘟～～～0嘟　仓大）

【回龙】

新仇

原速

稍慢

旧　恨　满

渐慢　原速

胸间。

（大大大　大大

衣大　衣　仓）

稍慢

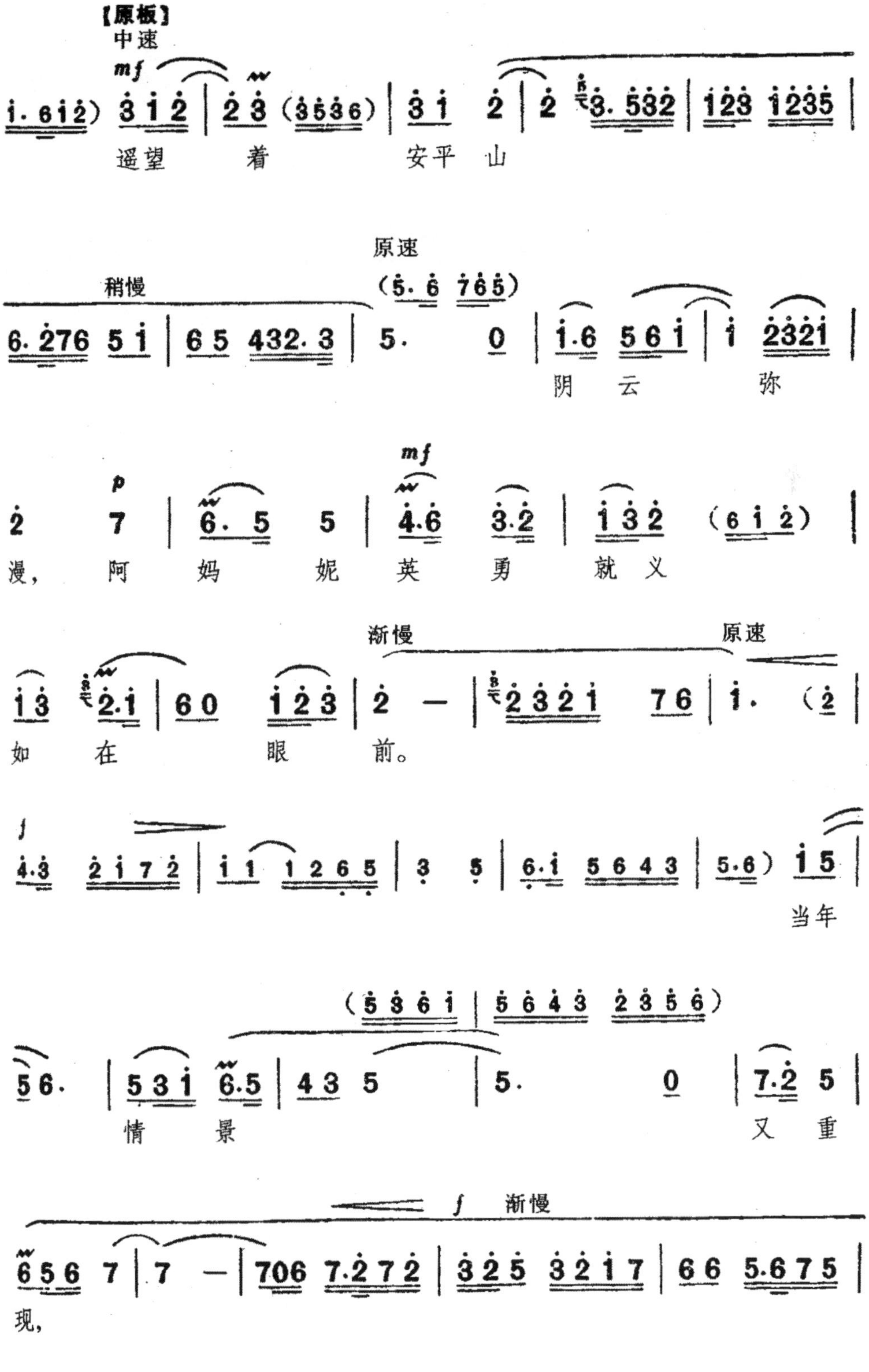

【原板】
中速

遥望着安平山

稍慢　原速

阴云弥

漫，阿妈妮英勇就义

渐慢　原速

如在眼前。

当年

情景又重

渐慢

现，

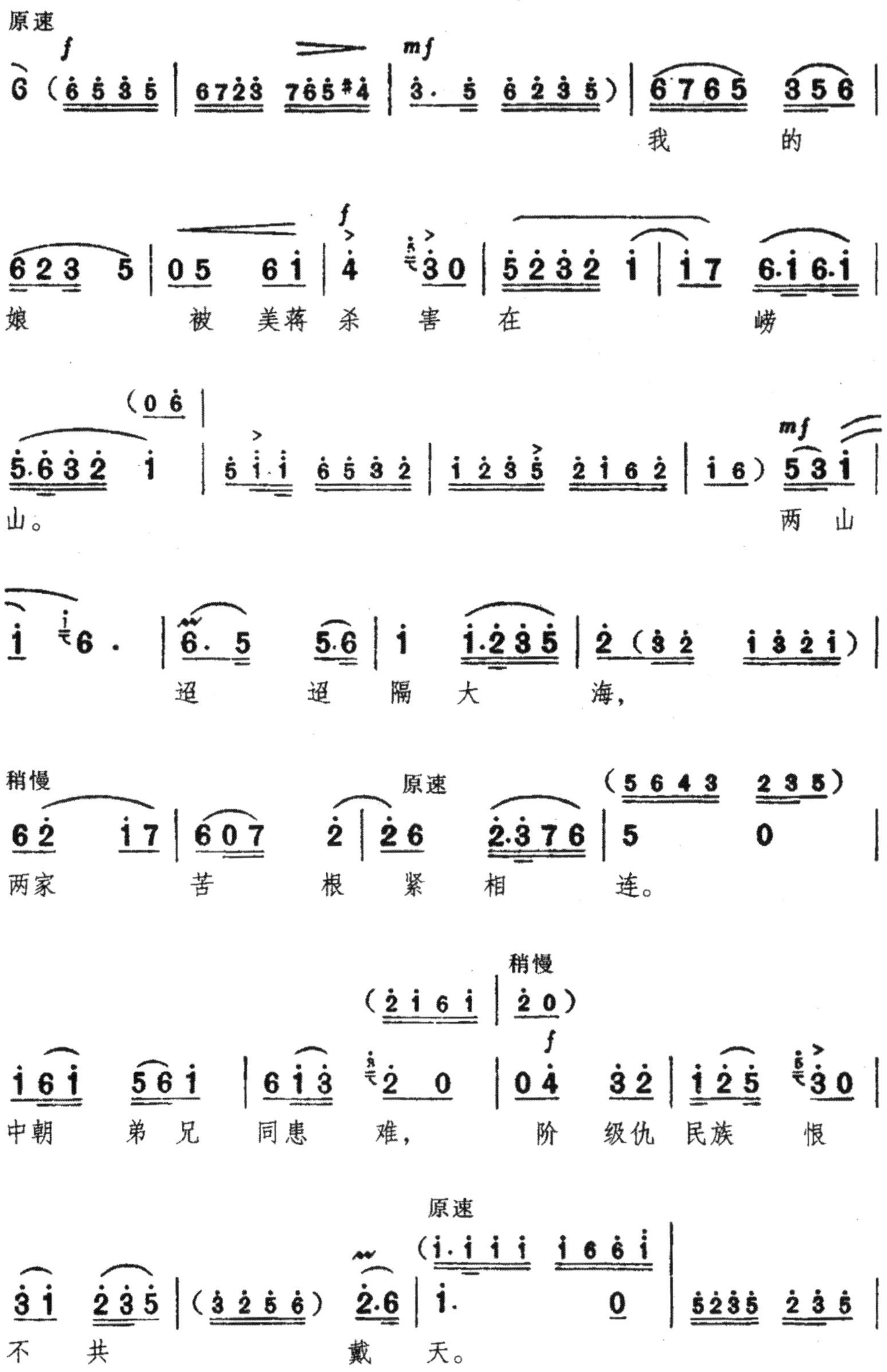

原速

我的娘被美蒋杀害在崂山。两山迢迢隔大海，

稍慢 原速

两家苦根紧相连。

稍慢

中朝弟兄同患难，阶级仇民族恨不共戴天。

原速

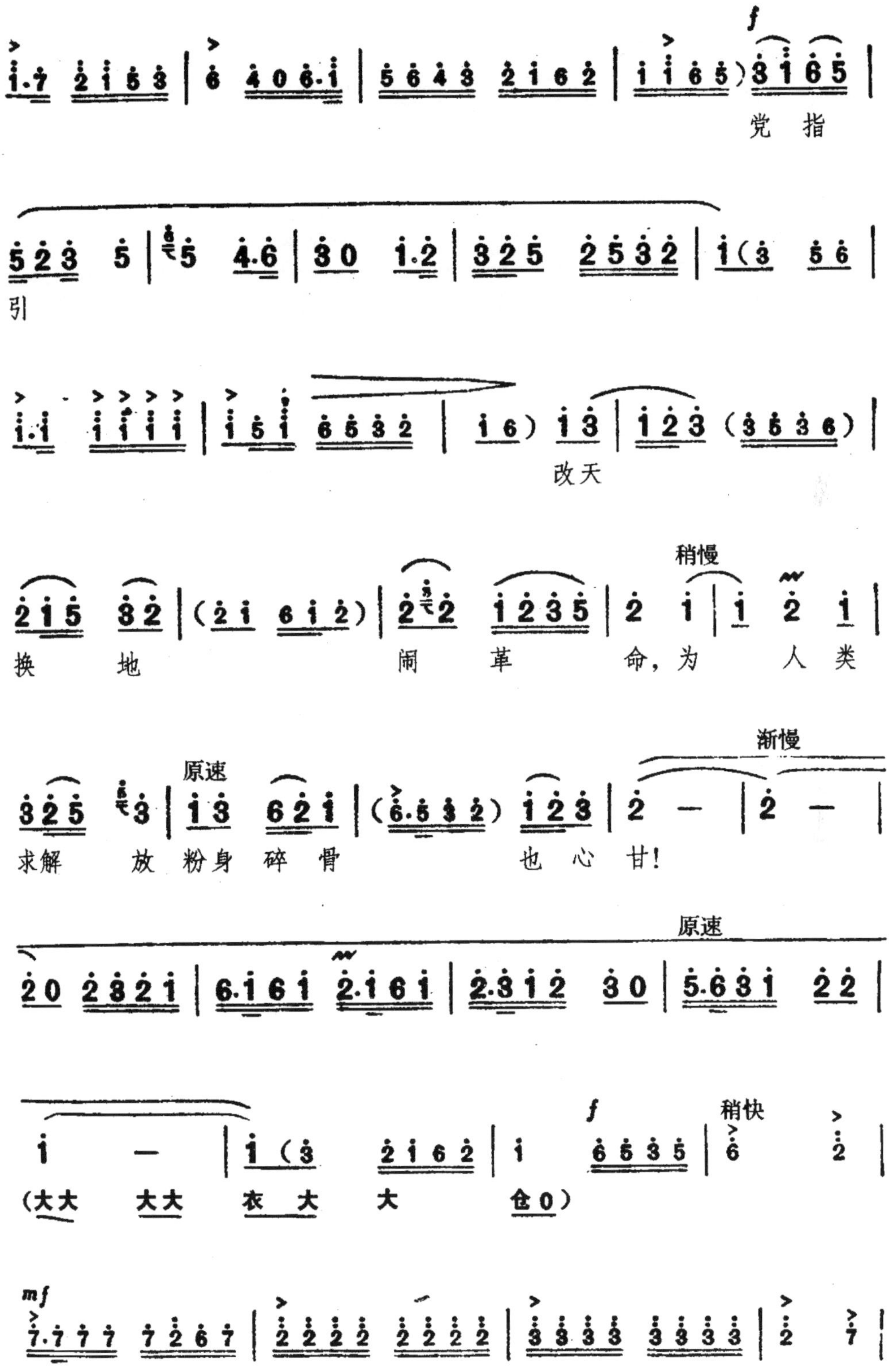

f

党指引

改天

稍慢

换 地 闹 革 命，为 人 类

原速 渐慢

求解 放 粉身 碎 骨 也 心 甘！

原速

f 稍快

(大大 大大 衣 大 大 仓0)

mf

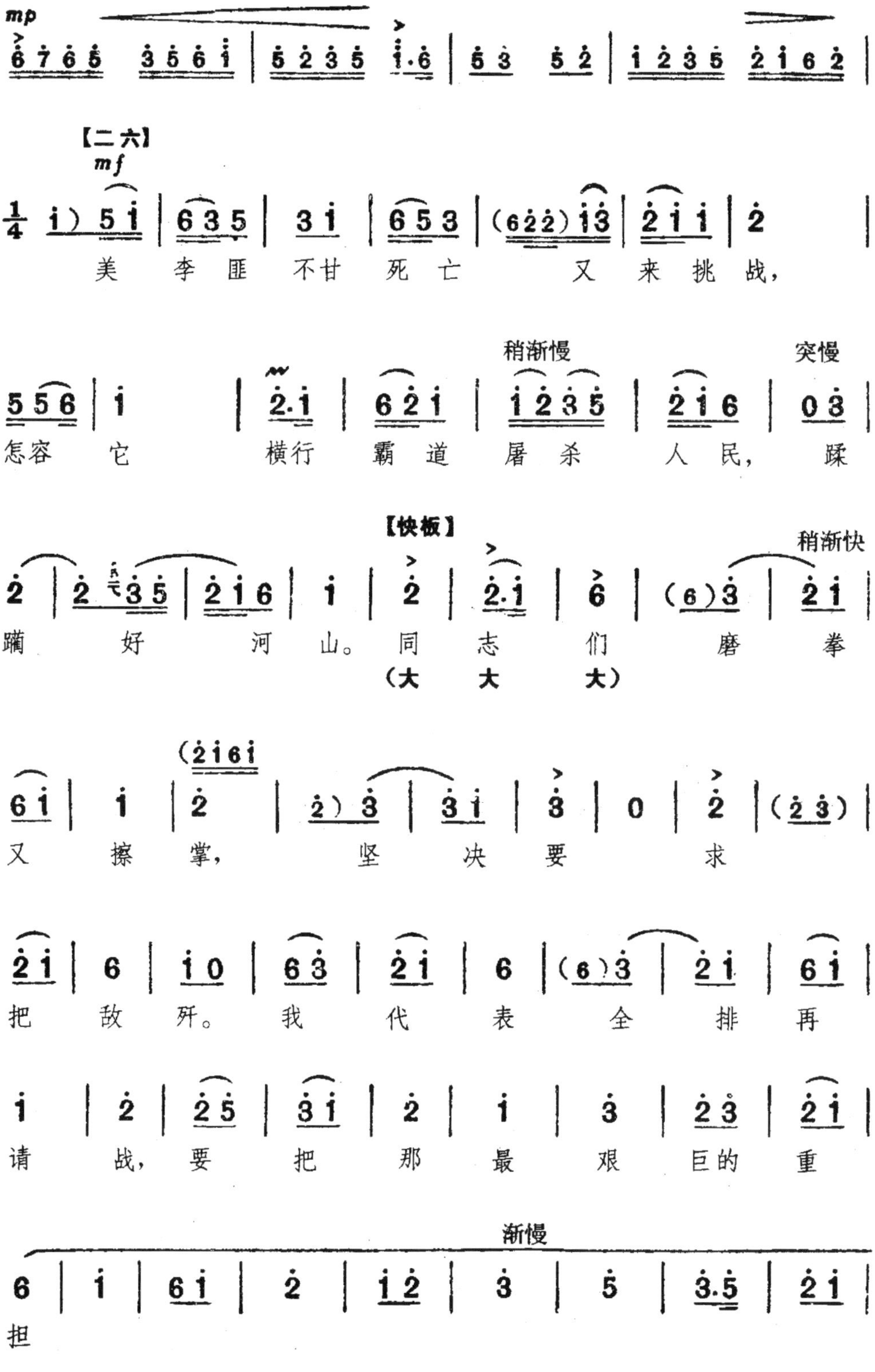

【二六】

美李匪不甘死亡又来挑战，

稍渐慢　突慢

怎容它横行霸道屠杀人民，蹂

【快板】　稍渐快

躏好河山。同志们磨拳

（大大大）

又擦掌，坚决要求

把敌歼。我代表全排再

请战，要把那最艰巨的重

渐慢

担

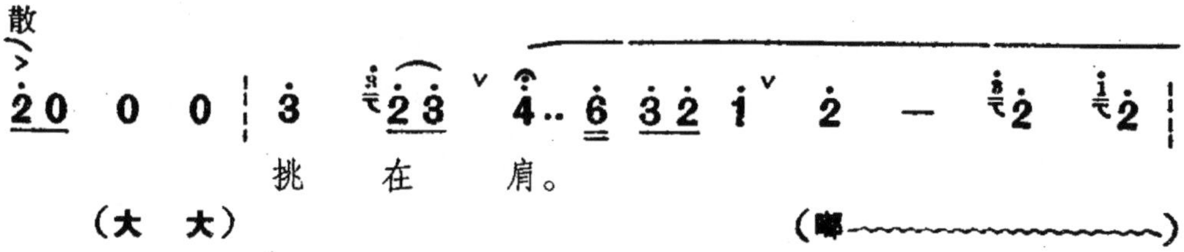

散

挑在肩。

（大 大） （嘟——）

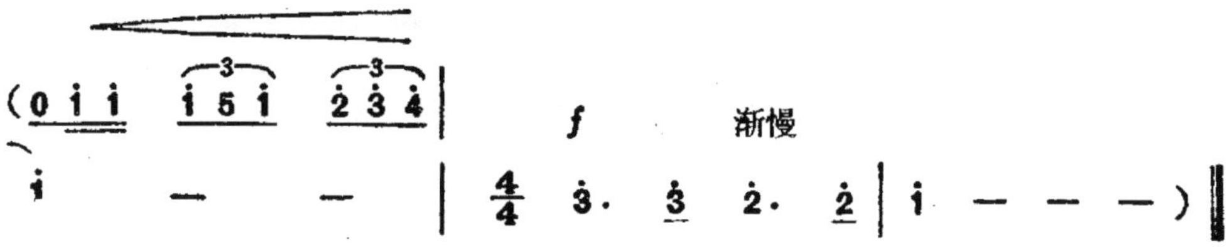

f 渐慢

决不让美李匪帮一人逃窜

第五场 王团长唱

1＝E 快速

（王团长白） 彻底消灭敌人的“王牌军”白虎团！

（众营连干部白）是！

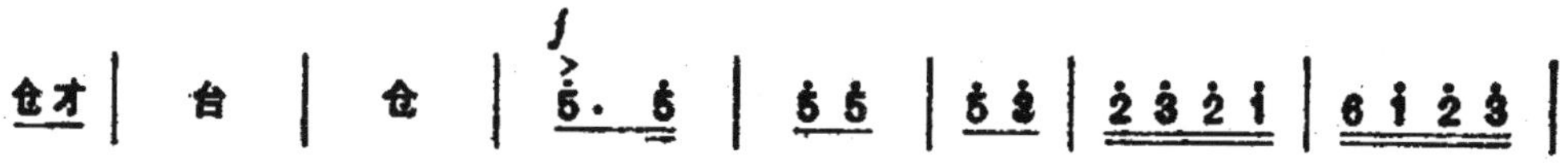

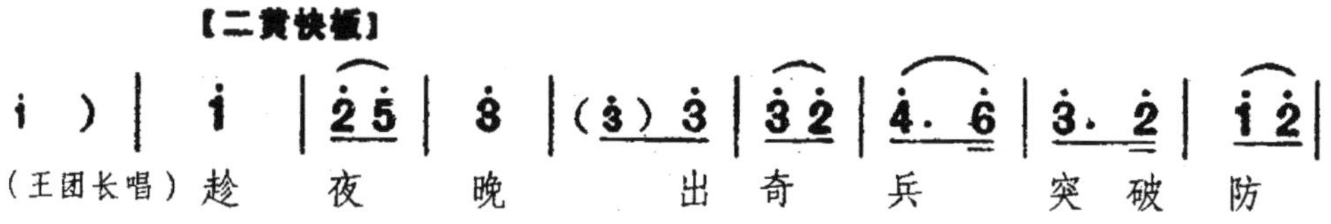

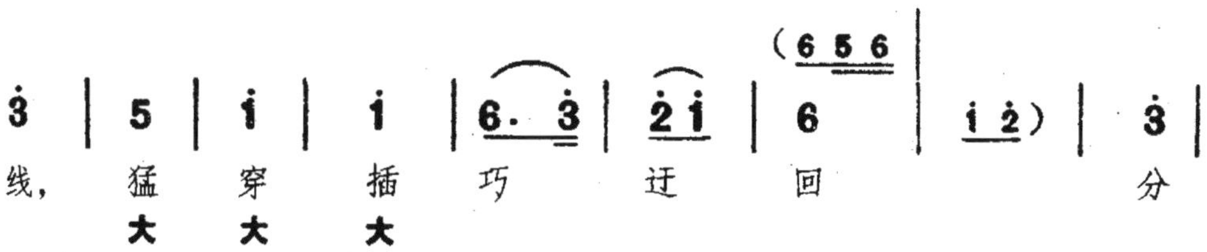

【二黄快板】

（王团长唱）趁夜晚出奇兵突破防线，猛穿插巧迂回分

大 大 大

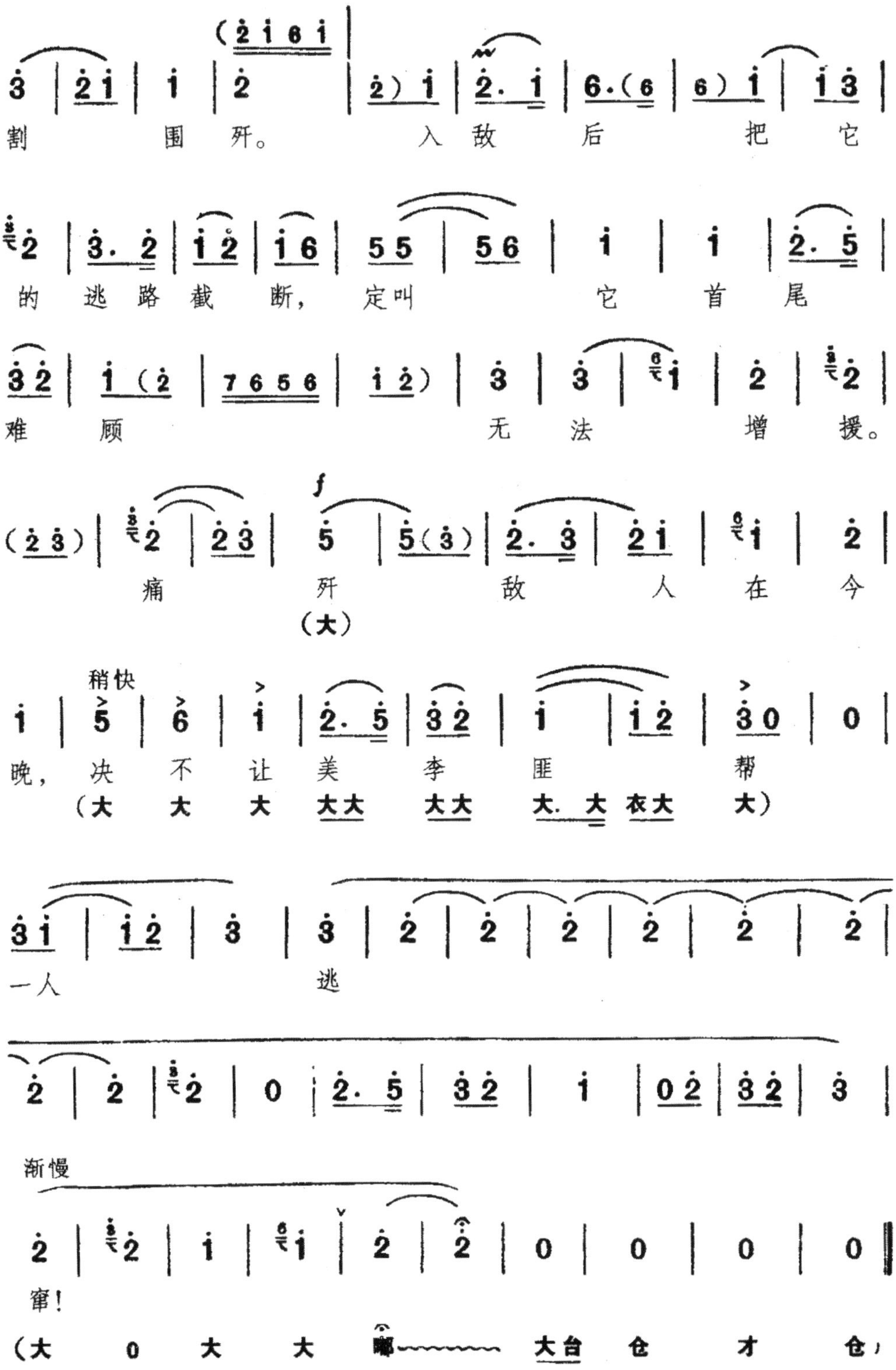

割 围 歼。入敌后 把它

的逃路截断，定叫 它首尾

难顾 无法增援。

痛 歼 敌人在今

（大）

稍快

晚，决不让美李匪帮

（大 大 大 大大 大大 大. 大 衣大 大）

一人 逃

渐慢

窜！

（大 0 大 大 嘟 大台 仓 才 仓）

定教它白虎团马翻人仰

第五场　严伟才、关政委、王团长唱

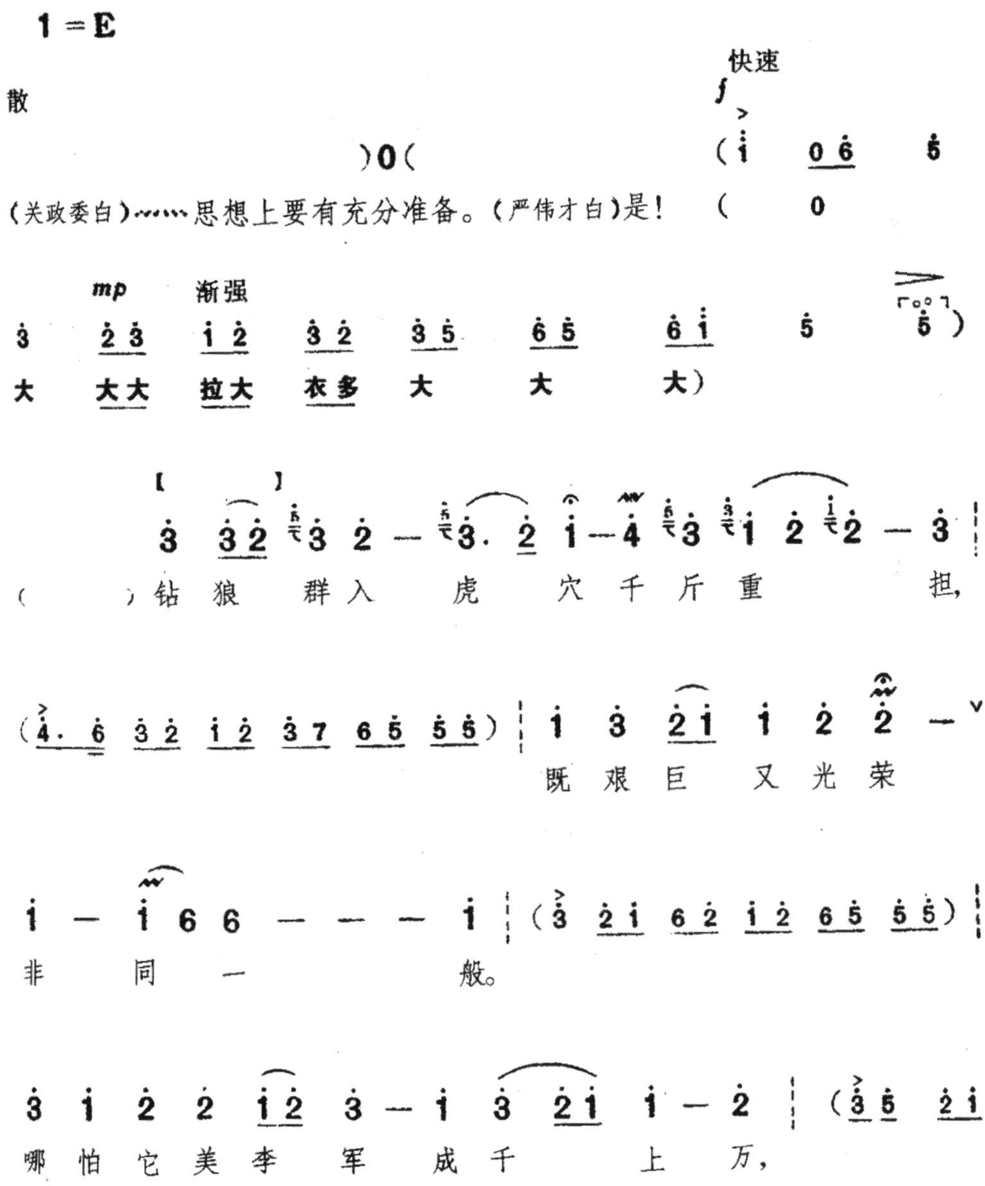

1＝E

散　　快速

（关政委白）……思想上要有充分准备。（严伟才白）是！

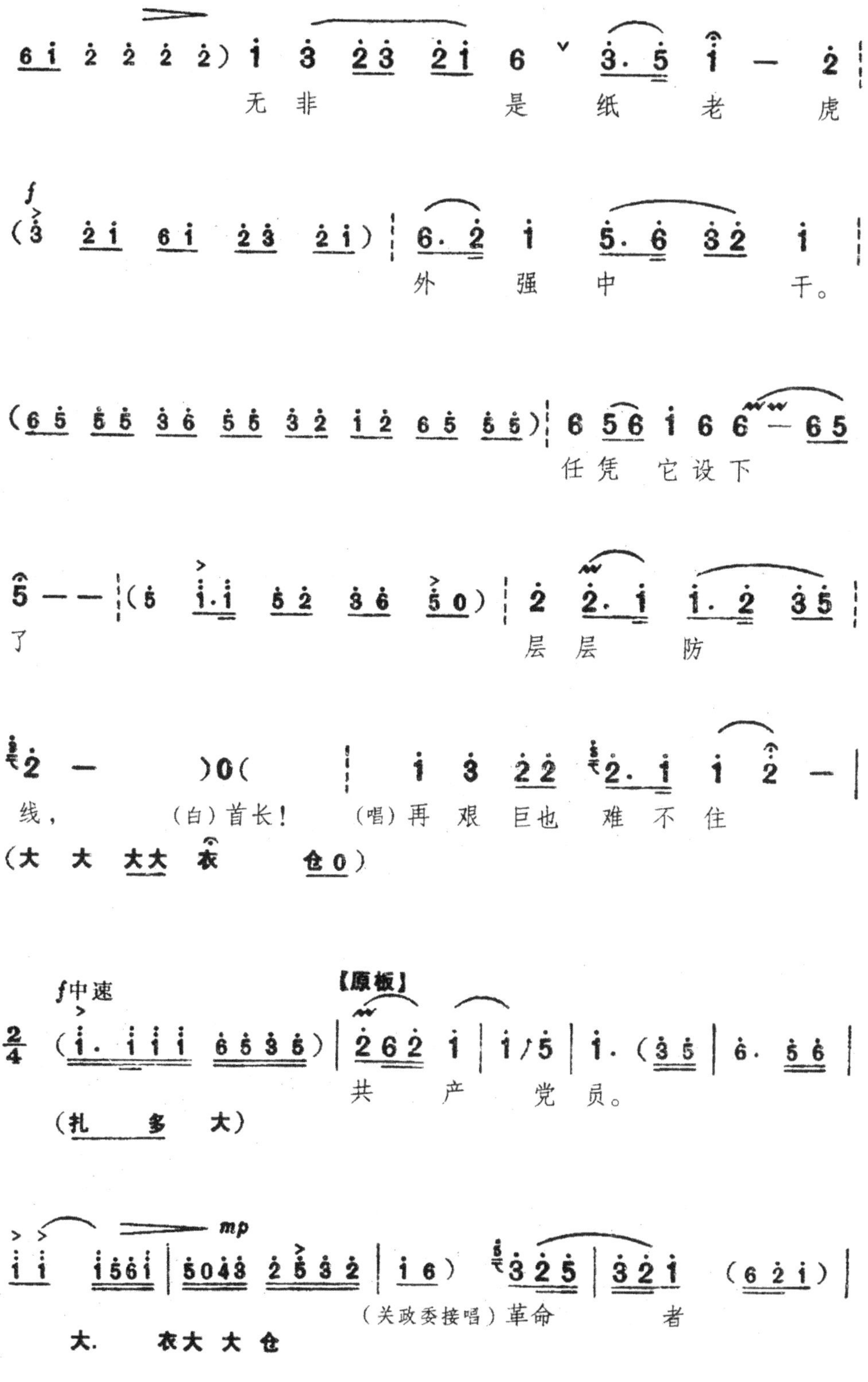

6 1 2 2 2 2）1 3 2 3 2 1 6 3. 5 1 — 2

无非 是 纸 老 虎

f

（3 2 1 6 1 2 3 2 1）6. 2 1 5. 6 3 2 1

外 强 中 干。

（6 5 5 5 3 6 5 5 3 2 1 2 6 5 5 5）6 5 6 1 6 6 — 6 5

任凭 它设下

5 — —（5 1.1 5 2 3 6 5 0）2 2. 1 1. 2 3 5

了 层层 防

2 — ）0（ 1 3 2 2 2. 1 1 2 —

线，（白）首长！（唱）再 艰 巨也 难 不 住

（大 大 大大 衣 仓 0）

f 中速 【原板】

2/4（1. 1 1 1 6 5 3 5）2 6 2 1 1 / 5 1.（3 5 6. 5 6

共 产 党 员。

（扎 多 大）

mp

1 1 1 5 6 1 5 0 4 3 2 5 3 2 1 6）3 2 5 3 2 1（6 2 1）

（关政委接唱）革命 者

大. 衣大 大 仓

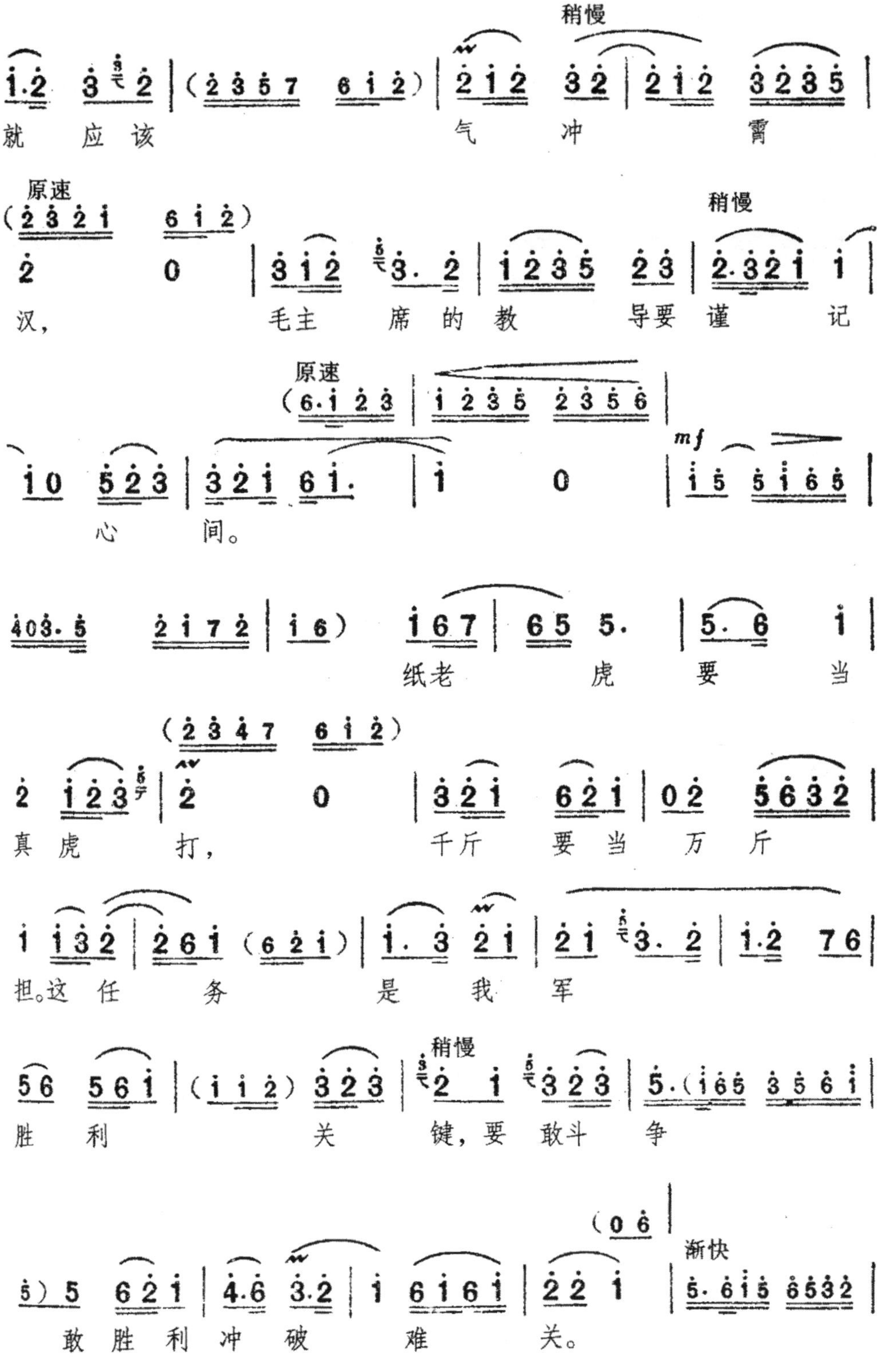

稍慢

就 应 该　　气 冲 霄

原速　稍慢

汉，　毛主 席 的 教 导要 谨 记

原速

心 间。

mf

纸老 虎 要 当

真 虎 打，千斤 要 当 万 斤

担。这 任 务 是 我 军

稍慢

胜 利 关 键，要 敢斗 争

渐快

敢 胜 利 冲 破 难 关。

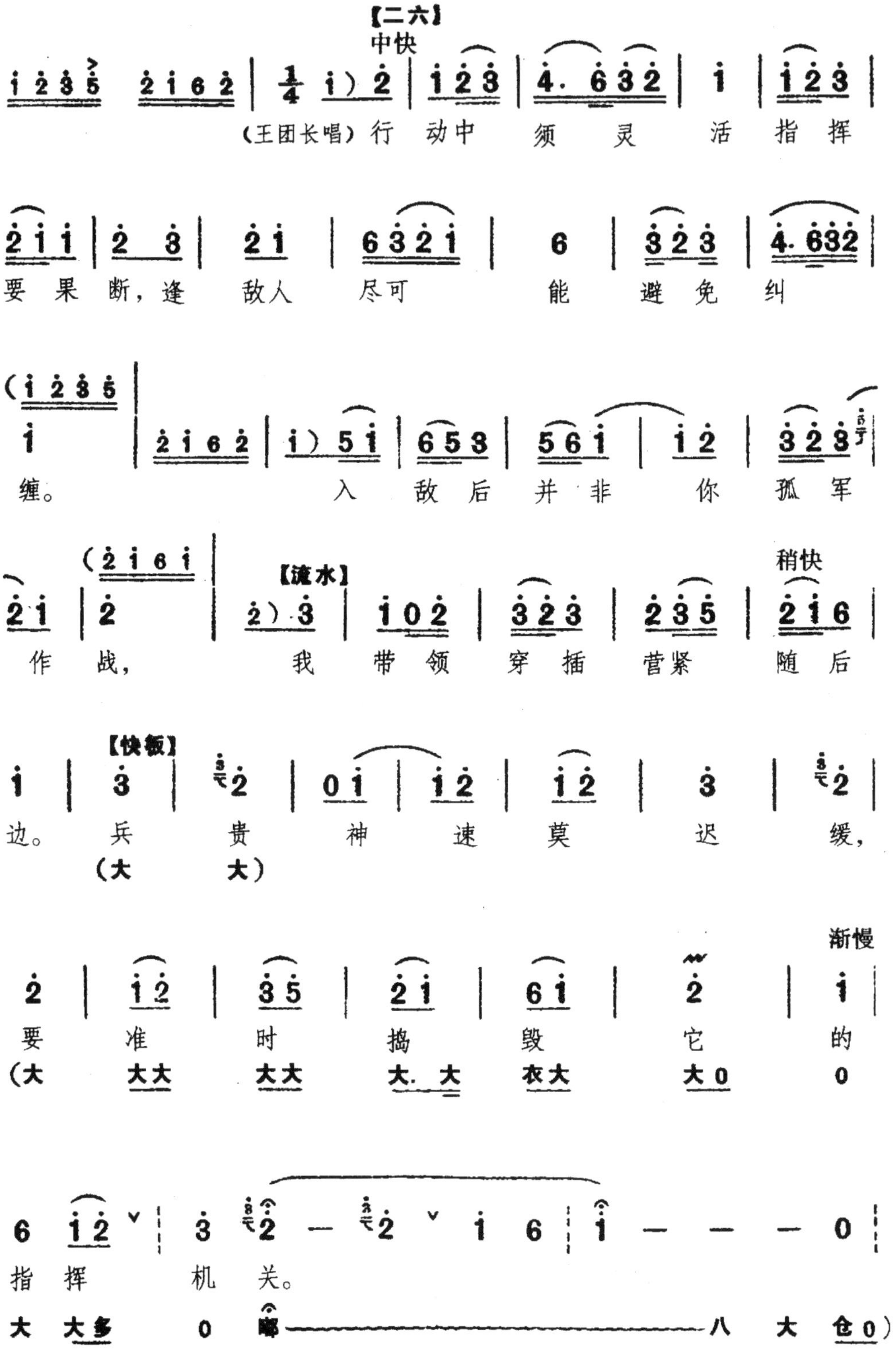

【二六】
中快

1235 2162 | 1/4 1)2 | 123 | 4.632 | 1 | 123 |
（王团长唱）行 动中 须 灵 活 指 挥

211 | 2 3 | 21 | 6321 | 6 | 323 | 4.632 |
要 果 断，逢 敌人 尽可 能 避 免 纠

(1235
1 | 2162 | 1)51 | 653 | 561 | 12 | 323 |
缠。 入 敌 后 并 非 你 孤 军

(2161
21 | 2 | 【流水】2)3 | 102 | 323 | 235 | 稍快 216 |
作 战， 我 带 领 穿 插 营紧 随 后

1 | 【快板】3 | 2 | 01 | 12 | 12 | 3 | 2 |
边。 兵 贵 神 速 莫 迟 缓，
（大 大）

2 | 12 | 35 | 21 | 61 | 2 | 渐慢 1 |
要 准 时 捣 毁 它 的
（大 大大 大大 大.大 衣大 大0 0

6 12 ∨ | 3 2 — 2 ∨ 1 6 | 1 — — — 0 |
指 挥 机 关。
大 大多 0 嘟————八 大 仓0）

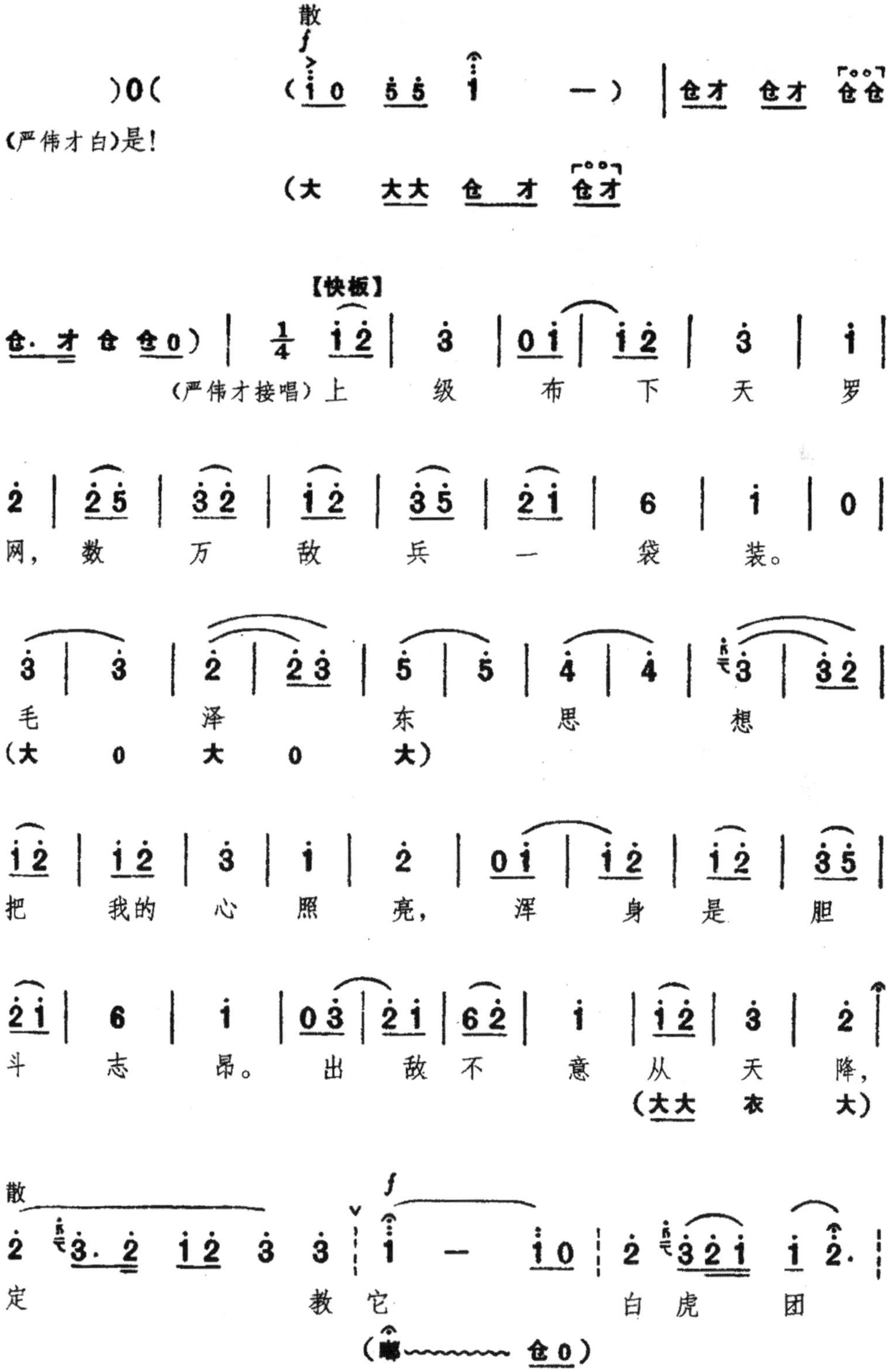

散

)0(　(1 0 5 5 1 —)　|仓才 仓才 仓仓

(严伟才白)是!

(大 大大 仓 才 仓才

【快板】

仓. 才 仓 仓0) | 1/4 1 2 | 3 | 0 1 | 1 2 | 3 | 1 |

(严伟才接唱)上 级 布 下 天 罗

2 | 2 5 | 3 2 | 1 2 | 3 5 | 2 1 | 6 | 1 | 0 |

网，数 万 敌 兵 一 袋 装。

3 | 3 | 2 | 2 3 | 5 | 5 | 4 | 4 | 3 | 3 2 |

毛 泽 东 思 想

(大 0 大 0 大)

1 2 | 1 2 | 3 | 1 | 2 | 0 1 | 1 2 | 1 2 | 3 5 |

把 我的 心 照 亮，浑 身 是 胆

2 1 | 6 | 1 | 0 3 | 2 1 | 6 2 | 1 | 1 2 | 3 | 2 |

斗 志 昂。出 敌 不 意 从 天 降，

(大大 衣 大)

散

2 3. 2 1 2 3 3 | 1 — 1 0 | 2 3 2 1 1 2. |

定 教 它 白 虎 团

(嘟～～～～ 仓 0)

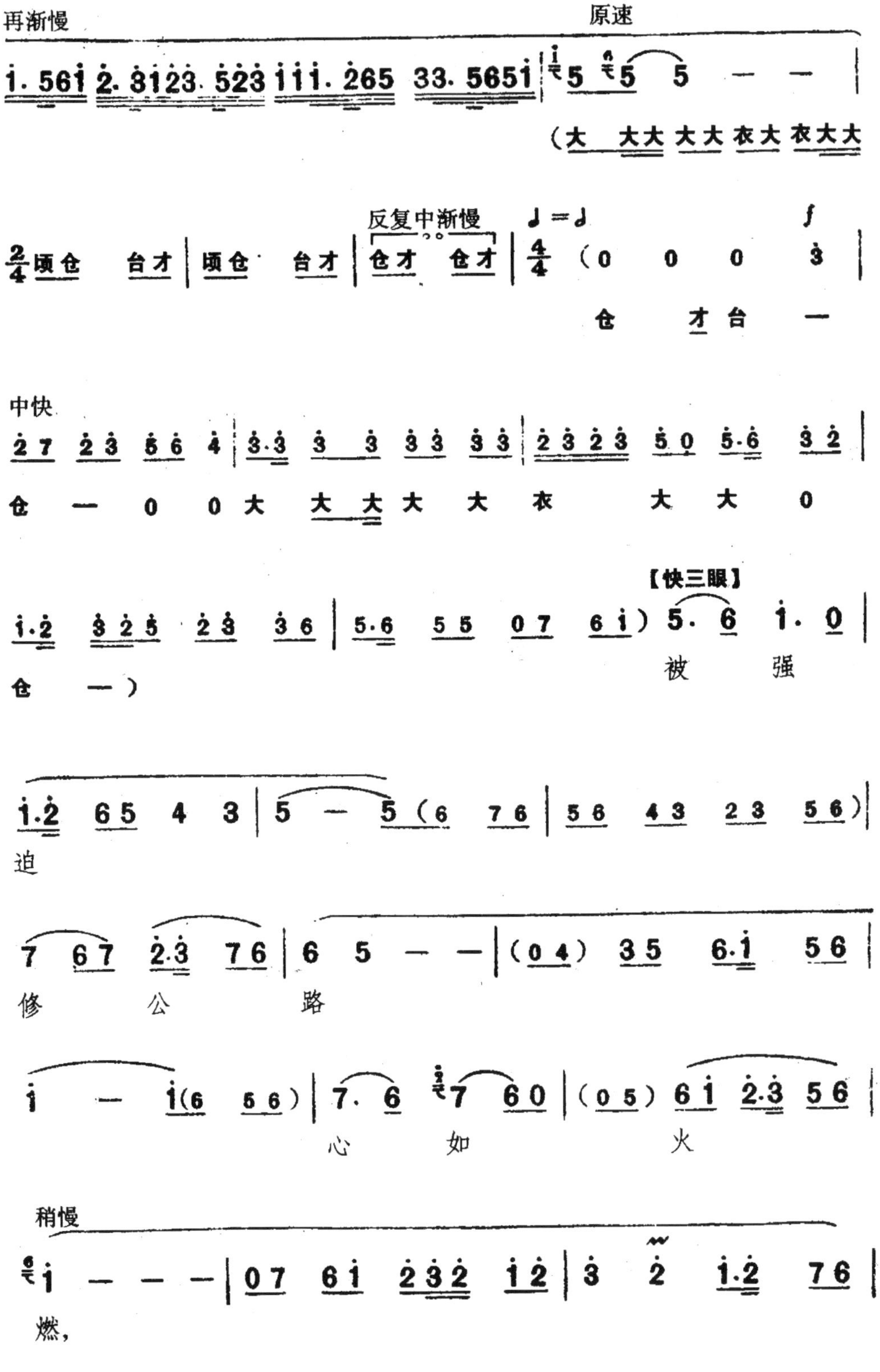

再漸慢　　　　原速

1. 561 2. 8123. 523 111. 265 33. 5651 | 5 5 5 — — |

（大 大大 大大 衣大 衣大大

反复中漸慢　♩=𝅗𝅥　f

2/4 顷仓 台才 | 顷仓 台才 | 仓才 仓才 | 4/4 （0 0 0 3 |

仓 才台 一

中快

27 23 56 4 | 3.3 3 3 33 33 | 2323 50 5.6 32 |

仓 一 0 0 大 大 大 大 大 衣 大 大 0

【快三眼】

1.2 325 23 36 | 5.6 55 07 61）5. 6 1. 0 |

仓 一）　被 强

1.2 65 4 3 | 5 — 5（6 76 | 56 43 23 56）|

迫

7 67 2.3 76 | 6 5 — — |（04）35 6.1 56 |

修 公 路

1 — 1（6 56）| 7. 6 7 60 |（05）61 2.3 56 |

心 如 火

稍慢

1 — — — | 07 61 232 12 | 3 2 1.2 76 |

燃，

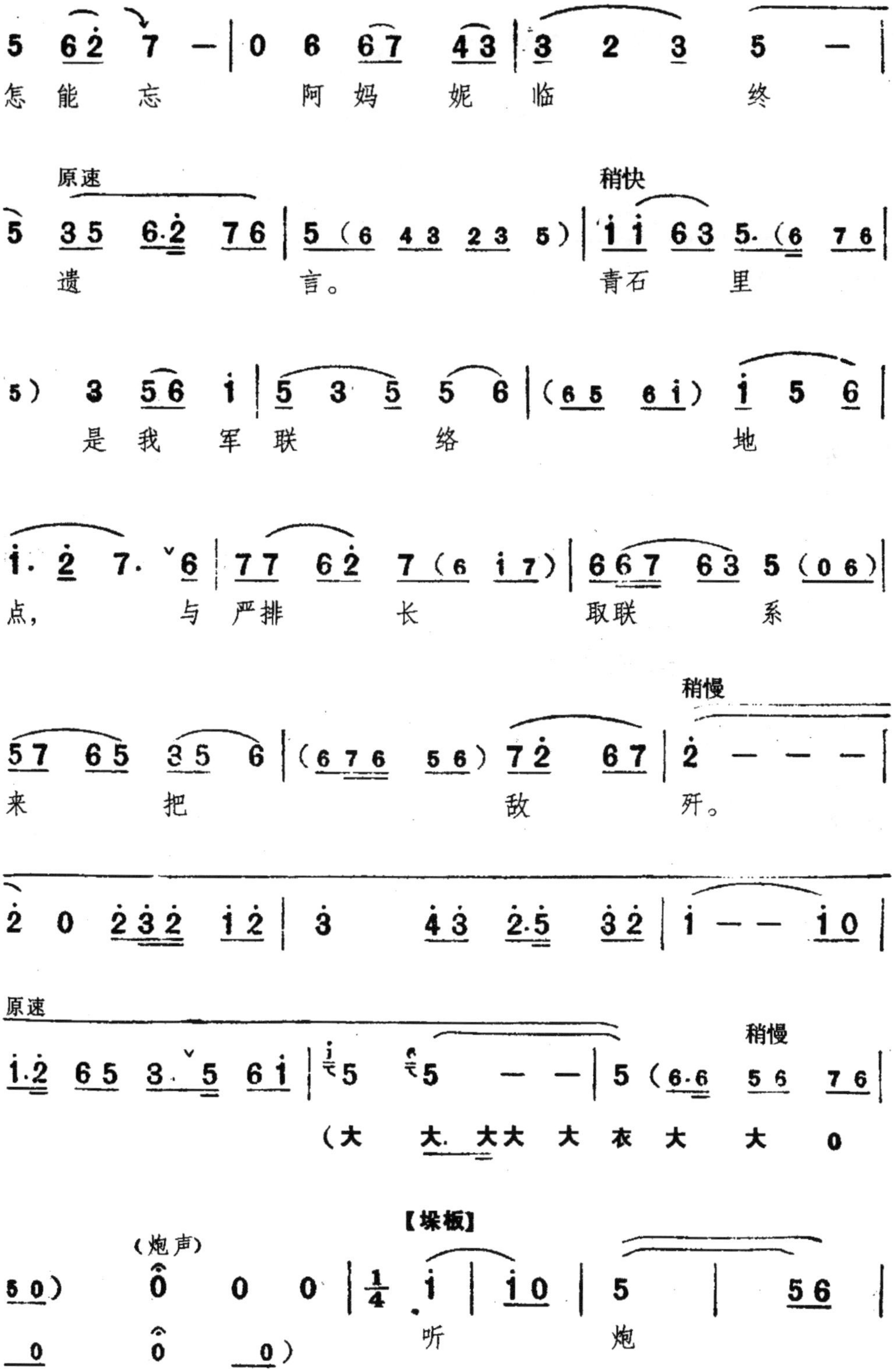

5 62̇ 7 — | 0 6 67 43 | 3 2 3 5 — |

怎能忘 阿妈妮临 终

原速　　　　　　　　　　　稍快

5 35 6·2̇ 76 | 5（6 43 23 5）| i̇i̇ 63 5·（6 76 |

遗 言。 青石 里

5）3 56 i̇ | 5 3 5 5 6 |（65 6i̇）i̇ 5 6 |

是我 军联 络 地

i̇· 2̇ 7· 6 | 77 62̇ 7（6 i̇7）| 667 63 5（06）|

点，与严排 长 取联 系

稍慢

57 65 35 6 |（676 56）72̇ 67 | 2̇ — — — |

来 把 敌 歼。

2̇ 0 2̇3̇2̇ i̇2̇ | 3̇ 4̇3̇ 2̇·5 3̇2̇ | i̇ — — i̇0 |

原速　　　　　　　　　　　稍慢

i̇·2̇ 65 3· 5 6i̇ | 5 5 — — | 5（6·6 56 76 |

（大 大. 大大 大 衣 大 大 0

【垛板】

（炮声）

50） 0̂ 0 0 | 1/4 i̇ | i̇0 | 5 | 56 |

0 0̂ 0）

听 炮

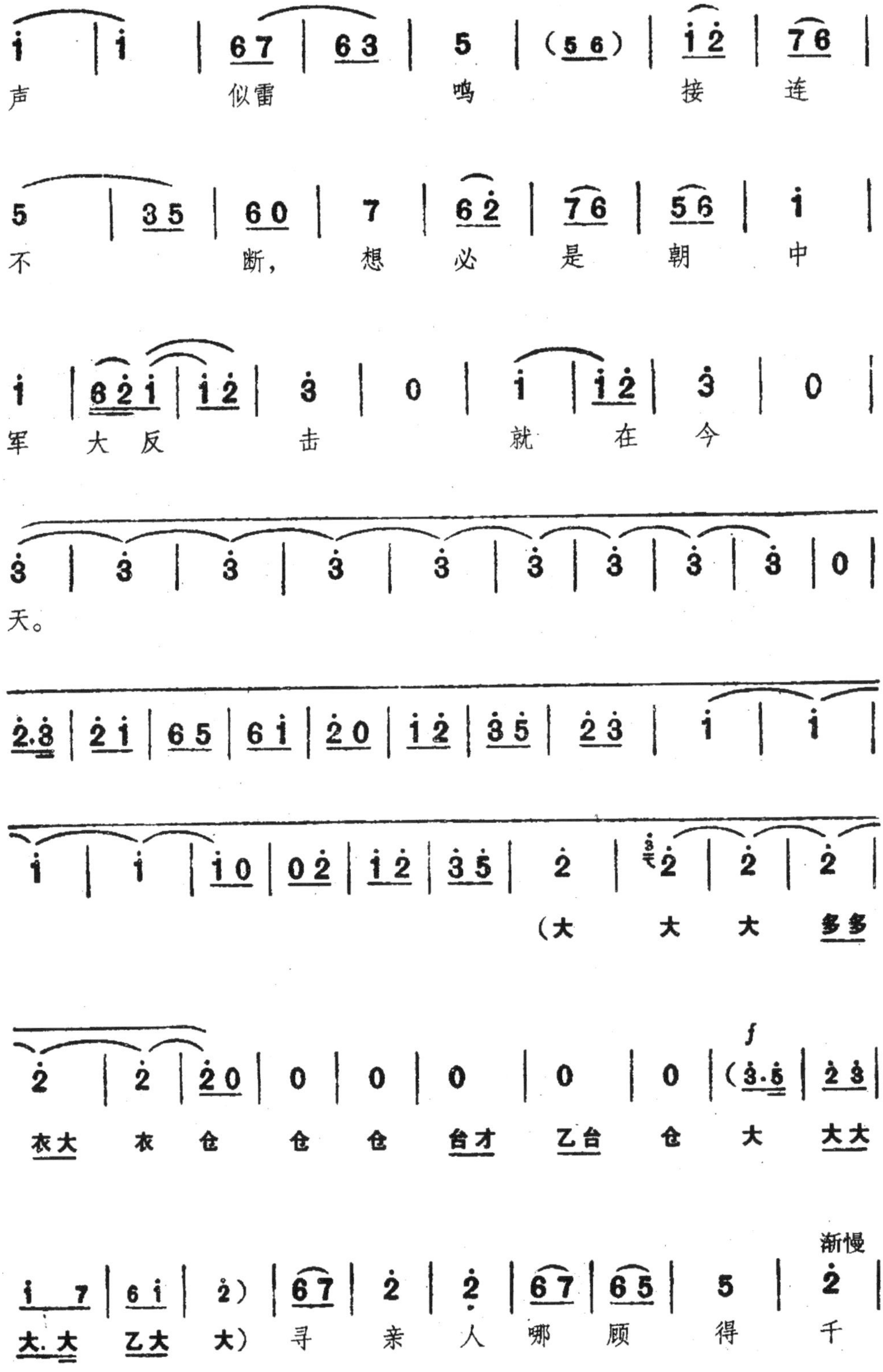

1 | 1 | 67 | 63 | 5 | (56) | 12 | 76 |
声 似雷 鸣 接 连

5 | 35 | 60 | 7 | 62 | 76 | 56 | 1 |
不 断，想 必 是 朝 中

1 | 621 | 12 | 3 | 0 | 1 | 12 | 3 | 0 |
军 大反 击 就 在 今

3 | 3 | 3 | 3 | 3 | 3 | 3 | 3 | 3 | 0 |
天。

23 | 21 | 65 | 61 | 20 | 12 | 35 | 23 | 1 | 1 |

1 | 1 | 10 | 02 | 12 | 35 | 2 | 2 | 2 | 2 |
(大 大 大 多多

2 | 2 | 20 | 0 | 0 | 0 | 0 | 0 | (3.5 | 23 |
衣大 衣 仓 仓 仓 台才 乙台 仓 大 大大

渐慢

1 7 | 61 | 2) | 67 | 2 | 2 | 67 | 65 | 5 | 2 |
大.大 乙大 大）寻 亲 人 哪 顾 得 千

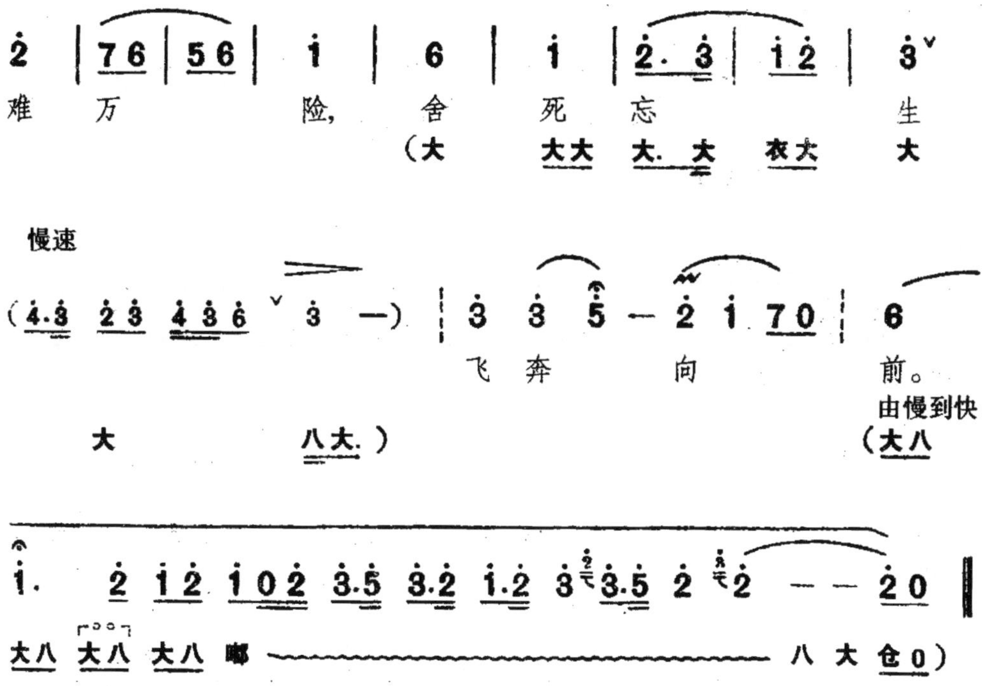

2 | 76 | 56 | i | 6 | i | 2·3 | i2 | 3

难万险，舍死忘生

（大 大大 大.大 衣大 大

慢速

（4·3 23 436 3 —）| 3 3 5 — 2 i 70 | 6

飞奔向前。

由慢到快

大 八大.） （大八

i. 2 i2 i02 3.5 3.2 i.2 3 3.5 2 2 — — 20

大八 大八 大八 嘟～～～～ 八 大 仓0）

志愿军从来不怕难

第八场 严伟才唱

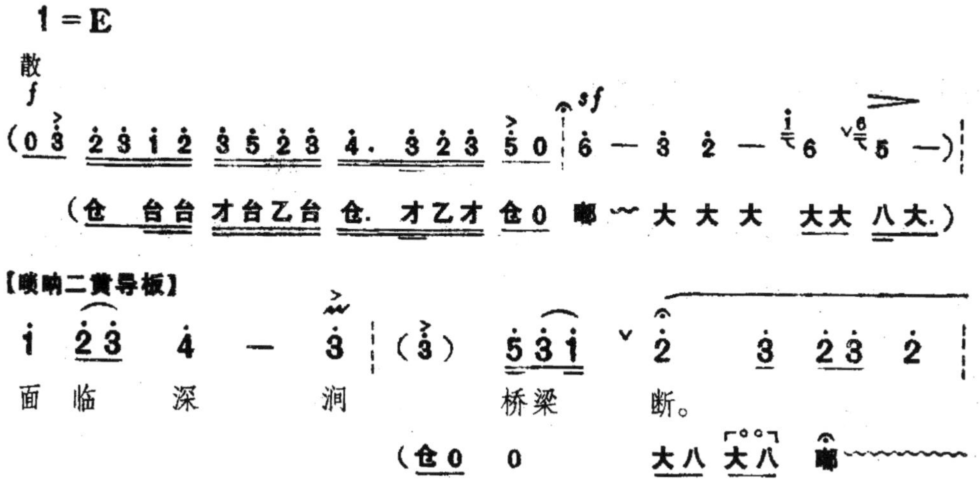

1＝E

散

f

（03 23i2 3523 4.323 50 | 6 — 3 2 — 6 5 —）|

（仓 台台 才台乙台 仓. 才乙才 仓0 嘟～ 大 大 大 大大 八大.）

【唢呐二黄导板】

i 23 4 — 3 |（3） 53i 2 3 23 2 |

面临深涧桥梁断。

（仓0 0 大八 大八 嘟～～～～

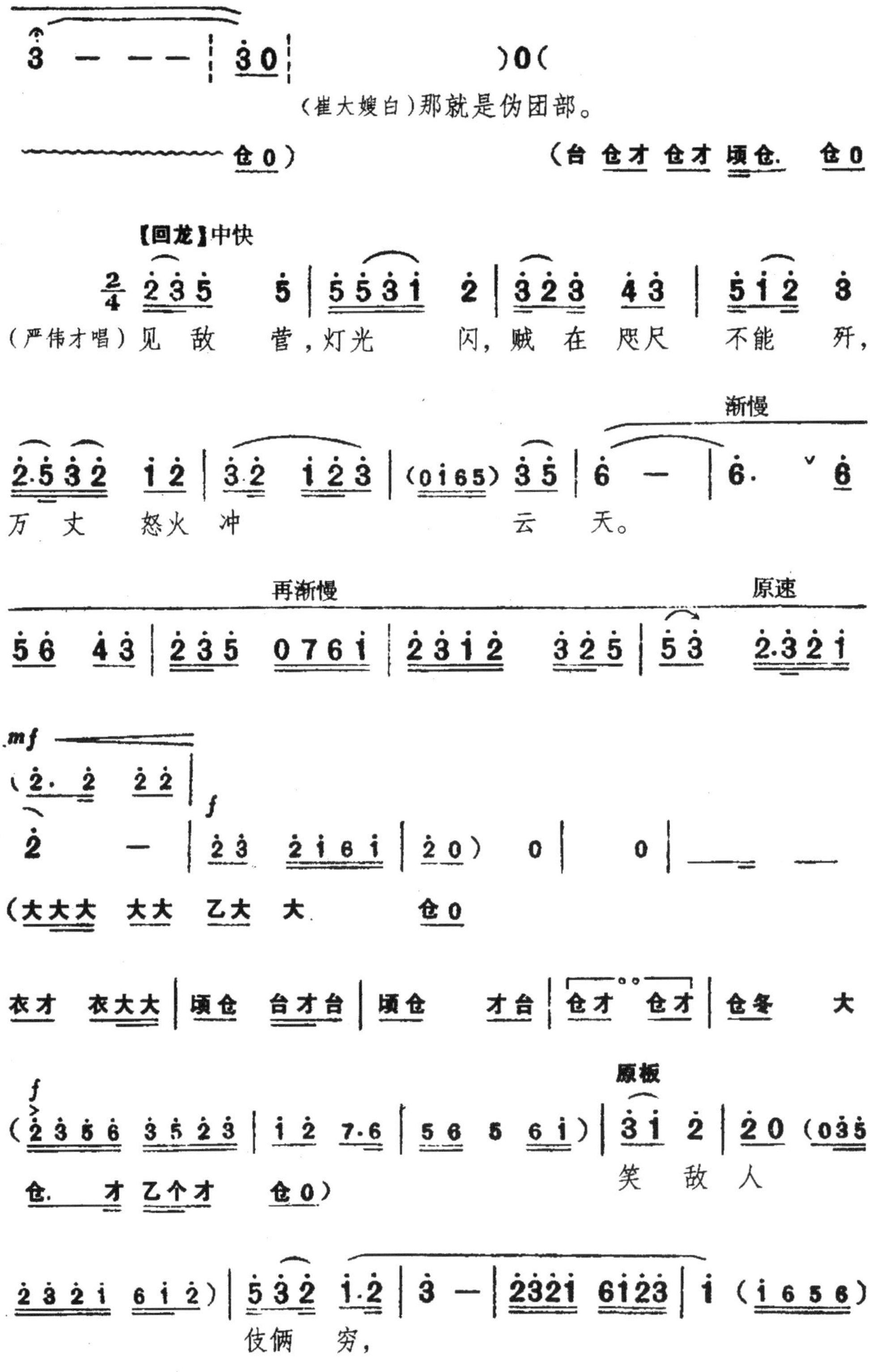

3 — — — | 3 0 |)0(

（崔大嫂白）那就是伪团部。

仓 0）　（台 仓才 仓才 顷仓. 仓 0

【回龙】中快

2/4 2 3 5 5 | 5 5 3 1 2 | 3 2 3 4 3 | 5 1 2 3

（严伟才唱）见 敌 营，灯光 闪，贼 在 咫尺 不能 歼，

渐慢

2·5 3 2 1 2 | 3 2 1 2 3 |（0 1 6 5）3 5 | 6 — | 6· 6

万 丈 怒火 冲 云 天。

再渐慢　原速

5 6 4 3 | 2 3 5 0 7 6 1 | 2 3 1 2 3 2 5 | 5 3 2·3 2 1

mf

（2· 2 2 2 |

2 — | 2 3 2 1 6 1 | 2 0） 0 | 0 | — —

（大大大 大大 乙大 大 仓 0

衣才 衣大大 | 顷仓 台才台 | 顷仓 才台 | 仓才 仓才 | 仓冬 大

f　原板

（2 3 5 6 3 5 2 3 | 1 2 7·6 | 5 6 5 6 1）| 3 1 2 | 2 0（0 3 5

仓. 才 乙个才 仓 0）　笑 敌 人

2 3 2 1 6 1 2）| 5 3 2 1·2 | 3 — | 2321 6123 | 1（1 6 5 6）

伎俩 穷，

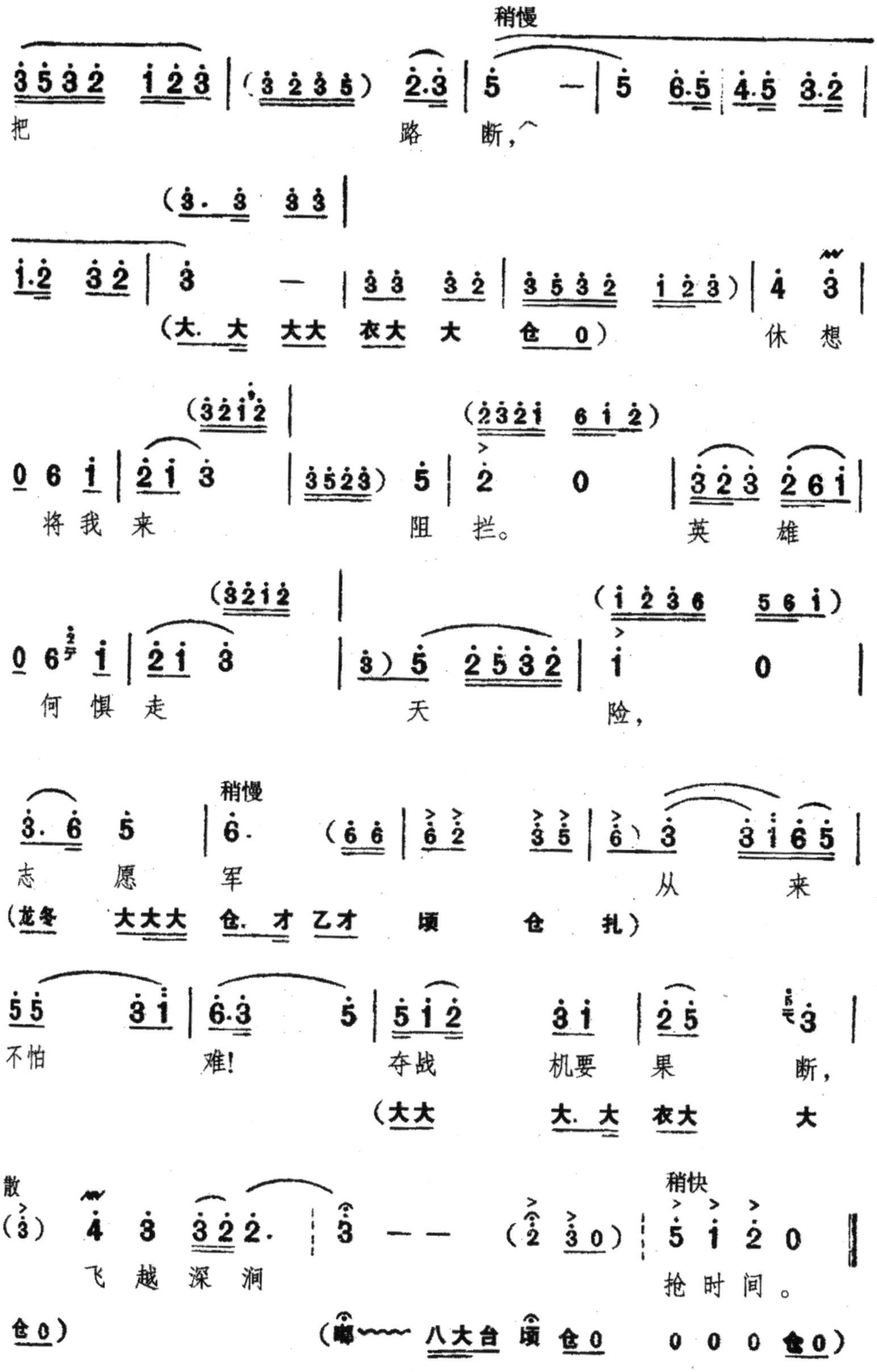

稍慢

把 路 断，

（大. 大 大大 衣大 大 仓 0） 休 想

将我来 阻 拦。 英 雄

何 惧 走 天 险，

稍慢

志 愿 军 从 来

（龙冬 大大大 仓. 才 乙才 顷 仓 扎）

不怕 难！ 夺战 机要 果 断，

（大大 大. 大 衣大 大

散 稍快

飞 越 深 涧 抢 时 间 。

仓 0） （嘟〰〰 八大台 顷 仓 0 0 0 0 仓 0）

锣鼓字谱说明

大	鼓单槌击
八	鼓双槌同击
大八	鼓双槌分击
嘟	鼓双槌滚击
拉	鼓双槌滚击的落音
多	鼓单槌轻击
龙、冬	板、鼓单槌同时轻一击后，鼓单槌再轻一击或鼓单槌轻二击
乙、个	休止
扎、衣	板音
仓	大锣单击或大锣、小锣、铙钹同击
顷	大锣轻击或大锣、小锣、铙钹同时轻击
匝	小锣、铙钹同击哑音
台	小锣单击
令	小锣轻击
才	铙钹单击或铙钹与小锣同击
△	吊钹
▽	钹
*****	大筛锣

颤音：

(1) 𝆖、𝆖𝆖、𝆖𝆖𝆖 上颤音，实际效果为：

6 等于 676. 或 6i6.

6 等于 67676 或 6i6i6

6 — 等于 67 676767676 或 67676767 ……

或等于 6i 6i6i6i6 或 6i6i6i6i ……

(2) 𝆖、𝆖𝆖 下颤音，实际效果为

6 等于 656.

6 等于 65656

在战火纷飞的朝鲜战场上。中朝两国军队团结战斗，并肩前进。

严伟才胜利地完成了敌后侦察任务，来到了久别的安平里。他以毛主席的军事思想教育战士，要“更警惕，紧握枪，打败美帝野心狼！”

严伟才和全体战士与安平里的乡亲们久别重逢。严伟才与崔大娘共叙中朝人民的战斗友谊。

安平里的党组织和里委员会领导群众坚持敌后斗争。崔大娘和崔大嫂装作上山砍柴，侦察敌情。

严伟才探入敌后侦察敌情，机警地观察着敌人的工事。

中国人民志愿军某团政委来到侦察排驻地，用毛主席的军事思想教育战士，向战士们讲述攻打伪“白虎团”的作战方案。

王团长向严伟才下达奇袭“白虎团”团部的战斗任务。

严伟才、韩大年在并肩战斗中，结下了深厚的战斗友谊，如今又一起担负歼灭伪“白虎团”团部的任务，心情分外激动。

严伟才率领"尖刀班"战士，精神抖擻，战士在风雨交加、电闪雷鸣的深夜，克服了重重困难，直插敌人心脏。

严伟才率领“尖刀班”在敌中心哨所智擒伪排长，为奇袭伪“白虎团”团部获得了情报。

严伟才以压倒一切敌人大无畏的革命精神，和伪“白虎团”团长展开了英勇的搏斗。

王团长和关政委率领穿插营全歼李承晚的“王牌军”“白虎团”，与捣毁伪团部的“尖刀班”胜利会师。

革命现代京剧
杜鵑山

毛主席语录

革命文化，对于人民大众，是革命的有力武器。革命文化，在革命前，是革命的思想准备；在革命中，是革命总战线中的一条必要和重要的战线。

我们的文学艺术都是为人民大众的，首先是为工农兵的，为工农兵而创作，为工农兵所利用的。

毛主席语录

中国共产党的武装斗争，就是在无产阶级领导之下的农民战争。

星星之火，可以燎原

目　　录

剧　本

主要唱段

柯　湘——杜鹃山农民自卫军党代表。

雷　刚——农民自卫军队长，后入党。

李石坚——农民自卫军骨干，后入党，为支部委员。

杜妈妈——贫农，烈士家属。

田大江——雇农，后参军入党。

温其久——农民自卫军队副，后投敌为内奸。

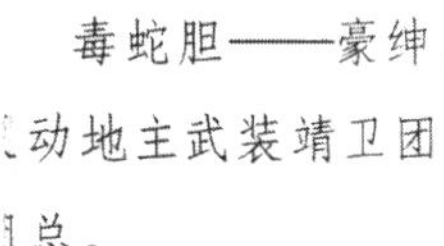

毒蛇胆——豪绅，动地主武装靖卫团总。

时　间： 1928 年春

地　点： 湘赣边界杜鹃山

场　序

第一场　长夜待晓

第二场　春催杜鹃

第三场　情深如海

第四场　青竹吐翠

第五场　砥柱中流

第六场　铁窗训子

第七场　飞渡云堑

第八场　雾岭初晴

第九场　漫卷红旗

人　物　表

柯　湘——女，三十岁，杜鹃山农民自卫军党代表。

雷　刚——三十五岁，农民自卫军队长，后入党。

李石坚——三十岁，农民自卫军骨干，后入党，为支部委员。

杜妈妈——六十岁，贫农妇女，烈士家属。

田大江——三十二岁，雇农，后参军入党。

郑老万——四十五岁，农民自卫军战士，后入党。

杜小山——十五岁，家民自卫军战士，杜妈妈的孙子。

罗成虎——二十岁，农民自卫军战士，后入党。

农民自卫军战士若干人。

工农革命军战士若干人。

杜鹃山乡亲若干人。

温其久——农民自卫军队副，后投敌为内奸。

邱长庚——温其久在旧军队时的勤务兵。

毒蛇胆——豪绅，反动地主武装靖卫团团总。

匪连长——靖卫团连长。

靖卫团团丁若干人。

第一场　长夜待晓

〔1928 年春，深夜。

〔湘赣边界，杜鹃山上，狮子口。

〔幕启：山深崖险，夜色沉重。

〔犬吠，枪声、人声，自远而近。内喊："抓雷刚！"

〔数靖卫团丁提灯笼跪上，四处搜索。

〔毒蛇胆急上。团丁提灯笼随后。

一团丁　（指着一山岩的顶端，惊叫）

〔一人影攀野藤，悠过断涧，隐没于对面险崖的树丛深处。

毒蛇胆　（鸣枪）

〔毒蛇胆率众团丁追下。

〔灯光渐暗。

〔灯光复明。同前景，清晨。远处：层峦起伏，云雾弥漫。近处：险崖对峙，状如斗狮；杂木丛生，野藤倒悬；杜鹃初绽，红白相映，生气蓬勃。台左前方卧一磐石，右后方有一大石块。

〔雷刚自险崖后闪出，拨开草丛，警惕四顾。继而跃出草丛，挺身"亮相"。他脚拖重撩，步履踉跄，挥汗喘息，倍感饥渴。向右"横蹉步"，张望，搓手顿足，转身觅石。提镣链向左"单腿蹉步"，"翻身"，坐于磐石上，拣石砸镣。石块碎裂，镣仍未开。忽觉有人，猛然站起。

〔杜妈妈背柴架，持柴斧走上，发现雷刚。二人对视片刻。

〔杜妈妈缓步走向雷刚，递柴斧。雷刚一怔，趋前接斧；砸开铁镣，扔于石后。杜妈妈放下柴架。雷刚将柴斧送还。

〔杜妈妈取出一块番薯，递与雷刚。

雷　刚　（接番薯，激动地）

久旱的禾苗逢甘霖，

点点记在心！

杜妈妈　**千枝万叶一条根，**

都是受苦人！

〔雷刚将番薯掖入怀内。

雷　刚　**滴水之恩，也当涌泉相报。**

老人家，留个姓名吧！

杜妈妈　**我姓杜。**

雷　刚　（一怔）**姓杜？家里还有什么人？**

杜妈妈　**儿子杜山，被豪绅逼得没处安身，**

跟着雷刚，扯旗造反，

至今没有竞信！

雷　刚　**杜山？您就是杜妈妈？**

杜妈妈　**你是……**

雷　刚　（惭愧地）**雷刚。**

杜妈妈　（一惊）**雷刚？**

（急切地）**杜山呢？**

雷　刚　（沉痛地）**您的好儿子，**

咱穷人的亲骨肉，

他、他、他……英勇就义啦！

〔杜妈妈身子一晃，柴斧落地，复咬牙挺住。

〔雷刚扶杜妈妈坐于磐石上。

杜妈妈　（唱）【西皮散板】

数不尽斑斑血泪帐，

想不到他父仇未报身先亡。

雷　刚　（唱）【慢二六】

莫道是烈士的鲜血空流淌，

点点滴滴化杜鹃红遍家乡。

老人家，莫悲伤，讨血债，有雷刚，

从今后您就是我的白发亲娘。

娘！（倒身一跪）

杜妈妈　（刚强地）孩子！

砍不尽的南山竹，

烧不尽的南山竹，（扶起雷刚）

我丈夫死了，有儿子，

儿子死了，还有孙子。

他叫小山，交给你们，

磨筋炼骨，报仇雪恨！

〔杜妈妈拾斧。

〔罗成虎奔上。

罗成虎　大哥！（向后招手）

〔郑老万、温其久、战士丙和邱长庚上。

众战士　队长！

雷　刚　弟兄们！（迎上，携郑老万、温其久手，引见）

这是杜山大哥的老母，

也是我雷刚的亲娘！

众战士　杜妈妈！

杜妈妈　（慈祥地抚摸着罗成虎）孩子……

〔战士丙放哨下。

郑老万 （向雷刚）

昨晚听说：你越狱逃出祠堂。

我们连夜，分几路四处查访。

终于脱险，重新相见啦！

罗成虎 又是欢喜，又是心伤！

雷 刚 （感慨地）哎！

咱们自卫军，几十个患难弟兄……

温其久 死的死，散的散，旗倒人亡啊！

罗成虎 大哥……

〔雷刚击拳长叹。罗成虎拄刀蹲下。

〔杜小山内喊："奶奶！"

杜妈妈 小山？

杜小山 （跑上）奶奶，我爹他……

〔杜妈妈不忍卒听，以手急阻。杜小山跪抱杜妈妈，泣不成声。

雷 刚 （崇敬而激昂地）

他是一棵永不枯朽的青松，

屹立在杜鹃山上！

杜小山 （激愤地）那杀人不眨眼的毒蛇胆，他……

雷 刚 （急问）他怎么？

杜小山 他张贴告示，四处敲锣叫嚷

将我爹人头，挂在旗杆顶上。

他还说……

雷 刚 说什么？

杜小山 "谁要再当自卫军，

叫他全家遭殃！

斩尽，杀绝，

抢光，烧光！”

雷　刚　（怒极）啊！

豪门不入地狱，

穷户难进天堂！

弟兄们，跟我走！（一把夺过罗成虎的刀）

〔众人怒不可遏，欲随雷刚冲下。

杜妈妈　（急阻）站住！

雷　刚　（止步）娘？

杜妈妈　（坚决地）把刀给我！

〔雷刚再次恳求，仍未被允；无奈，交刀与杜妈妈。

杜妈妈　（语重心长地）

青藤靠着山崖长，

羊群走路看头羊。

得找个带头引路的，

再不能瞎碰乱闯啦！（坐于磐石上）

雷　刚　（感叹地）哎！

听说去年九月，

共产党，

领穷人秋收暴动，

轰动了赣水湘江。

土豪劣绅威风扫地，

劳苦弟兄挺起胸膛。（走至石块前，蹬石举拳“亮相”）

我雷刚找不到共产党，

无奈何，

比着葫芦画个瓢，

学着样子往前闯；

这才扯旗造了反，
杜鹃山上举刀枪。
可谁知，闹来闹去……
唉！（击拳）
（唱）【西皮原板】
三起三落几经风浪，
有多少好弟兄血染山冈。
遭失败更渴望找到共产党，
群雁无首难成行。
黑夜沉沉盼天亮，
党啊，指路的明灯！
你今在何方？（翘首企足，心驰神往）

〔众随雷刚探身举手，热切期望。

〔战士丙跑上。

战士丙　队长！李石坚来啦！

〔李石坚快步上。

李石坚　（登上石块）大哥！

雷　刚　（急迎）石坚！

〔李石坚跳下石块，紧抱雷刚双臂。

〔战士丙放哨下。

郑老万　为什么来得这么晚？

李石坚　三官镇上转了转。

邱长庚　大家都愁眉不展，

温其久　你倒是自在清闲！

李石坚　别叹气，莫心烦，
我带来喜讯一件。

温其久　什么消息？

李石坚　共——产——　（跃上石块）

众战士　共产党？

李石坚　对！

郑老万　在哪儿？

李石坚　远在天边，近在眼前！

雷　刚　怎么讲？

李石坚　近在眼前！（跃下石块，“翻身”，“卧鱼亮相”）

众战士　快说！

李石坚　（站起）你们听着：（转身，脚蹬磐石）

市镇上纷纷传言，

杜鹃山来了两个共产党员。

遭遇敌人，

英勇奋战。

一个中弹，不幸牺牲；

一个负伤，被捕入监。

明天一早，祠堂门前，

游乡示众，开刀问斩！

雷　刚　啊！开刀问斩？

众战士　怎么办？

李石坚　不下汪洋海，（“蹋步蹲相”

难得夜明珠！（“翻身”侧指

郑老万　（有所悟）你是说……

李石坚　咱们乔装改扮，

郑老万　星夜下山，

李石坚　出其不意，

罗成虎　劫法场，大闹三官镇，

众战士　搅他个人慌马乱！（转身扬手“亮相”）

李石坚　这共产党……

雷　刚　（抢步上前，抓住李石坚手臂）

你是说：抢？

李石坚　抢！

众战士　（惊喜地）抢？！

李石坚　找不到就抢嘛！

〔众活跃。雷刚兴奋地思考。

温其久　大哥！咱们——

人，只有三四十；

枪，不过十几杆。

可不能以卵击石，

冒此风险哪！

李石坚　什么险不险！

罗成虎　说干就干！

郑老万　干吧！

罗成虎　干吧！

众战士　干吧！（围拢雷刚，期待决策）

雷　刚　（毅然地）好！（踮脚挺身，神采焕发，走“圆场”）

（唱）【西皮快板】

草木经霜盼春暖，

却未料春风已临杜鹃山。

待明晨劫法场天回地转，

杜妈妈　拿去！（递刀）

〔雷刚接刀，舞刀。众随之转身，分组“亮相”。

雷　刚　（接唱）

　　　　抢一个共产党领路向前。

〔雷刚跃上磐石。众簇拥雷刚“造型”。

雷　刚　**苍天保佑！**（拱手）

〔众塌身“亮相”。

〔切光。塑像光。

——幕 闭

第二场　春催杜鹃

〔翌日清晨。

〔三官镇，佘氏宗祠前，墟场。

〔幕启：天低云暗；祠堂门墙，敝旧阴森；古柏丛竹，探出墙外；门前一侧，有石座旗杆一柱。

〔墟场上，冷落萧条。李石坚及战士若干，或扮买者，或扮卖者，背向观众，夹杂在人群中。罗成虎背身坐于小车上。

〔人丛中，一讨米少女扶失明老人走至旗杆旁，坐下。

〔杜小山扮猎户，执猎叉，携山鸡走上。

杜小山　（吆喝）**大雁、山鸡，狐狸、野羊——！**

〔郑老万扮小贩，挎竹蓝走上。

郑老万　（吆喝）**金针、木耳，蘑菇、生姜——！**

〔雷刚裹头巾，著鹿皮坎肩，荷钢叉，挑狐狸、山兔快步走上，招手，脚踏罗成虎小车。李石坚、郑老万、罗成虎急靠拢雷刚，各视一方。战士们警戒四周。

雷　刚　准备情况怎样？

李石坚　都已安排妥当。

雷　刚　那位共产党员？

郑老万　就要押出祠堂。

罗成虎　听说是个女的。

雷　刚　女的？（愕然）

罗成虎　抢不抢？

雷　刚　只要她是共产党，

（决断地）**抢！**

〔忽闻锣声，雷刚等蓦地散开。

〔雷刚、郑老万、杜小山等分下。

〔一团丁敲锣上。

团　丁　今日逢墟，处决共党，

禁止喧哗，违者上绑！

〔数团丁急跑上，驱散群众。

〔一团丁用枪托打倒失明老人。少女跪扶老人，手中竹蓝落地。团丁踢飞竹蓝。少女怒视团丁。自卫军战士护持老人下。

〔群众被赶下。

〔四团丁持枪警戒。

〔匪连长上。

匪连长　团总有令：

“带——共——党——

四团丁“带——共——党——！

〔祠堂大门内团丁齐嚎：“带——共——党——！”

〔匪连长暗下。

柯　湘　（内唱）【西皮娃娃调导板】

无产者等闲看惊涛骇浪。

〔四团丁暗下。

〔祠堂大门缓缓打开。

〔六团丁刺刀上枪，窜出大门，“二龙出水”，涌向门口。

〔柯湘戴铁铐，昂首阔步自大门内上，侧身甩发，迈过门坎，巍然屹立，器宇轩昂，“亮相”。

〔六团丁齐以刺刀逼向柯湘。

柯　湘（唱）【回龙】

洒热血，求解放，生命不息斗志旺，胸臆间浩气昂扬。

六团丁　**走！**

〔柯湘目光炯炯，怒视敌人。

〔六团丁悚然退向两旁。

〔柯湘整发，托链，从容豪迈地步下石阶。

〔六团丁"塌身"。

柯　湘（快步向前，左手提链"亮相"）

（唱）【原板】

党指示进深山寻找雷刚，

一团丁　**走！**

〔柯湘转身撩链，怒视团丁，疾步至台中"亮相"。

〔六团丁架枪急围。

柯　湘（接唱）

虽陷魔掌，使命不忘。

冲开这——

（拨开刺刀，冲出刀丛，举链击一团丁，转身"亮相"）

冲开这刺刀丛极目远望，

（向左侧后方走动，复往后闪身遥望，"跨腿转身"，抚伤处，"单腿蹉步"，甩发，捧链击众团丁，转身"亮相"）

似看见密林中银光闪闪红缨枪，红缨枪……（凝神向往）

我恨不能——

（转身，双手抓枪，别腿侧身"亮相"）

恨不能飞身跃上（甩枪，蹲身，起身）**万仞岗，**（转身

“亮相”）

六团丁　走！

〔柯湘猛回头怒视团丁。二团丁急架枪。柯湘抓枪，走半“圆场”，“双腿蹉步”，直逼众团丁。众团丁急退。

〔部分乡亲涌上。柯湘甩开刺刀，举双手召唤众乡亲。

〔团丁驱乡亲下。

〔柯湘逼视团丁，回绕于刺刀丛中，走小“圆场”，连续转身，甩发提链“亮相”。

柯　湘　（唱）【流水】

且把犁场变战场，

畅谈革命斥贼党，

揭谎言，明真相，驱迷雾，迎曙光，驱迷雾，迎曙光，将火种播向这万里册乡！

〔柯湘牵引众匪，大幅度迂回，至台后部中心，突然转身，冲向台前。众匪挺枪急围。柯湘抓住双枪，甩枪，双手振链，英武“亮相”。

〔毒蛇胆上。匪连长、二团丁随上。

毒蛇胆　（凶狠毒竦，色厉内荏）女共党！

上海、长少，没把你们杀绝斩尽，

今天我要杀一儆百，以正乡风。

柯　湘　（字字千斤，气壮山河）

哪里有压迫，

哪里就有斗争。

甘洒一腔血，

唤起千万人！

毒蛇胆　（急向众）

别听她的赤色宣传，
大家都要安守本分。
只有蒋总司令的党规国法，
才是中华民族的救国之本。

柯　湘　（出敌不意）请问，现在是哪一年？

毒蛇胆　（脱口而出）民国十七年。

柯　湘　（致命一击）
可是你们的田赋钱粮、苛捐杂税，
已经收到民国三十七年啦！
这就是你们的党规国法，
这就是你们的救国之本！

毒蛇胆　（张口结舌）你……

柯　湘　乡亲们！

〔乡亲们涌上。柯湘转身跃上旗杆石座。

柯　湘　蒋介石叛变革命，
是帝国主义的狗奴才；
南京政府屠杀工农，
是祸国殃民的黑衙门。
只有马列主义才能救中国，
只有中国共产党才是工农的救命星！

〔雷刚内喊：“说得好！”

毒蛇胆　什么人？

雷　刚　雷——刚！（手执钢叉自人丛中跃出）

毒蛇胆　（惊恐万分）啊！

〔众匪惊乱。

〔雷刚以钢叉刺中毒蛇胆左臂。

〔毒蛇胆掏枪向柯湘射击。

雷　刚　闪开!（一个箭步，飞向柯湘，以身掩护，左臂受伤）

〔在雷刚、李石坚的卫护下，杜小山等急扔柯湘下。

〔雷刚飞叉掷毒蛇胆。毒蛇胆逃下。传来一声惨叫。

〔数团丁扑向雷刚。雷刚左臂伤痛。李石坚从扁担内抽出红缨枪，迎战数匪，救护雷刚。

〔数团丁欲刺雷刚。罗成虎推小车上，截住团丁，从车把内抽出双刀，追团丁下。

〔雷刚夺一团丁刀，利用小车与众匪格斗。雷刚刺死团丁；复掀翻小车，砸扣一团丁。

〔柯湘、杜小山等急上。

〔雷刚接住空中飞刀，脚踏小车与柯湘、李石坚、郑老万、杜小山等英勇“亮相”。

〔自卫军战士追众团丁过场。

〔柯湘急撕衣襟，为雷刚裹伤。

〔罗成虎、战士甲奔上。

罗成虎　靖卫团溃不成军，鬼哭狼嚎；

战士甲　毒蛇胆身负重伤，向县城逃跑。

雷　刚　继续侦察，
加强岗哨!

罗成虎
战士甲　是!（下）

柯　湘　（热情地）你是雷

雷　刚　（点头）你是……

柯　湘　柯湘。

李石坚　从井冈山来?

柯　湘　受党委托，来找雷队长。

雷　刚　还有一位？

柯　湘　（沉痛地）赵辛同志……

雷　刚　赵辛！

（庄严地）列士虽未见，

英名永记牢。

〔众低头默哀。

郑老万　山乡春来早，

李石坚　荒地吐新苗。

雷　刚　（紧握柯湘手）

你就是我的日盼夜想的党代表！

（振臂高呼）欢迎党代表！

众　　　欢迎党代表！

〔柯湘登上旗杆石座招呼众乡亲。战士和乡亲们热情洋溢地涌向柯湘。“造型”。

——幕闭

第三场　情深如海

〔当天下午。

〔祠堂后院。

〔幕启：天际卷云层叠；正面是一堵石座瓦顶的灰墙；右边是厢房一角；透过月亮门，可见前院正厅屋檐；墙内墙外，翠竹古柏；兵器架上，列树刀枪。

〔二战士张贴标语："打土豪，分田地！""拥护工农革命军！""中国共产党万岁！"过场。

〔数战士扛谷米，荷兵器，挑鞭炮，抬酒坛，络绎过场。

〔数战士与邱长庚围桌饮酒。

〔罗成虎与杜小山抬朱漆木箱上。

罗成虎　**喂！温队副有令：**

"按照往日规定，

浮财全归弟兄！"（打开箱盖）

众战士　**好！马上就分！**（一拥而上，各取所好）

〔李石坚扛米箩上。

李石坚　**弟兄们！先别动！**（放下米箩）

〔众人诧异。

李石坚　**这次分浮财，要按新章程。**

罗成虎　（不解地）**新章程？**

李石坚　**花边光洋，一律归公；**

部分谷米，留作军用；

其余粮食衣物，

全部分给乡亲。

众战士　这是谁的命令？

李石坚　党代表。（下）

罗成虎　哼！咱们流血拚命，

战士丁　她倒干做人情。

战士丙　外乡人总归隔一层啊！

战士乙　读书人没吃过苦哪能带兵？！

〔战士们不满地将手中衣物摔入木箱，将木箱抬置墙角。

邱长庚　（发泄地）哼！

女的能带兵，

男爷们儿还有什么威风？！

她的命令，

咱们不听！

罗成虎　不听！

众战士　不听！

邱长庚　（拍案站起）

走！找她讲理，

这是什么章程？！

〔众吵嚷："走！""走！""这是什么章程?!""这是革的什么命?!"涌向月亮门。

战士甲　（指门外，紧张地）别吵，她来啦！

〔嘈杂之声，戛然而止。

〔柯湘肩挑米箩，面带笑容，出现于月亮门口。

〔众愤然不语，背向柯湘。

〔柯湘略一思索，走至厢房前，放下担子，利落地将米箩搬起放在箩堆上，用肩布掸尘。

〔李石坚、郑老万、杜小山扛粮上。

〔沉默良久。

柯　湘　（微笑地）哎？

刚才好象电闪雷鸣，

怎么忽然风平浪静啦？

〔罗成虎气呼呼地夺过一战士手中包袱，丢进木箱，用力关上箱盖，走向邱长庚。

罗成虎　**别喝啦！**（一把打掉邱长庚的酒杯）

邱长庚　（醉醺醺地）**啊！**

女……共产党，

来管我们？！（拔出腰中短枪

这是什么？

不是绣花儿针！

柯　湘　**他喝醉了，**

把枪下掉！

郑老万　**是！**（欲下邱长庚的枪）

邱长庚　**你敢！**（甩开郑老万）

李石坚
郑老万　（急忙喝止）**邱长庚！**

〔邱长庚举枪，向柯湘冲去。众人惶恐。

〔柯湘镇定异常，上前，一把抓住邱长庚手腕。僵持少顷。邱长庚用力挣扎。柯湘从容熟练地下掉邱长庚的枪。邱长庚一个踉跄，倒吸一口冷气，跌坐木凳上。

柯　湘　（将枪交与杜小山，平静地）

带下去，醒醒酒。

（顺手为杜小山整整衣领）

杜小山　是！（带邱长庚下）

〔部分战士跟下。

郑老万　（钦佩地）想不到，看不透，

打仗干活儿，行家里手！

柯　湘　（谦虚地）风里来，雨里走，

终年劳累何所有？

只剩得，

铁打的肩膀粗壮的手……

（不自禁地沉入回忆）

罗成虎　（意外地）你也是穷苦出身？

柯　湘　唉！吐不尽满腹苦水，

一腔冤仇……（缓缓坐下）

（唱）【反二黄中板】

家住安源萍水头，

三代挖煤做马牛。

汗水流尽难糊口，

地狱里度岁月，不识冬夏与春秋。

【反板】

闹罢工，（立起）我父兄怒斥工头，英勇搏斗，

壮志未酬，遭枪杀，血溅荒丘。

（那）贼矿主心比炭黑又下毒手，

一把火烧死了我亲娘弟妹，一家数口尸骨难收。

郑老万　（激愤地）矿主、工头，

罗成虎　毒蛇、野兽！（拍桌）

李石坚　要雪恨！

众战士　要报仇！

柯　湘　（唱）【二黄摇板】

秋收暴动风雷骤，

明灯照亮，明灯照亮我心头。

【原板】

才懂得翻身必须枪在手，

参军、入党，要为那天下的穷人争自由。

【流水】

工友和农友，一条革命路上走，

不灭豺狼誓不休！

不灭豺狼誓不休！

郑老万　团结一心向前走，

李石坚　革命到底不回头。

众战士　（兴奋地）对！对！对！

〔温其久暗上，身后跟着邱长庚。

温其久　吵什么！

〔众惊，哑然。

温其久　队长负伤，

需要安静！（将所披长袍，扔给邱长庚）

〔罗成虎及众战士下。

李石坚　队副，抓来的团丁？

温其久　照老章程！（作砍头手势）

郑老万　扣留的商人呢？

温其久　货物充公！

柯　湘　（语气缓和地）温队副，

对俘虏，应教育释放；
对商人，要买卖公平。
这是党的政策，
应该贯彻执行。

郑老万　（担心地）党代表，
要是放过俘虏商人，
雷队长会跟你拚命！

柯　湘　（笑了笑）
革命的道理，
他会想得通。
（向温其久）队副，你说呢？

温其久　（抑制着内心的不满）
我什么都不是，
说了也没用！（悻悻然走进厢房，身后跟着邱长庚）

李石坚　（急喊）温队副！
（向柯湘解释地）党代表，你别在心。
因为他当过军官，
养成了军阀作风。

柯　湘　哦？他是什么出身？

李石坚　原先也是豪门。
为争一块风水宝地，
和毒蛇胆结下怨恨。
打官司把家产荡尽，
先投军阀刘二豹，后又找我们。
和雷刚结了把兄弟，
参加了自卫军。

柯　湘　**哦！**

〔哨声突起。温其久内喊:“全队集合!”

〔众战士急跑上。

〔邱长庚自厢房跑出。

邱长庚　(挑衅地)**队长发火啦!**

〔雷刚臂吊绷带，怒气冲冲走出厢房，立于台阶上。

〔柯湘欲上前招呼，雷刚不理。

〔气氛紧张。

〔温其久暗上。

雷　刚　(走下台阶，一脚踏上桌旁木凳， 厉声地)

谁要把俘虏、商人给我放走，

他就是雷刚的冤家对头!

〔罗成虎持扁担自月亮门上。

罗成虎　**报告，抓到一个土豪!**

雷　刚　**押进来!**

罗成虎　**是!**(向门外招手)

〔雷刚怒立桌后。战士们持刀枪分立于雷刚两旁。

〔温其久矜持地坐于桌旁。

〔柯湘立于台阶上，细心观察。

〔二战士内喊:“走!”押双手被捆的田大江上。

田大江　**为什么把我抓来?**

罗成虎　**你帮土豪运米到山外!**

田大江　**我田大江做雇工是出于无奈，**

推车挑担，为的是养家还债，

一天不干，全家人饥饿难挨!

雷　刚　**宁愿饿死，不当奴才!**

田大江（气极）**你？**

雷　刚　**单凭这一点，**

就该狠狠打！

罗成虎　**是！**（欲按倒田大江）

田大江（用力挣扎）

什么自卫军？！

简直是军阀！（顿足）

温其久　**你敢骂？打！**

邱长庚　**打！**

柯　湘（高声地）**不准打！**

温其久（站起）**就要打！**

〔邱长庚从罗成虎手中夺过扁担，向田大江打去。

柯　湘（上前急拦）**住手！**（夺过扁担）

真不象话！

〔郑老万接过扁担。

雷　刚（拍桌大怒）**柯湘！**

（唱）【西皮快板】

自卫军舍生忘死将你救下，

实指望领头带路把仇敌杀。

你不为穷苦人撑腰说话，

反与豪绅是一家。

抓来的土豪(你)不准打，

商人俘虏竟要放回家。

你这个共产党，是真还是假？

当着这众弟兄，你要回答！

〔雷刚踹凳，拍刀，脚踏木凳，横刀怒向柯湘。

〔战士们举刀挺枪，威逼柯湘。

〔李石坚、郑老万和战士甲急忙围护柯湘。

〔罗成虎惊惶观望。

〔温其久立于桌后，幸灾乐祸。

〔静场，局势严重。

〔柯湘从容镇静，拔开李石坚等人，缓缓走向雷刚。

柯　湘　（平静地）雷刚同志，
（指田大江）他是土豪？

雷　刚　为土豪做事！

柯　湘　那就该打？

雷　刚　打是轻的！

柯　湘　（稍一思索，转向众人）
同志们！
咱们这里，
谁给土豪做过事，
把手举起来。（举手）

〔众疑惑不解，收回刀枪。

柯　湘　怎么？
都没给上豪干活儿？
也没受财主剥削？

李石坚　（突然打破寂静，举手）我干过！
我是石匠，
给豪门刻碑造墓。

罗成虎　（举手）我打短工，
给财主舂米推磨。

郑老万　（举手）我给土豪……这怎么说呢？

什么活儿都干过！

当年盖这祠堂，

咱们谁没来过？！

那是旧世道，

不干没法活呀！

战士甲　我干过！（举手）

战士丙　我干过！（举手）

战士乙　我干过！（举手）

众战士　我干过！（齐举手）

李石坚　（缓缓走向雷刚）大哥！

为土豪帮工抬轿十几年，

难道你忘记了受过的苦难？

雷　刚　（有所触动）唔？

（一想）嗯！（缓缓把手举起）

柯　湘　同志们！

难道咱们都是土豪？

都要挨革命的扁担？

〔众思考，放下手臂。

〔温其久见风头不对，暗暗溜下，身后跟着邱长庚。

柯　湘　毛委员说过：

“谁是我们的敌人？

谁是我们的朋友？

这个问题是革命的首要问题。”

所以，

白军俘虏，要宽大处理；

一般商人，应该争取；

豪绅列强，是我们的死敌；
而劳苦大众，乃是革命的主力！
可你，
杀俘虏，
抓商人，
还要毒打推车的雇工，
我们的阶级兄弟。
你，这是革谁的命？
造谁的反？
灭谁的威风？
长谁的志气？
（痛心地）雷刚同志
（唱）【反二黄原板】
普天下受苦人同仇共愤，（为田大江解绑）
【二六】
黄连苦胆味难分。
他推车，你抬轿，同怀一腔恨，
同恨人间路不平，路不平。
可曾见他衣衫破处留血印，
怎忍心——
怎忍心（哪）旧伤痕上又添新伤痕？
雷　刚　（唱）【西皮二六】
见伤痕往事历历涌上心，
受苦人，肩上压的都是豪绅。（拿起扁担，悔恨交加）
我良莠不辨，是非含混，
错把亲人当仇人，

错把亲人当仇人。

说不尽心中悔和恨，（猛掷扁担）

〔柯湘示意罗成虎去取衣物。

雷　刚　田大江，我的好兄弟！（一把抱住田大江）

（接唱）

原谅我眼不亮心不明，是个糊涂人！

柯　湘　（紧握雷刚、田大江手）

（唱）【西皮流水】

阶级情，海样深，

同命运，一条心！

往年同受同样苦，

今朝同把冤仇伸。

愿天下工农团结紧，

众战士　（齐唱）

愿天下工农团结紧，

柯　湘
众战士　（齐唱）

砸开铁锁链，

翻身做主人，

砸开铁锁链，

翻身做主人

翻身——

柯　湘　（接唱）

做主人！

众战士　（齐唱）

翻身做主人！

〔阳光灿烂，彩霞绚丽。

〔罗成虎取包裹上。

柯　湘　（深情地）大江！

你运过多少绫罗绸缎，

穿的却是破衣烂衫。（捧包裹）

这点衣物、银元，

带回去，暂度饥寒。

田大江　（接包裹，热泪盈眶）

几十年来受苦受难，

从未有人问饥问寒。

（振奋地）亲人哪！给我一杆枪吧，

跟你们一块儿干！

柯　湘　（热情握手）大江同志，欢迎你！

众战士　欢迎你！

雷　刚　党代表！

我雷刚不懂共产党的王法，

从今后该怎么办，由你当家。

柯　湘　那……俘虏？

雷　刚　放掉！

柯　湘　商人？

雷　刚　送走！

柯　湘　粮食浮财？

雷　刚　分给穷苦人家！

众战士　（欢腾地）好！

柯　湘　我建议：分衣分粮，

发动群众，扩大武装，

然后整训上山冈！

雷　刚　（爽朗地）对，听党代表的！

柯　湘　打开谷仓，

马上分粮！（接过一卷分粮榜，示意雷刚）

〔众乡亲涌上。少女扶失明老人上。杜小山扶杜妈妈上。

〔柯湘主持分粮。众乡亲欢天喜地。

〔失明老人自米箩中捧起稻谷，激动万分。

〔柯湘高举分粮榜，众簇拥"亮相"。

——幕　闭

但愿得自卫军火速转移，早传捷报，

杜妈妈　（接唱）

杜鹃山云开雾散，

杜妈妈
雷　刚　（重唱）

凯歌冲九霄！

〔杜妈妈扶雷则坐于石锁上。

〔一团丁挑灯笼引毒蛇胆巡视上。另一团丁及匪连长跟后。

〔雷刚欲站起，被杜妈妈按住。

毒蛇胆　（对匪连长）

兵力部署，是否妥善？

匪连长　里里外外，戒备森严。

毒蛇胆　（指囚笼）

这个囚笼，更要保险。

匪连长　每根铁条，都已检查几遍。

毒蛇胆　要接受上次教训，

再不能放虎归山。

匪连长　团总，既然目的已经实现，

何不马上杀头，以绝后患？

毒蛇胆　笨蛋，目光短浅！

要钓大鱼，须放长线。

留着抬轿汉，

柯湘必下山。

一根钓鱼竿，

可钓一大串！

雷　刚　（站起，怒不可遏）

好一条毒蛇！
恨不得把你碎尸万段！

毒蛇胆　嘿，好大的气焰！
别着急，
但等柯湘下了山，
请您三位一起上西天！

〔雷刚以铁链砸栅门。毒蛇胆惊退。

〔杜妈妈扶雷刚坐于石锁上，为之护理伤口。

〔团丁甲内喊："报告！"跑上。毒蛇胆示意低声，走至一侧。

团丁甲　（低声地）团总，情况有变！

毒蛇胆　你快谈！

团丁甲　自卫军向边界方向转移，
被我哨兵发现。

毒蛇胆　转移？

〔团丁乙内喊："报告"急上。

团丁乙　（低声地）团总，密件！（交密札与毒蛇胆

〔团丁甲、乙下。

毒蛇胆　（拆信）"自卫军今夜转移出山……"
不好！我的计划要完蛋！

匪连长　怎么办？

毒蛇胆　我马上带兵去后山。

匪连长　镇上呢？

毒蛇胆　只留你这个连，小心看管。
不过，你的大部兵力，
要把守镇口一线天。

匪连长　这里呢？

毒蛇胆 **就留一个班。**

匪连长 **一个班？**

毒蛇胆 **只要守住要道一线天，**

他们插翅也难到祠堂前。

匪连长 （仰面拱手）

祖先保佑，

一切如愿！

〔雷刚、杜妈妈谛听。

毒蛇胆 （挥动手中密札，放声狞笑）

柯湘啊，柯湘！

你就是假转移，真劫狱，

我也有备无患。

走！

〔毒蛇胆带众团丁急下。

〔雷刚、杜妈妈焦炙万分。

〔渐渐收光。

杜妈妈 （遥望夜空）**党代表，千万不要下山哪！**

雷　刚 **千万！千万……**

〔母子探身抬手，遥寄心愿。

〔电闪雷鸣，暴雨倾盆。

〔收光。

——垂下纱幕

第七场　飞渡云堑

〔当天深夜。风雨交加，电掣雷鸣。

〔杜鹃山到三官镇之间的深山野岭。

〔田大江领路，柯湘、杜小山、二男战士披蓑衣急上，“亮相”。

〔柯湘招手，众急下。

〔男、女六战士急上；作顶风雨、踩泥泞、同心协力、英勇挺进的舞蹈；下。

〔坡陡泥滑。六男战士连续跳“弹板”跃上，“飞脚”，“滚背”，立起，奔下。

〔四女战士“腾空跃”上，“滑叉”，“绞柱”，立起，奔下。

〔杜小山“虎跳”“前扑”上，翻“倒三点”，欲倒。柯湘英武矫健“腾空跃”上，托住杜小山。

〔数男战士上，“滑叉”柯湘一一搀扶，依次而下。

〔一排女战士飞舞蓑衣，“串蹦子”；一排男战士“串飞脚”过场。

〔纱幕跑云。

〔流云过处：现出雾中层峦。

〔田大江持竹午自树丛中跃出，“亮相”，“翻身”，“腾空跃”，挡风，挥雨水，拨草，“探海”，辟路前进。草深苔滑。田大江以竹竿拄地，“单腿蹦子翻身”，“劈叉”，滑跌于地，奋力站起，复又滑下，顽强挣扎，终于立起，向后招手。

〔二男战士自树丛中跃出，挥刀，连续“缠头裹脑”，披荆斩棘。

〔田大江舞竹竿，连续“压脖蹦子”。

〔三人同“翻身”，“大跳”，“翻身飞脚”，“亮相”，开路下。

〔山风猛烈，摧人欲倒。众男战士与暴风雨激烈搏斗，连续“扫堂腿”，“旋子”，急下。

〔田大江率众战士急行军过场。

〔田大江等上，攀草木爬山，挽手搭臂，互相搀扶，“跨腿”，“滑跪”，复又站起。

〔杜小山等翻“单蛮子”。

〔众人攀上山崖，俯视崖下，同“亮相”。

〔纱幕跑云。

〔流云过处：鹰愁涧，峰岩壁立，青藤高悬。

〔田大江悠藤务，飞越深涧。

〔众战士悠藤条，连续飞越深涧。

〔众战士龙腾虎跃，翻山滚坡，翻“踺子”等过场。

〔纱幕跑云。

〔流云过处：余氏宗祠附近。

〔田大江与战士甲上，卧倒。

〔匪连长披雨衣查哨上，一团丁撑伞随后。

〔田大江俘虏匪连长，剥其雨衣，搜出其腰间的牢房钥匙。

〔战士甲杀团丁。田大江披雨衣伪装。

〔柯湘率自卫军战士上。众战士潜进祠堂。

〔暗转。

〔灯复明：祠堂后院，可见牢笼一角。

〔雷刚、杜妈妈被关在囚笼内。

〔众团丁抱枪坐于囚笼门外石阶上，瞌睡沉沉。

〔田大江、战士甲伪装上。

〔一团丁站起，走向田大江，施礼。

〔田大江闪身走向铁栅门。

〔团丁忽有怀疑，被战士甲刺死。

〔众战士急上。

〔众团丁惊醒，欲动。

〔田大江持枪威喝:“不准动！”

〔众战士缴了从团丁的枪，将众匪捆绑并以布堵嘴。田大江开栅锁，拉开栅门。

〔柯湘与雷刚相见，雷刚欲语，柯湘急用手示意勿语。

〔柯湘与杜妈妈相见，激动地拥抱。柯湘挥手令战士将众团丁锁于囚笼内。

〔一战士将缴获的数枝步枪找起。

〔柯湘、雷刚等机警地撤退。

〔收光，聚光于栅门。囚笼内众团丁器丧着脸，挣扎着乱作一团。

〔暗转。

〔灯复明：鹰愁涧附近的一个山坳，山崖陡立，地势险要。

〔柯湘指挥被救出的战士和乡亲撤退。

〔雷刚和杜小山扶杜妈妈急上。罗成虎、郑老万、田大江随上。杜妈妈、杜小山下。

〔枪声渐近，众止步谛听。

田大江　听枪声，好象是敌人大队来追赶。

柯　湘　一定是毒蛇胆发觉上当，去而复返。

郑老万　前面就是鹰愁涧，行进困难。

罗成虎　后面敌军已近近，情况危险！

柯　湘　（稍一思索）老雷，你领大家攀藤越涧，

雷　刚　你？

柯　湘　我带几人，居高凭险，掩护你们安全

雷　刚　不，弟兄们急需你行船掌舵。

柯　湘　战友们盼你归望眼欲穿。

雷　刚　我雷刚莽撞冒险，赞成如此局面，

断后任务，应由我承担。（一阵晕眩，被郑老万等扶住）

柯　湘　你身负枪伤，血迹斑斑，

饥寒交困，不宜再战。

雷　刚　敌众我寡，枪少力单，

形势危险，我心不安！

柯　湘　（意气风发地）你来看：（甩蓑衣转身“亮相”）

这丛林是屏障，

碎石是枪弹，（握拳“亮相”）

狭谷是壕堑，（“卧鱼”双手指）

峭壁（“蹋步”，“翻身”，“亮相”）是雄关，（撩蓑衣，蹬石坡“亮相”）

任凭那（下坡）追兵来势（半“圆场”）似潮卷，（三“撣手”）

我自岿然如山。（舞蓑衣转身“亮相”）

〔众随舞。

〔枪声紧急。

柯　湘　形势更紧迫，

雷　刚　敌人已近前。

柯　湘　你赶快撤离！（急拽雷刚）

雷　刚　我决不回山！

柯　湘　这是党的决定，

不容再迟缓！

雷　刚　（恳求地）党代表！（又一阵晕眩）

柯　湘　快走！

雷　刚　党代表！

柯　湘　快走！

〔二战士拥扶雷刚走上高崖。

〔雷刚用力甩开二战士，回身向前猛跨一步，欲冲下高崖。战士们急架住雷刚。

雷　刚　（自崖上探身向下，激烈地）**党代表！**

柯　湘　（挥手）**快！**

雷　刚　（竭力嘶喊）**党代表！党代表！**

柯　湘　（坚决地）**快！快！**

〔雷刚边喊边被拖下

〔数战士急随下。

〔枪声更紧。

〔柯湘、田大江、郑老万、罗成虎射击，扔出一排手榴弹，阻击敌人。

柯　湘　**同志们，**

节省子弹，

准备近战！

〔四人持刀枪“亮相”。

柯　湘　（唱）【西皮流水】

风雨如磐天地暗，

自有明灯在心间。

满腔热血化雷电……

〔喊杀声骤起。

〔数团丁涌上。

〔柯湘率战士们与敌搏斗。战斗炽烈。

〔田大江手持单刀，勇猛格斗，杀死团丁，又高举石块向敌人砸去。

〔敌被击退。

柯　湘　（挥手）**撤！**

田大江
郑老万　**是！**（冲上高崖）
罗成虎

〔一声枪响，田大江中弹。

柯　湘
郑老万　（惊呼）**田大江！**（急扶）
罗成虎

〔田大江右手按胸，顽强地抬起头来，怒视敌人。热血涌出指缝。

幕后男女声　（气势磅礴地）

（合唱）

光华照河山！

光华照河山！

〔柯湘等雄伟地屹立险崖。“造型”。

〔电光划破夜空，霹雳震撼大地。

〔收光。塑像光。

——幕徐闭

第八场　雾岭初晴

〔翌日凌晨。

〔杜鹃山上，地点同第五场。

〔幕启：风雨初过，苍山浩瀚，流云疾驰，星月隐现。

〔坡上红旗迎风招展。

〔山下枪声时疏时密。

〔温其久望山下，听枪声，焦躁不安。

温其久　**山下枪声时缓时急，**

莫非柯湘下山劫狱？

〔邱长庚神色慌张地跑上，温其久急招之靠近。

温其久　**情报？**

邱长庚　**已经送去。**

温其久　**枪声？**

邱长庚　**是柯湘劫狱。**

温其久　（惊慌失措）**啊！**

可能我已露了马脚，

中了奸计！

邱长庚　**快投毒蛇胆去！**

温其久　**不能去！**

咱们错送了情报，

毒蛇胆肯定有怀疑！

邱长庚　那……

温其久　（眼珠一动）此路不通，

　　　　我另有主意。（掏出纸笔，写信）

　　　　送给刘二豹。

邱长庚　（接信）刘二豹？什么妙计？

温其久　我以转移为名，

　　　　把部队带进他的防地……（作围歼手势）

邱长庚　（会意）哦！

温其久　快去！快去！

邱长庚　是！（跑至隘口）

温其久　（发现有人，掩饰地提高嗓门）呃！

　　　　你到那个山头，

　　　　再去探探虚实。

邱长庚　是！（跑下）

　　　　〔李石坚上。

温其久　老李，时间已过，

　　　　还不转移？

李石坚　嗳，你着的什么急！（向邱长庚所去方向张望）

　　　　〔枪声紧密。

温其久　算了吧！枪声已经说明了问题。

　　　　柯湘孤军深入，

　　　　势必一败涂地。

　　　　我身为队副，

　　　　不能不出来收拾残局。（吹哨）

　　　　〔战士们急上。

温其久　大家听着！

队长下山，毫无消息；
党代表已陷虎口，危在旦夕。

众战士　（一惊）啊?!

温其久　上级指示，不能违抗，
马上出发，向边界转移！

〔群情骚动，议论纷纷："是得赶紧转移呀！""转移?""是啊，天快亮啦！""党代表还没有回来……"

李石坚　（高呼）同志们！不要听他胡言乱语
党代表有任务，暂离此地。
嘱咐我们坚持不动，
她不回来，决不转移！

战士乙　对！不能转移！

众战士　不能转移！

温其久　党代表回不来啦，
你们不要顽固到底！

李石坚　满口谎话，
毫无根据！

温其久　我是现任队副，
有权指挥全局！

李石坚　军队归党领导，
调动岂能由你！

温其久　千钧一发时，
谁敢误战机？！

李石坚　纵然天塌下，
我们顶得起！
（怒指）温其久！

（唱）【西皮娃娃调二六】

你鼓动雷队长贸然下山违抗命令，

转眼间却又说上级的指示要服从。

翻手云覆手雨变幻不定，

妄想把自卫军推向火坑！

温其久　（唱）【快二六】

情况变须机动方能取胜，

李石坚　（接唱）

分明是用诡辩混淆视听。

温其久　（接唱）

形势紧急，岂能久等，

李石坚　（接唱）

关键时更应当坚定从容。

温其久　（接唱）

摘袖标落红旗立即行动！（一把扯下袖标，命令战士）

摘下袖标！

〔个别战士犹豫，多数战士不理。

温其久　落下红旗！

〔众不动。

温其久　你们好大的胆！（冲向山坡欲拔红旗）

李石坚　（声震山谷）你敢！

〔李石坚奋力推开温其久，众战士挺身护旗，“亮相”。

李石坚　（唱）【散板】

守阵地卫红旗众志成城！

温其久　（拔枪）我毙了你！

李石坚　（拔枪）不准动！

〔李石坚与温其久紧张地持枪相峙

〔众战士急劝阻。

〔内喊："老李！"

战士丙 **队长回来啦！**

〔李石坚、温其久收起手枪。

〔杜妈妈、杜小山和回山的战士上。众招呼。

众战士 （惊喜地迎上）**队长！**

〔雷刚快步走上。

李石坚 （抱着雷刚手臂）**大哥！党代表呢？**

雷　刚 （沉重地）**为了掩护我们，**

雷　　刚
杜小山等 **正在阻击敌人。**

雷　刚 **现在枪声已停……**

杜妈妈 **实在叫人担心！**（晕眩）

〔雷刚急扶杜妈妈。一战士搀扶杜妈妈随部分战士下。

温其久 （向雷刚）**大哥……**

雷　刚 （反感地瞪了温其久一眼）**哼！**（走开）

温其久 （假惺惺地）**大哥！**

白天贸然下山，

小弟也有责任。

都因我救人心切，太重感情，

促使你造成大错，我非常沉痛！

千错万错，不该违抗命令，

上级指示，必须坚决执行。

赶快转移吧，

时间不等人哪！

李石坚　（急步走向雷刚）

党代表没回来，

不能轻举妄动。

雷　刚　（深有同感）嗯！

温其久　船到弯处须转舵！

李石坚　鬼话难骗众弟兄！

温其久　（向雷刚）大哥！

要是天一亮，

想走也不成。

到那时落得个全军覆没，

你后悔莫及，罪名不轻！

你对不起杜妈妈，

你对不起众乡亲，

你对不起九泉下烈士英魂，

你辜负了党代表一片苦心！

雷　刚　（殷切地）党代表！（转身极目远方）

少数战士　大哥，走吧！

多数战士　队长，不能啊！

雷　刚　（心焦意乱）咳！

（唱）【西皮二六】

党代表拼性命救我脱险，

到如今人未还，我心似万箭穿。

部队要听党调遣，

我就是人死千次，也要把她找回还。

【快板】

大队转移莫迟缓，

我带领几人去救援。

寻不见党代表我誓不回转！（晕眩，挣扎，转身欲下）

众战士　（有的催促雷刚下山；有的极力阻止）**队长！队长！队长！**

〔内喊：“党代表回来啦！”

〔众惊喜地涌向路口。温其久急闪至一侧。

〔柯湘披蓑衣飞步走上。

雷　刚
众战士　（无比激动）**党代表！**

〔郑老万、罗成虎上。

柯　湘　（唱）【散板】

战友们重相见，（与雷刚、杜小山、女战士、李石坚等握手，亲切致意）

说不尽万语千言！

雷　刚　（向柯湘）**你可回来了！**

温其久　（抢上前）**大家非常惦记你。**

〔沉默少顷。柯湘缓缓转身向温其久。

柯　湘　（意在言外地）

温队副，你也很着急呀！

温其久　**对！眼看月落星稀……**

柯　湘　**应当赶快转移？**

温其久　**哎，这里不是久留之地。**

柯　湘　**你说说，从哪里突围比较有利？**

从后山？

温其久　**敌军封锁很严密。**

柯　湘　**那，只能绕道迂回？**

温其久　（连忙附和）**好。**

柯　湘　（突然）穿过刘二豹的防地？

温其久　（正中下怀，大喜过望）对！

英雄所见略同，

我也这么考虑。

刘二豹和毒蛇胆一向不和，

与咱们并非仇敌。

凭我和他的老关系，

求他让路，料无问题。

柯　湘　温队副，想得很周密，

你真是费尽了心机！

温其久　（得意忘形地踱步）

为了革命，

理当尽心竭力！

李石坚　哼！你到底为谁尽心？

郑老万　你究竟为谁竭力？

战士乙　为什么要摘掉袖标？

女战士们　为什么要落下红旗？

罗成虎　什么居心？

多数战士　什么用意？

温其久　（走向柯湘）党代表……

柯　湘　（严峻地）

你出卖革命，

叛变投敌！

温其久　（妄图挣扎）

你血口喷人，

胡乱猜疑！

柯　湘　（雷霆万钧）

铁证如山，

有凭有据！

带上来！

〔一战士内喝："走！"押邱长庚上。

〔温其久拔枪射击邱长庚。邱长庚臂部受伤，"抢背"，跪地。

〔李石坚下了温其久的枪。

邱长庚　（手捂伤口）

好一个温其久，

你比豺狼还狠！

告诉你，刚才我一出山口，

就被党代表抓住审问。

你的信，已交给了党代表；

你的事儿，我已全部招认！

〔柯湘示意一战士带邱长庚下。

柯　湘　**同志们！**

温其久和敌人暗中勾结，

他们早就来往频繁。

毒蛇胆张罗布网，引咱下山，

他里应外合，推波助澜。

如今又想乘我危急，

把部队骗进刘二豹的包围圈。

胁迫战士为土匪，

坐地分赃当本钱。

温其久！

你，置革命于死地，

推全军下深渊，
卖灵魂以投敌，
踏鲜血而求官。
这就是你给刘二豹的亲笔信，
一字一句，罪证斑斑！

〔柯湘取出温其久的密札，目光如炬，逼视温其久。众战士举刀挺枪，怒不可遏。温其久颤栗退避。

柯　湘　（唱）【西皮快板】
　　口含蜜语腹藏剑，
　　处心积虑夺兵权。
　　背后伤人施暗箭，
　　勾结白匪罪滔天。
　　扯破画皮原形现，

众战士　（齐唱）
　　不杀叛徒心不甘！（挥举枪刀）

温其久　（匍匐跑地，爬向雷刚）大哥！

〔雷刚气得浑身发抖，一把揪起温其久。

雷　刚　嗬！（猛力将温其久摔倒）

〔温其久爬起，以为雷刚有意放他，遂即夺路奔逃。

〔雷刚从李石坚腰中拔出手枪击毙温其久。温其久附落崖下。战士投以石块。

〔杜妈妈上。

李石坚　加强警戒。

柯　湘　待命出山。

众战士　是！（下）

雷　刚　（愧痛难言）党代表！（晕眩）

〔柯湘、郑老万、杜妈妈扶雷刚坐于树桩上。

柯　湘　（向郑老万）

刀伤草药，

快给敷上。

〔郑老万取出田大江的药葫芦，为雷刚敷药。

雷　刚　（苏醒，见葫芦上的字样）**田大江？**

（四处巡视）**大江？**

（大声追问）**大江呢？**

〔郑老万沉痛无言。罗成虎蓦地扑向雷刚，抽泣不已。

柯　湘　（取出田大江的袖标，悲壮地）

烈士的鲜血洒落在杜鹃山冈！

〔雷刚似雷轰顶，猛然站起，接过袖标。

雷　刚　（唱）【二黄散板】

怒火烧，热泪淌，（拭泪）

【回龙】

我有罪，罪难偿！

九江水洗不尽悔恨悲伤，

悲伤撕裂我胸膛！

【原板】

大江啊！

你苦熬半世，才盼到翻身八党，

献身革命年方壮，却为我血洒战场！

大江啊……（掩面抽泣）

〔众哀痛拭泪。

郑老万　（接唱）

温其久出身豪门，心地肮脏，

李石坚　（接唱）

　　咱受苦人怎和他同烧一炉香？

雷　刚　（接唱）

　　老娘亲险些因我钯命丧，

杜妈妈　（接唱）

　　党代表出生入死，身临虎穴，才能够扭转败局，挽救危亡。

雷　刚　（接唱）

　　杜鹃花红似血年年怒放，

　　为什么我雷刚一错再错，屡遭挫伤，屡遭挫伤？

柯　湘　（唱）【反二黄小导板】

　　血的教训一层层牢记心上，（与杜妈妈同扶雷刚坐树桩上，为雷刚敷药）

【慢板】

　　痛定思痛，你要把——

　　你要把前因后果细思量。

　　为什么砸开的铁镣又戴上？

【原板】

　　为什么三起三落，旗竖旗倒，人聚人亡？

　　为什么听不进肺腑言，识不破(那)弥天谎？

　　追根寻源，

【吟板】

　　狭隘的复仇思想——

【原板】

　　遮住了你目光。

　　只看到一村一户血泪帐，

望不见(哪)，

望不见革命(的)征途万里长。

奴隶代代求解放，

战鼓连年起四方。

只因为行程渺茫无方向，

有多少暴动的英雄，怒目苍天，空怀壮志饮恨亡！

农民武装必须步步跟定共产党，

才能够节节胜利，蒸蒸向上，涓涓细水入长江，细水入长江。

革命真理："党指挥枪"，"党指挥枪"，你千万不能忘，

【快板】

乘风破浪向前方，永不迷航！

乘风破浪向前方，永不迷航！

〔众兴奋激昂地"亮相"。

〔东方破晓。

雷　刚　（无比激动地）党代表！

雨过天晴云雾已散，

你擦亮了我的双眼。

从今后我跟党走南北转战，

做一个胸怀宽广，奋斗终生的优秀党员！

〔柯湘、雷刚紧紧握手。

众　（昂扬地）

永远跟着共产党！

永远跟着毛委员！

〔战士甲内喊："报告！"持信件急上。

战士甲　上级派人送来急件。

〔众战士闻声上。

〔柯湘拆看信件，兴奋地递与雷刚。

柯　湘　**主力部队已经靠近，**

命令我们向狮子口迂回行进。

李石坚　**敌人一定跟踪追击，**

柯　湘　**正好把它一网打尽！**

众　**好啊！**

柯　湘　**还有一个惊人喜讯。**

众　**什么喜讯？**

柯　湘　**战斗结束后，咱们部队编入工农革命军！**

〔众欢声雷动："好啊！""咱们也是工农革命军啦！""可盼到这一天啦！"……

柯　湘　**同志们！**

（唱）【西皮流水】

朝也思来暮也盼，

众战士　（齐唱）

（我们）朝思暮也盼，

柯　湘　（接唱）

喜讯传来尽开颜，

众战士　（齐唱）

（我们）尽开颜。

柯　湘　（接唱）

消灭毒蛇胆，

众战士　（合唱）

开赴井冈山，

柯　湘　（接唱）

转眼可见毛委员，

众战士 （合唱）

可见毛委员。

柯　湘 （接唱）

看眼前，又是一场新考验，

众战士 （齐唱）

一场新考验。

柯　湘 （接唱）

定要把——

定要把靖卫团，

柯　湘
众战士 （合唱）

尽扫全歼！

〔众威武“亮相”。

雷　刚 （挥手）**出发！**

〔红旗漫卷，刀光闪耀。

〔自卫军精神抖擞，飞速挺进。

——幕急闭

第九场　漫卷红旗

〔当天早晨。

〔狮子口。

〔幕启：景同第一场，惟杜鹃花遍山怒放。

〔数团丁持枪急上，搜索。

〔一自卫军战士自树丛中闪出，冷枪击毙一团丁，急隐蔽。又一战士自草丛后闪出，冷枪击毙一团丁，急隐蔽。战士甲用枪托击毙一团丁。在山洞内隐蔽的战士用钢叉刺死一团丁。

〔众团丁慌乱。

〔草丛中忽跃出一持红缨枪的战士，与匪搏斗，刺死一团丁，隐于石后；二团丁欲寻，战士复跃出，亮出流星与二团丁格斗，砸死一团丁。

〔杜小山上，夺团杆枪，刺死团丁。

〔杜小山、持流星的战士"旋子"，"亮相"。

〔众战士自隐蔽处同时急速闪出，眺望。

〔杜小山鸣哈诱敌。众战士同时急速隐蔽。杜小山与持流星的战士跃八草丛。

〔毒蛇胆率众团丁追上。

〔二团丁仓皇退上。

一团丁　**团总，发现共军主力，**

我们已被包围！

毒蛇胆　**啊?!　赶快命令部队，**

马上给我撤退！

〔红旗高举，柯湘、雷刚、李石坚各率战士急上。

〔柯湘立于高坡，举枪射击亘蛇胆。亘蛇胆闪躲，逃下。

〔杀声震天，军号凌空，枪声激烈，敌被包围。

〔彩霞烂漫。

〔柯湘、雷刚、李石坚、罗成虎各率持着刀、枪、兽网等武器的自卫军战士穿插追过。

〔工农革命军众战士追过。

〔数战士擎红旗、悠藤条腾空而过。

〔李石坚追团丁上。李石坚持藤牌、舞单刀与众团丁猛烈格斗，砍死、打翻团丁后，追一团丁下。

〔二团丁欲追李石坚。战士甲持三节棍截住格斗。山洞中闪出一自卫军战士，挥刀杀死另一团丁，急隐蔽。

〔雷刚喊:“杀！”挥大刀上，与三团丁激战。大刀挥处，团丁丧胆。三团丁举枪刺来。雷刚勇猛劈砍，力夺三团丁枪，怒喝:“走！”押俘虏下。

〔杜小山跃出草丛，用双匕首与数团丁格斗。团丁欺杜小山年幼，一齐扑来。小山翻“倒猫”，抓藤条悠走。众团丁扑空，寻追。

〔突然，柯湘持刺刀枪追毒蛇胆上，勇猛劈刺，击倒数团丁，打翻毒蛇胆。毒蛇胆狼狈欲逃。

〔雷刚、李石坚、众战士一拥而上，四面包围。毒蛇胆等走投无路，滚聚一团。众战士撒开埋伏的兽网，将群匪一网打尽。

〔杜鹃花和红旗相映生辉。柯湘、雷刚与众战士威武豪壮地一同“亮相”。

——幕　闭

（剧　终）

三起三落几经风浪

第一场 雷 刚唱

1＝D $\frac{2}{4}$

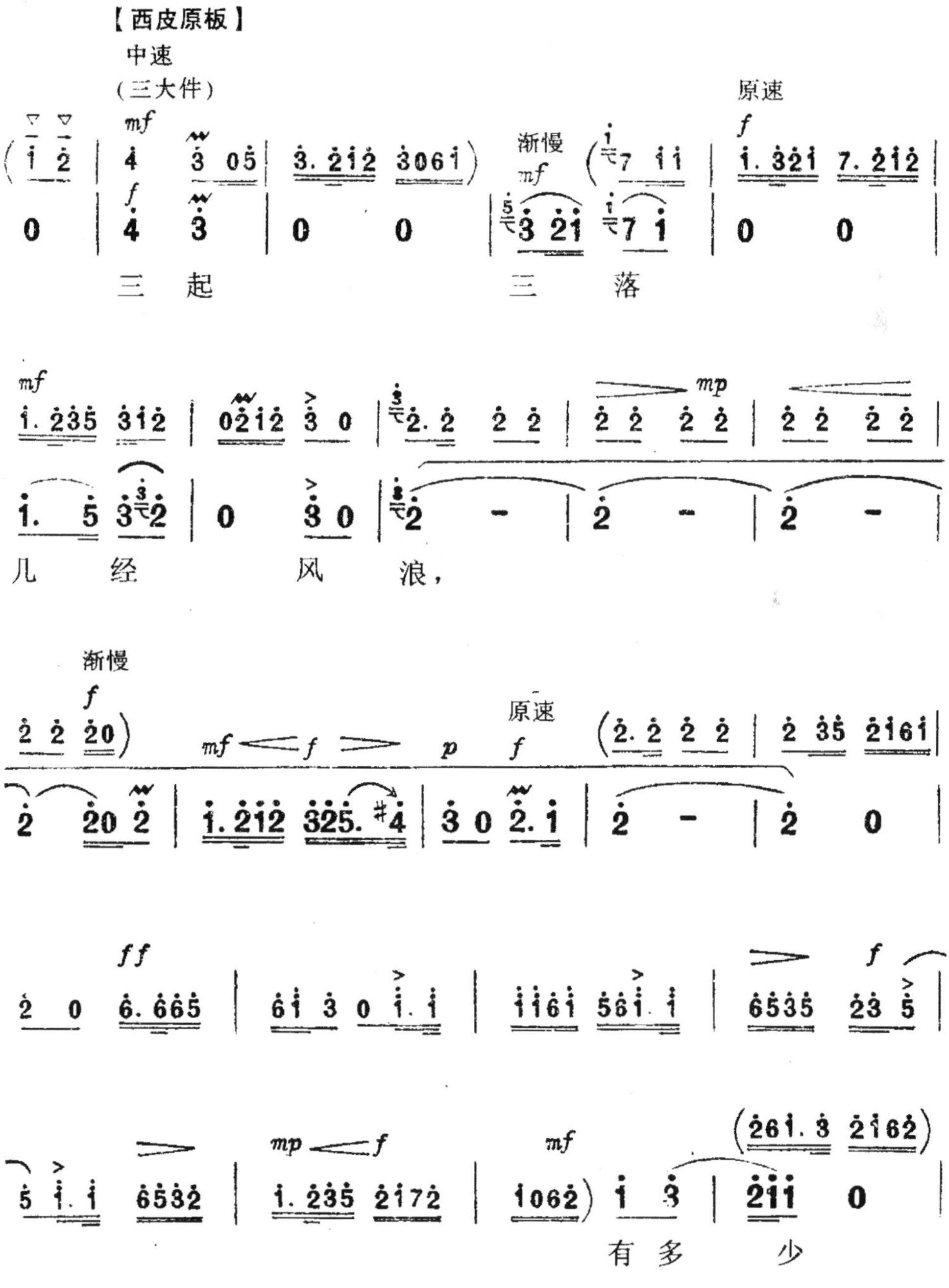

【西皮原板】

中速

(三大件)

原速

渐慢

三 起 三 落

几 经 风 浪，

渐慢

原速

有 多 少

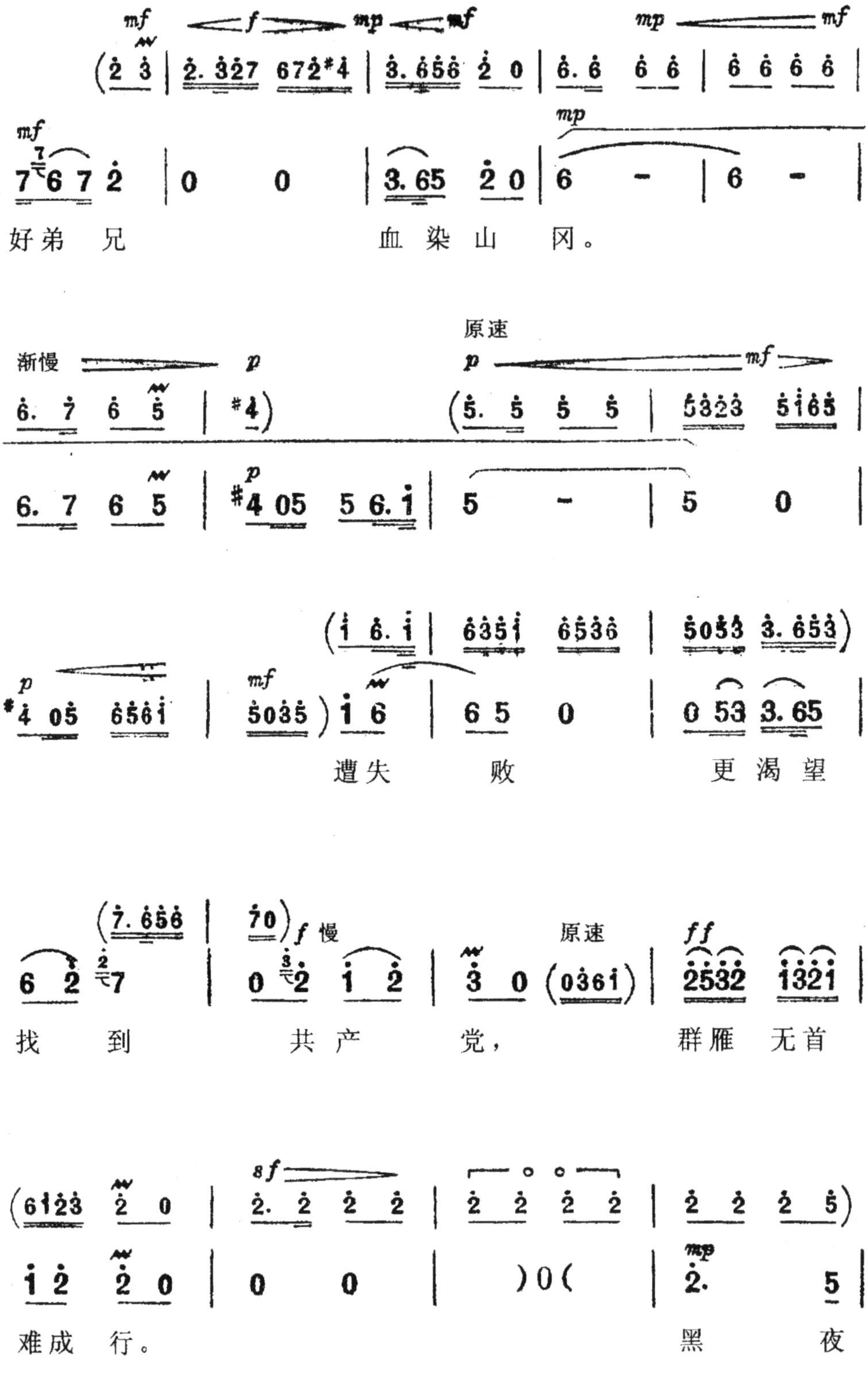

好弟兄 血染山冈。

渐慢 原速

遭失败 更渴望

慢 原速

找到共产党，群雁无首

难成行。黑夜

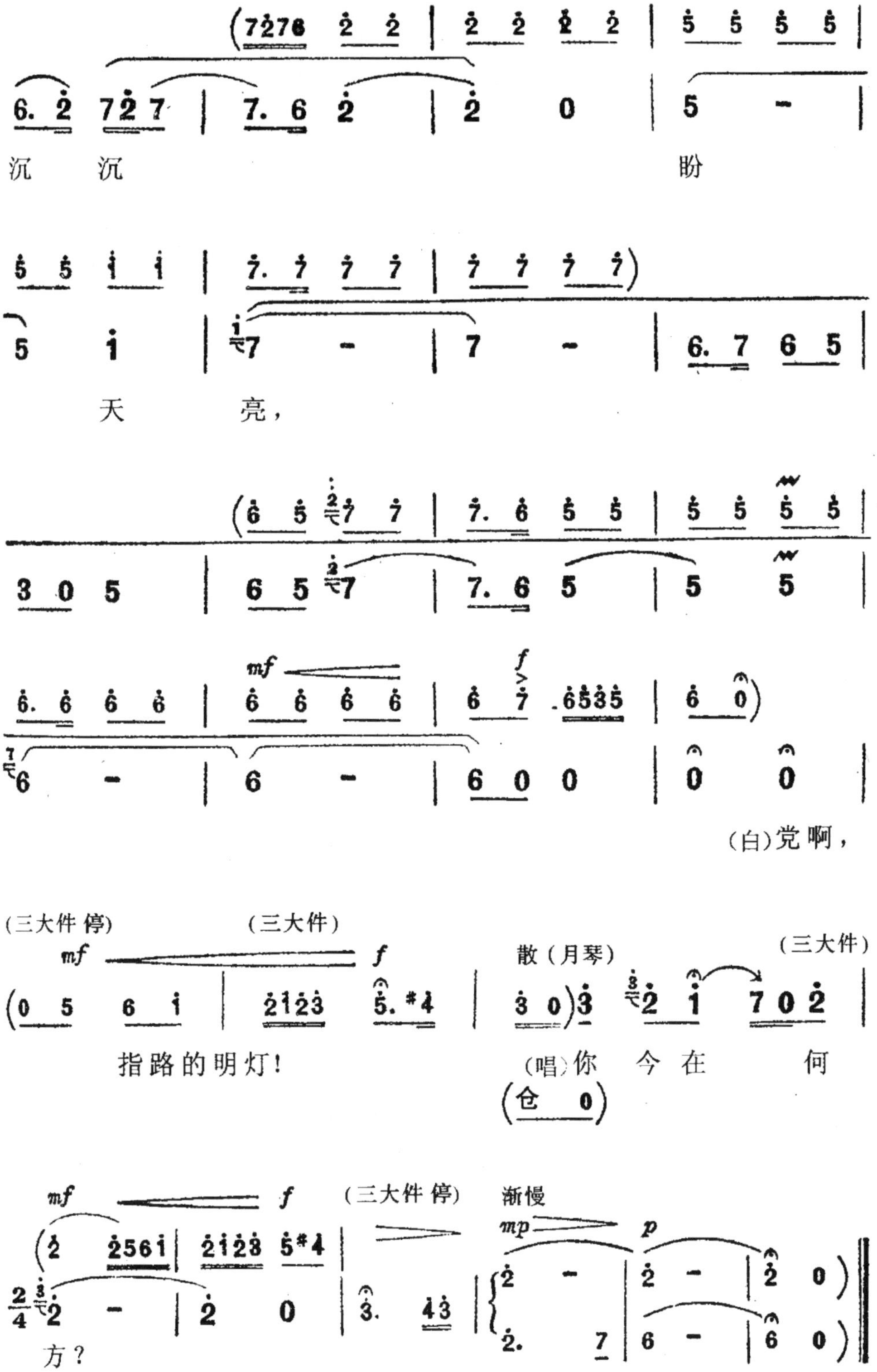

沉　沉　　　　盼

天　　亮，

(白)党啊，

(三大件停)　(三大件)

mf　*f*

散（月琴）　(三大件)

指路的明灯！　(唱)你　今　在　何

(仓　0)

mf　*f*　(三大件停)　渐慢

mp　*p*

方？

无　产　者

第二场　柯　湘唱

1=G

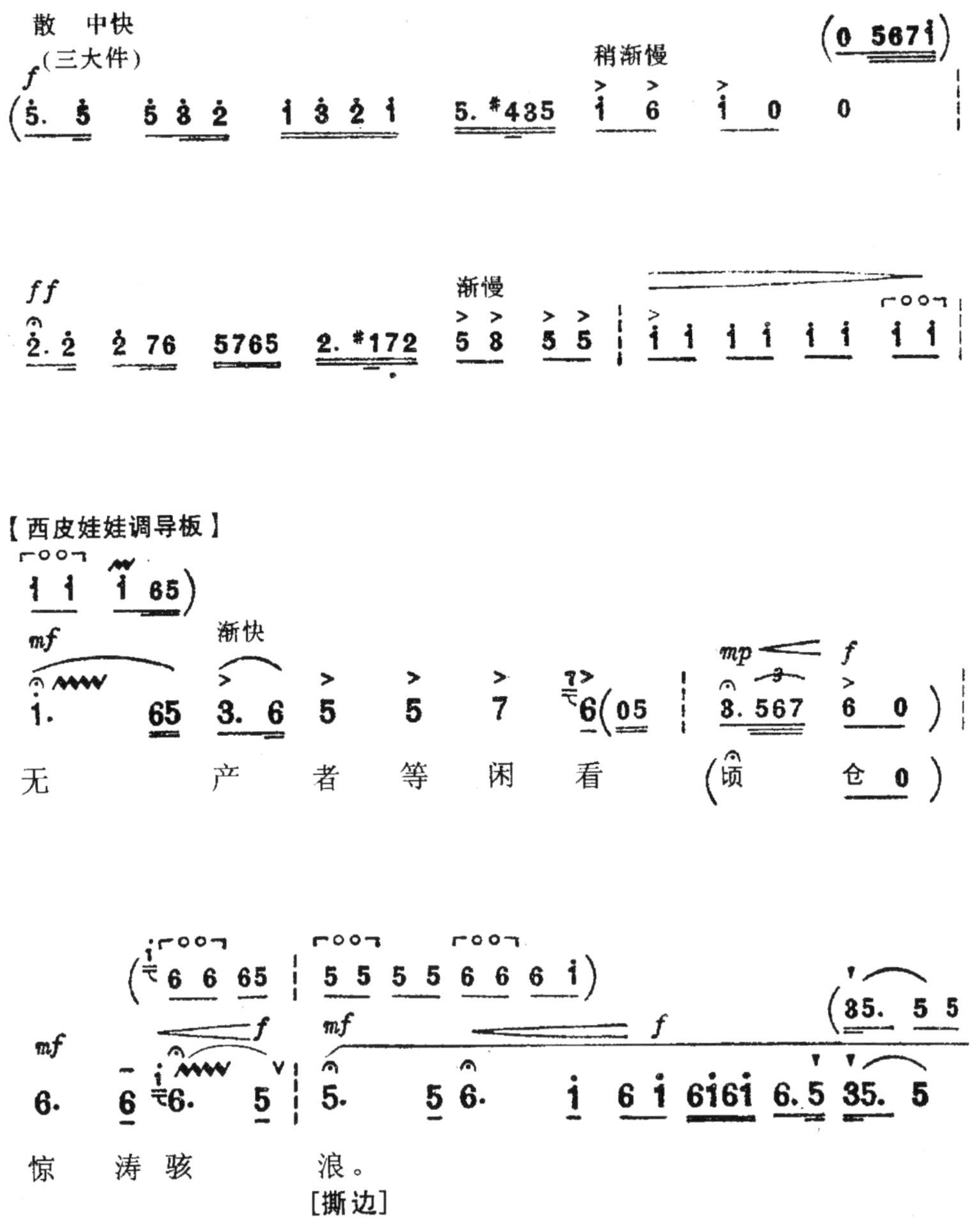

散　中快

f（三大件）　稍渐慢

（5. 5　5 3 2　1 3 2 1　5. #435　1 6　1 0　0　（0 5671）

ff　渐慢

2. 2　2 76　5765　2. #172　5 3　5 5　1 1　1 1　1 1　1 1

【西皮娃娃调导板】

1 1　1 65）

mf　渐快　mp　f

1.　65　3. 6　5　5　7　6（05　3. 567　6 0）

无　　产　者　等　闲　看　（顷　仓 0）

（6 6 65　5 5 5 5 6 6 6 1）　（35. 5 5

mf　f　mf　f

6.　6　6.　5　5.　5 6.　1　6 1　6161　6. 5　35. 5

惊　涛 骇　　浪。

[撕边]

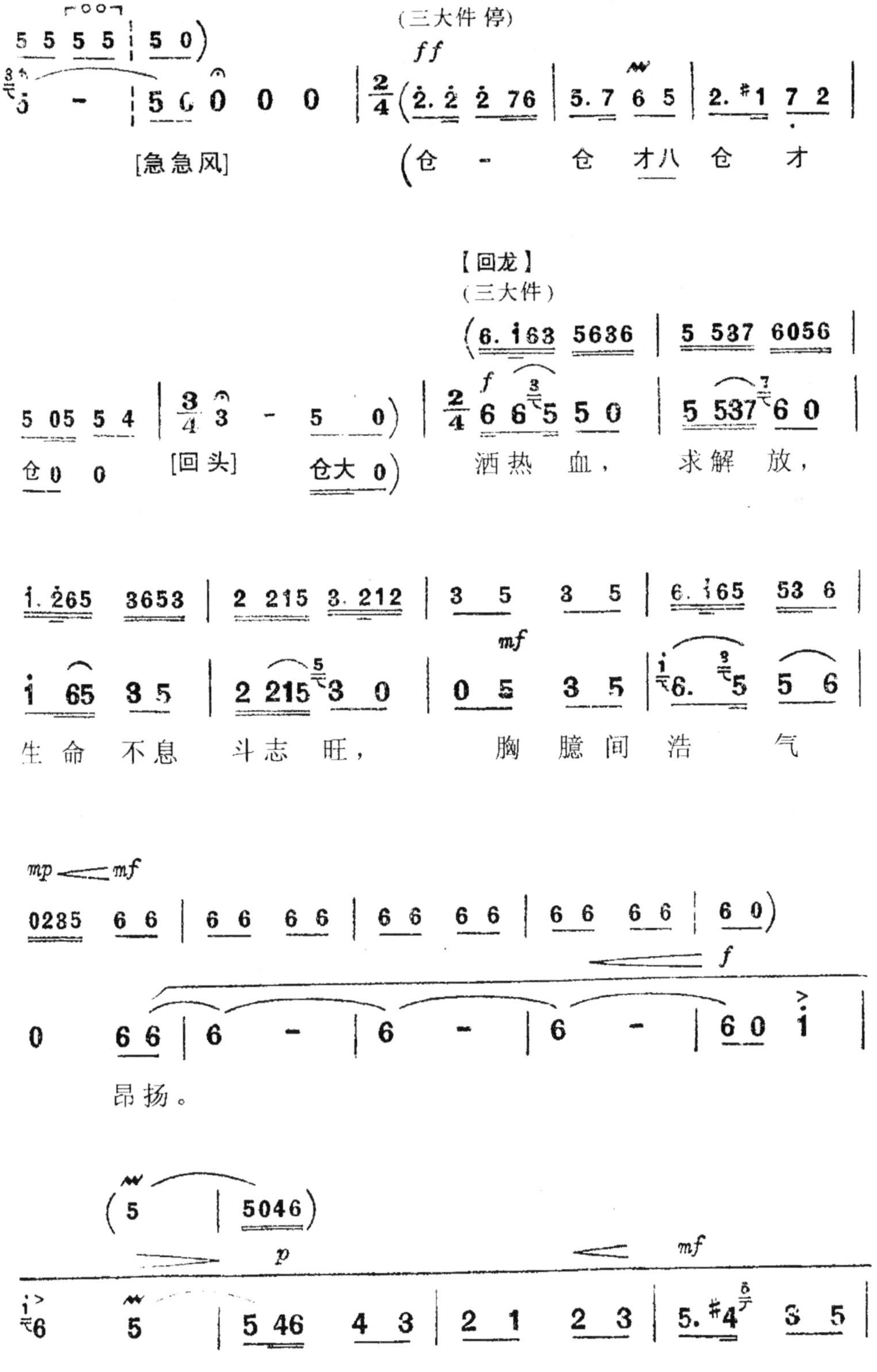

(三大件 停)

ff

5 5 5 5 | 5 0)

5 - | 5 6 0 0 0 | 2/4 (2. 2 2 76 | 5. 7 6 5 | 2. #1 7 2 |

[急急风] (仓 - 仓 才八 仓 才

【回龙】

(三大件)

(6. 163 5636 | 5 537 6056 |

f

5 05 5 4 | 3/4 3 - 5 0) | 2/4 6 6 5 5 0 | 5 537 6 0 |

仓0 0 [回头] 仓大 0) 洒热 血， 求解 放，

1. 265 3653 | 2 215 3. 212 | 3 5 3 5 | 6. 165 53 6 |

mf

1 65 3 5 | 2 215 3 0 | 0 5 3 5 | 6. 5 5 6 |

生 命 不息 斗志 旺， 胸 臆 间 浩 气

mp < *mf*

0285 6 6 | 6 6 6 6 | 6 6 6 6 | 6 6 6 6 | 6 0)

< *f*

0 6 6 | 6 - | 6 - | 6 - | 6 0 1 |

昂 扬。

(5 | 5046)

> *p* < *mf*

6 5 | 5 46 4 3 | 2 1 2 3 | 5. #4 3 5 |

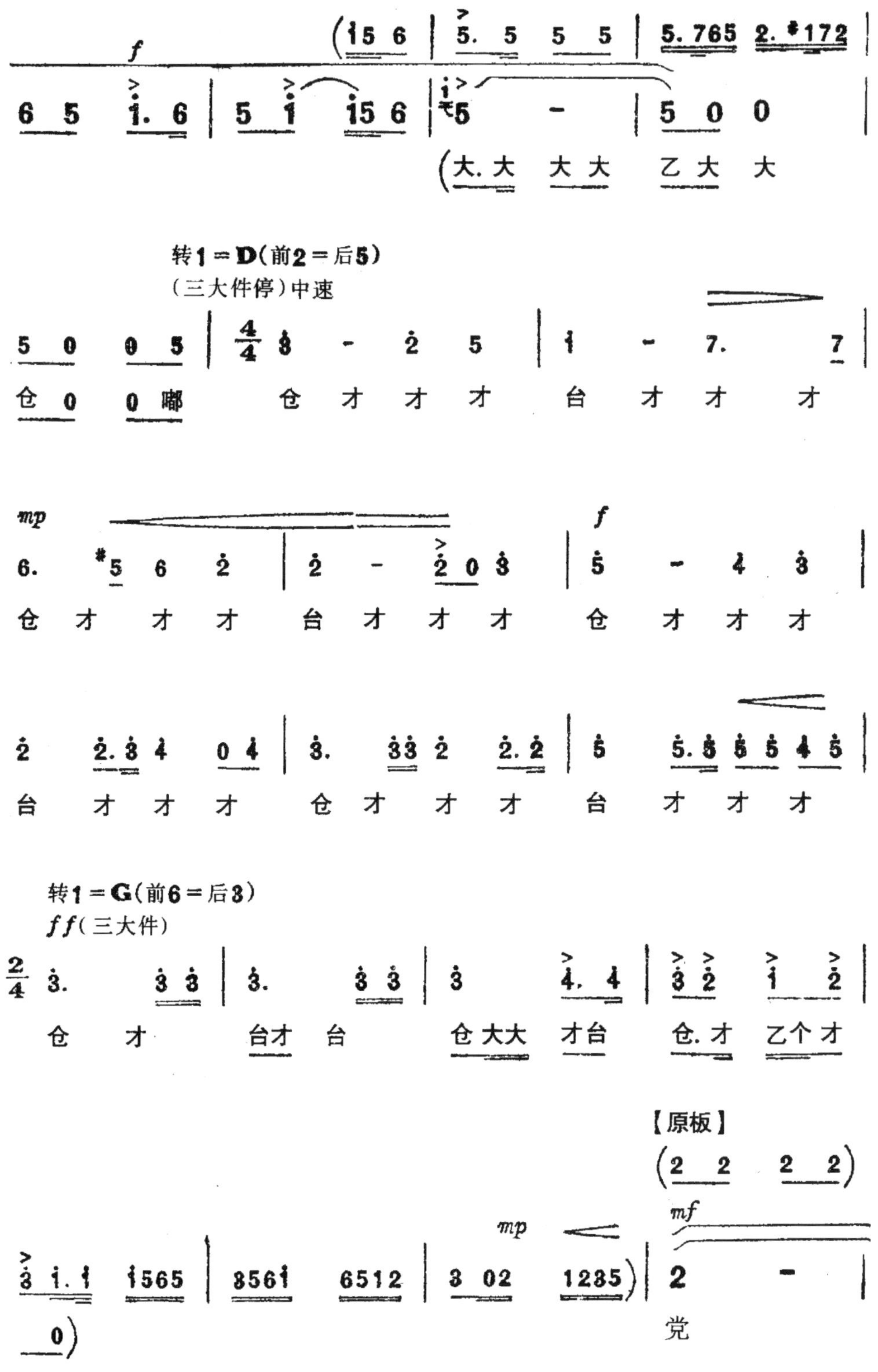

f

(i5 6 | 5. 5 5 5 | 5.765 2. #172 |

6 5 i. 6 | 5 i i5 6 | 5 - | 5 0 0 |

(大.大 大大 乙大 大

转1＝D(前2＝后5)

(三大件停)中速

5 0 0 5 | 4/4 3 - 2 5 | i - 7. 7 |

仓 0 0 嘟 仓 才 才 才 台 才 才 才

mp f

6. #5 6 2 | 2 - 2 0 3 | 5 - 4 3 |

仓 才 才 才 台 才 才 才 仓 才 才 才

2 2.3 4 0 4 | 3. 33 2 2.2 | 5 5.5 5 5 4 5 |

台 才 才 才 仓 才 才 才 台 才 才 才

转1＝G(前6＝后3)

ff(三大件)

2/4 3. 3 3 | 3. 3 3 | 3 4. 4 | 3 2 i 2 |

仓 才 台才 台 仓大大 才台 仓.才 乙个才

【原板】

(2 2 2 2)

mp mf

3 i.i i565 | 3561 6512 | 3 02 1235) | 2 - |

0) 党

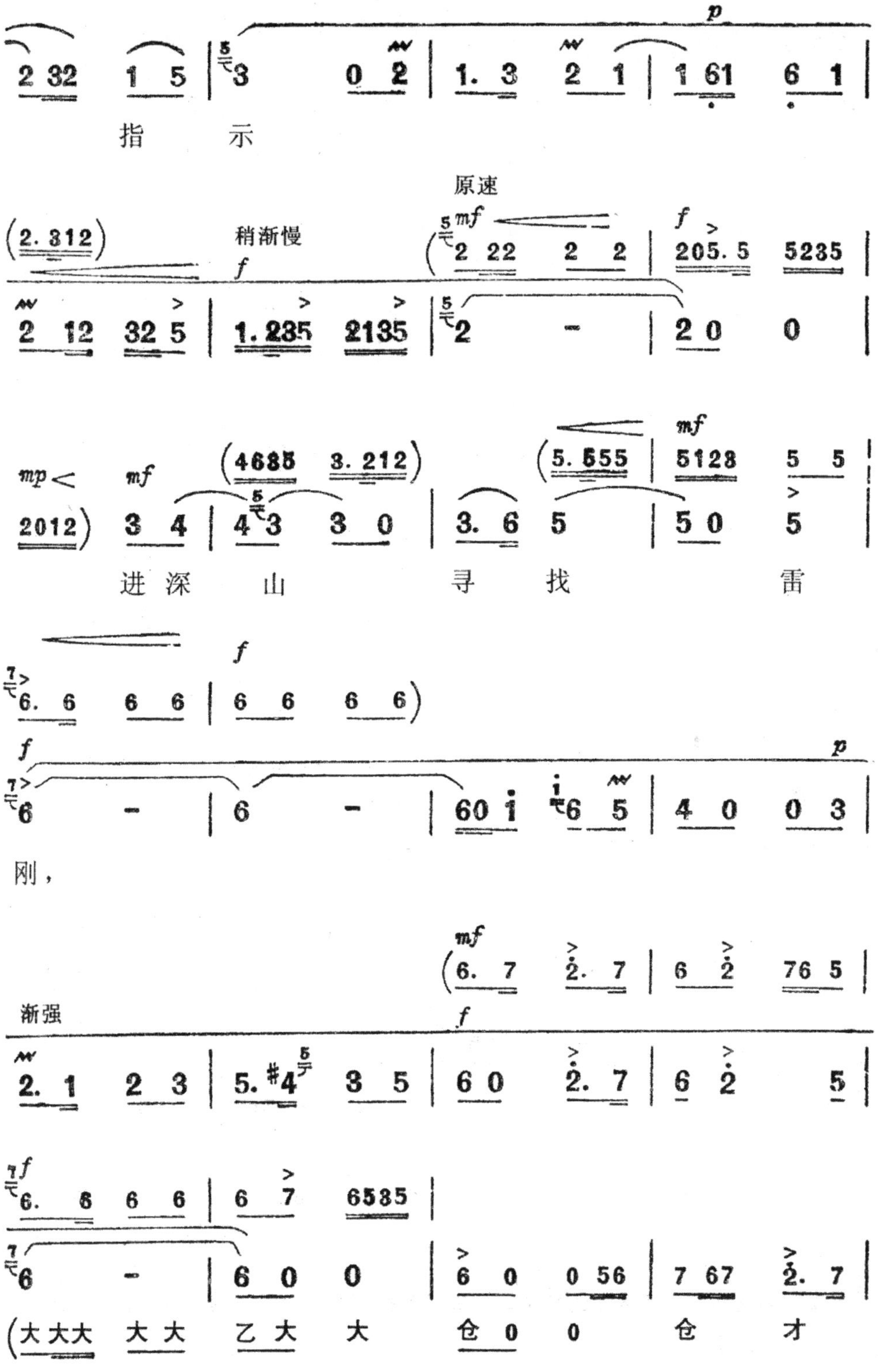

2 32 1 5 | 3 0 2 | 1. 3 2 1 | 1 61 6 1 |
指 示

原速 稍渐慢

(2. 312) | 2 22 2 2 | 205. 5 5235 |
2 12 32 5 | 1. 235 2135 | 2 - | 2 0 0 |

(4685 3. 212) (5. 555 | 5128 5 5 |
2012) 3 4 | 4 3 3 0 | 3. 6 5 | 5 0 5 |
进深 山 寻 找 雷

6. 6 6 6 | 6 6 6 6)
6 - | 6 - | 60 1 6 5 | 4 0 0 3 |
刚，

渐强

(6. 7 2. 7 | 6 2 76 5 |
2. 1 2 3 | 5. #4 3 5 | 6 0 2. 7 | 6 2 5 |

6. 6 6 6 | 6 7 6535 |
6 - | 6 0 0 | 6 0 0 56 | 7 67 2. 7 |
(大大大 大大 乙大 大 仓 0 0 仓 才

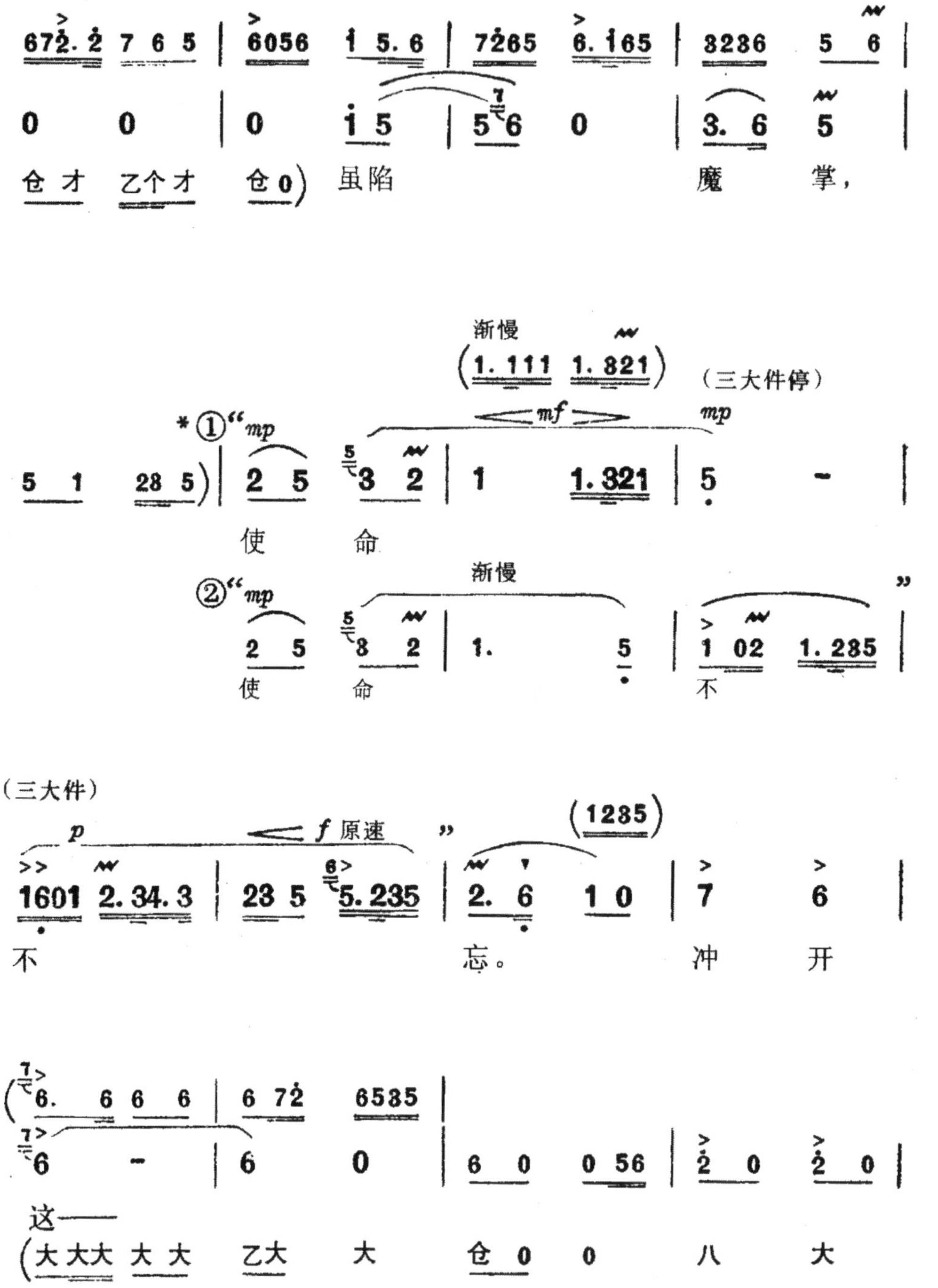

672.2 7 6 5 | 6056 1 5.6 | 7265 6.165 | 3236 5 6 |

0 0 | 0 1 5 | 5 6 0 | 3. 6 5 |

仓 才 乙个才 仓 0） 虽陷 魔 掌，

渐慢

（1.111 1.821） （三大件停）

*①“mp mf mp

5 1 28 5）| 2 5 3 2 | 1 1.321 | 5 - |

使 命

②“mp 渐慢 ”

2 5 3 2 | 1. 5 | 1 02 1.285 |

使 命 不

（三大件）

p f 原速 ” （1285）

1601 2.34.3 | 23 5 5.235 | 2. 6 1 0 | 7 6 |

不 忘。 冲 开

（6. 6 6 6 | 6 72 6535 |

6 - | 6 0 | 6 0 0 56 | 2 0 2 0 |

这——

（大大大 大 大 乙大 大 仓 0 0 八 大

* 唱腔中标有引号及① ②时，表示此处有两种演唱方案，演唱者可任选其一。下同。

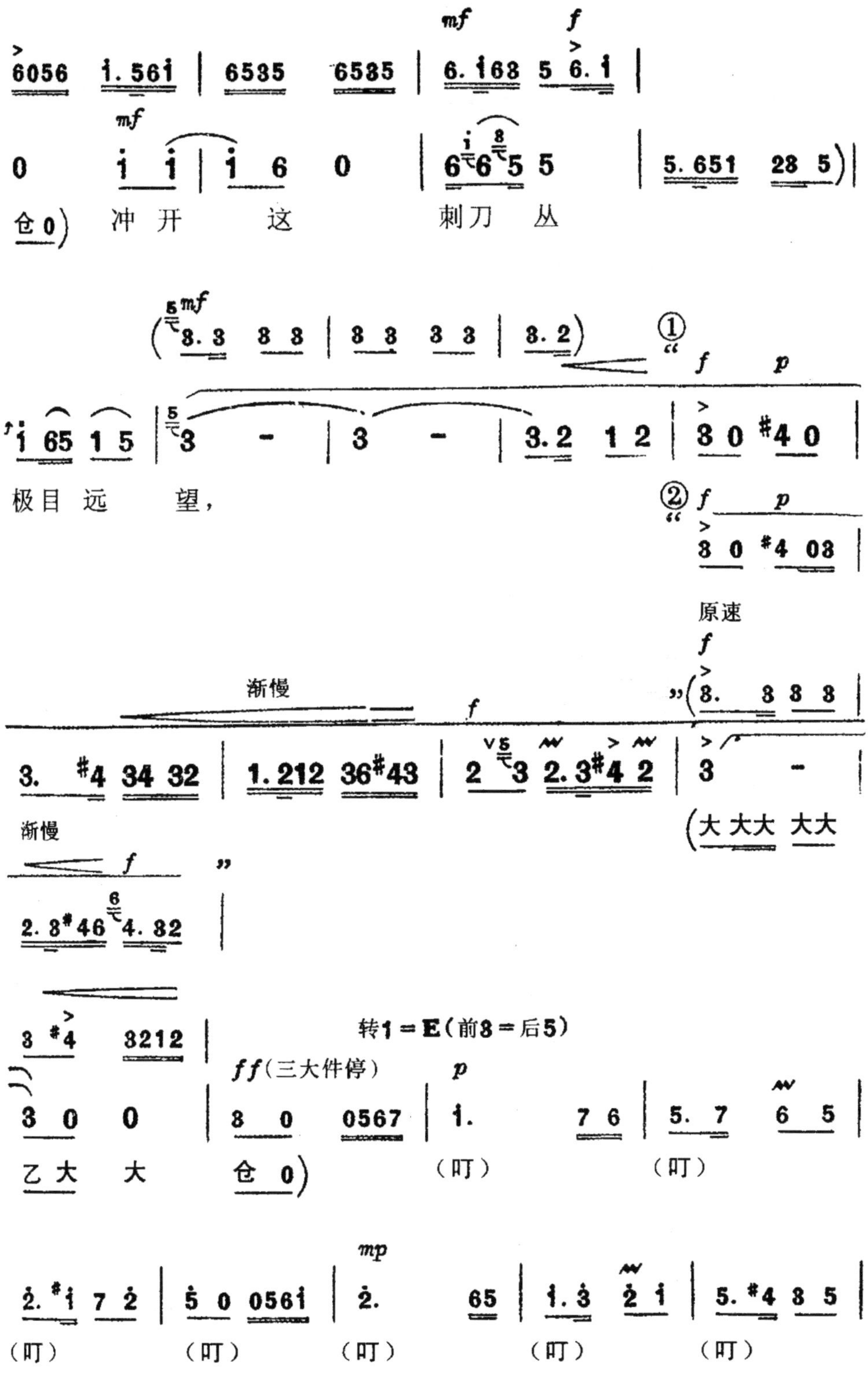

mf f

6056 1.561 | 6535 6585 | 6.168 5 6.1 |

mf

0 1 1 | 1 6 0 | 6 6 5 5 | 5.651 28 5) |

仓 0) 冲 开 这 刺刀 从

mf

(8.3 8 8 | 8 3 3 3 | 8.2) ①

f p

1 65 1 5 | 3 - | 3 - | 3.2 1 2 | 3 0 #4 0 |

极目 远 望，

② f p

3 0 #4 03 |

原速

f

渐慢

f (8. 8 8 8 |

3. #4 34 32 | 1.212 36#43 | 2 3 2.3#4 2 | 3 - |

渐慢 (大 大大 大大

f

2.8#46 4.82 |

3 #4 3212 |

转1＝E（前3＝后5）

ff（三大件停） p

3 0 0 | 8 0 0567 | 1. 7 6 | 5. 7 6 5 |

乙大 大 仓 0) （叮） （叮）

mp

2.#1 7 2 | 5 0 0561 | 2. 65 | 1.3 2 1 | 5.#4 8 5 |

（叮） （叮） （叮） （叮） （叮）

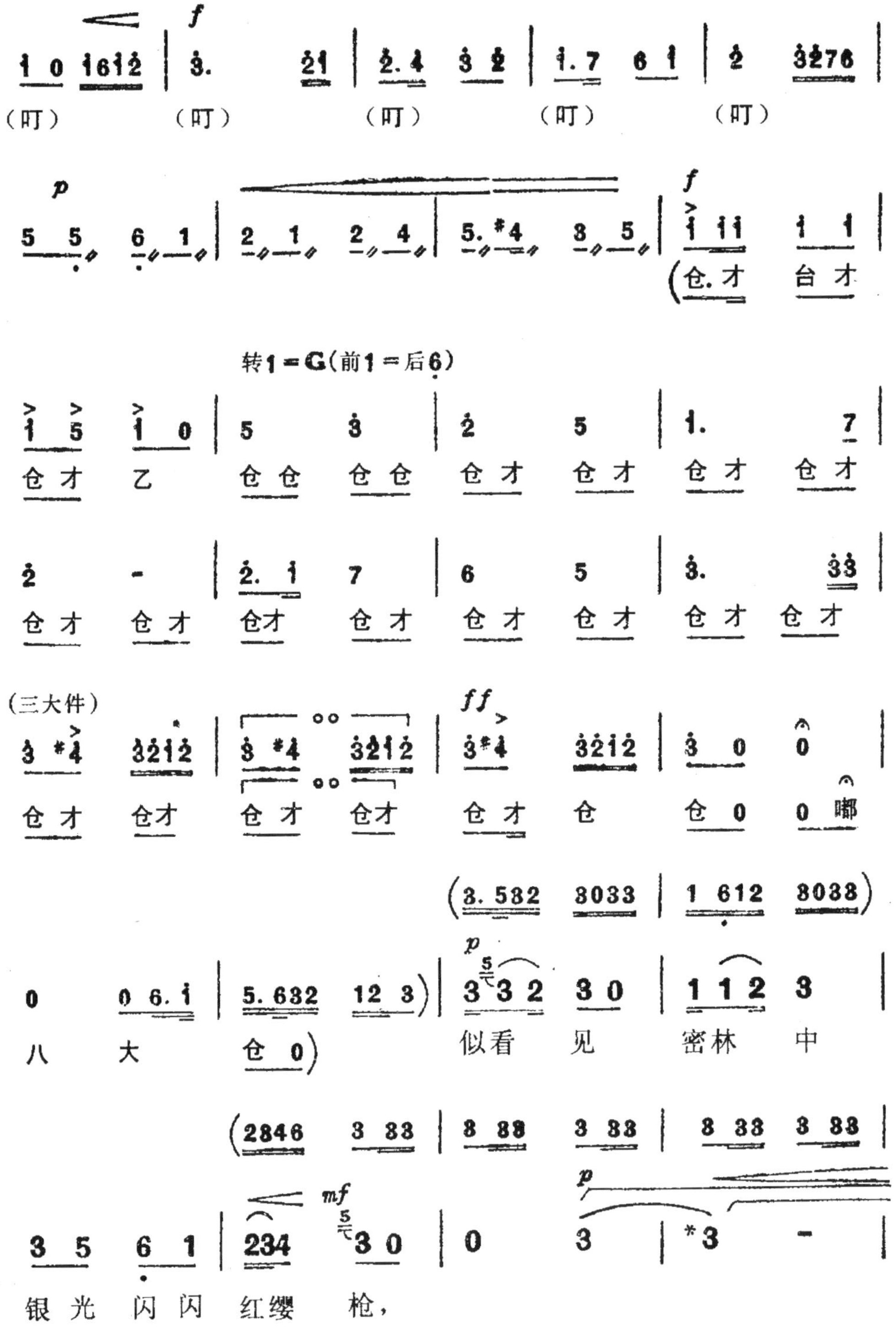

f

1 0 1612 | 3. 21 | 2.4 3 2 | 1.7 6 1 | 2 3276 |

（叮） （叮） （叮） （叮） （叮）

p f

5 5 6 1 | 2 1 2 4 | 5.#4 3 5 | 1 11 1 1 |

（仓.才 台 才

转1=G（前1=后6）

1 5 1 0 | 5 3 | 2 5 | 1. 7 |

仓 才 乙 仓 仓 仓 仓 仓 才 仓 才 仓 才 仓 才

2 - | 2. 1 7 | 6 5 | 3. 33 |

仓 才 仓 才 仓才 仓 才 仓 才 仓 才 仓 才 仓 才

（三大件） ff

3 #4 3212 | 3 #4 3212 | 3#4 3212 | 3 0 0 |

仓 才 仓才 仓 才 仓才 仓 才 仓 仓 0 0 嘟

（3.582 3033 | 1 612 3033）

p

0 0 6.1 | 5.632 12 3） | 3 32 3 0 | 1 12 3 |

八 大 仓 0） 似看 见 密林 中

（2346 3 33 | 3 33 3 33 | 3 33 3 33

mf p

3 5 6 1 | 234 3 0 | 0 3 | #3 - |

银 光 闪 闪 红缨 枪，

• 第二方案：此小节省略。

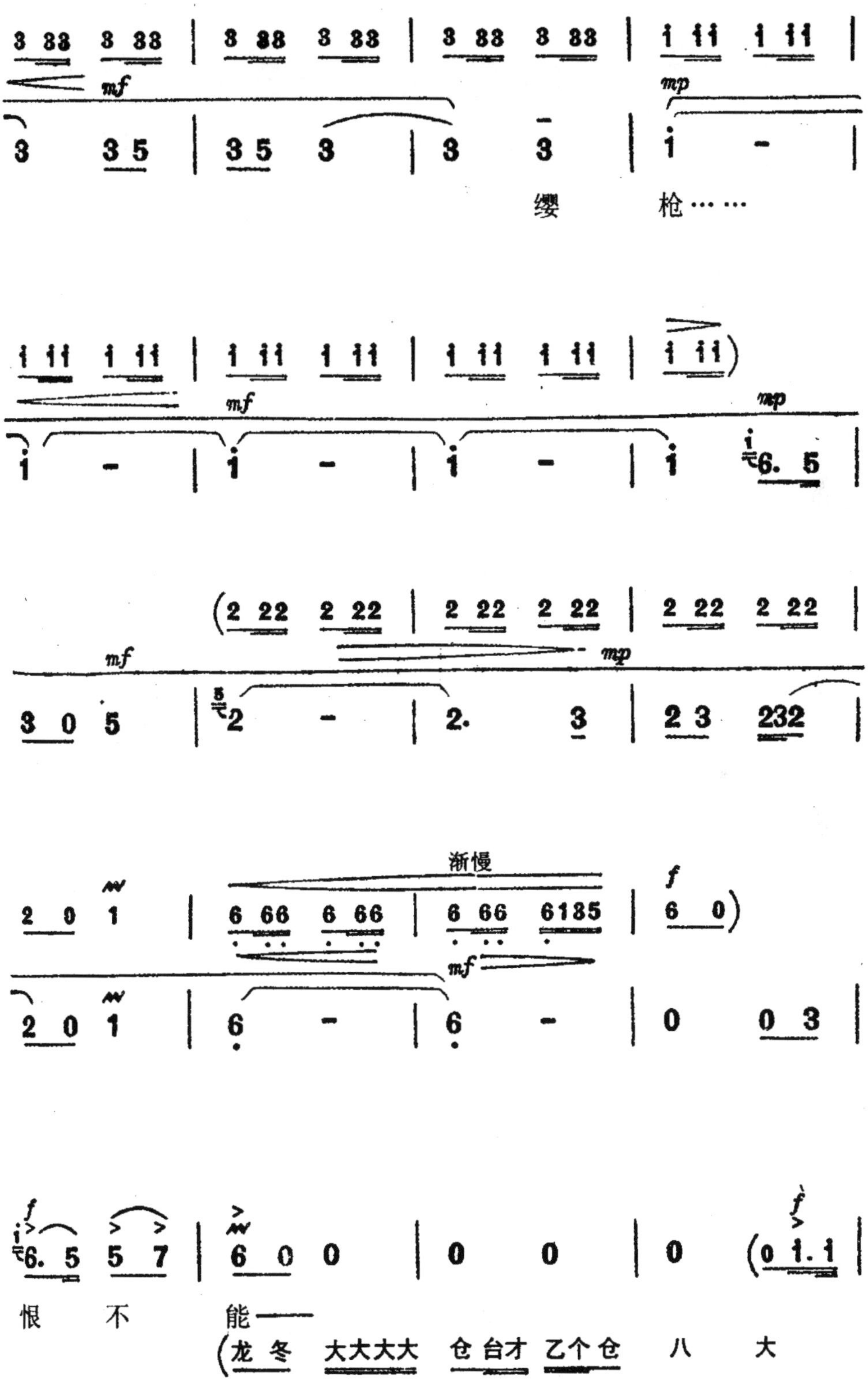

3 33 3 33 | 3 33 3 33 | 3 33 3 33 | i ii i ii |

mf mp

3 3 5 | 3 5 3 | 3 3 | i - |

缨 枪……

i ii i ii | i ii i ii | i ii i ii | i ii)

mf mp

i - | i - | i - | i 6. 5 |

(2 22 2 22 | 2 22 2 22 | 2 22 2 22 |

mf mp

3 0 5 | 2 - | 2. 3 | 2 3 232 |

渐慢

2 0 1 | 6 66 6 66 | 6 66 6135 | f 6 0)

mf

2 0 1 | 6 - | 6 - | 0 0 3 |

f f

6. 5 5 7 | 6 0 0 | 0 0 | 0 (0 i. i |

恨 不 能——

(龙 冬 大大大大 仓 台才 乙个 仓 八 大

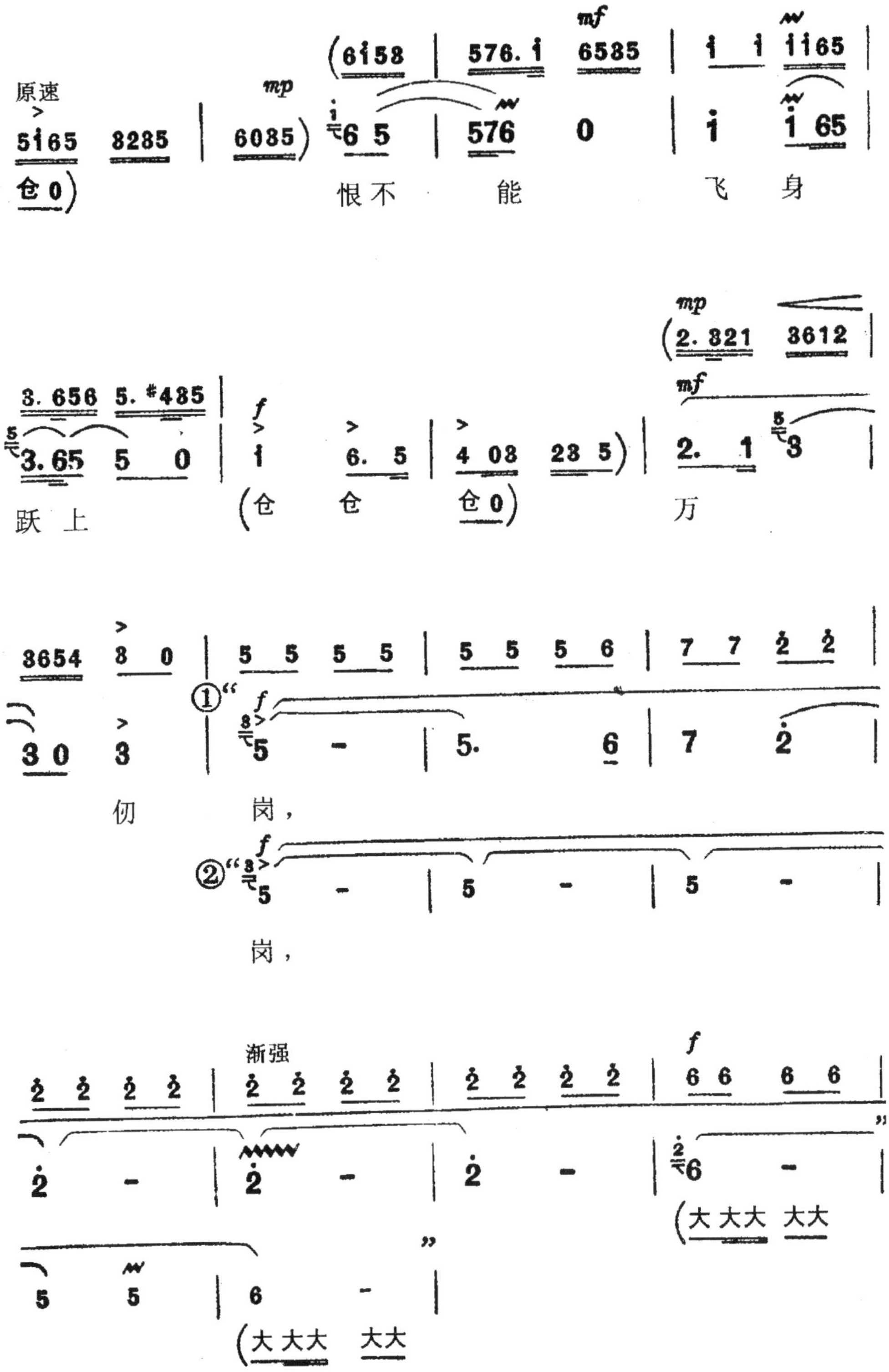

原速

仓 0

恨不能飞身

跃上

仓 仓 仓 0

万

仞岗，

岗，

渐强

大 大大 大大

大 大大 大大

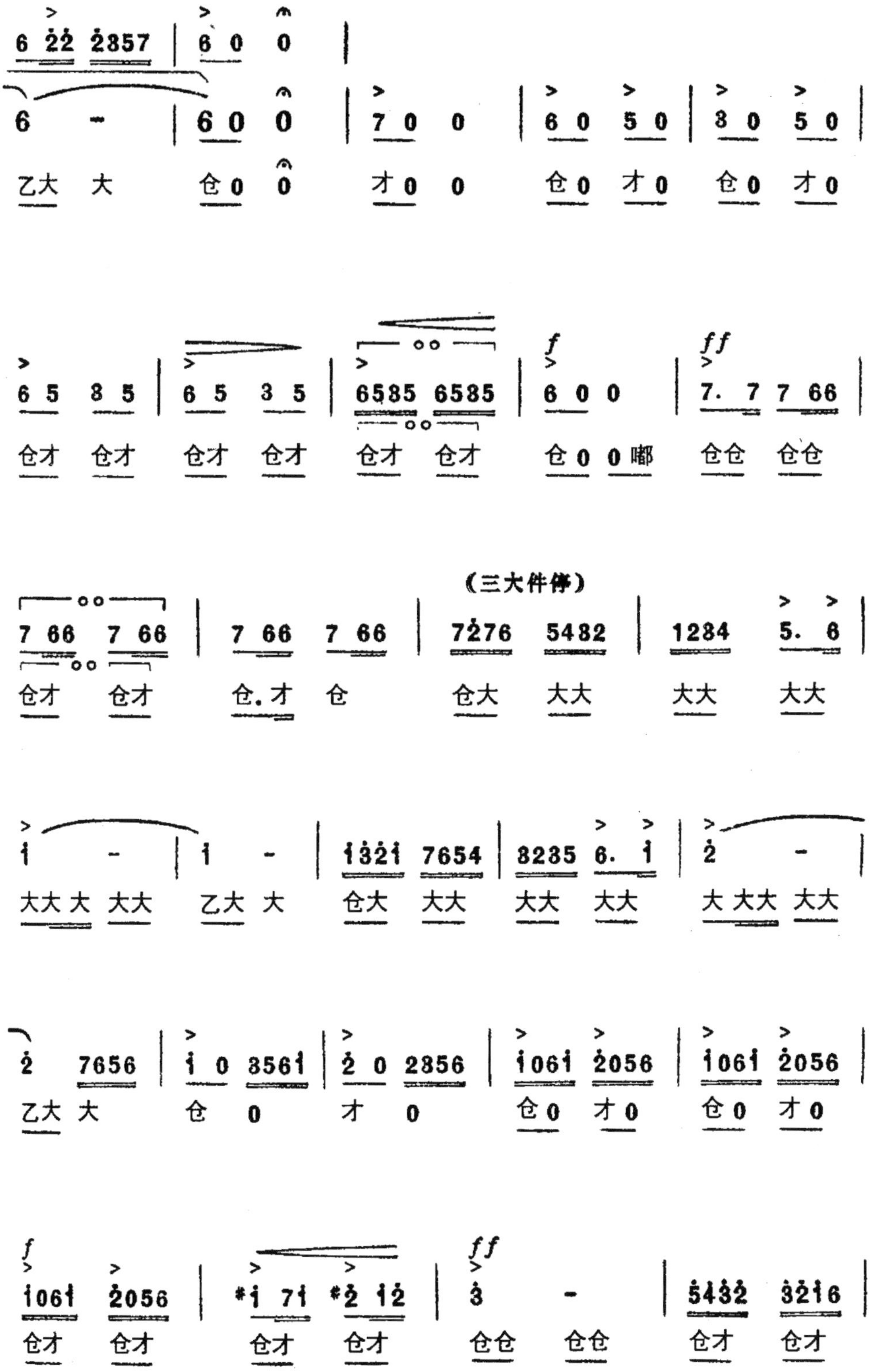

6 2̇2̇ 2̇357 | 6 0 0 |
6 - | 6 0 0 | 7 0 0 | 6 0 5 0 | 3 0 5 0 |
乙大 大 仓 0 0 才 0 0 仓 0 才 0 仓 0 才 0

f ff
6 5 3 5 | 6 5 3 5 | 6585 6585 | 6 0 0 | 7. 7 7 66 |
仓才 仓才 仓才 仓才 仓才 仓才 仓 0 0 嘟 仓仓 仓仓

(三大件停)
7 66 7 66 | 7 66 7 66 | 72̇76 5432 | 1234 5. 6 |
仓才 仓才 仓.才 仓 仓大 大大 大大 大大

1̇ - | 1̇ - | 1̇3̇2̇1̇ 7654 | 3235 6. 1̇ | 2̇ - |
大大大 大大 乙大 大 仓大 大大 大大 大大 大 大大 大大

2̇ 7656 | 1̇ 0 3561̇ | 2̇ 0 2356 | 1̇061̇ 2̇056 | 1̇061̇ 2̇056 |
乙大 大 仓 0 才 0 仓 0 才 0 仓 0 才 0

f ff
1̇061̇ 2̇056 | #1̇ 71̇ #2̇ 1̇2̇ | 3̇ - | 5̇4̇3̇2̇ 3̇2̇1̇6 |
仓才 仓才 仓才 仓才 仓仓 仓仓 仓才 仓才

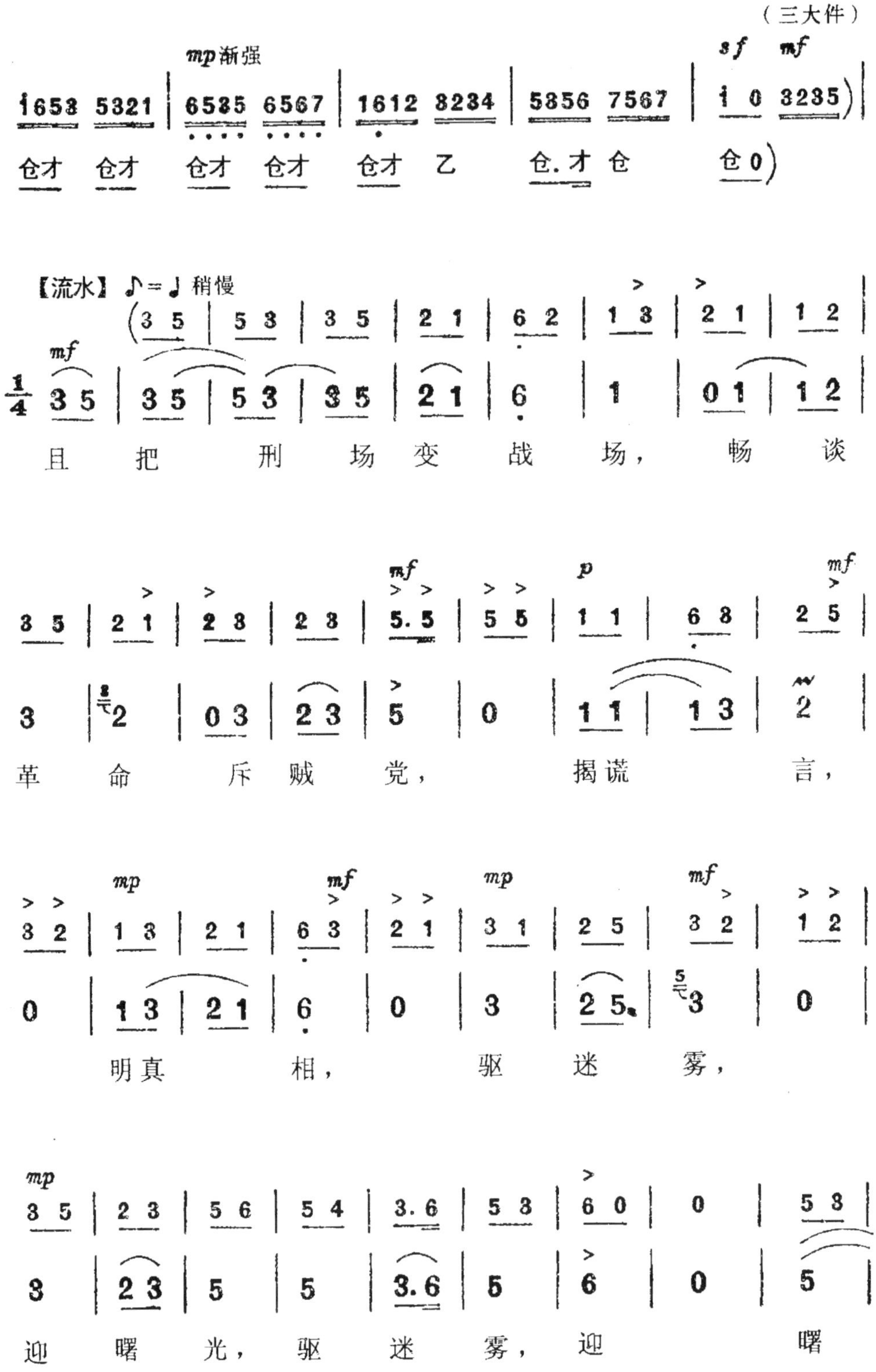

（三大件）

mp渐强 sf mf

1653 5321 | 6585 6567 | 1612 8234 | 5856 7567 | i 0 3235) |

仓才 仓才 仓才 仓才 仓才 乙 仓.才 仓 仓0)

【流水】♪=♩ 稍慢

(3 5 | 5 3 | 3 5 | 2 1 | 6 2 | 1 3 | 2 1 | 1 2 |

1/4 3 5 | 3 5 | 5 3 | 3 5 | 2 1 | 6 | 1 | 0 1 | 1 2 |

且把刑场变战场，畅谈

mf p mf

3 5 | 2 1 | 2 3 | 2 3 | 5. 5 | 5 5 | 1 1 | 6 3 | 2 5 |

3 | 2 | 0 3 | 2 3 | 5 | 0 | 1 1 | 1 3 | 2 |

革命斥贼党，揭谎言，

mp mf mp mf

3 2 | 1 3 | 2 1 | 6 3 | 2 1 | 3 1 | 2 5 | 3 2 | 1 2 |

0 | 1 3 | 2 1 | 6 | 0 | 3 | 2 5 | 3 | 0 |

明真相，驱迷雾，

mp

3 5 | 2 3 | 5 6 | 5 4 | 3. 6 | 5 3 | 6 0 | 0 | 5 3 |

3 | 2 3 | 5 | 5 | 3. 6 | 5 | 6 | 0 | 5 |

迎曙光，驱迷雾，迎曙

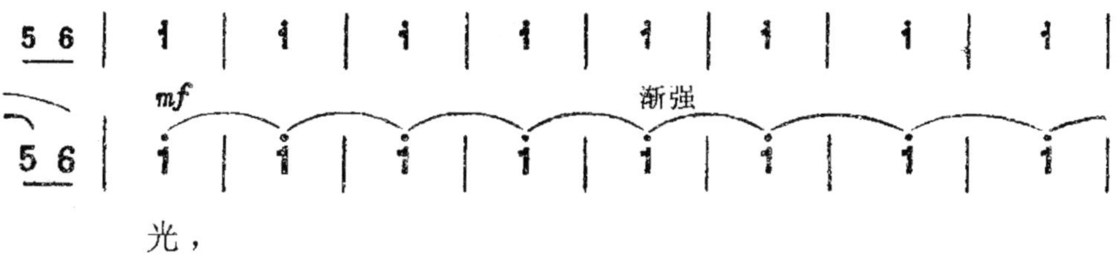

光，

渐慢

将 火 种 播 向 这

散

万 里 山 乡！

慢起渐快

［撕边］

山 乡！

慢起渐快

［撕边］

［回头］ (仓 0)

家 住 安 源

第三场　柯　湘唱

1＝E

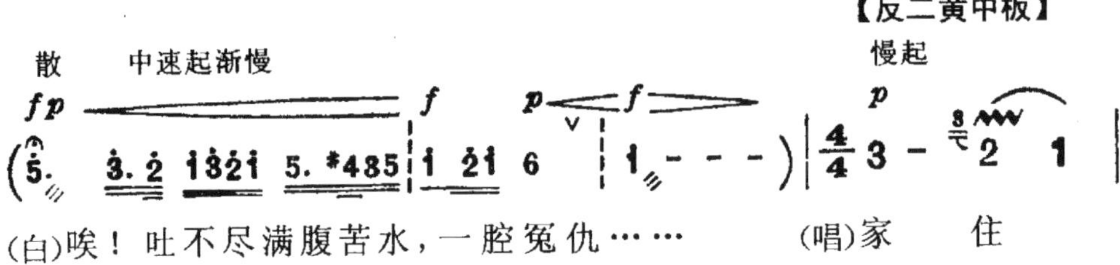

（三大件）

安　源　　萍　　水
（叮）　（叮）　（叮）

①“　”
②“　”

水

头，　　三　　代
（叮）　（叮）　（叮）

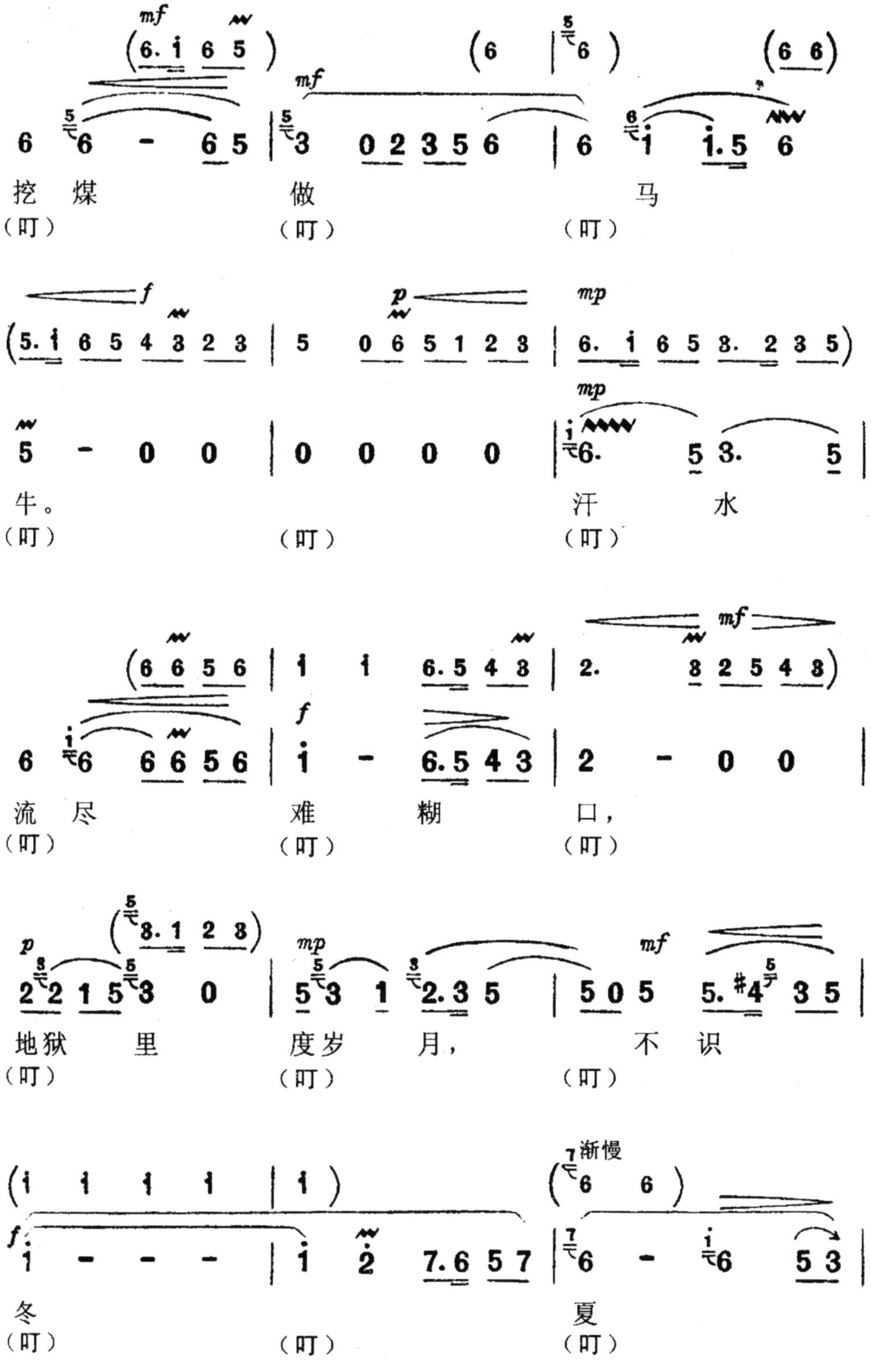

挖　煤　　　　　　　做　　　　　　　　　马

（叮）　　　　　　（叮）　　　　　　（叮）

牛。　　　　　　　　　　　　　　　　汗　　水

（叮）　　　　　　（叮）　　　　　　（叮）

流　尽　　　　　　难　　　糊　　　口，

（叮）　　　　　　（叮）　　　　　　（叮）

地狱　　里　　　　度岁　　月，　　　　不　识

（叮）　　　　　　（叮）　　　　　　（叮）

渐慢

冬　　　　　　　　　　　　　　　　　夏

（叮）　　　　　　（叮）　　　　　　（叮）

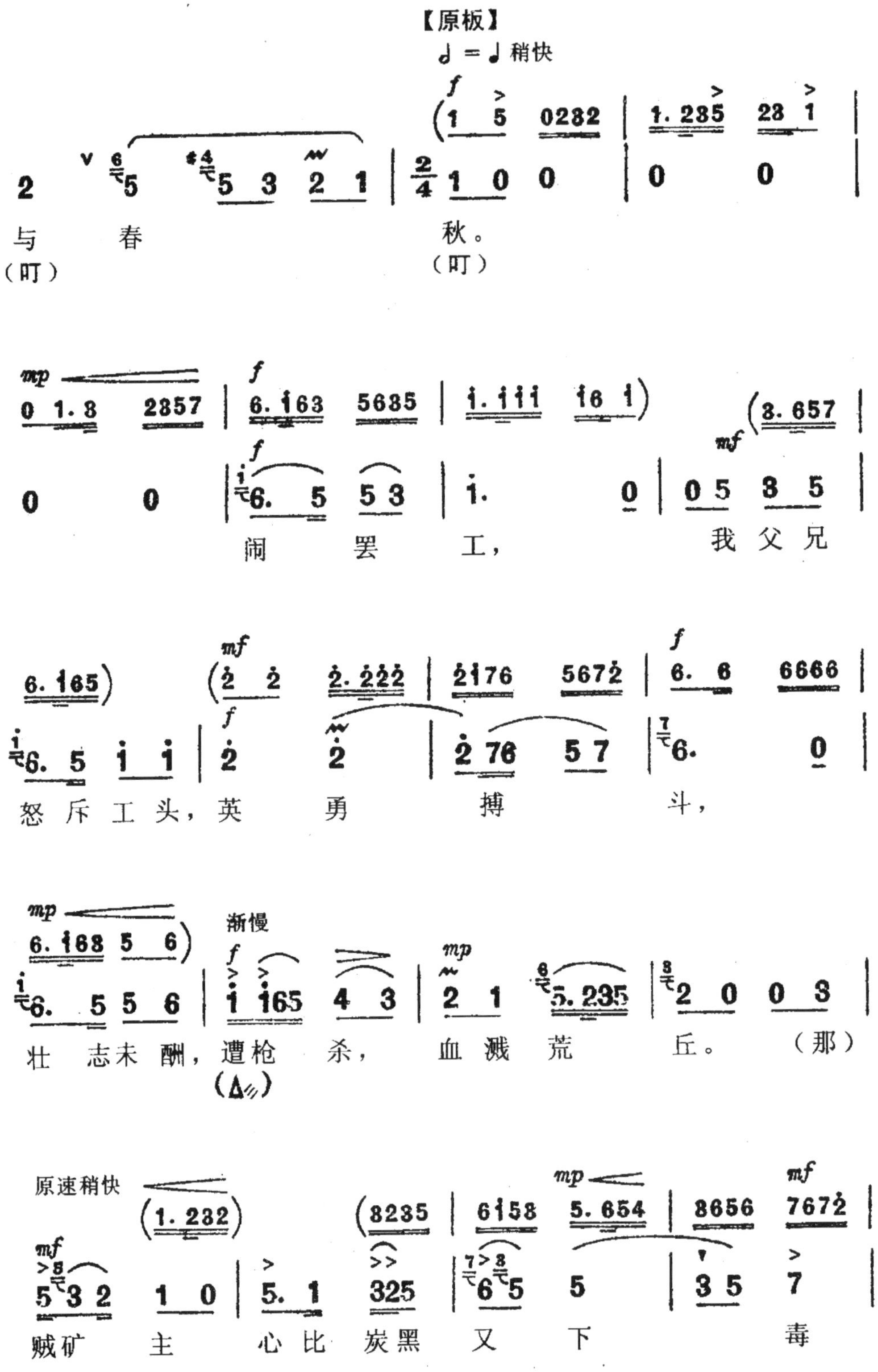

【原板】

稍快

与 春 秋。

（叮） （叮）

闹 罢 工，我 父 兄

怒 斥 工 头，英 勇 搏 斗，

渐慢

壮 志未 酬，遭枪 杀，血 溅 荒 丘。（那）

原速稍快

贼矿 主 心 比 炭黑 又 下 毒

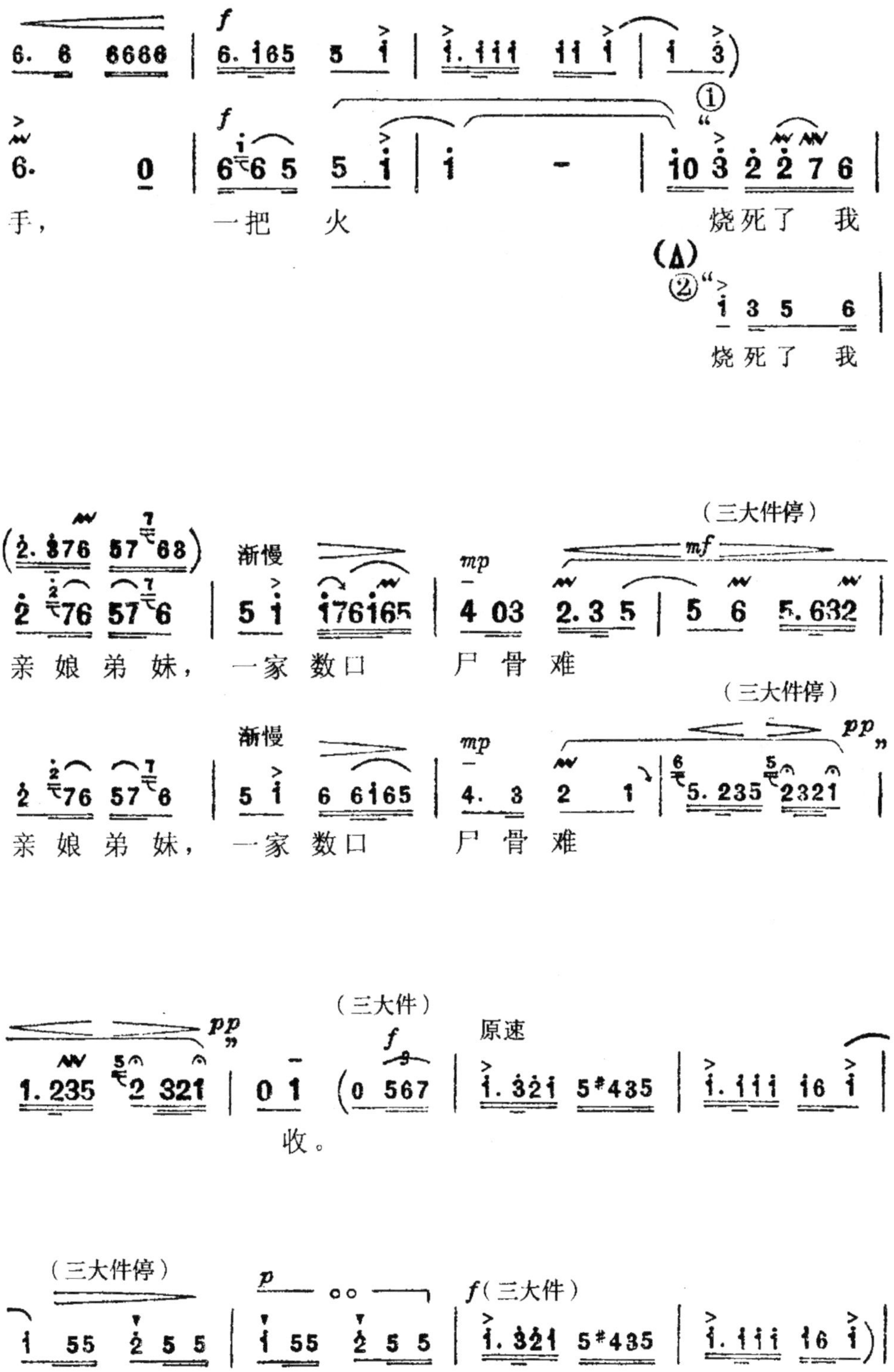

f

6. 6 6666 | 6. i65 5 i | i. iii ii i | i 3)

①

6. 0 | 6 6 5 5 i | i – | i0 3 2 2 7 6 |

手， 一把 火 烧死了 我

(Δ)

② i 3 5 6 |

烧死了 我

（三大件停）

(2. 376 57 68) 渐慢 mp mf

2 76 57 6 | 5 i i76i65 | 4 03 2. 3 5 | 5 6 5. 632 |

亲娘弟妹，一家数口 尸骨难

（三大件停）

渐慢 mp pp

2 76 57 6 | 5 i 6 6i65 | 4. 3 2 1 | 5. 235 2321 |

亲娘弟妹，一家数口 尸骨难

（三大件） 原速

pp f

1. 235 2 321 | 0 1 (0 567 | i. 321 5#435 | i. iii i6 i |

收。

（三大件停） p f（三大件）

i 55 2 5 5 | i 55 2 5 5 | i. 321 5#435 | i. iii i6 i) |

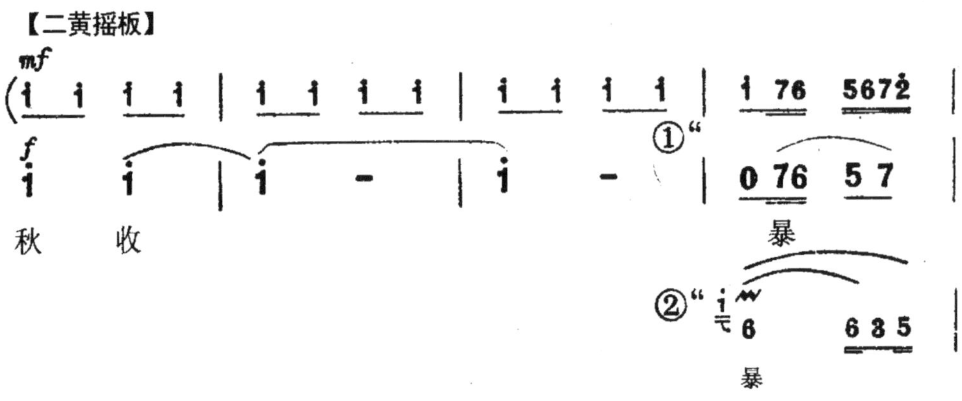

动 风 雷

动 风 雷

(大大 大大 大大 大大 大 大 大 大

骤，

(大 大 大大 大大 大大 大大 大 大大 大大 乙 大 大

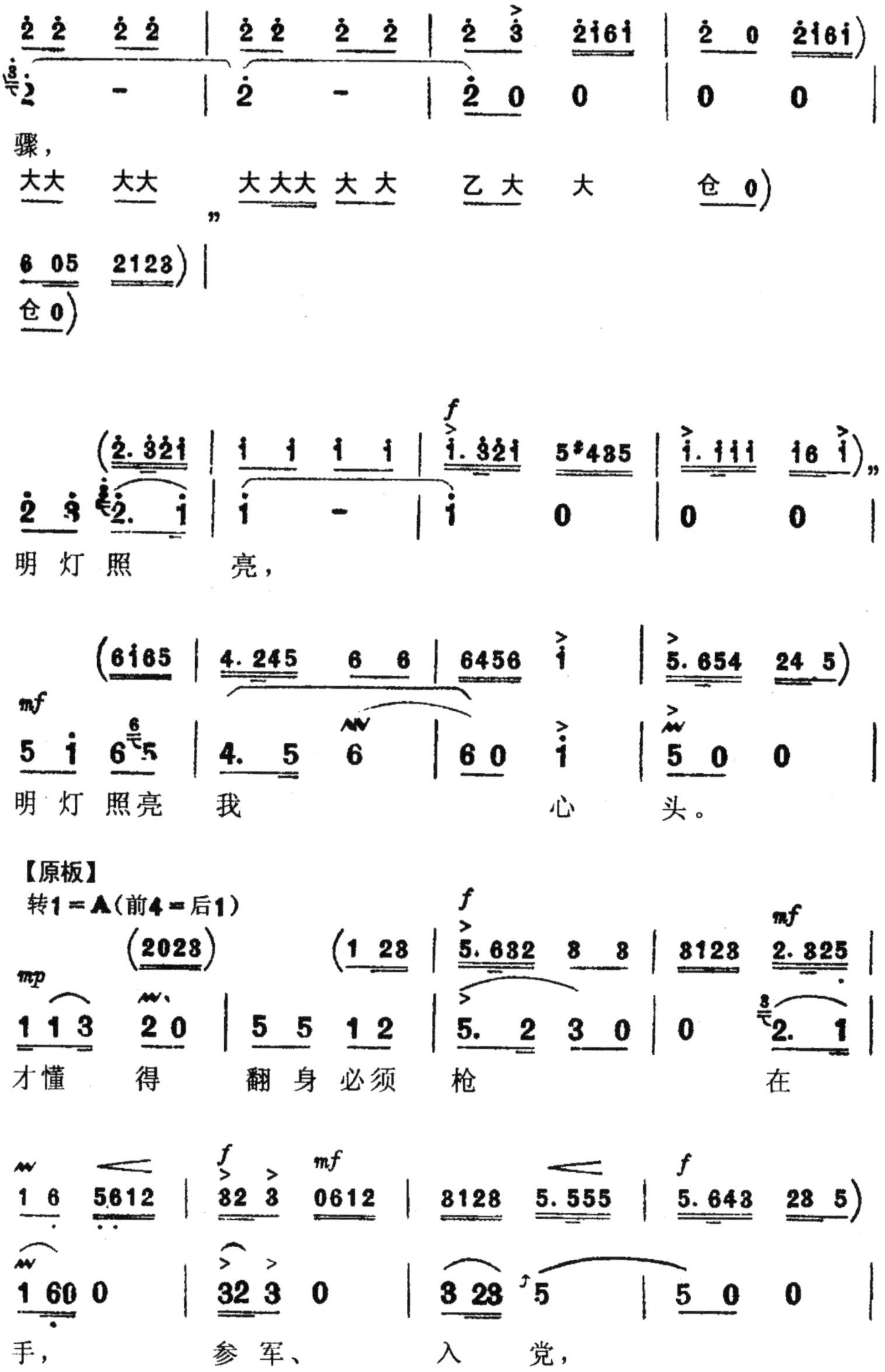

2 2　2 2 | 2 2　2 2 | 2 3　2161 | 2 0　2161)

2 - | 2 - | 2 0　0 | 0　0 |

骤，

大大　大大 ” 大大大 大 大　乙 大　大　仓 0)

6 05　2123) |

仓 0)

(2. 321 | 1 1 1 1 | 1. 321　5#435 | 1. 111　16 1)”

2 3 2. 1 | 1 - | 1　0 | 0　0 |

明 灯 照　亮，

(6165 | 4. 245　6 6 | 6456　1 | 5. 654　24 5)

mf

5 1　6 5 | 4. 5　6 | 6 0　1 | 5 0　0 |

明 灯 照亮　我　心　头。

【原板】

转1＝A（前4＝后1）

(2028)　(1 28 | 5. 632　8 8 | 8128　2. 325 |

mp

1 1 3　2 0 | 5 5　1 2 | 5. 2　3 0 | 0　2. 1 |

才懂　得　翻 身 必须　枪　在

1 6　5612 | 82 3　0612 | 8128　5. 555 | 5. 643　28 5)

1 60 0 | 32 3　0 | 3 28　5 | 5 0　0 |

手，　参 军、　入　党，

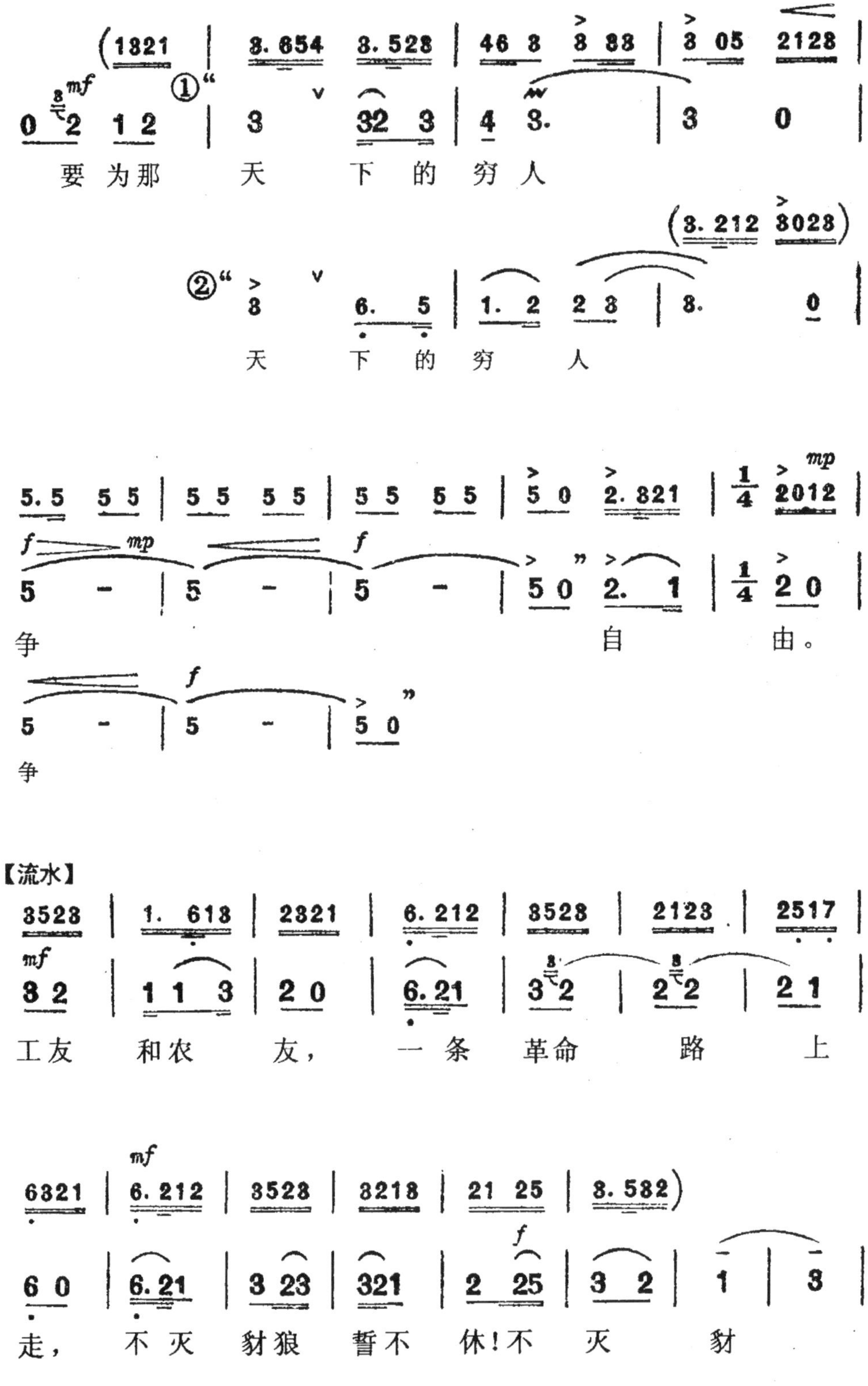

(1821 | 3.654 3.528 | 46 3 3 33 | 3 05 2128 |
0 2 1 2 ①" | 3 32 3 | 4 3. | 3 0 |
要为那 天 下的穷人

(3.212 3028)
②" 3 6. 5 | 1. 2 2 3 | 3. 0 |
天 下的穷 人

5.5 5 5 | 5 5 5 5 | 5 5 5 5 | 5 0 2.321 | 1/4 2012 |
5 - | 5 - | 5 - | 5 0" 2. 1 | 1/4 2 0 |
争 自 由。
5 - | 5 - | 5 0"
争

【流水】
3523 | 1. 613 | 2321 | 6.212 | 3523 | 2123 | 2517 |
3 2 | 1 1 3 | 2 0 | 6.21 | 3 2 | 2 2 | 2 1 |
工友 和农 友， 一条 革命 路 上

6321 | 6.212 | 3523 | 3213 | 21 25 | 3.532)
6 0 | 6.21 | 3 23 | 321 | 2 25 | 3 2 | 1 | 3 |
走， 不灭 豺狼 誓不 休！不 灭 豺

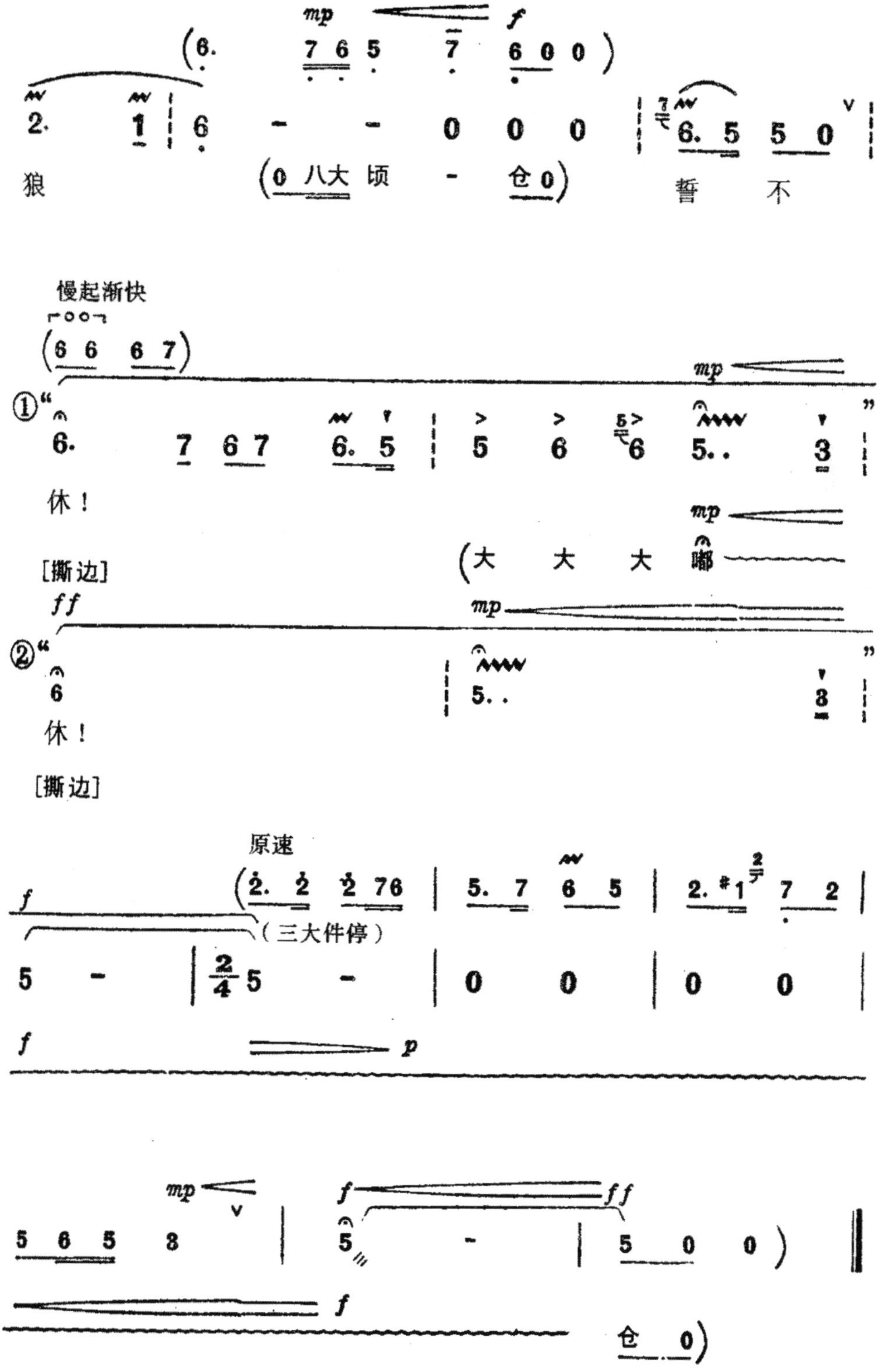

狼　（0 八大 顷 - 仓 0）　誓　不

慢起渐快

①“休！”

[撕边]

（大 大 大 嘟

②“休！”

[撕边]

原速

（三大件停）

仓 0）

黄连苦胆味难分

第三场　柯　湘、雷　刚、众战士唱

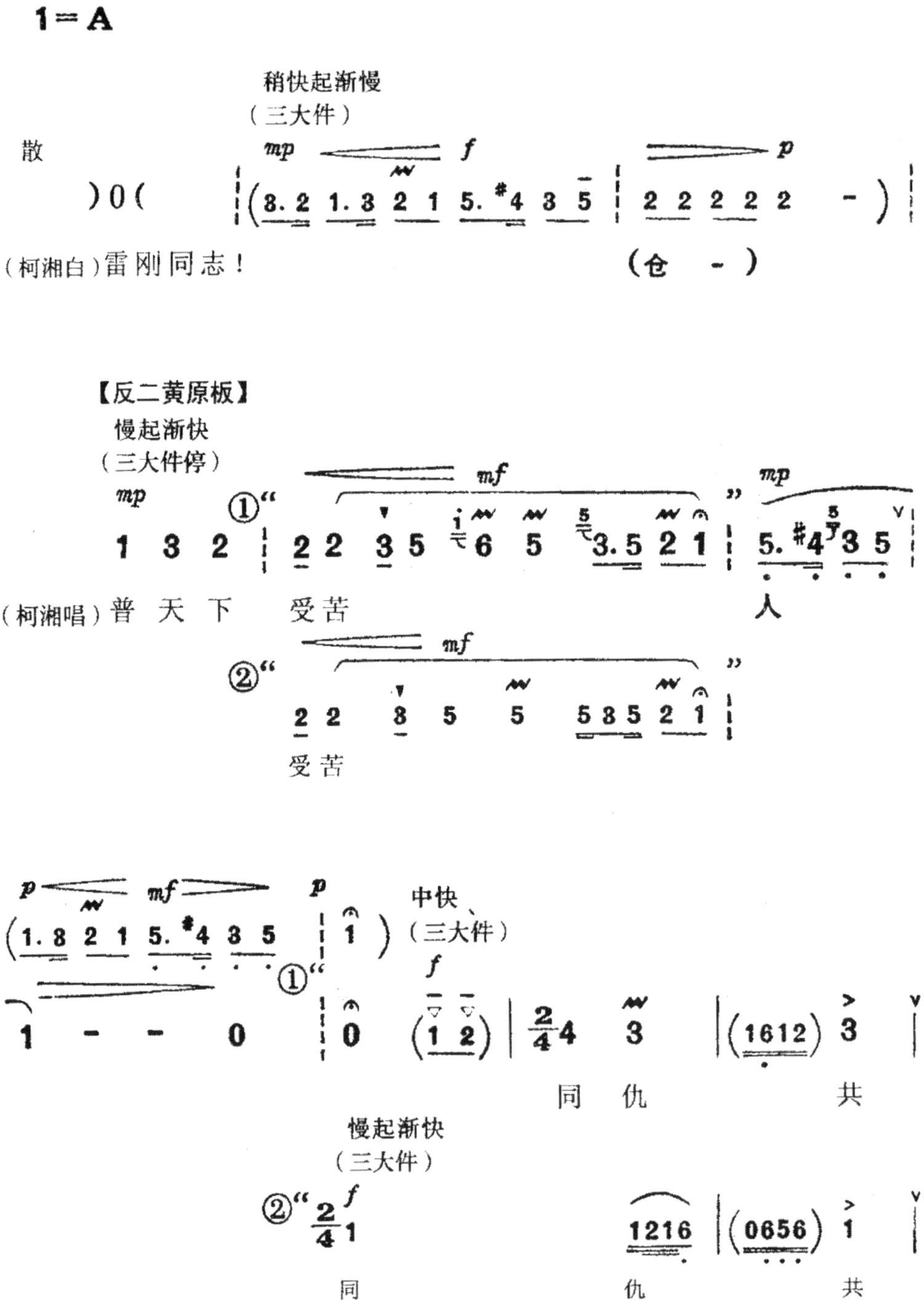

1＝A

稍快起渐慢

（三大件）

散

（柯湘白）雷刚同志！　（仓　－）

【反二黄原板】

慢起渐快

（三大件停）

（柯湘唱）普　天　下　受苦　人

受苦

中快

（三大件）

同　仇　共

慢起渐快

（三大件）

同　仇　共

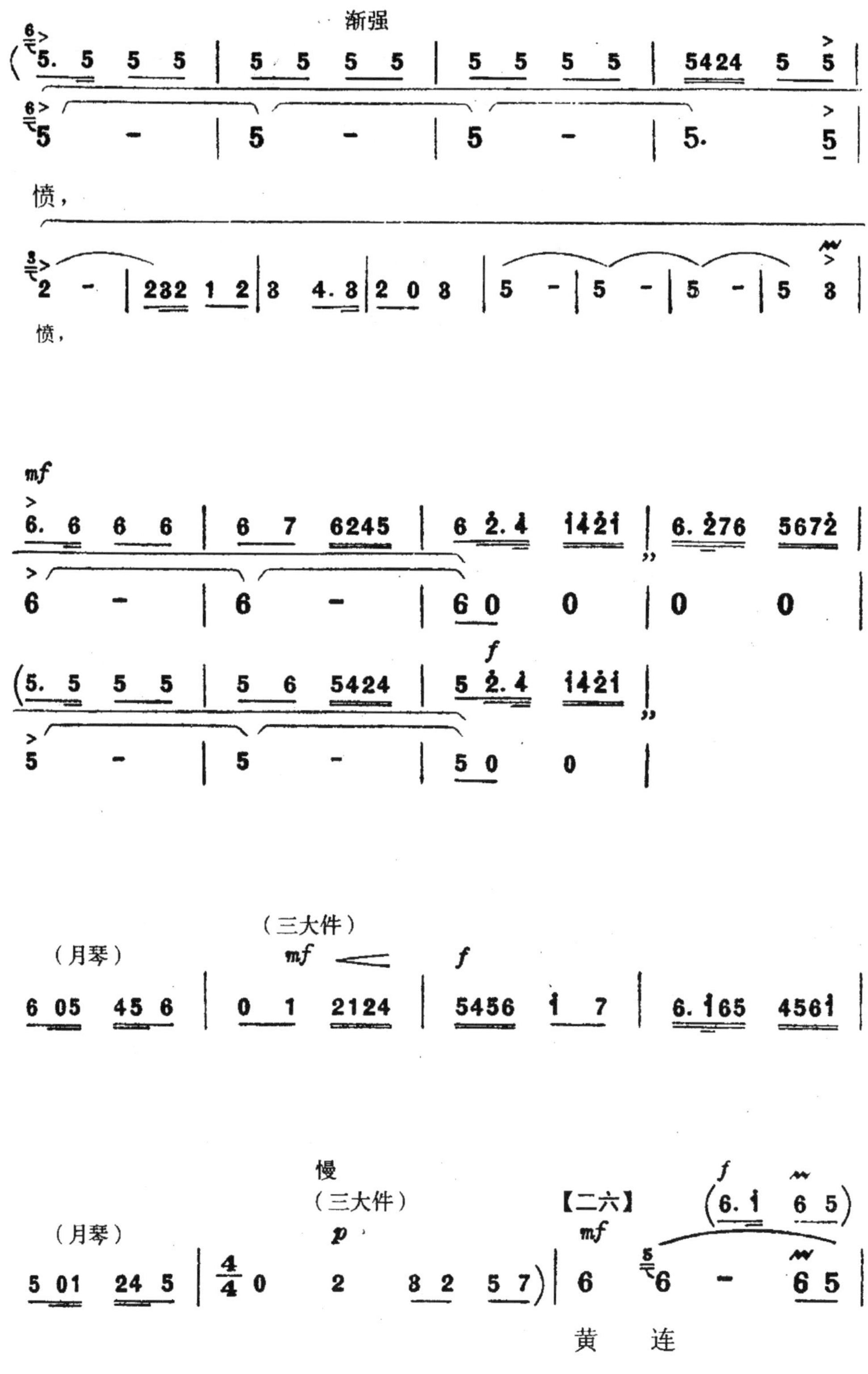

渐强

5. 5 5 5 | 5 5 5 5 | 5 5 5 5 | 5424 5 5 |

5 - | 5 - | 5 - | 5. 5 |

愤，

2 - | 282 1 2 | 3 4. 3 | 2 0 3 | 5 - | 5 - | 5 - | 5 3 |

愤，

mf

6. 6 6 6 | 6 7 6245 | 6 2. 4 1421 | 6. 276 5672 |

6 - | 6 - | 6 0 0 | 0 0 |

f

(5. 5 5 5 | 5 6 5424 | 5 2. 4 1421 |

5 - | 5 - | 5 0 0 |

（三大件）

（月琴） mf f

6 05 45 6 | 0 1 2124 | 5456 1 7 | 6. 165 4561 |

慢

（三大件） 【二六】 f

（月琴） p mf (6. 1 6 5)

5 01 24 5 | 4/4 0 2 3 2 5 7) | 6 6 - 6 5 |

黄 连

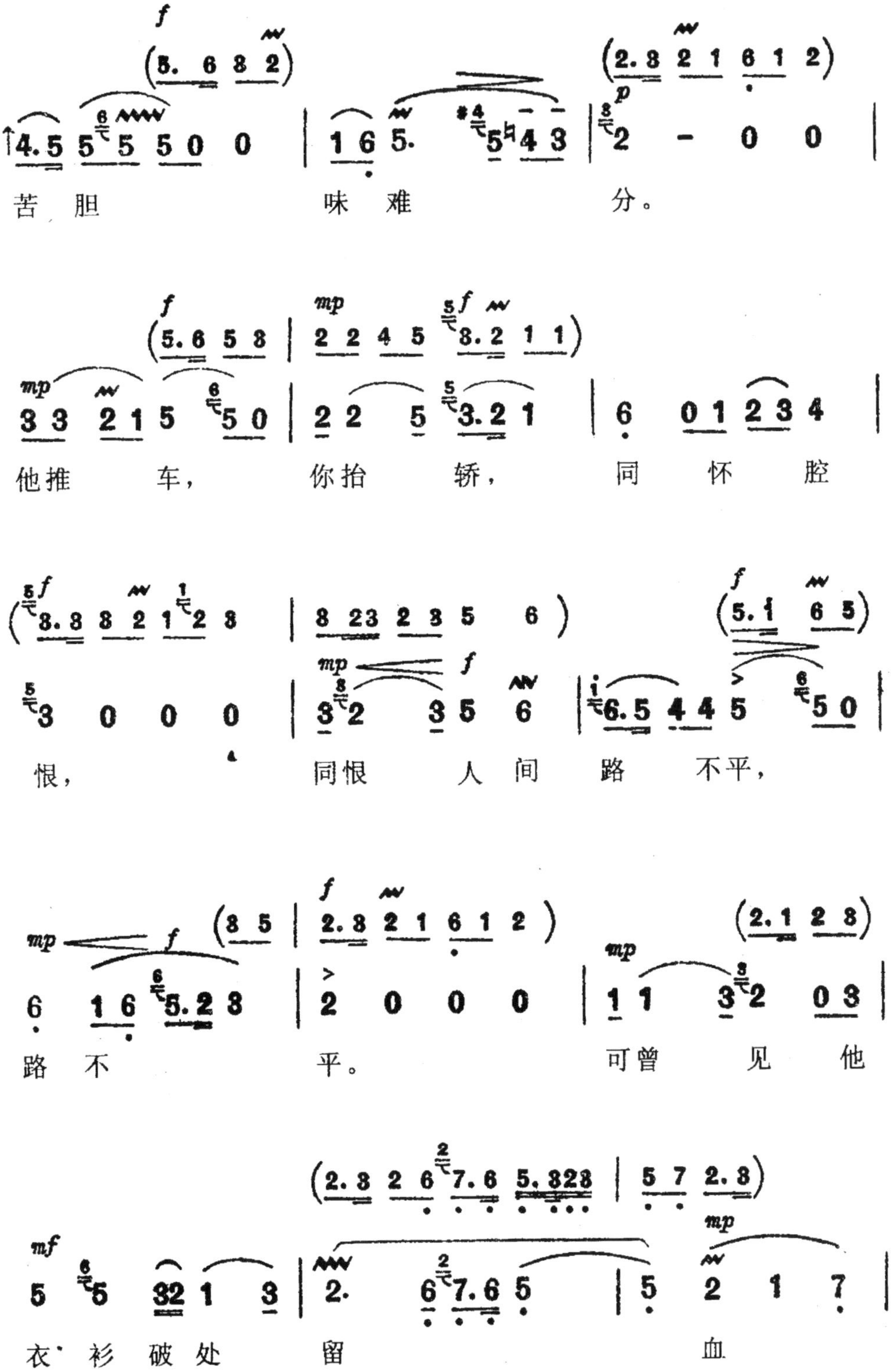

苦胆 味难 分。

他推 车， 你抬 轿， 同 怀 腔

恨， 同恨 人 间 路 不平，

路 不 平。 可曾 见 他

衣衫 破处 留 血

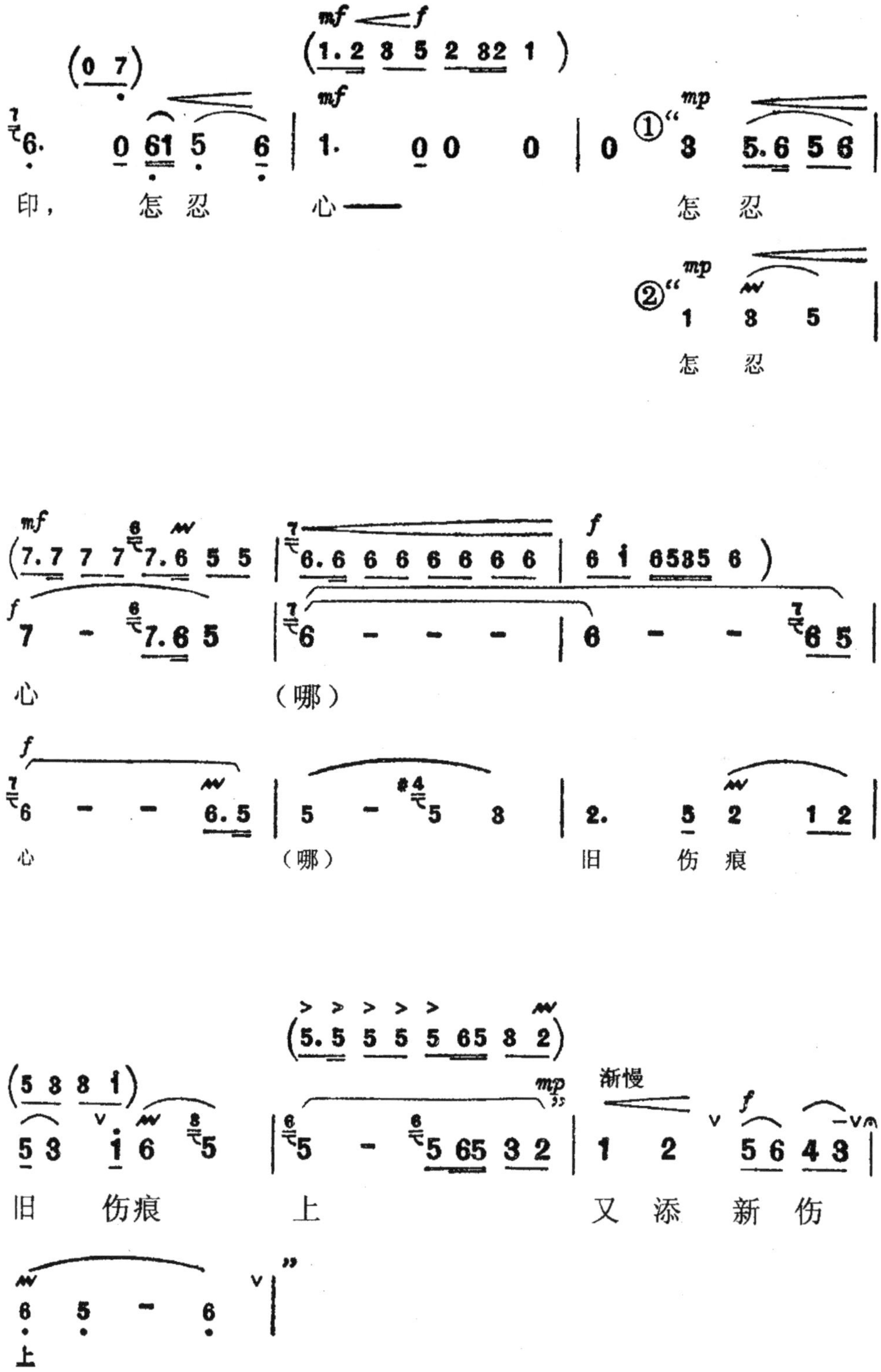

印，　怎忍　心——　怎忍

②“ 怎忍

心　（哪）

心　（哪）　旧伤痕

旧　伤痕　上　又添新伤

上”

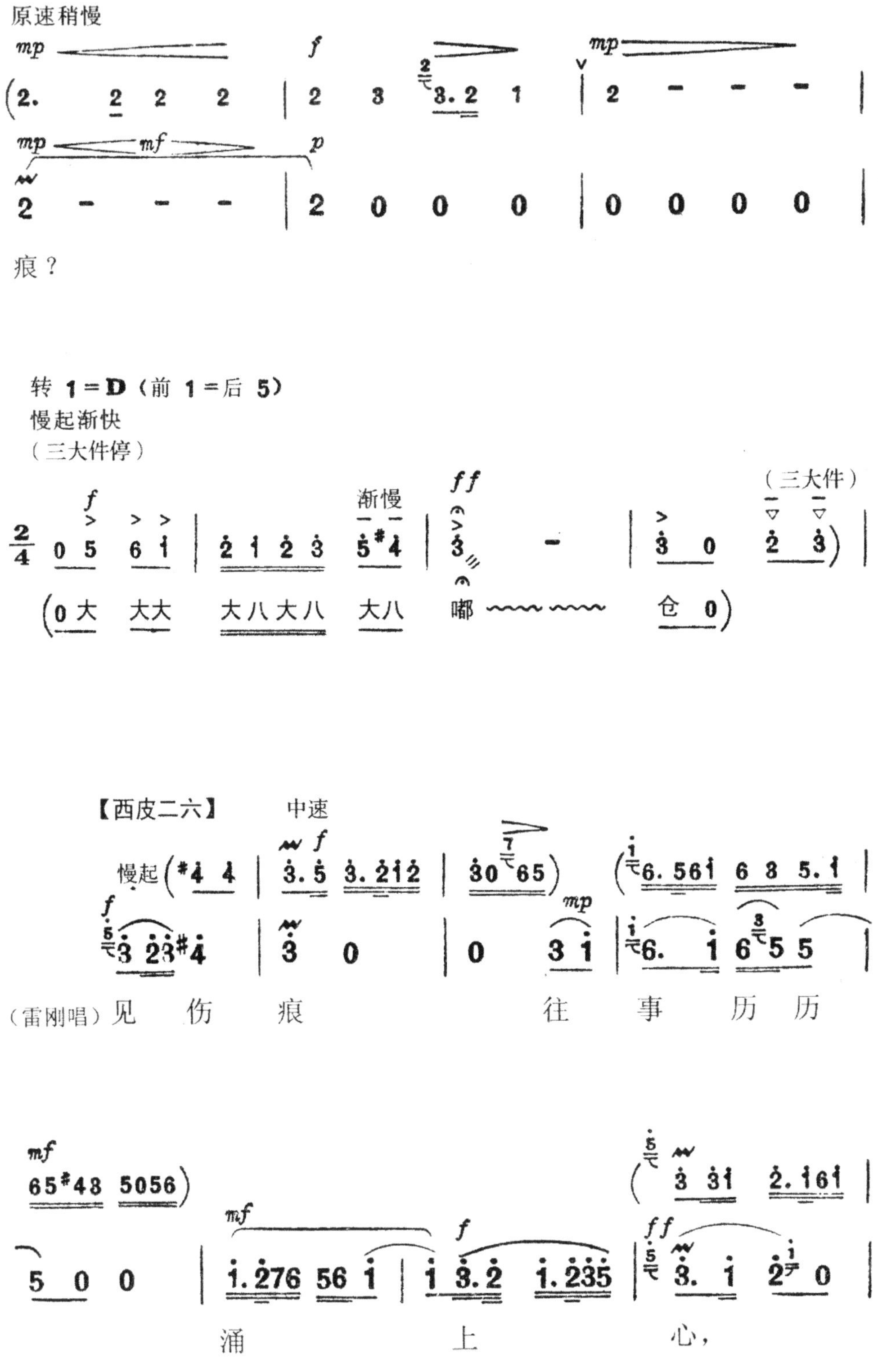

原速稍慢

mp　　　　f　　　　mp

(2. 2 2 2 | 2 3 3.2 1 | 2 - - - |

mp　mf　p

2 - - - | 2 0 0 0 | 0 0 0 0 |

痕？

转 1＝D（前 1＝后 5）

慢起渐快

（三大件停）

f　　渐慢　ff　　（三大件）

2/4 0 5 6 1 | 2 1 2 3 5 #4 | 3 - | 3 0 2 3) |

(0大 大大 大八大八 大八 嘟～～～ 仓 0)

【西皮二六】　中速

f

慢起(#4 4 | 3.5 3.212 | 30 65) (6.561 6 3 5.1 |

f　　mp

3 23#4 | 3 0 | 0 3 1 | 6. 1 6 5 5 |

（雷刚唱）见　伤　痕　往　事　历　历

mf

65#43 5056)　　(3 31 2.161 |

mf　f　ff

5 0 0 | 1.276 56 1 | 1 3.2 1.235 | 3. 1 2 0 |

涌　上　心，

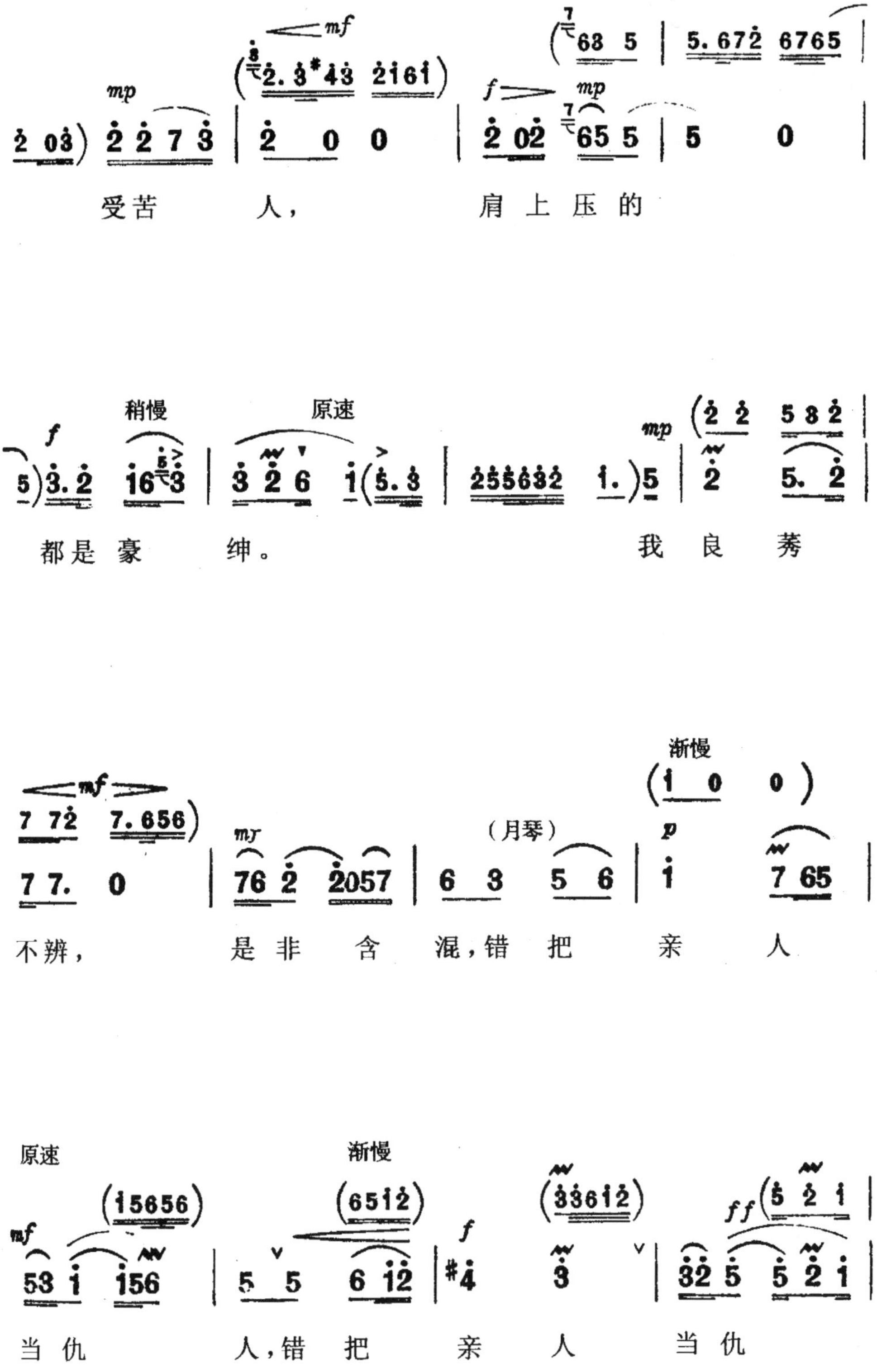

受苦　　人，　　　　肩　上　压　的

稍慢　原速

都是豪　　绅。　　　　　　　　我　良　莠

渐慢

（月琴）

不辨，　　是非　　含　　混，错　把　　亲　　人

原速　渐慢

当仇　　　　人，错　把　　亲　　人　　当仇

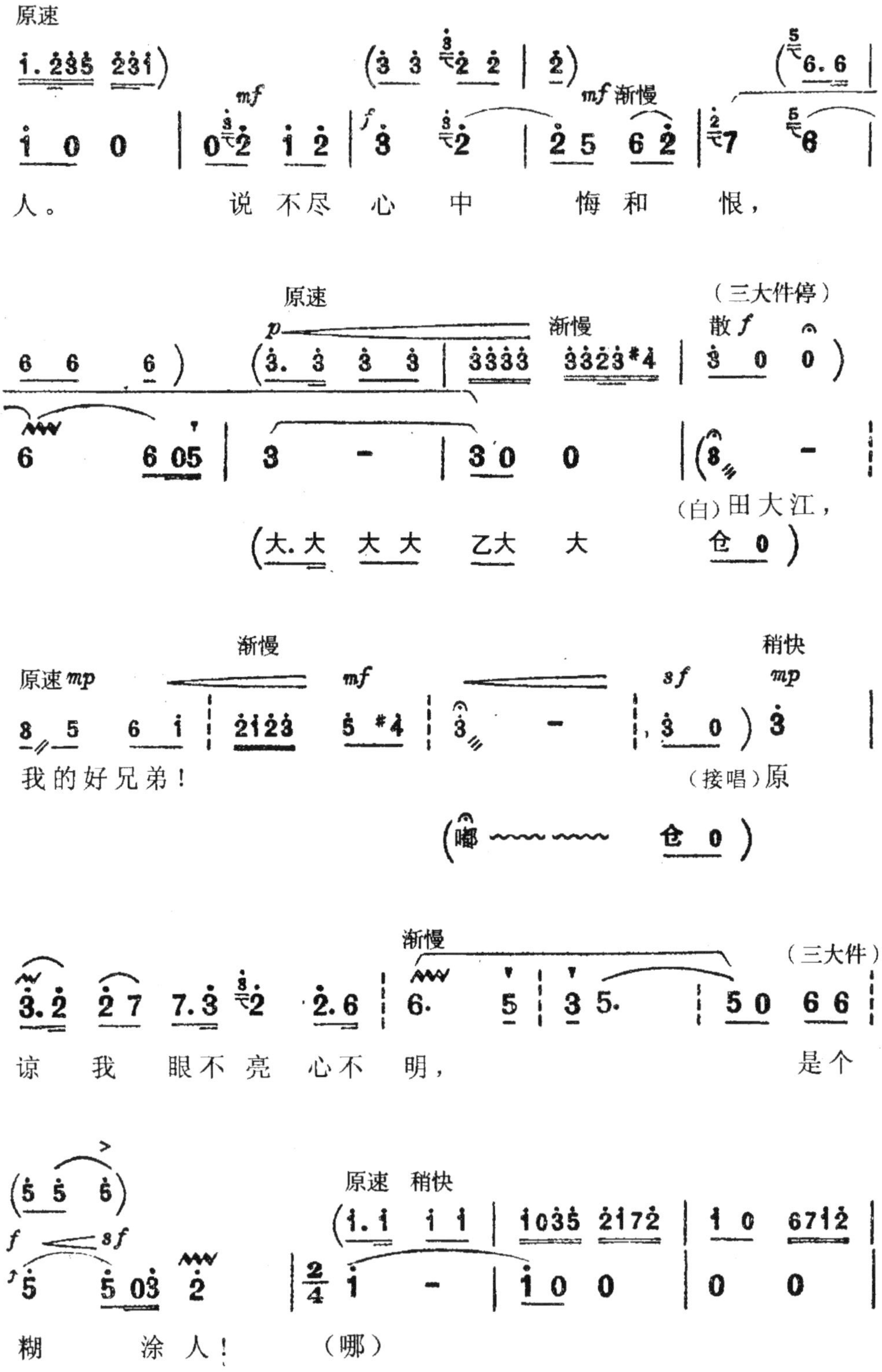

原速

mf *f* *mf* 渐慢

人。说不尽心中悔和恨，

原速 （三大件停）

p 渐慢 散 *f*

（白）田大江，

（大.大 大大 乙大 大 仓 0）

渐慢 稍快

原速 *mp* *mf* *sf* *mp*

我的好兄弟！（接唱）原

（嘟～～～～～ 仓 0）

渐慢 （三大件）

谅我眼不亮心不明，是个

原速 稍快

f *sf*

糊涂人！（哪）

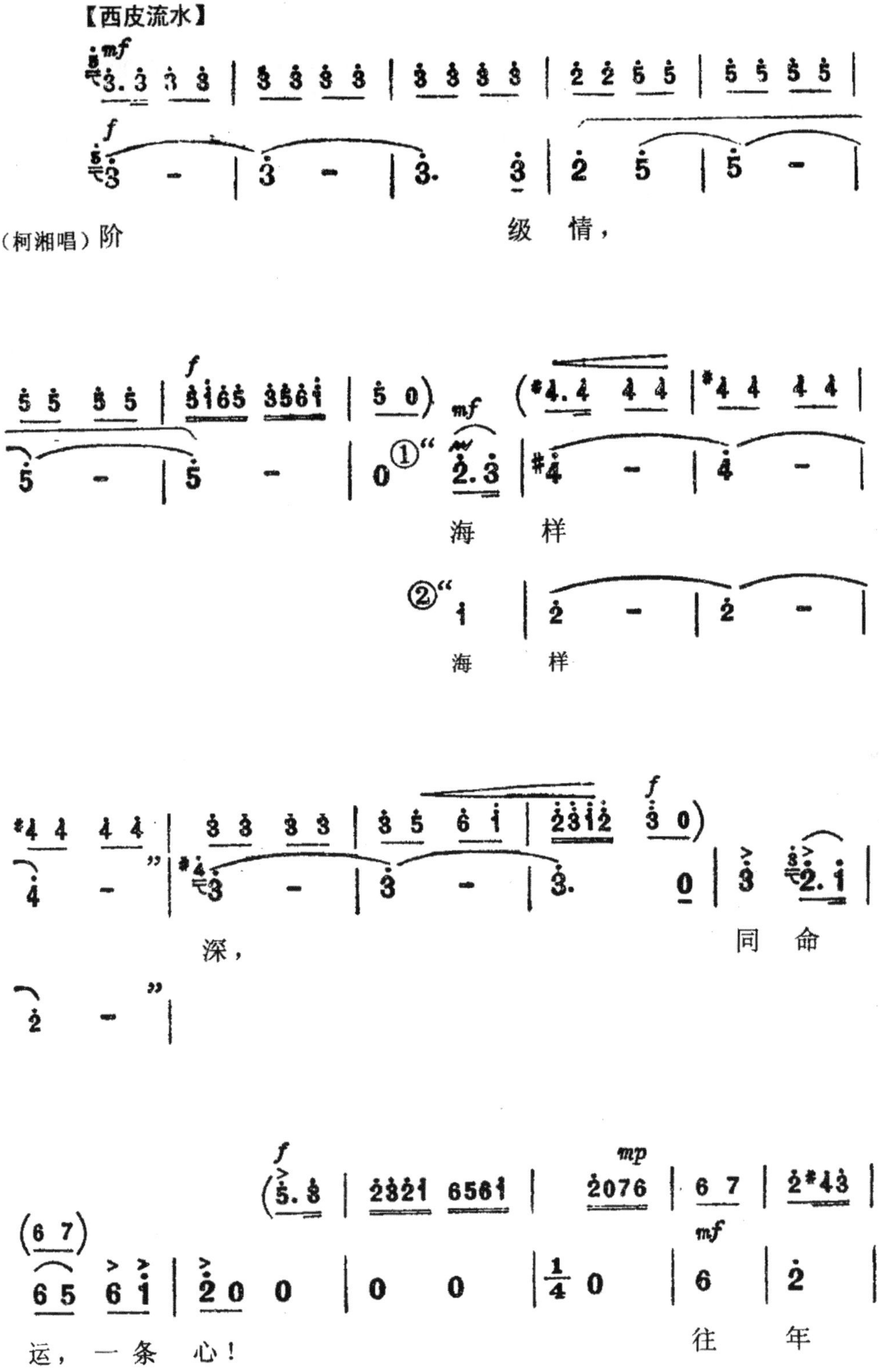

【西皮流水】

（柯湘唱）阶 级 情，

海 样

海 样

深， 同 命

运，一条 心！ 往 年

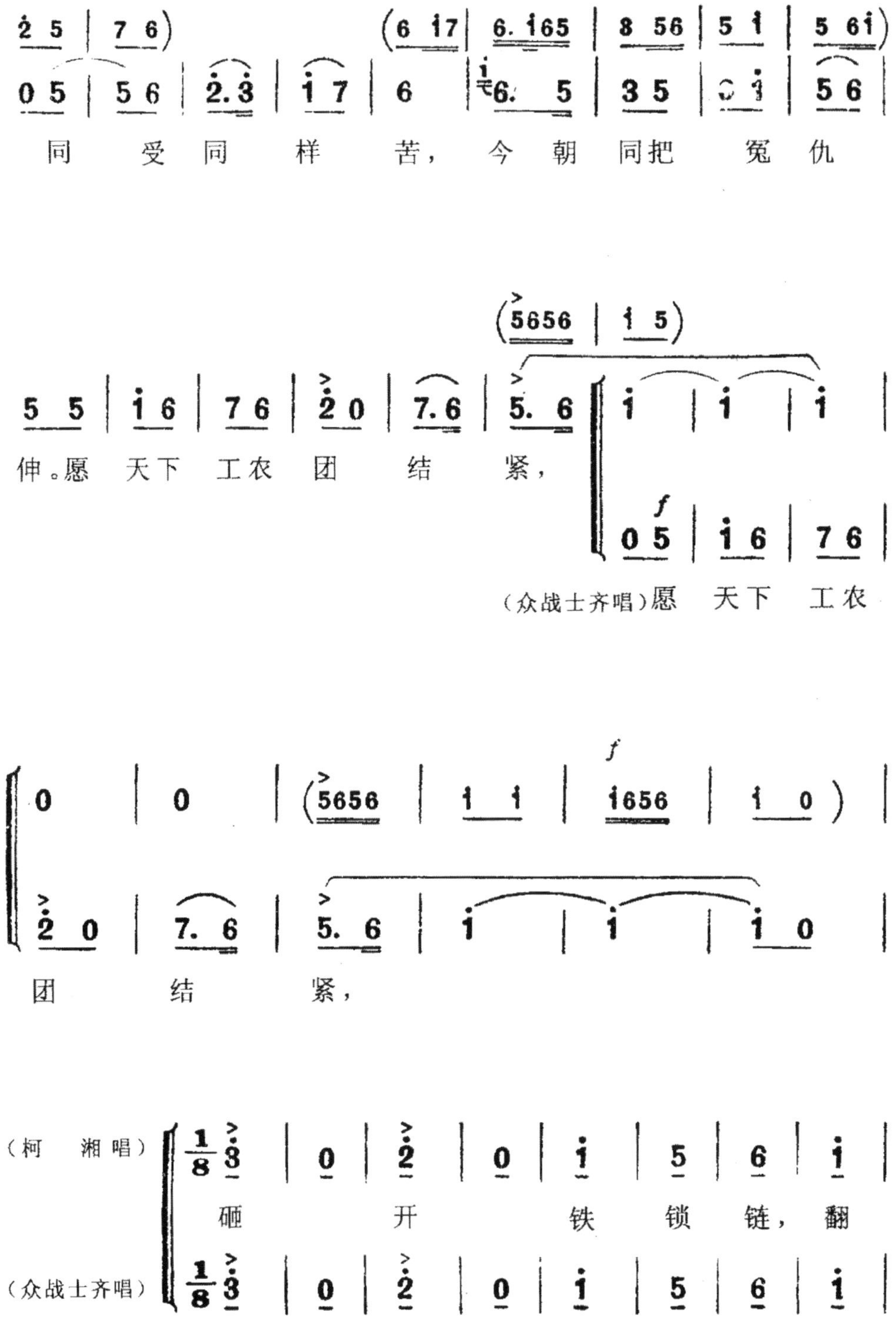

同受同样苦，今朝同把冤仇

伸。愿天下工农团结紧，

（众战士齐唱）愿天下工农

团结紧，

（柯　湘唱）砸开铁锁链，翻

（众战士齐唱）

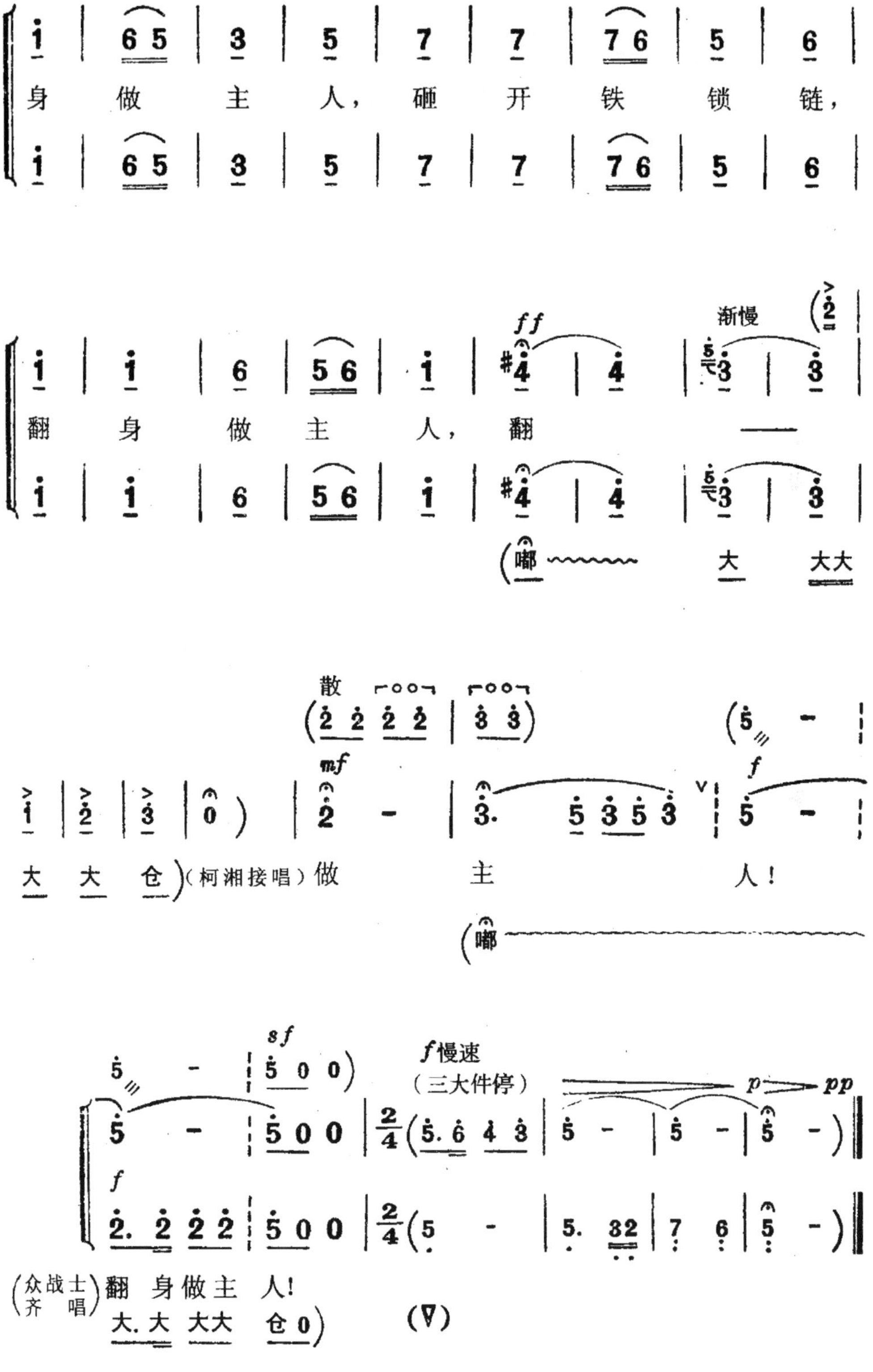

身做主人，砸开铁锁链，

翻身做主人，翻——

（嘟～～～～　大　大大

大　大　仓）（柯湘接唱）做　主　人！

（嘟～～～～

散

f慢速

（三大件停）

（众战士齐唱）翻　身做主　人！

大．大　大大　仓 0）　（∇）

杜鹃山青竹吐翠

第四场　李石坚唱

1＝G* $\frac{2}{4}$

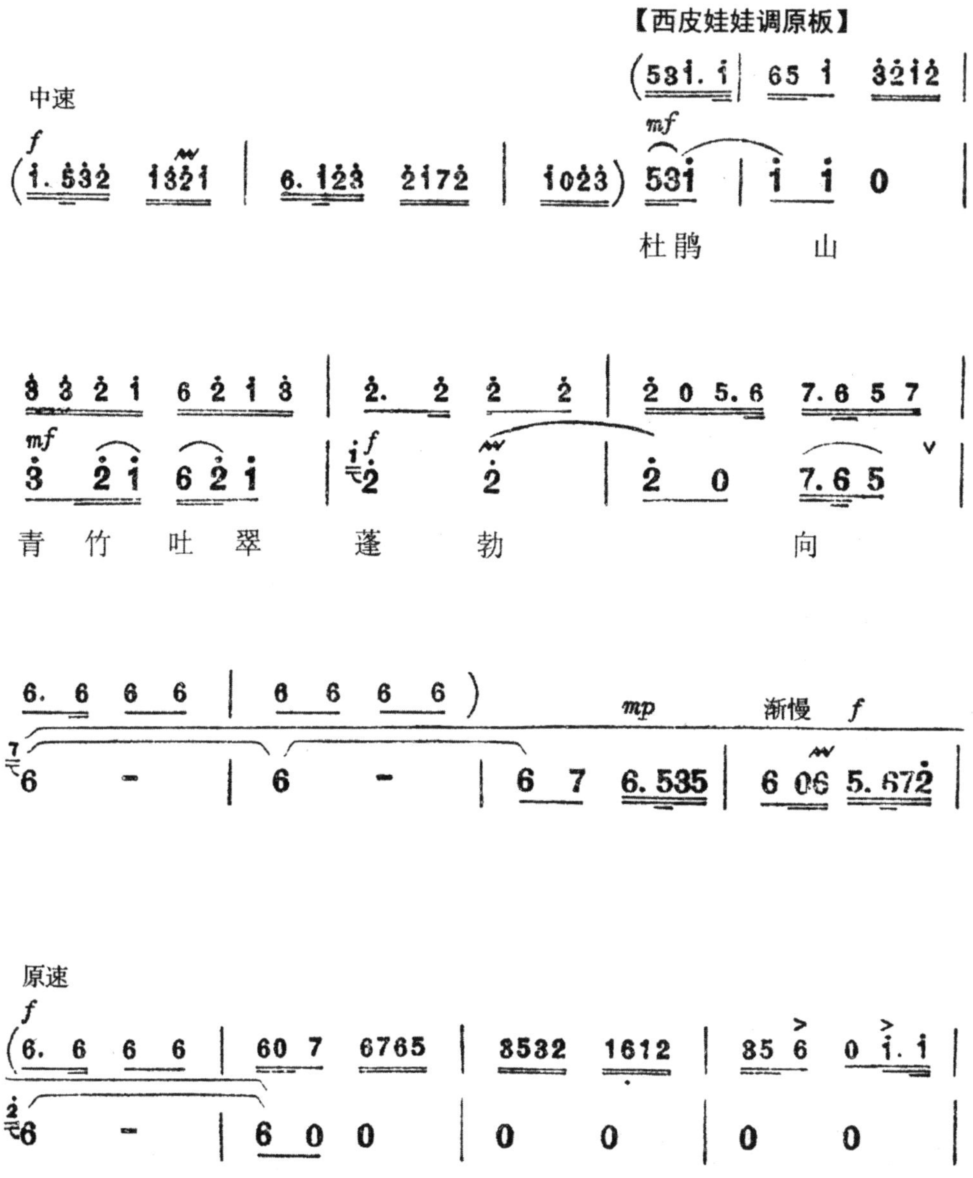

【西皮娃娃调原板】

中速

杜鹃山

青竹吐翠蓬勃向

渐慢

原速

* 亦可用 1＝A。

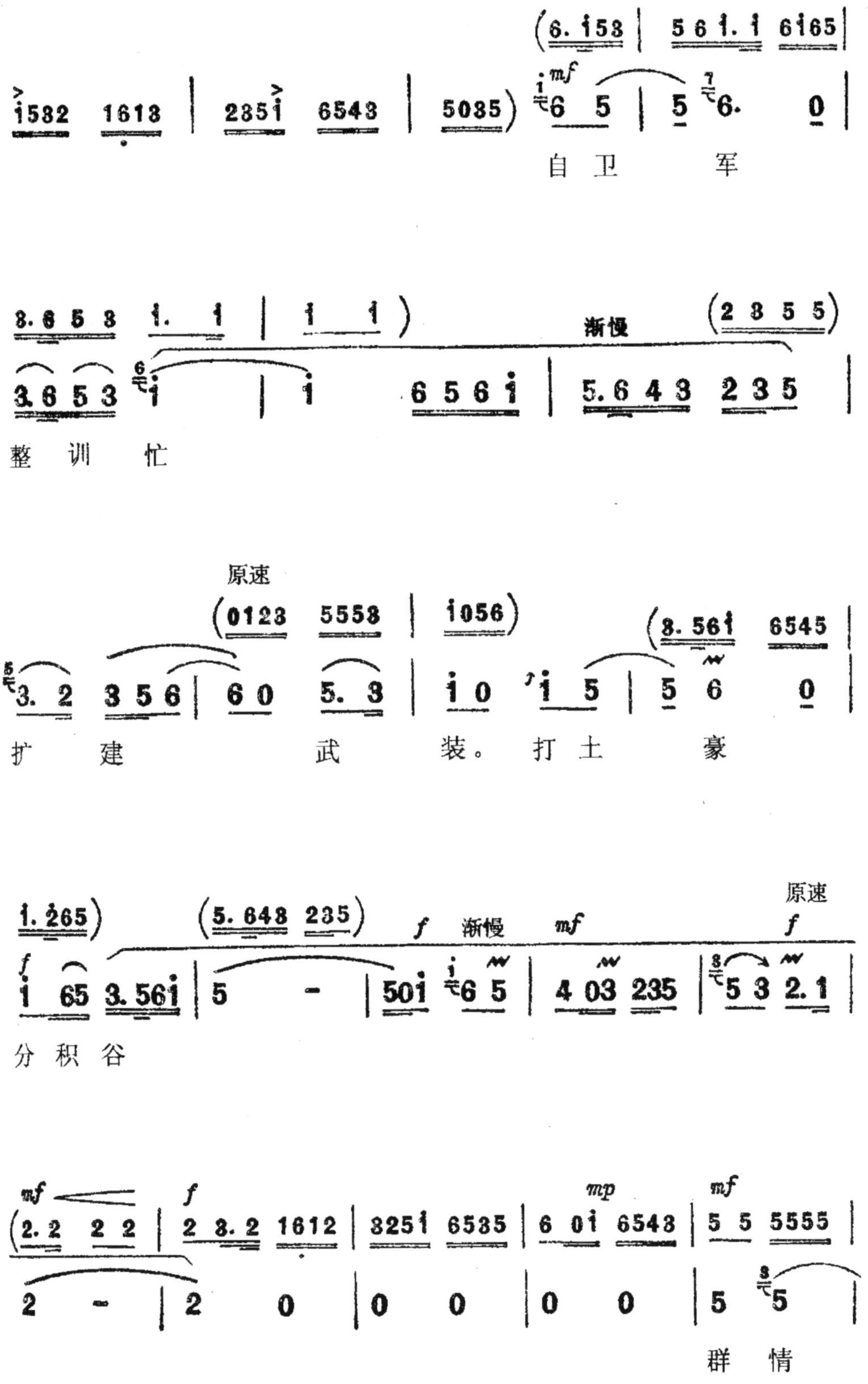

自卫 军

渐慢

整 训 忙

原速

扩 建 武 装。打 土 豪

渐慢

原速

分 积 谷

群 情

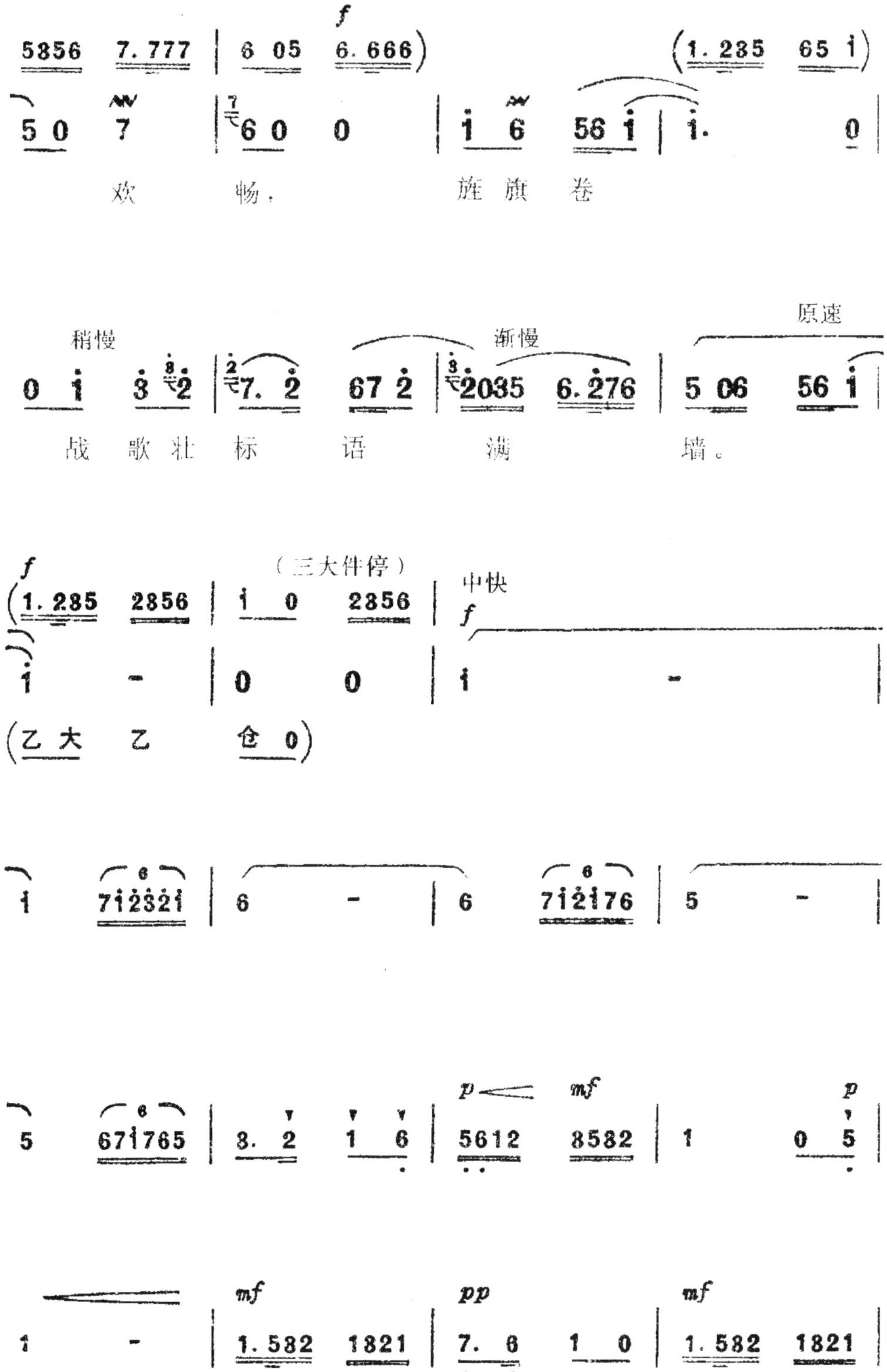

f

5856 7.777 | 6 05 6.666) (1.285 65 i)

5 0 7 | 6 0 0 | i 6 56 i | i· 0 |

欢 畅，旌旗卷

稍慢 渐慢 原速

0 i 3 2 | 7. 2 67 2 | 2035 6.276 | 5 06 56 i |

战 歌壮 标 语 满 墙。

f （三大件停） 中快 f

(1.285 2856 | i 0 2856 |

i - | 0 0 | i - |

(乙大 乙 仓 0)

i 7i232i | 6 - | 6 7i2i76 | 5 - |

5 67i765 | 3. 2 1 6 | 5612 3532 | 1 0 5 |

p mf p

1 - | 1.532 1321 | 7. 6 1 0 | 1.532 1321 |

mf pp mf

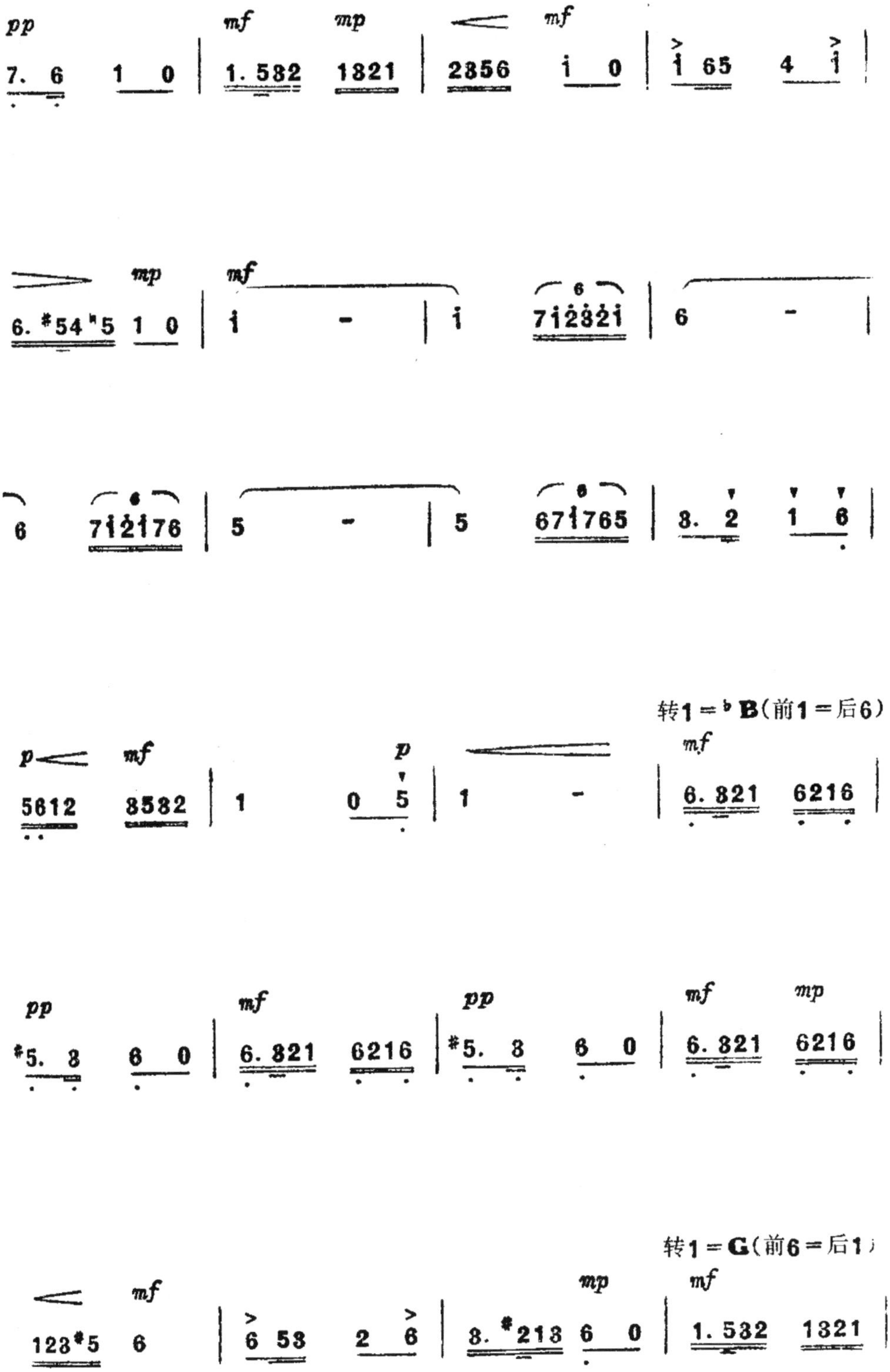

pp　mf　mp　mf

7. 6　1 0 | 1. 532　1321 | 2356　i 0 | i 65　4 i |

mp　mf

6. #54♮5　1 0 | i　- | i　7i23 2i | 6　- |

6　7i2i76 | 5　- | 5　671765 | 3. 2　1 6 |

转1 = ♭B（前1 = 后6）

p　mf　p　mf

5612　3532 | 1　0 5 | 1　- | 6. 321　6216 |

pp　mf　pp　mf　mp

#5. 3　6 0 | 6. 321　6216 | #5. 3　6 0 | 6. 321　6216 |

转1 = G（前6 = 后1）

mf　mp　mf

123#5　6 | 6 53　2 6 | 3. #213　6 0 | 1. 532　1321 |

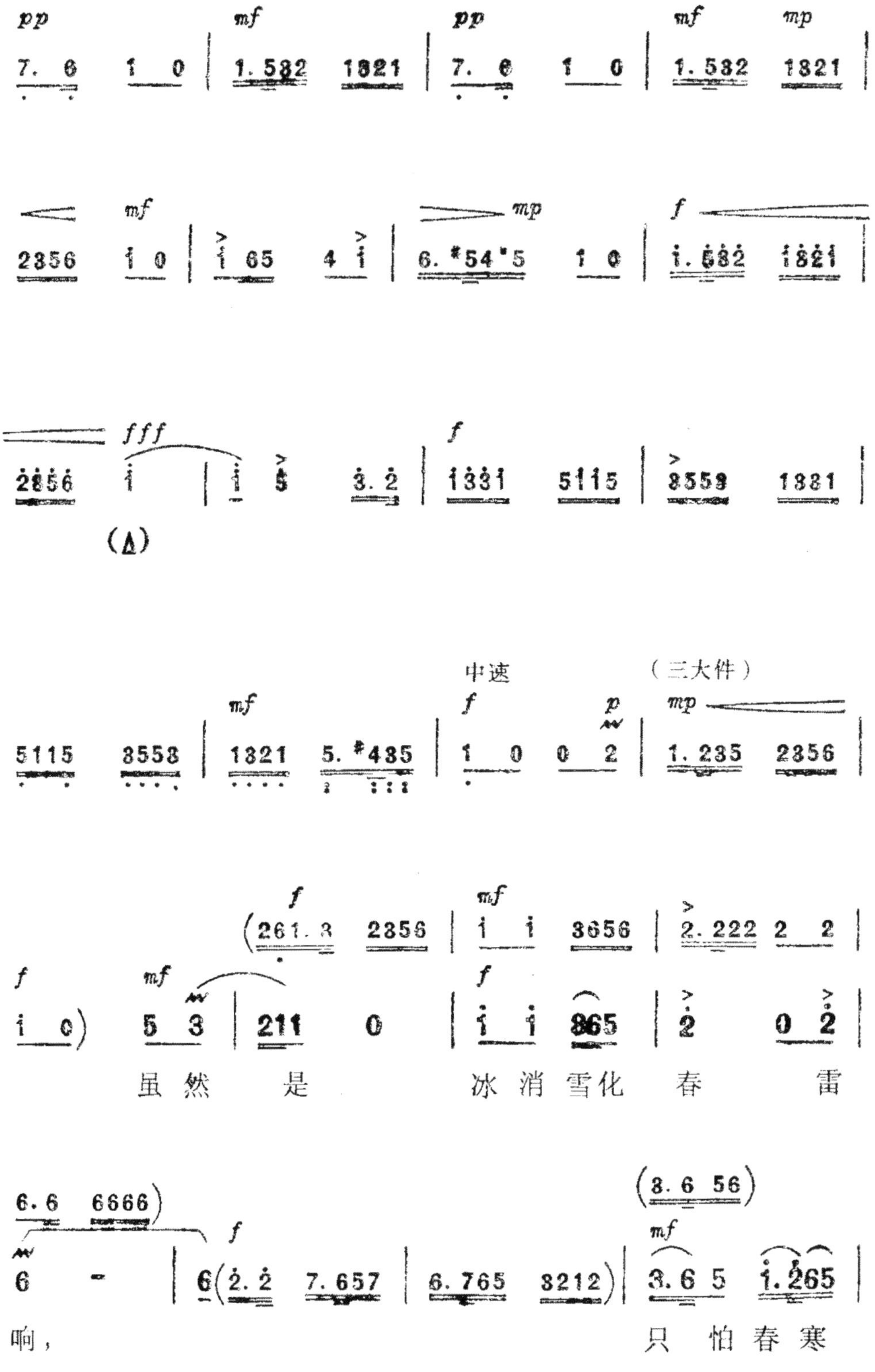

中速　（三大件）

虽然是　冰消雪化春雷

响，　只怕春寒

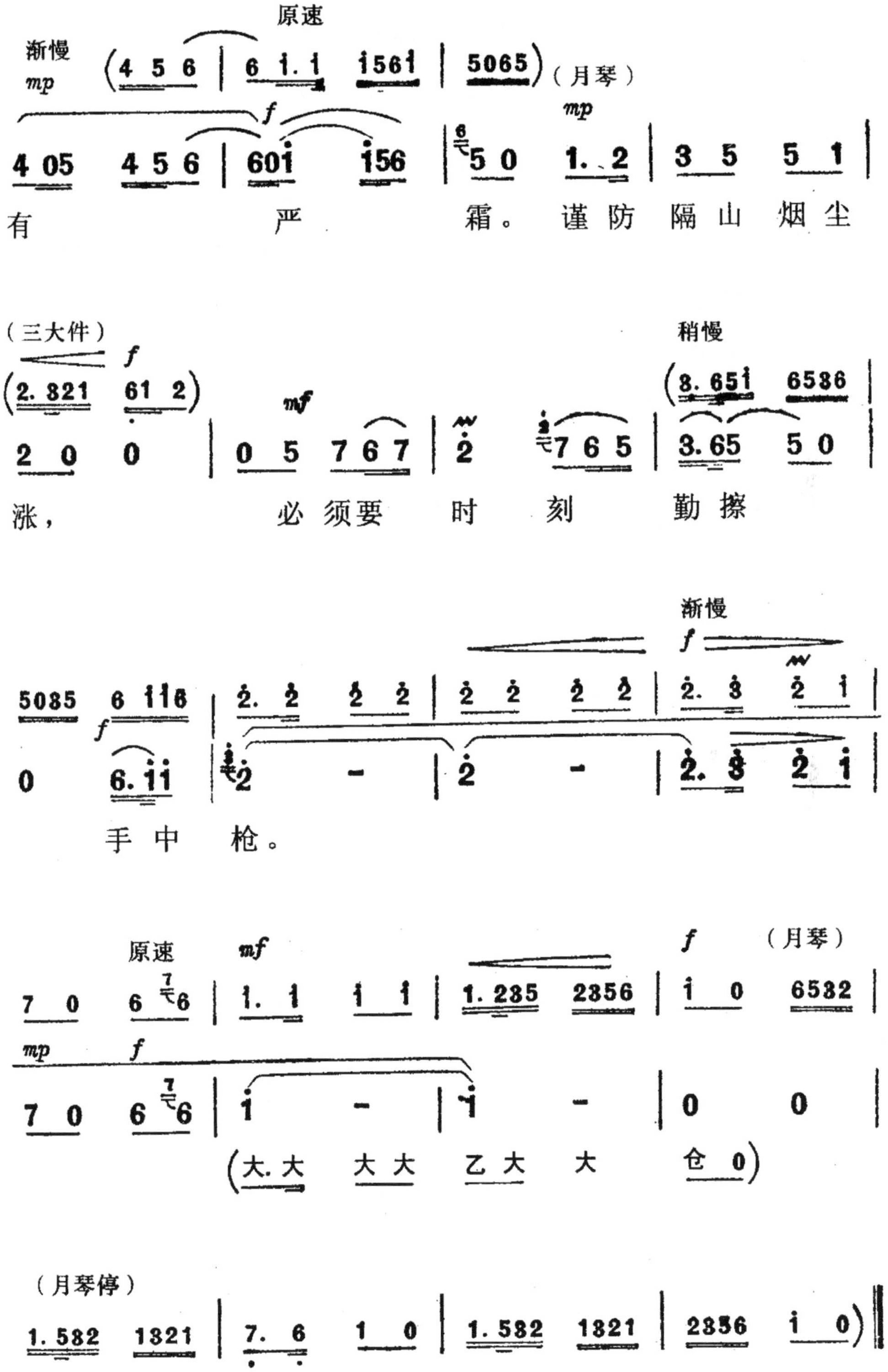

原速

渐慢 mp (4 5 6 | 6 i. i i56i | 5065)（月琴）

4 05 4 5 6 | f 60i i56 | 5 0 mp 1. 2 | 3 5 5 1 |

有 严 霜。谨防隔山烟尘

（三大件） 稍慢

f (2. 321 61 2) (3. 65i 6536 |

2 0 0 | mf 0 5 767 | 2 765 | 3.65 5 0 |

涨， 必须要时刻勤擦

渐慢 f

5035 6 ii6 | 2. 2 2 2 | 2 2 2 2 | 2. 3 2 i |

0 f 6.ii | 2 - | 2 - | 2. 3 2 i |

手中枪。

原速 mf f （月琴）

7 0 6 6 | i. i i i | 1. 235 2356 | i 0 6532 |

mp 7 0 f 6 6 | i - | i - | 0 0 |

(大.大 大大 乙大 大 仓 0)

（月琴停）

1. 532 1321 | 7. 6 1 0 | 1. 532 1321 | 2356 i 0) ||

全凭着志坚心齐

第四场　柯　湘唱

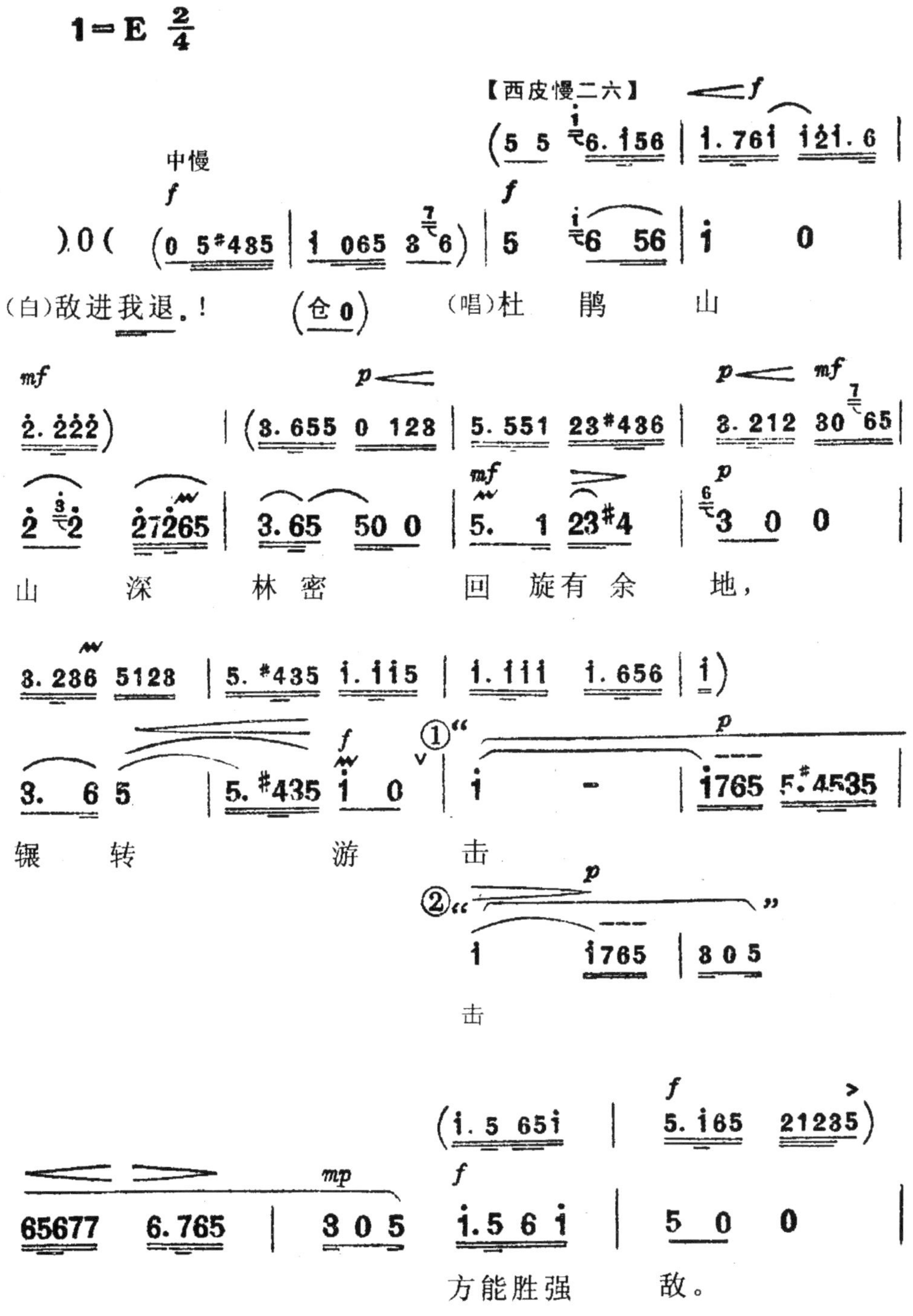

1＝E $\frac{2}{4}$

【西皮慢二六】

(5 5 6. i56 | i. 76i i2i. 6 |

中慢

).0 ((0 5#485 | i 065 3 6) | 5 6 56 | i 0 |

(白)敌进我退。!　(仓 0)　(唱)杜 鹃 山

2. 222) | (3. 655 0 128 | 5. 551 23#436 | 3. 212 30 65 |

2 2 27265 | 3. 65 50 0 | 5. 1 23#4 | 3 0 0 |

山 深 林 密 回 旋有 余 地，

3. 286 5128 | 5. #435 i. ii5 | i. iii i. 656 | i)

3. 6 5 | 5. #435 i 0 | ①“ i - | i765 5. #4535 |

辗 转 游 击

②“ i i765 | 3 0 5 ”

击

(i. 5 65i | 5. i65 21235)

65677 6. 765 | 3 0 5 | i. 5 6 i | 5 0 0 |

方能胜强 敌。

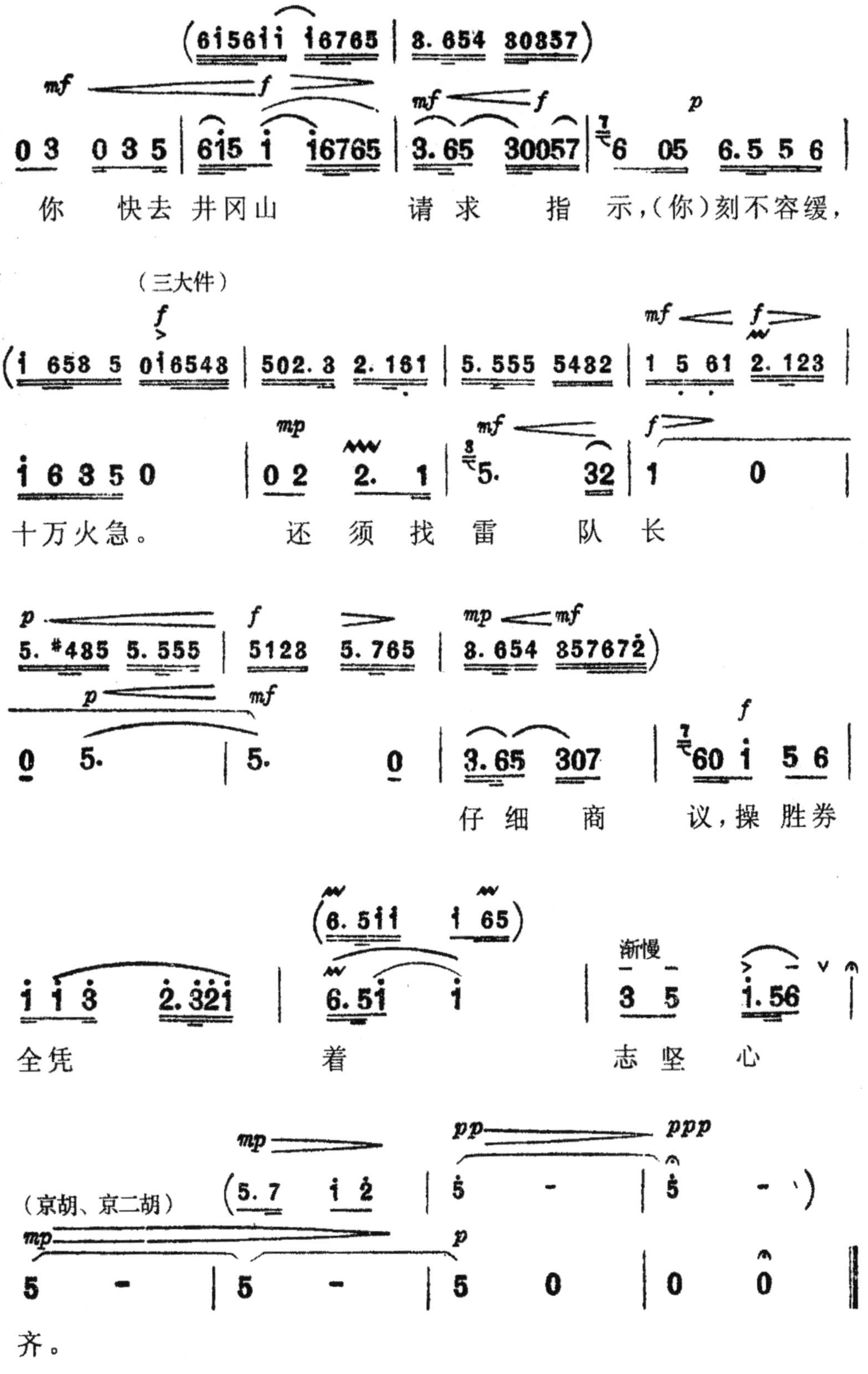

(6i56ii i6765 | 3.654 30357)

mf f mf f p

0 3 0 3 5 | 615 i i6765 | 3.65 30057 | 6 05 6.5 5 6 |

你 快去 井冈山 请 求 指 示，(你)刻不容缓，

(三大件)

f

(i 658 5 0i6548 | 502.3 2.161 | 5.555 5482 | 1 5 61 2.123 |

mp mf f

i 6 3 5 0 | 0 2 2. 1 | 5. 32 | 1 0 |

十万火急。 还 须 找 雷 队 长

p f mp mf

5.#485 5.555 | 5123 5.765 | 3.654 357672)

p mf f

0 5. | 5. 0 | 3.65 307 | 60 i 5 6 |

仔 细 商 议，操 胜券

(6.5ii i 65)

渐慢

i i 3 2.32i | 6.5i i | 3 5 i.56 |

全凭 着 志 坚 心

mp pp ppp

(京胡、京二胡) (5.7 i 2 | 5 - | 5 -)

mp p

5 - | 5 - | 5 0 | 0 0 ‖

齐。

大火熊熊

第五场　雷　刚唱

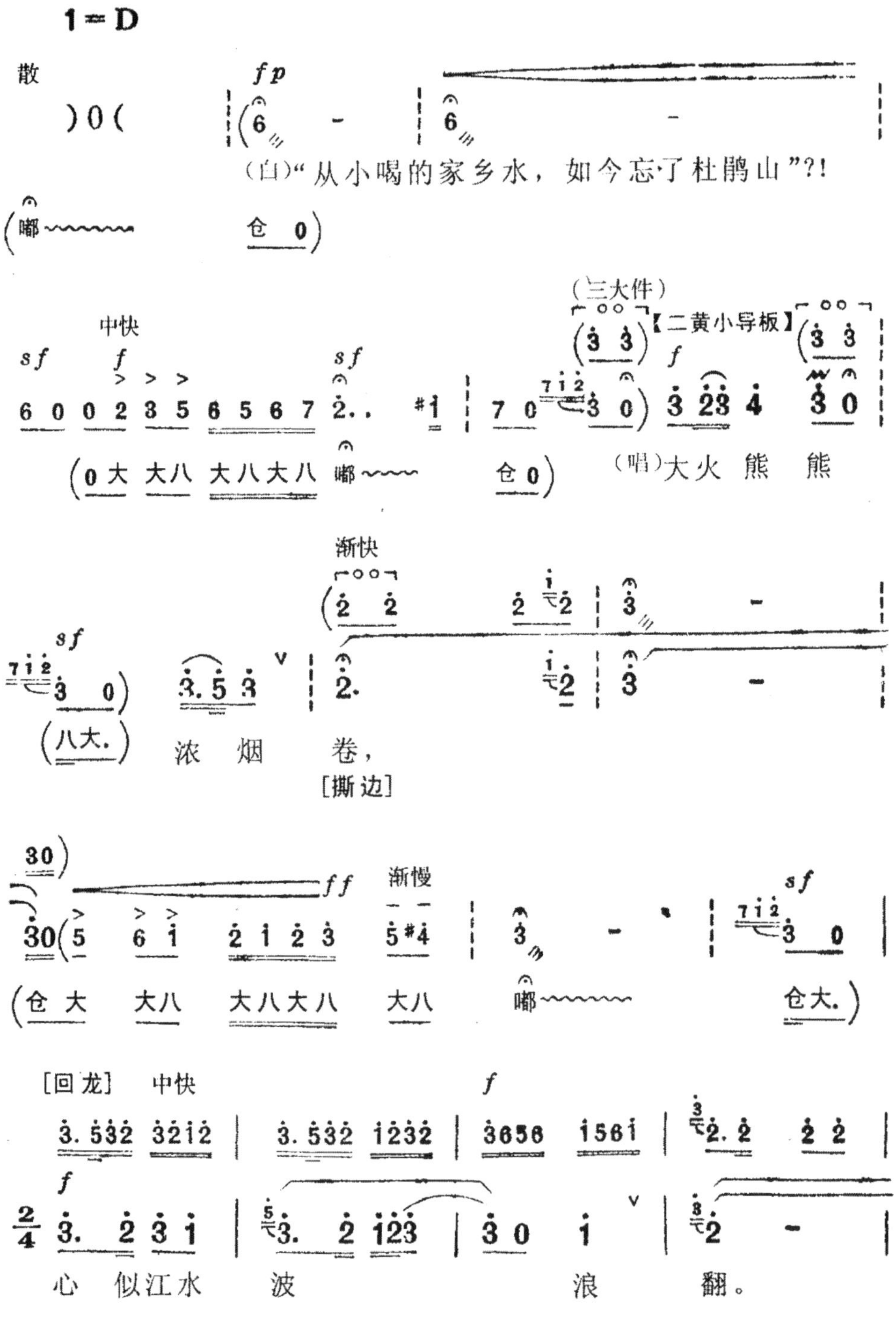

1＝D

散

)0(　｜(6 －｜6 －｜

（白）“从小喝的家乡水，如今忘了杜鹃山”?!

(嘟　仓 0)

中快

6 0 0 2 3 5 6 5 6 7 2.. #1 ｜ 7 0 3 0)

(0 大 大八 大八大八 嘟 仓 0)

（三大件）

(3 3)【二黄小导板】3 23 4 3 0

（唱）大火　熊　熊

渐快

(2 2 2 2 ｜ 3 －｜

3 0) 3.5 3 ｜ 2. 2 ｜ 3 －｜

(八大.)

浓　烟　卷，

[撕边]

30) 30(5 6 1 2 1 2 3 5 #4 ｜ 3 － ｜ 3 0 ｜

渐慢

(仓 大 大八 大八大八 大八 嘟 仓大.)

[回龙]　中快

3.532 3212 ｜ 3.532 1232 ｜ 3656 1561 ｜ 2.2 2 2 ｜

2/4 3. 2 3 1 ｜ 3. 2 123 ｜ 3 0 1 ｜ 2 － ｜

心　似江水　波　浪　翻。

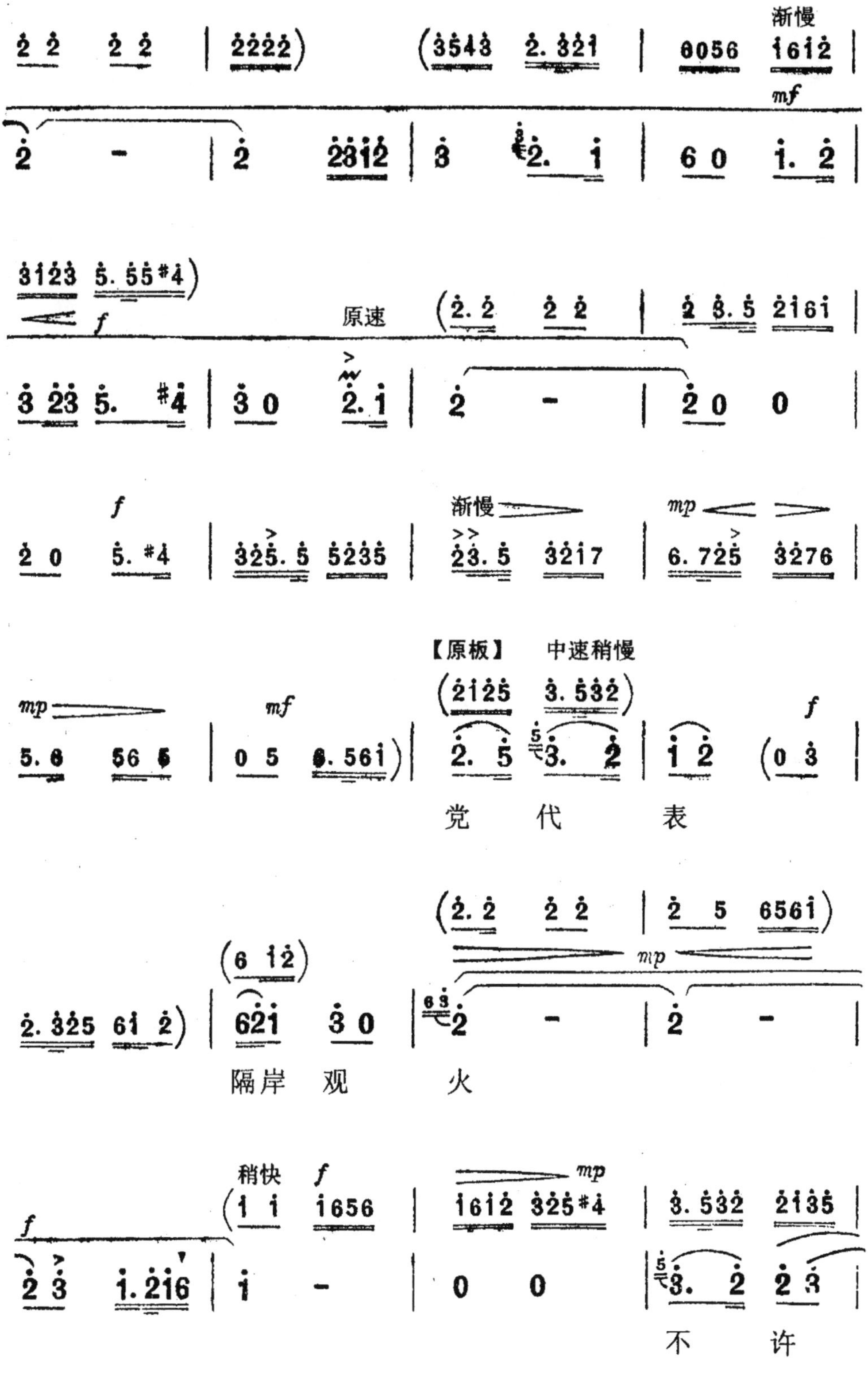

渐慢

原速

渐慢

【原板】 中速稍慢

党 代 表

隔岸 观 火

稍快

不 许

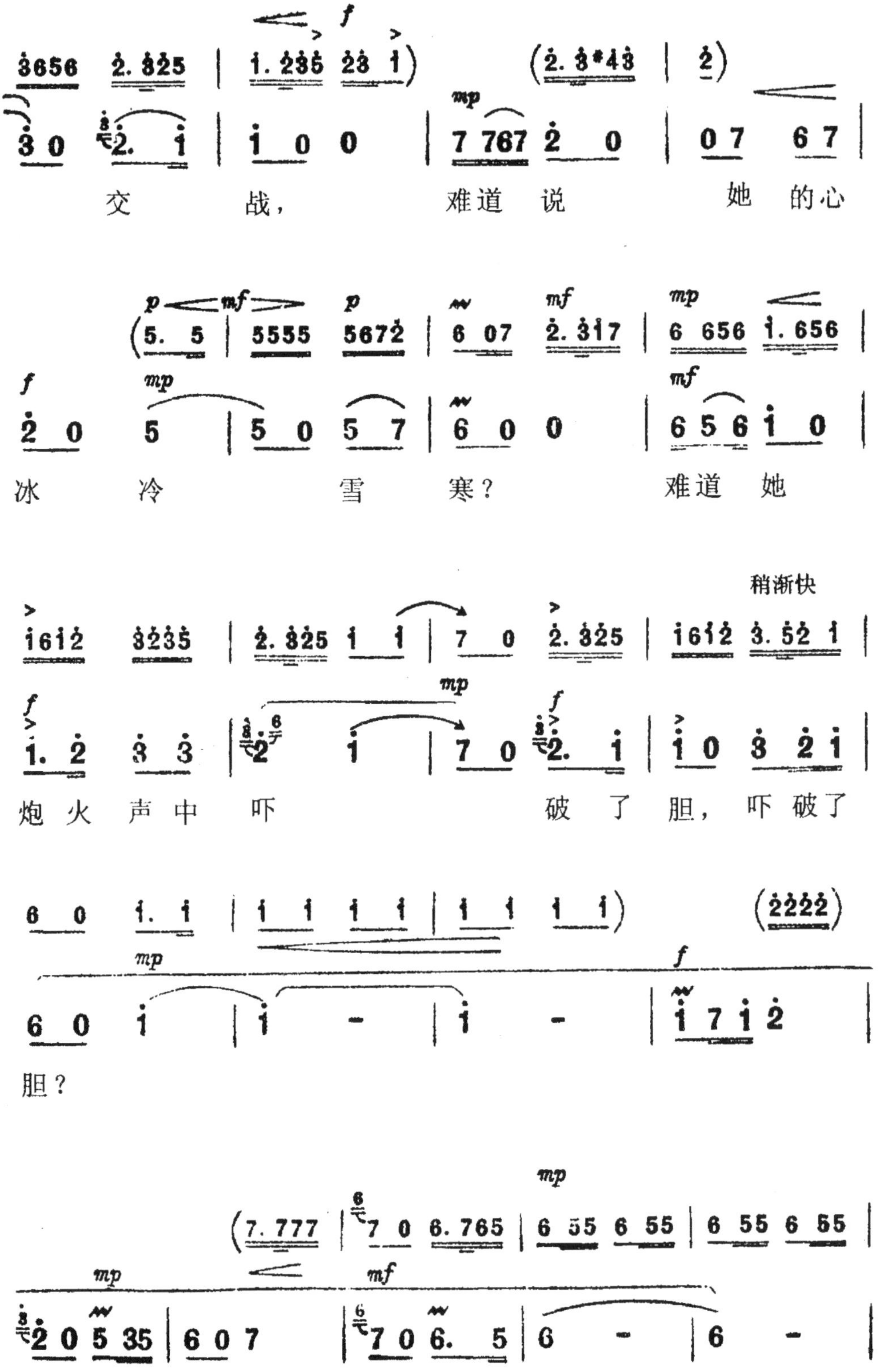

交　战，　难道说　她的心

冰　冷　雪　寒？　难道她

稍渐快

炮火声中吓　破了胆，吓破了

胆？

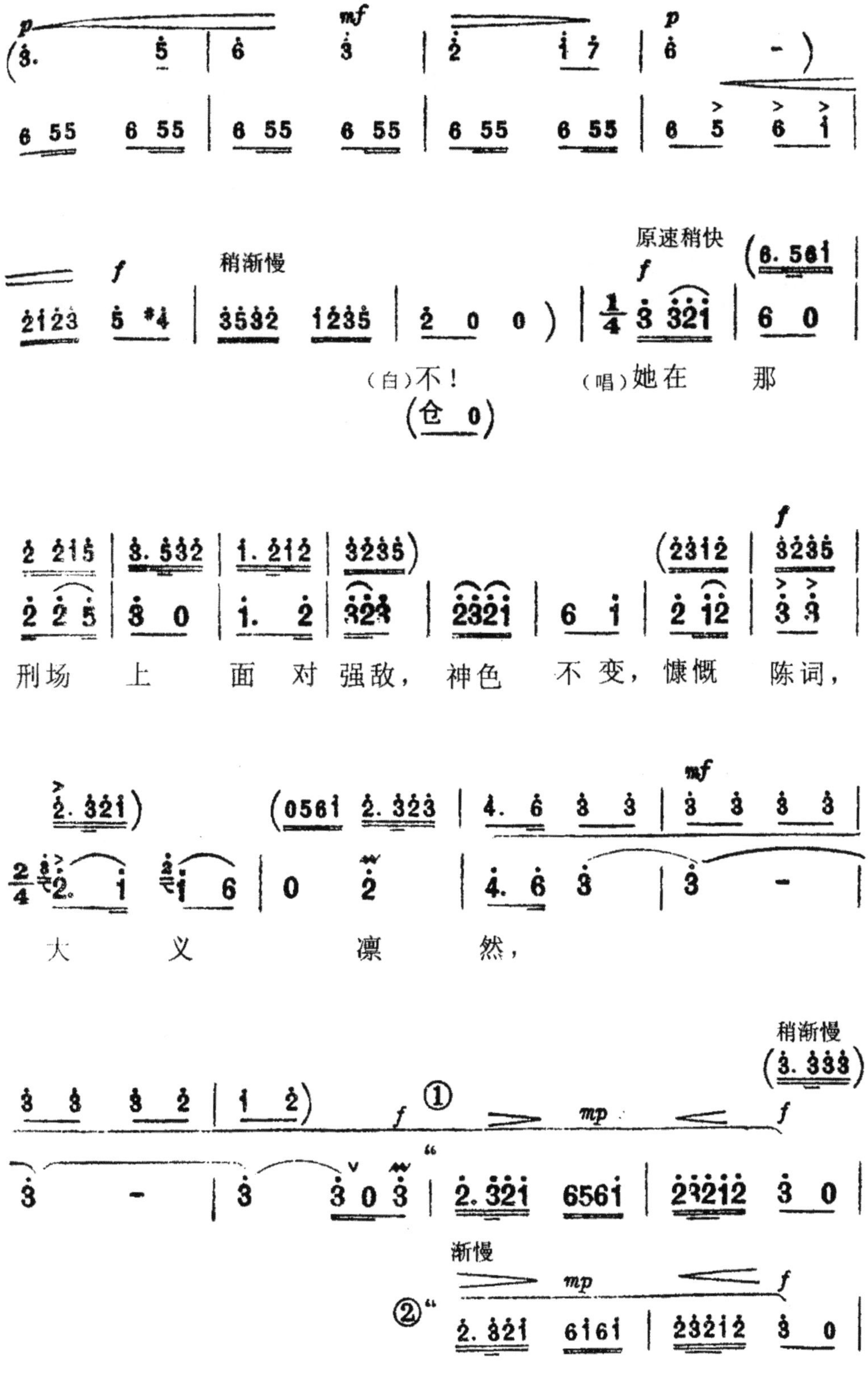

稍渐慢

原速稍快

（白）不！　（唱）她在　那

（仓　0）

刑场　上　面　对　强敌，　神色　不　变，　慷慨　陈词，

大　义　凛　然，

稍渐慢

①

渐慢

②

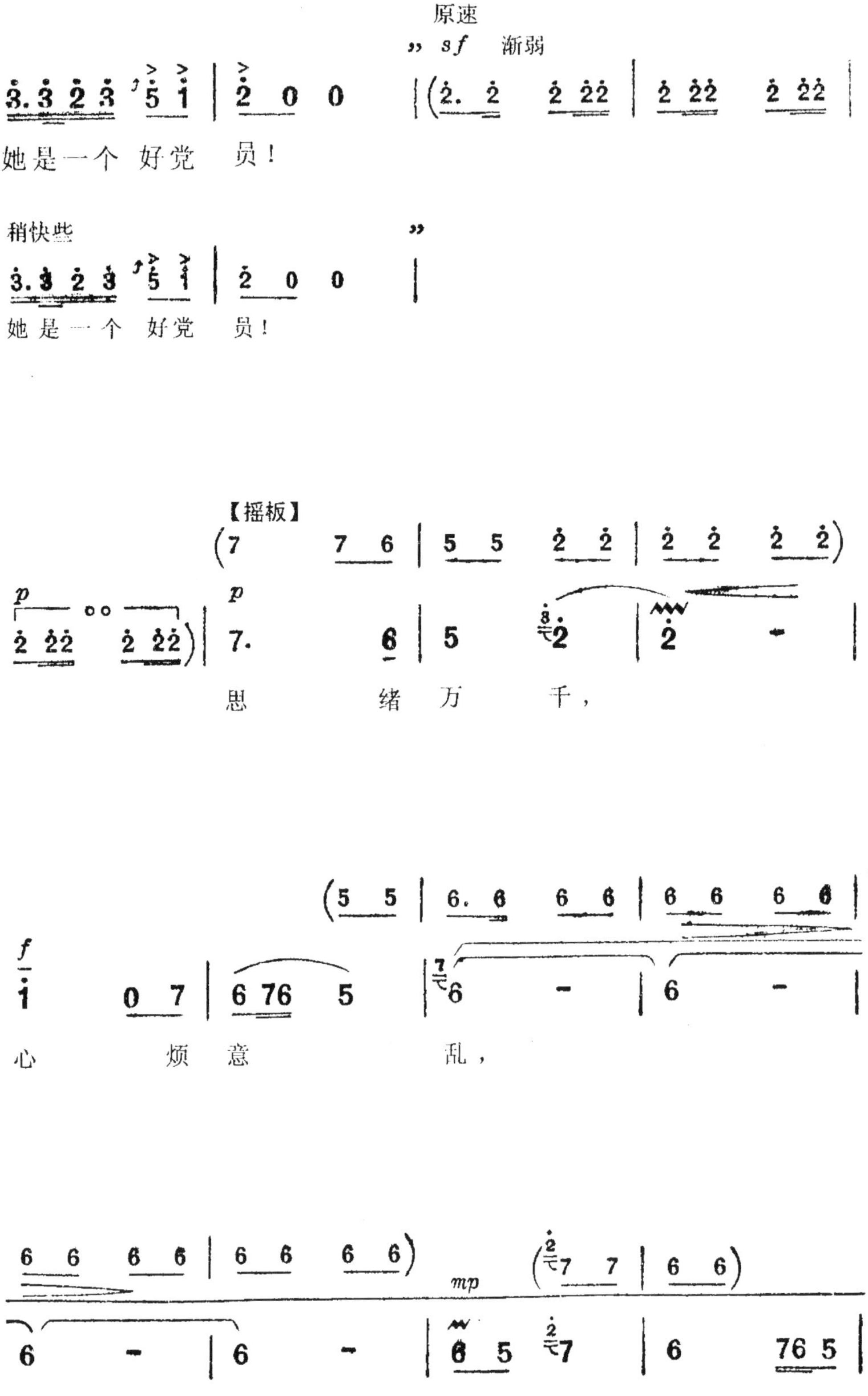

原速

sf 渐弱

她是一个 好党 员！

稍快些

她是一个 好党 员！

【摇板】

思 绪 万 千，

心 烦 意 乱，

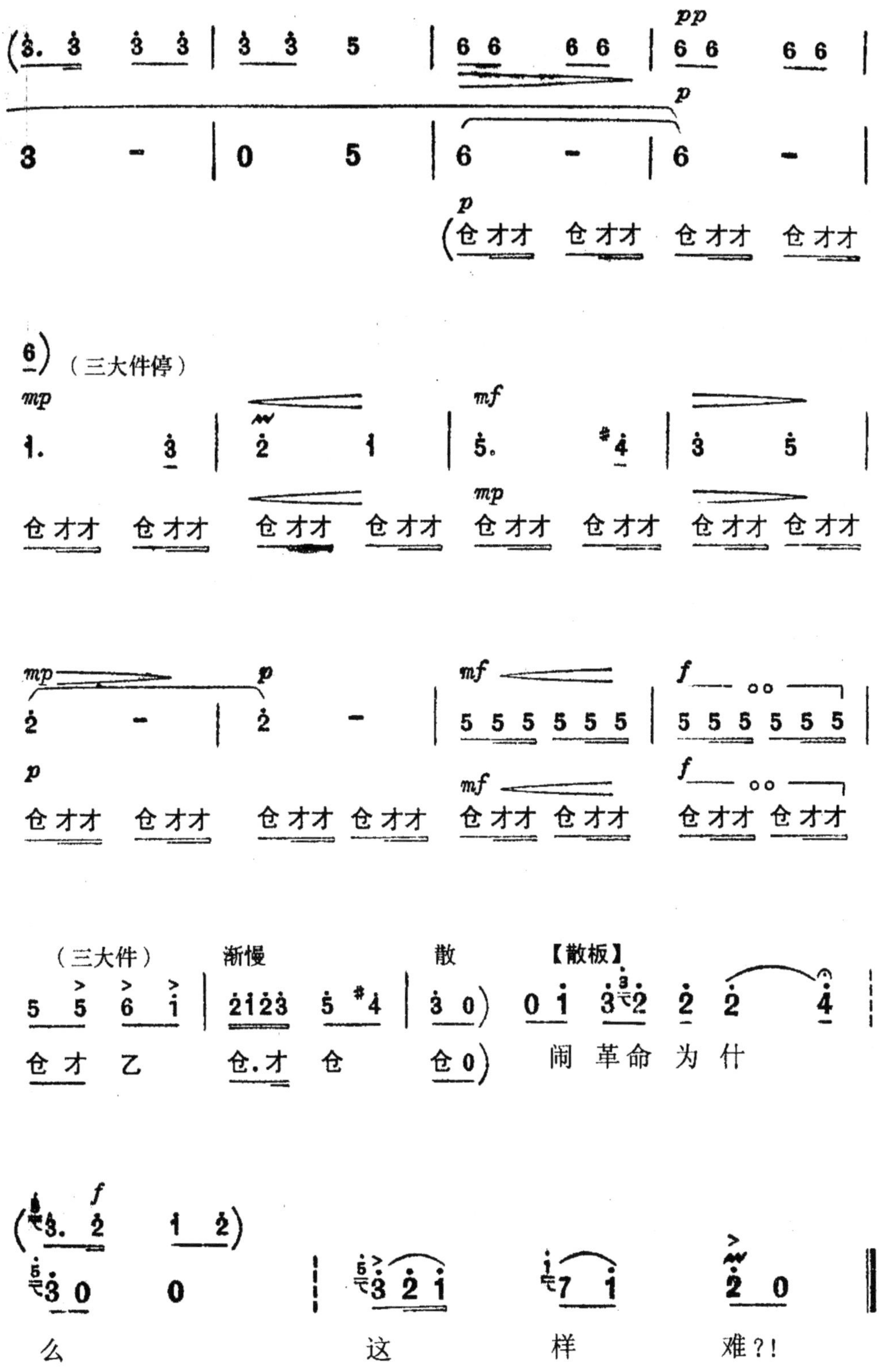

pp

3. 3 3 3 | 3 3 5 | 6 6 6 6 | 6 6 6 6 |

p

3 - | 0 5 | 6 - | 6 - |

p

(仓才才 仓才才 仓才才 仓才才

6)（三大件停）

mp mf

1. 3 | 2 1 | 5. #4 | 3 5 |

mp

仓才才 仓才才 仓才才 仓才才 仓才才 仓才才 仓才才 仓才才

mp p mf f

2 - | 2 - | 5 5 5 5 5 5 | 5 5 5 5 5 5 |

p mf f

仓才才 仓才才 仓才才 仓才才 仓才才 仓才才 仓才才 仓才才

（三大件） 渐慢 散 【散板】

5 5 6 1 | 2123 5 #4 | 3 0) 0 1 3 2 2 2 4 |

仓 才 乙 仓.才 仓 仓 0) 闹 革命 为 什

f

(3. 2 1 2)

3 0 0 | 3 2 1 7 1 2 0 ‖

么 这 样 难？！

乱　云　飞

第五场　柯　湘唱

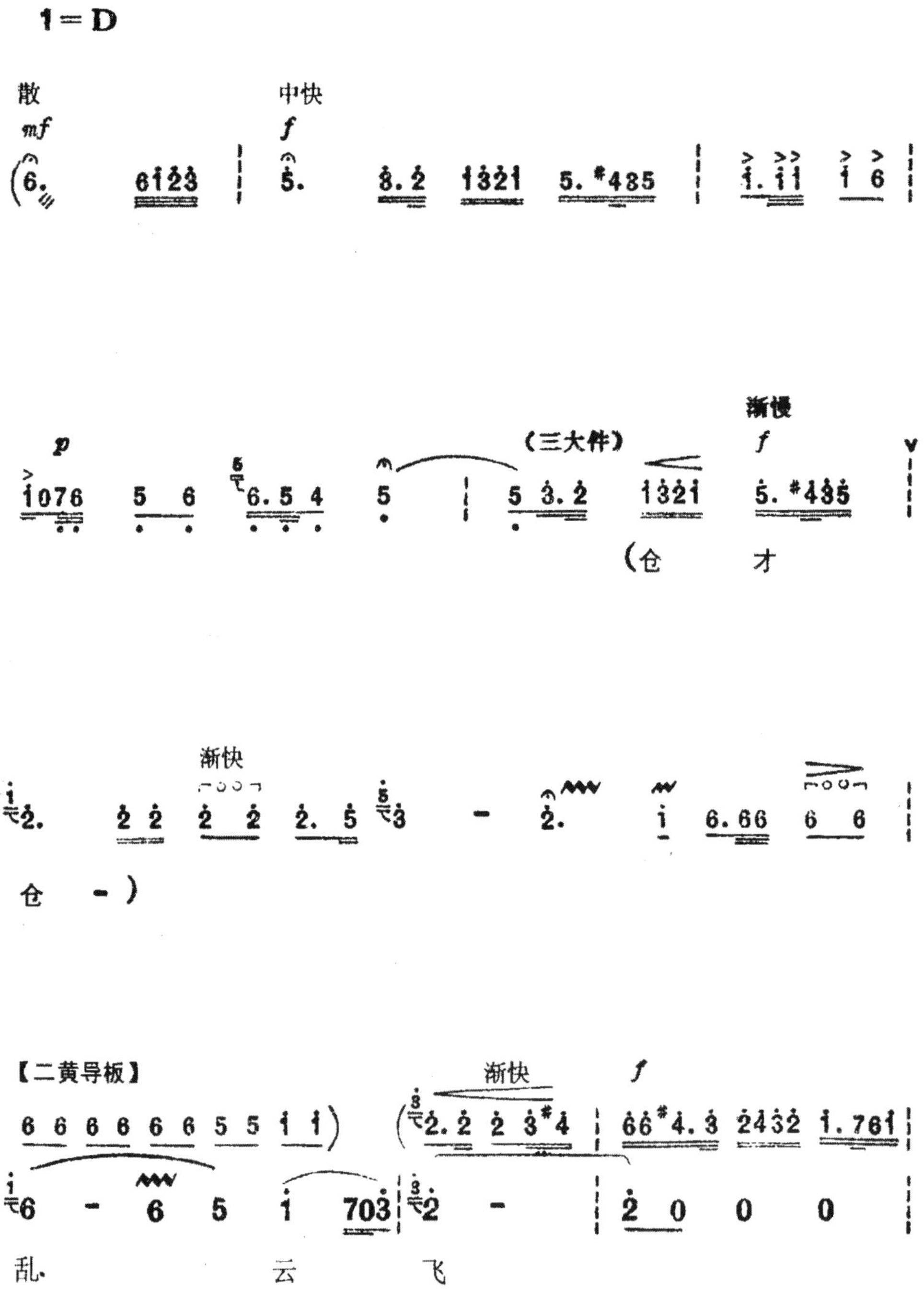

1＝D

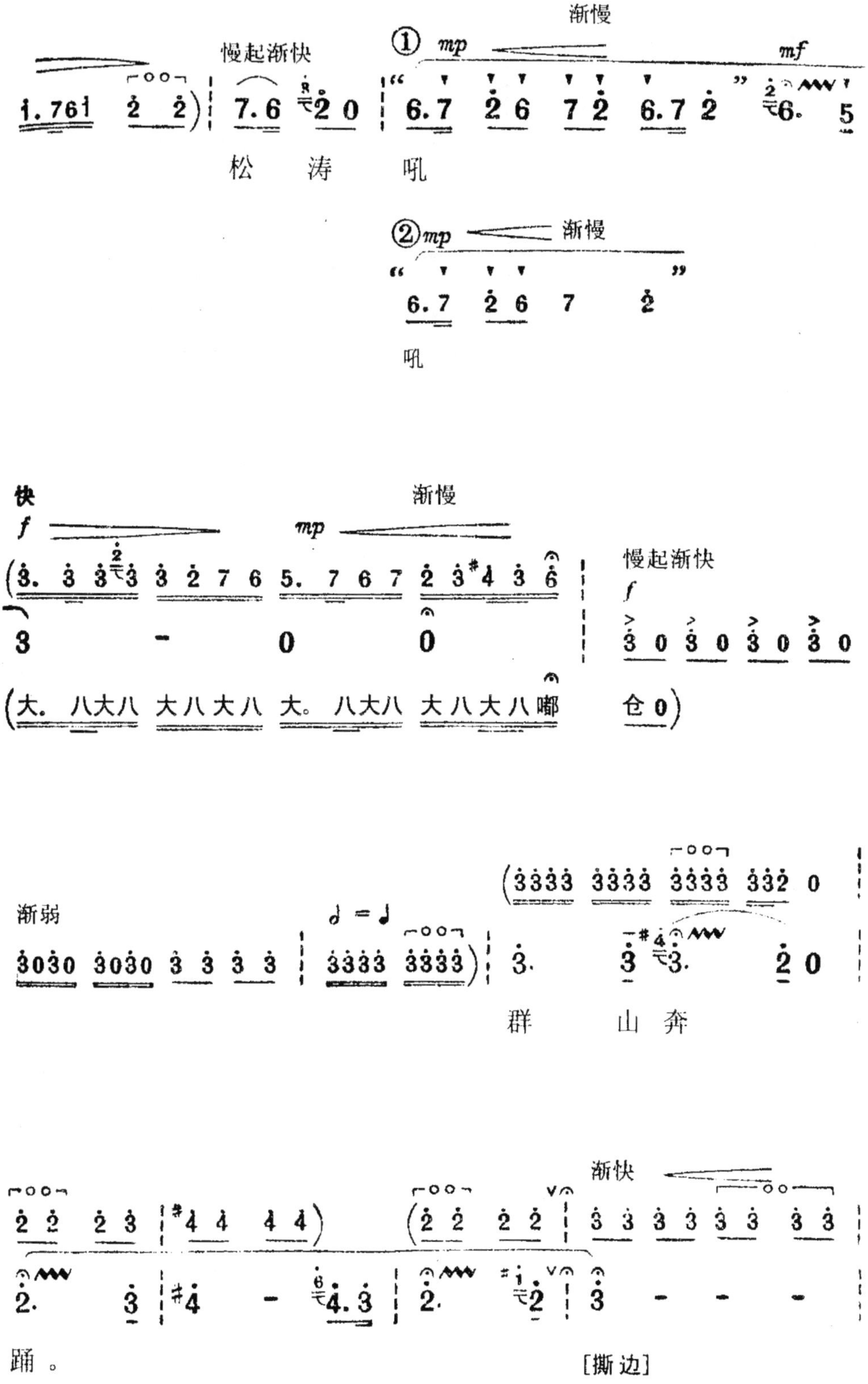

渐慢

慢起渐快　① *mp* *mf*

松　涛　吼

② *mp* 渐慢

吼

快

f 渐慢 *mp*

慢起渐快

f

(大. 八大八 大八大八 大。 八大八 大八大八嘟　仓 0)

渐弱

群　山　奔

渐快

踊。

[撕边]

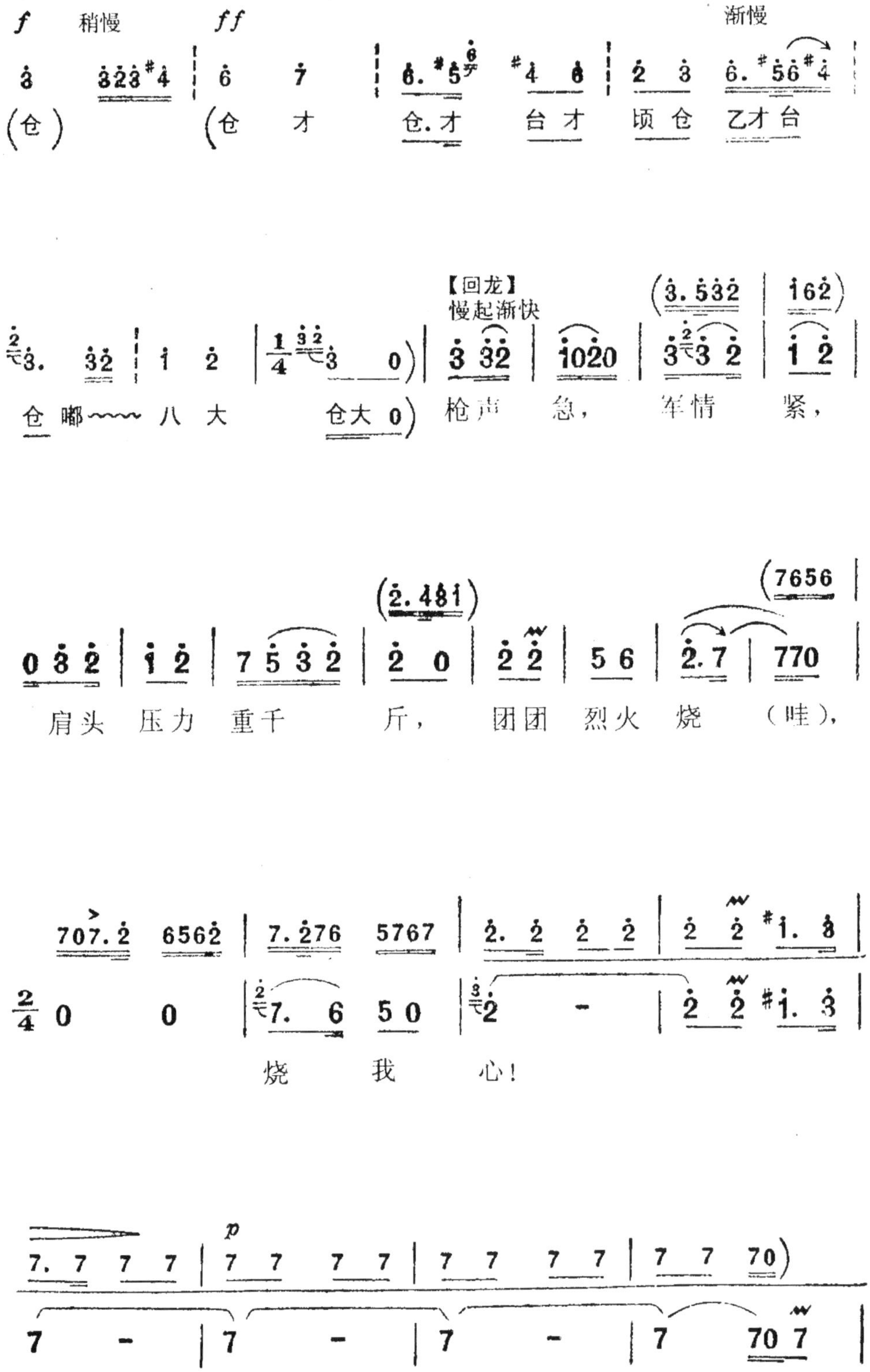

f 稍慢 ff 渐慢

(仓) (仓 才 仓.才 台才 顷仓 乙才台

仓嘟～～～八大 仓大 0)

【回龙】
慢起渐快

枪声急，军情紧，

肩头压力重千斤，团团烈火烧（哇），

烧我心！

p

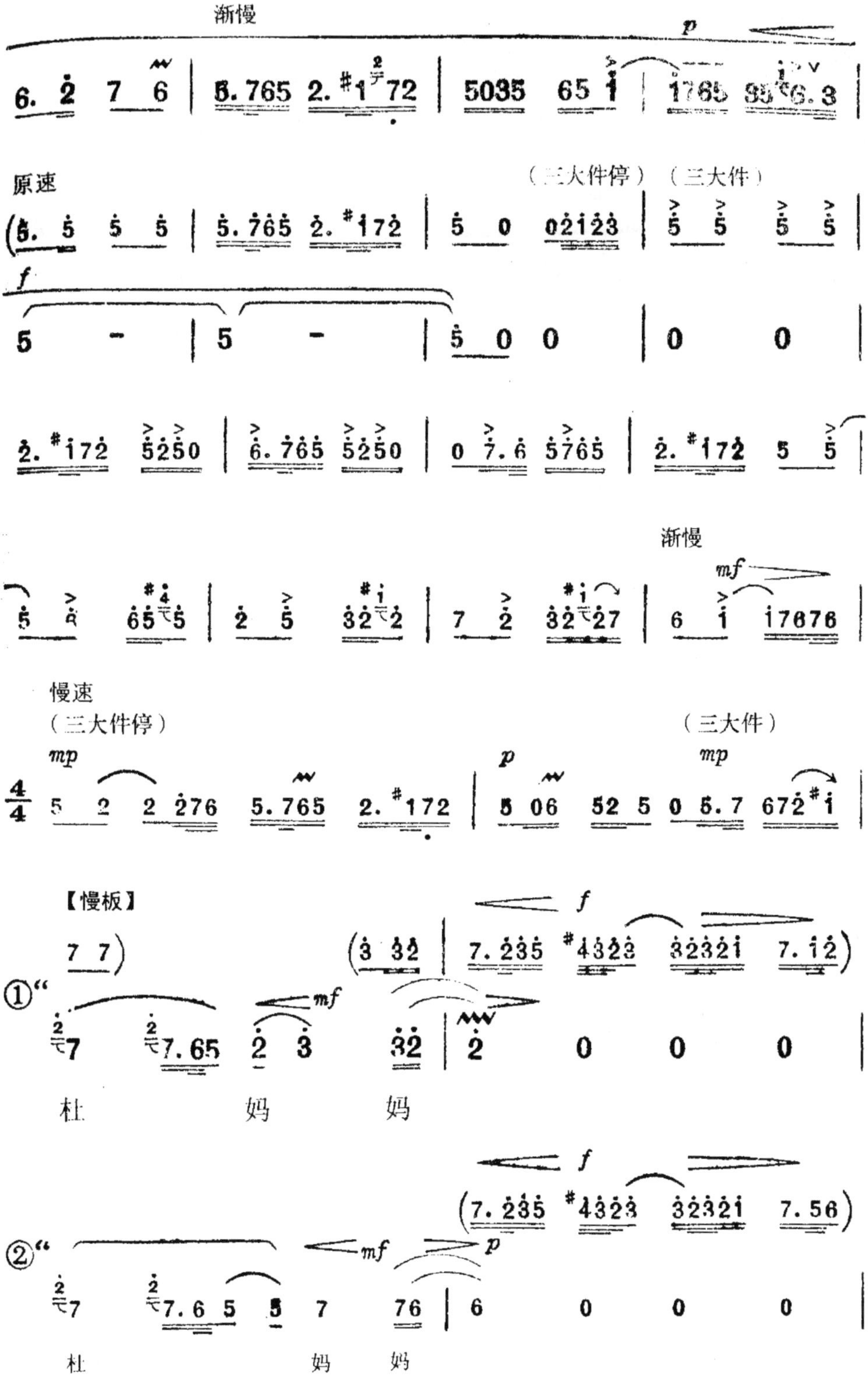

漸慢 p

6. 2 7 6 | 5.765 2.#1 72 | 5035 65 i | i765 35 6.3 |

原速 （三大件停）（三大件）

(5. 5 5 5 | 5.765 2.#172 | 5 0 02123 | 5 5 5 5 |

f

5 - | 5 - | 5 0 0 | 0 0 |

2.#172 5250 | 6.765 5250 | 0 7.6 5765 | 2.#172 5 5 |

漸慢 mf

5 6 65 5 | 2 5 32 2 | 7 2 32 27 | 6 i i7676 |

慢速
（三大件停）（三大件）

mp p mp

4/4 5 2 2 276 5.765 2.#172 | 5 06 52 5 0 5.7 672 #i |

【慢板】

7 7) (3 32 | f 7.235 #4323 32321 7.12)

①“ 7 7.65 2 3 32 | 2 0 0 0 |

杜 妈 妈

f (7.235 #4323 32321 7.56)

②“ 7 7.6 5 5 7 76 | 6 0 0 0 |

杜 妈 妈

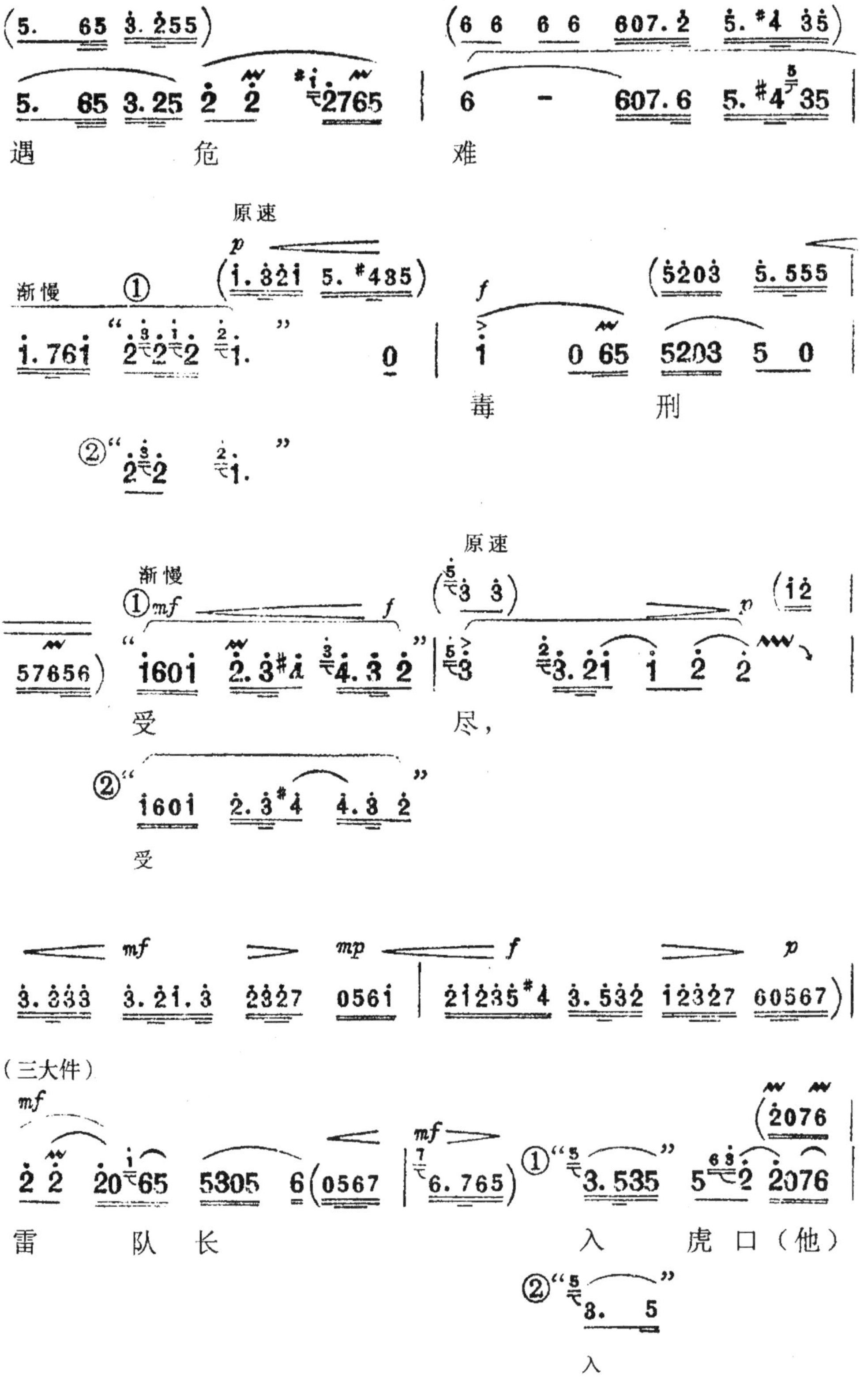

(5. 65 3. 255) (6 6 6 6 607. 2 5. #4 35)

5. 65 3. 25 2 2 #i 2765 | 6 - 607. 6 5. #4 35 |

遇 危 难

原速

p

渐慢 ① (1. 321 5. #435) f (5203 5. 555 |

1. 761 "2 2 2 1." 0 | 1 0 65 5203 5 0 |

毒 刑

②"2 2 1."

原速

渐慢

①mf f (3 3) p (12 |

57656) "1601 2. 3 #4 4. 3 2" | 3 3. 21 1 2 2 |

受 尽，

②"1601 2. 3 #4 4. 3 2"

受

mf mp f p

3. 333 3. 21. 3 2327 0561 | 21235 #4 3. 532 12327 60567) |

（三大件）

mf mf (2076 |

2 2 20 65 5305 6 (0567 | 6. 765) ①"3. 535" 5 2 2076 |

雷 队 长 入 虎 口（他）

②"3. 5"

入

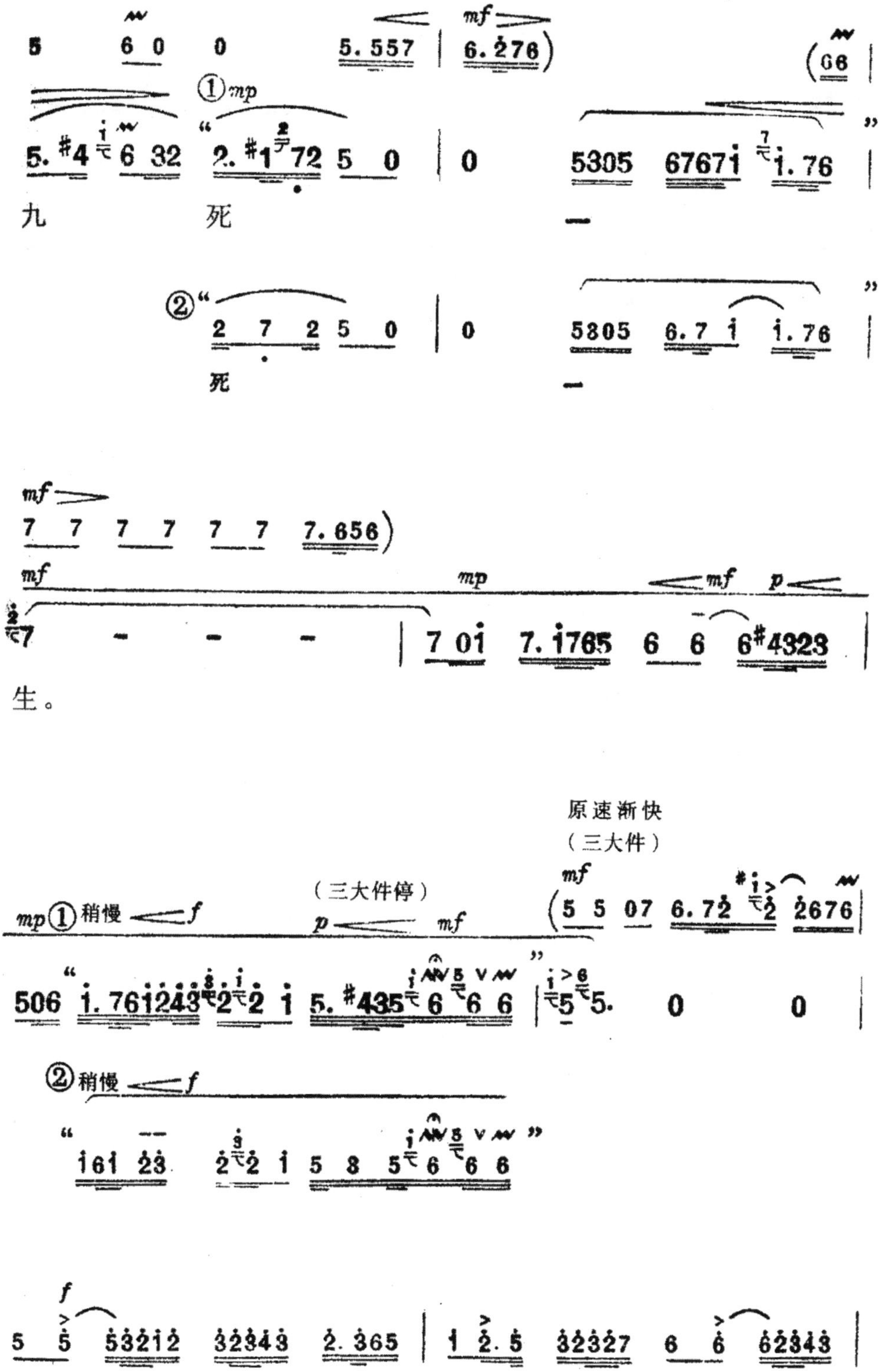

5 6 0 0 5.557 | 6.2̇76)　(66 |

①mp
5. #4 6 32 “2. #1 72 5 0 | 0 5305 67671̇ 1̇.76 ”|
九 死 —

② “2 7 2 5 0 | 0 5305 6.7 1̇ 1̇.76 ”|
死 —

mf
7 7 7 7 7 7 7.656)

mf mp mf p
7 - - - | 7 01̇ 7.1̇765 6 6 6#4323 |
生。

原速漸快
（三大件）

（三大件停）
mp①稍慢 f p mf mf
506 “1̇.761̇2̇4̇3̇ 2̇ 2̇ 1̇ 5.#435 6 6 6” | 5 5. 0 0 |
(5 5 07 6.72̇ 2̇ 2̇676 |

②稍慢 f
“1̇61̇ 2̇3̇ 2̇ 2̇ 1̇ 5 3 5 6 6 6”

f
5 5 53̇2̇1̇2̇ 3̇2̇3̇4̇3̇ 2̇.365 | 1̇ 2̇.5 3̇2̇3̇27 6 6 6̇2̇3̇4̇3̇ |

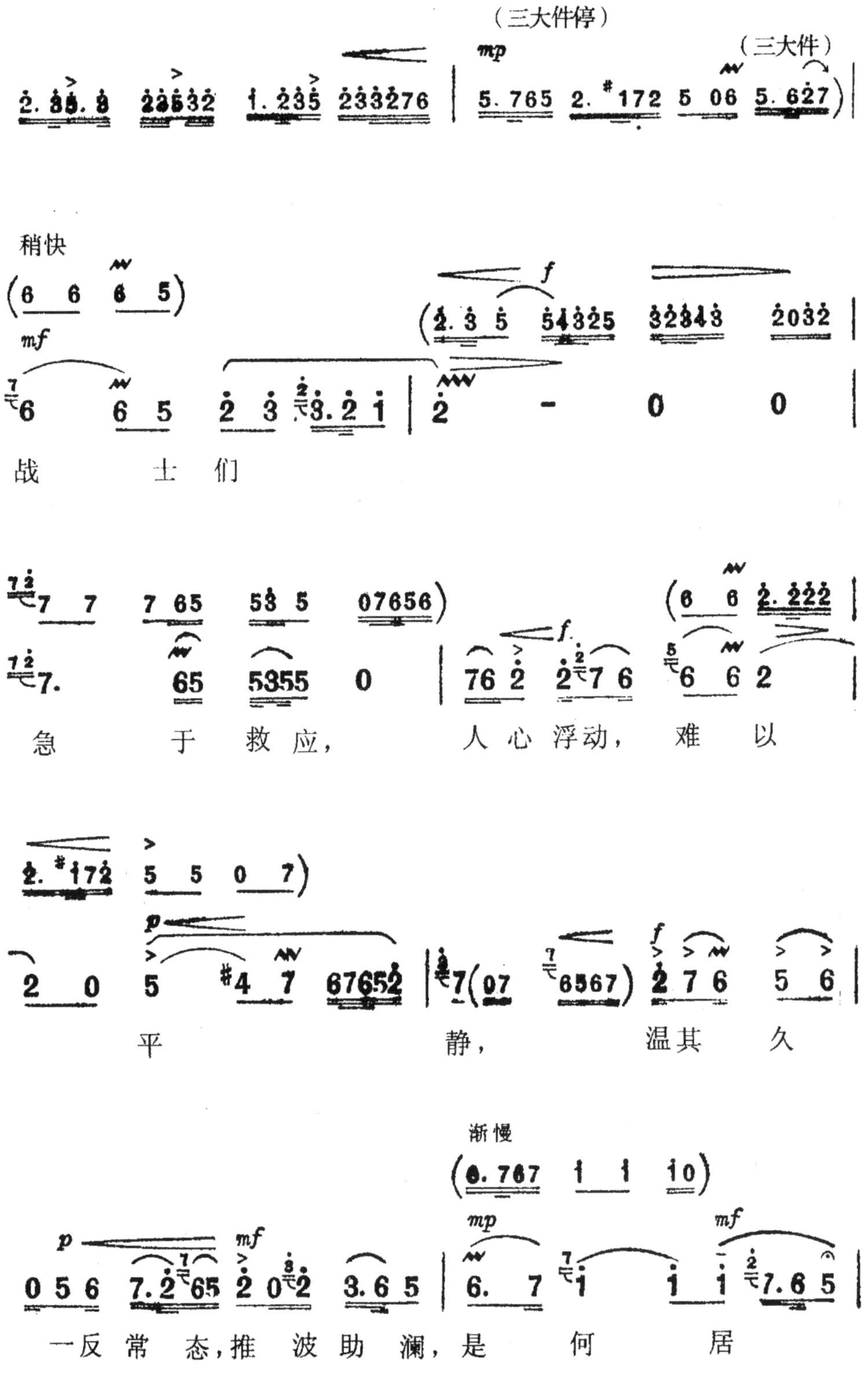

（三大件停）

（三大件）

稍快

战　士　们

急　于　救　应，人　心　浮　动，难　以

平　静，温　其　久

渐慢

一　反　常　态，推　波　助　澜，是　何　居

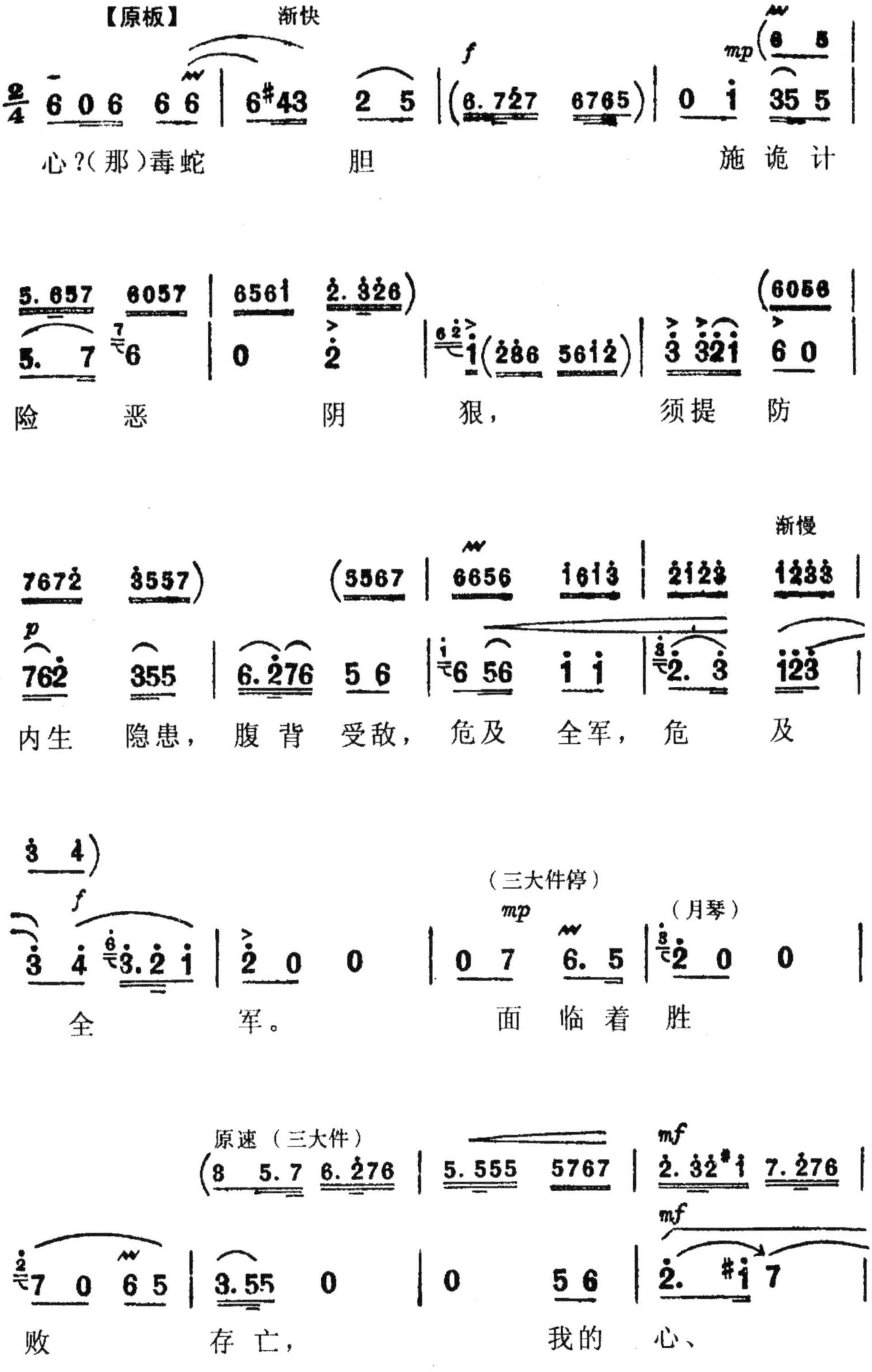

【原板】 渐快

心?(那)毒蛇 胆 施诡计

险 恶 阴 狠, 须提 防

渐慢

内生 隐患, 腹背 受敌, 危及 全军, 危 及

(三大件停) (月琴)

全 军。 面 临 着 胜

原速 (三大件)

败 存 亡, 我的 心、

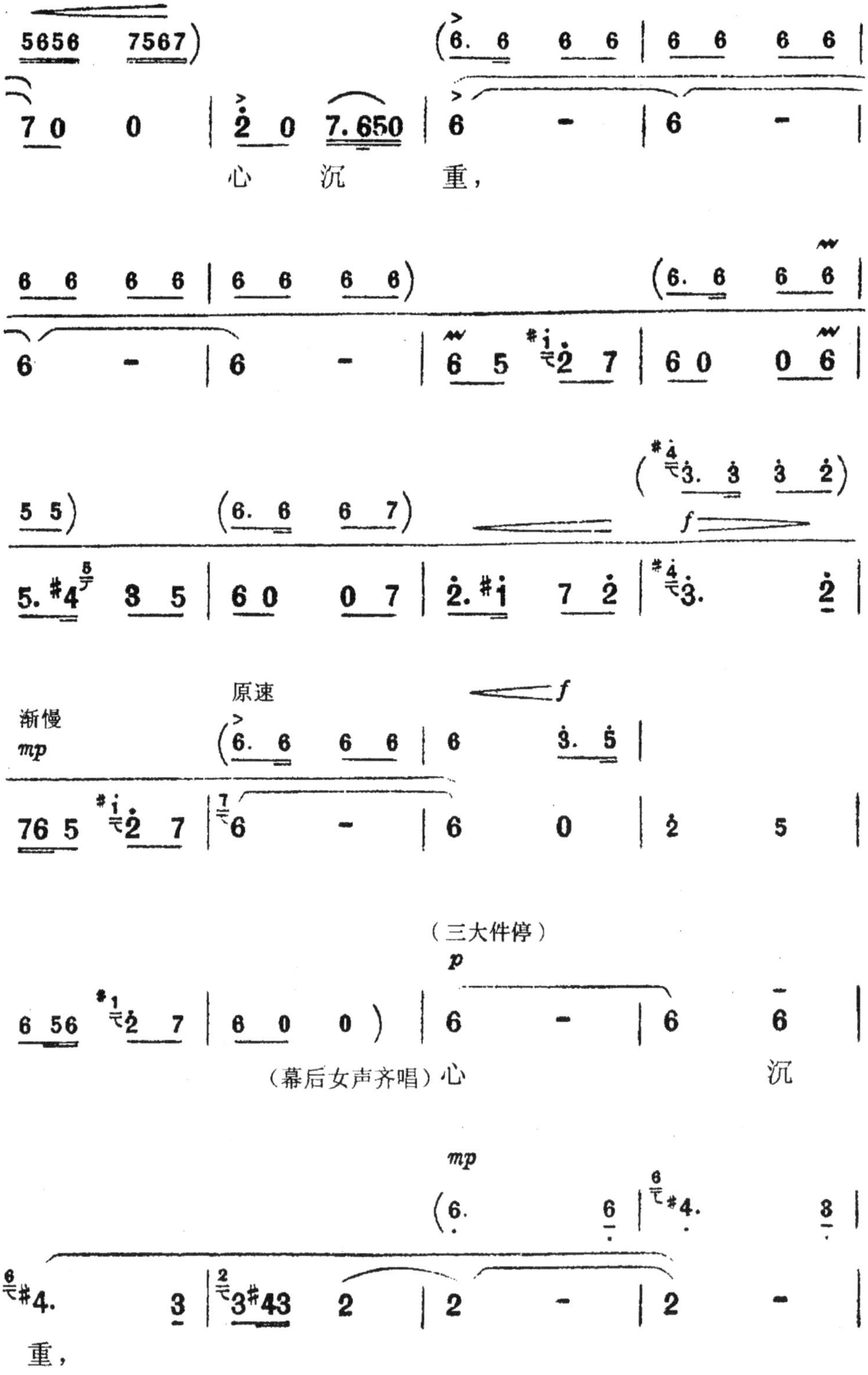

5656 7567) (6. 6 6 6 | 6 6 6 6 |

7 0 0 | 2 0 7.650 | 6 - | 6 - |

心 沉 重，

6 6 6 6 | 6 6 6 6) (6. 6 6 6 |

6 - | 6 - | 6 5 2 7 | 6 0 0 6 |

5 5) (6. 6 6 7) f (3. 3 3 2)

5. #4 3 5 | 6 0 0 7 | 2. #1 7 2 | 3. 2 |

渐慢 mp 原速 f

(6. 6 6 6 | 6 3. 5 |

76 5 2 7 | 6 - | 6 0 | 2 5 |

（三大件停）

p

6 56 2 7 | 6 0 0) | 6 - | 6 6 |

（幕后女声齐唱）心 沉

mp

(6. 6 | #4. 3 |

#4. 3 | 3#43 2 | 2 - | 2 - |

重，

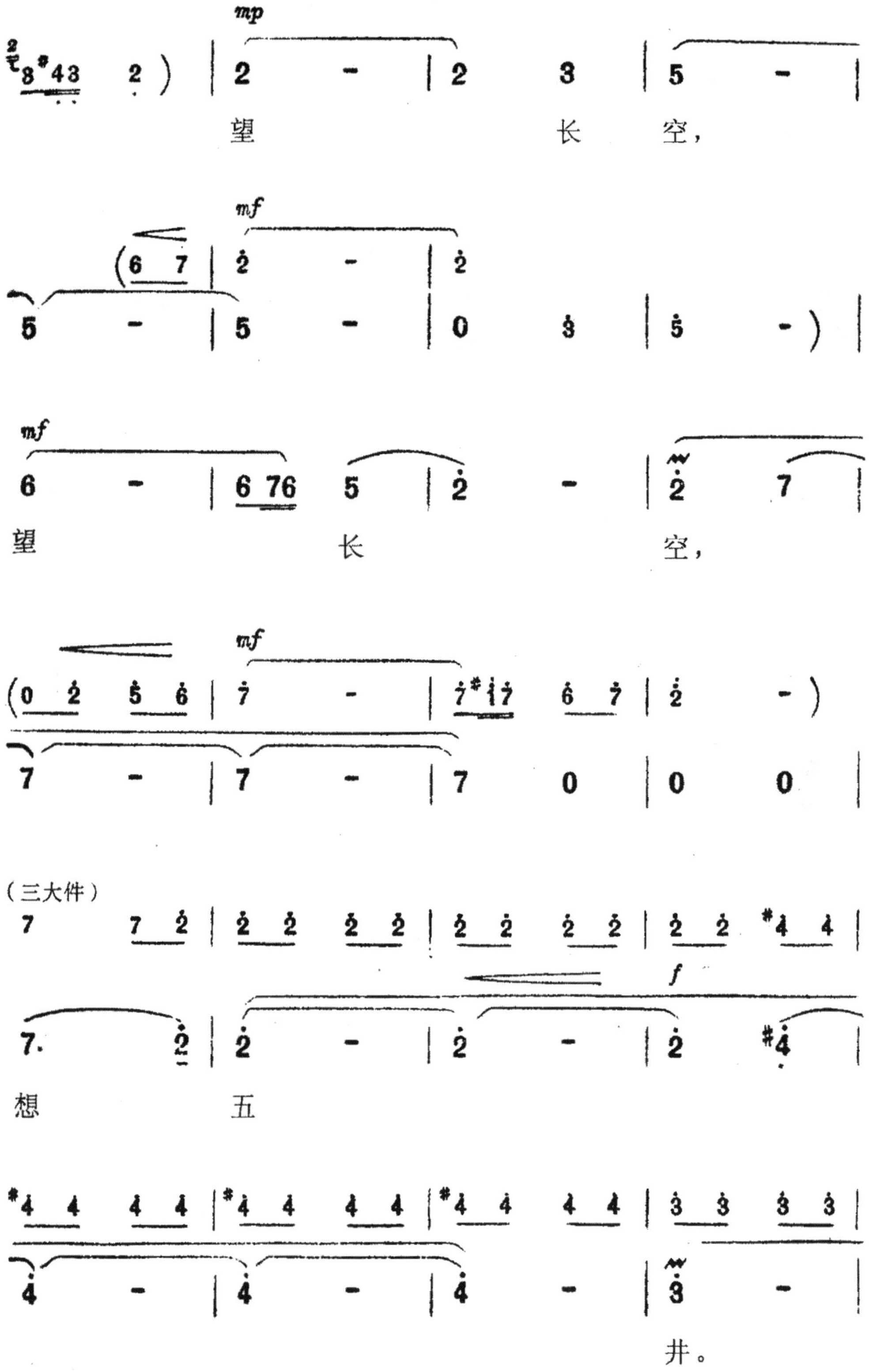

mp

望 长 空，

mf

mf

望 长 空，

mf

（三大件）

f

想 五

井。

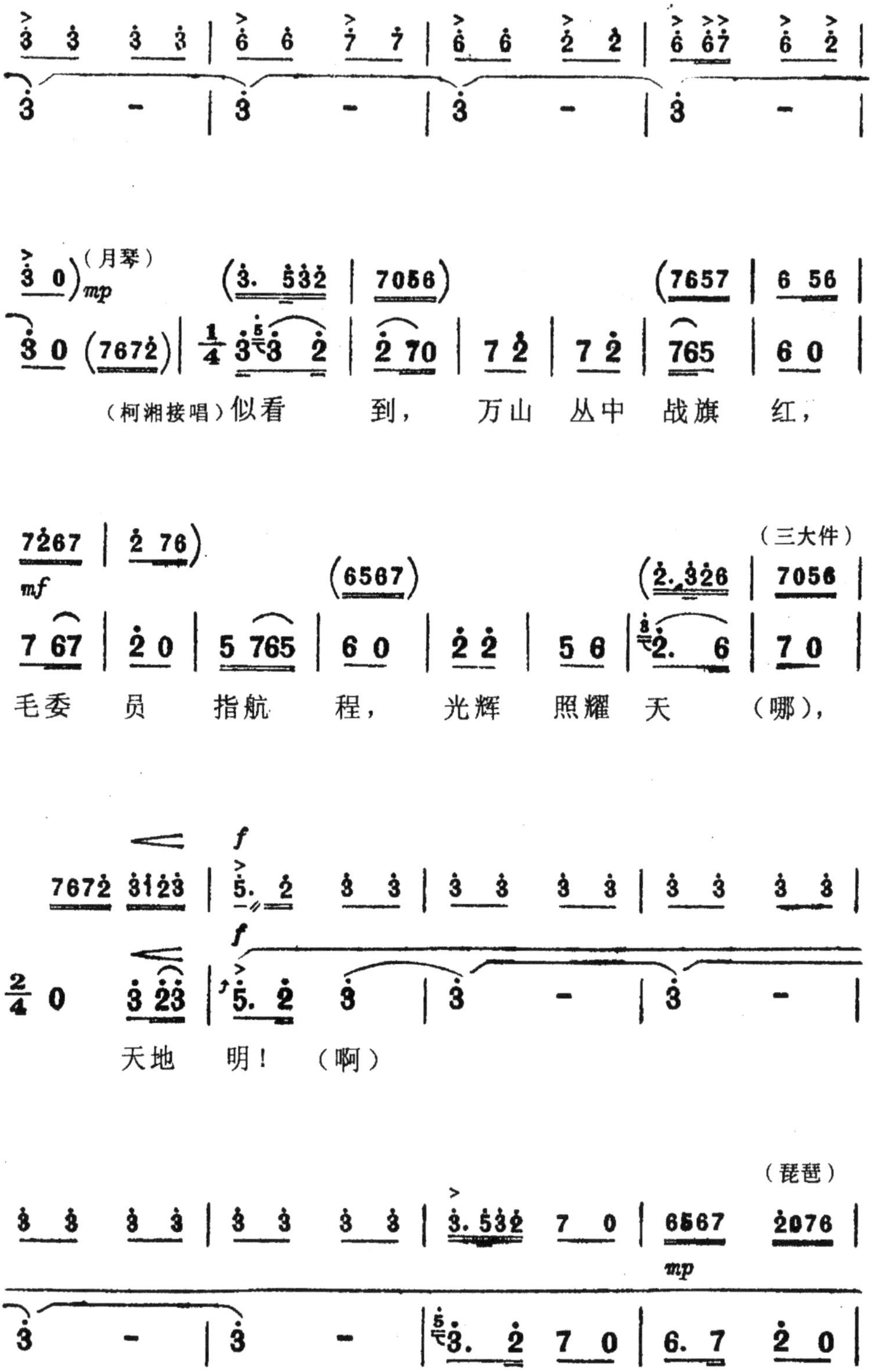

（月琴）

（柯湘接唱）似看 到， 万山 从中 战旗 红，

（三大件）

毛委 员 指航 程， 光辉 照耀 天 （哪），

天地 明！ （啊）

（琵琶）

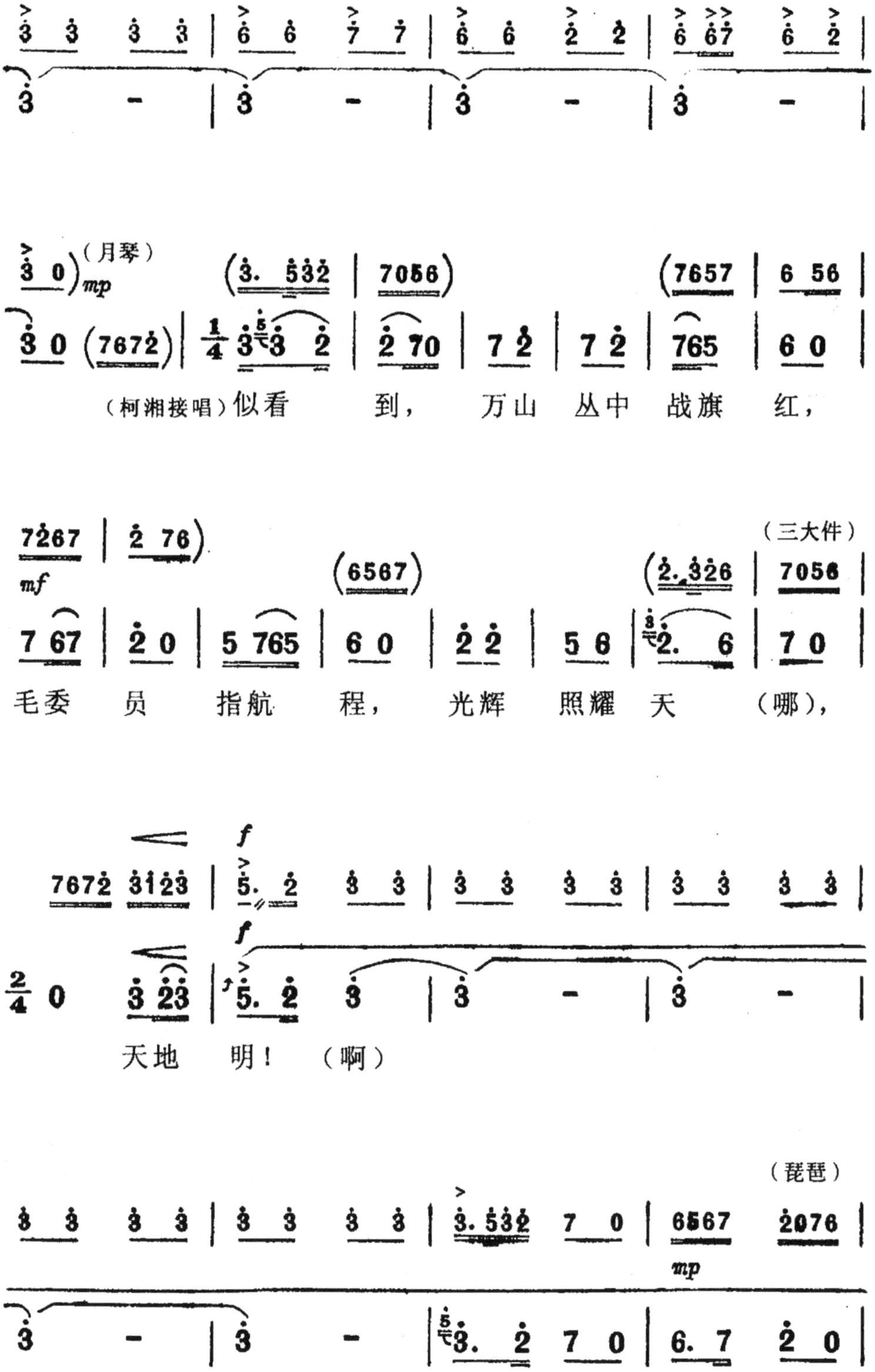

（月琴）

（柯湘接唱）似看　到，　万山　从中　战旗　红，

（三大件）

毛委　员　指航　程，　光辉　照耀　天　（哪），

天地　明！（啊）

（琵琶）

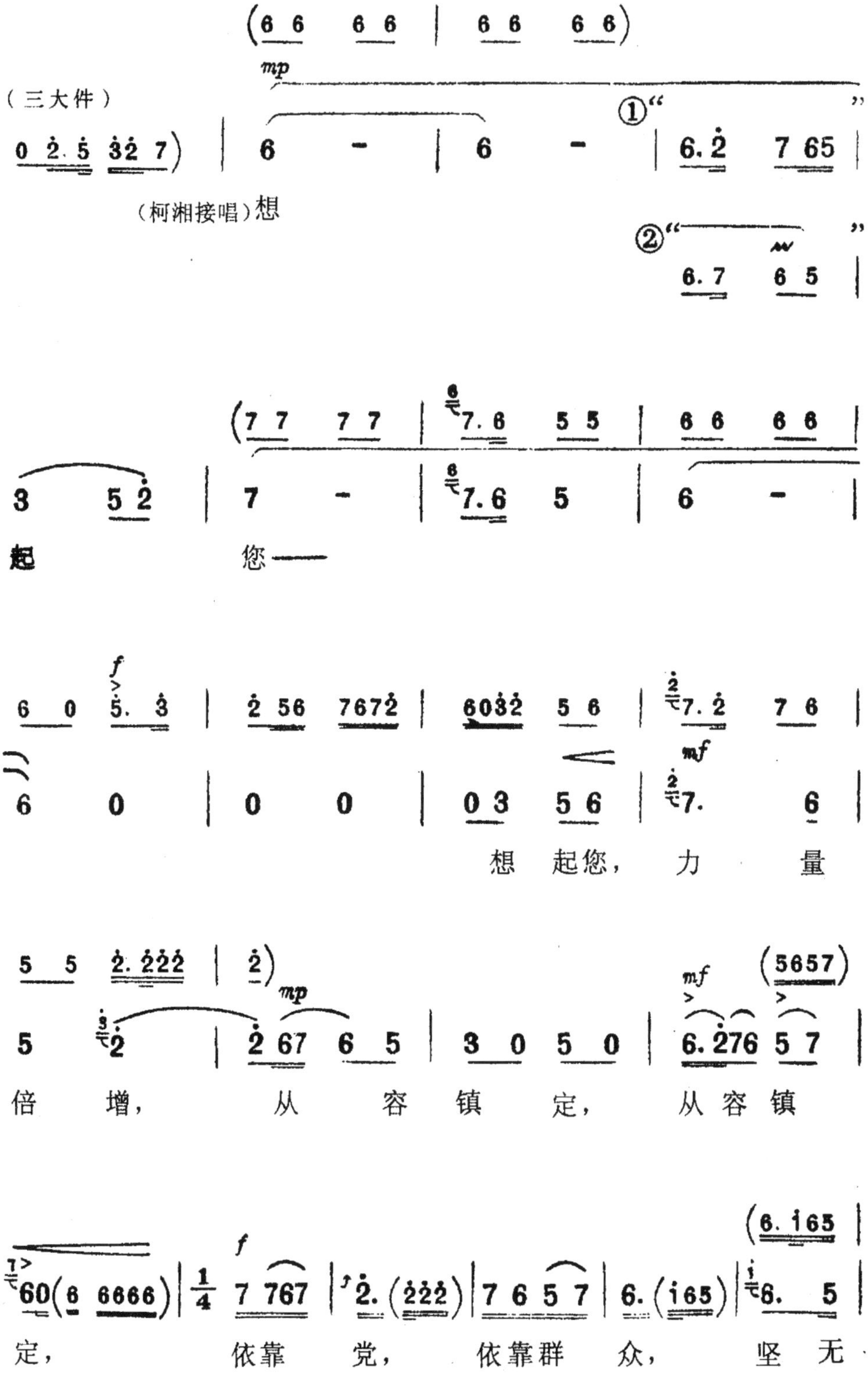

（三大件）

（柯湘接唱）想

起　　您——

想　起您，　力　　量

倍　　增，　　从　　容　　镇　　定，　从容镇

定，　　　依靠　　党，　依靠群　　众，　　坚　无

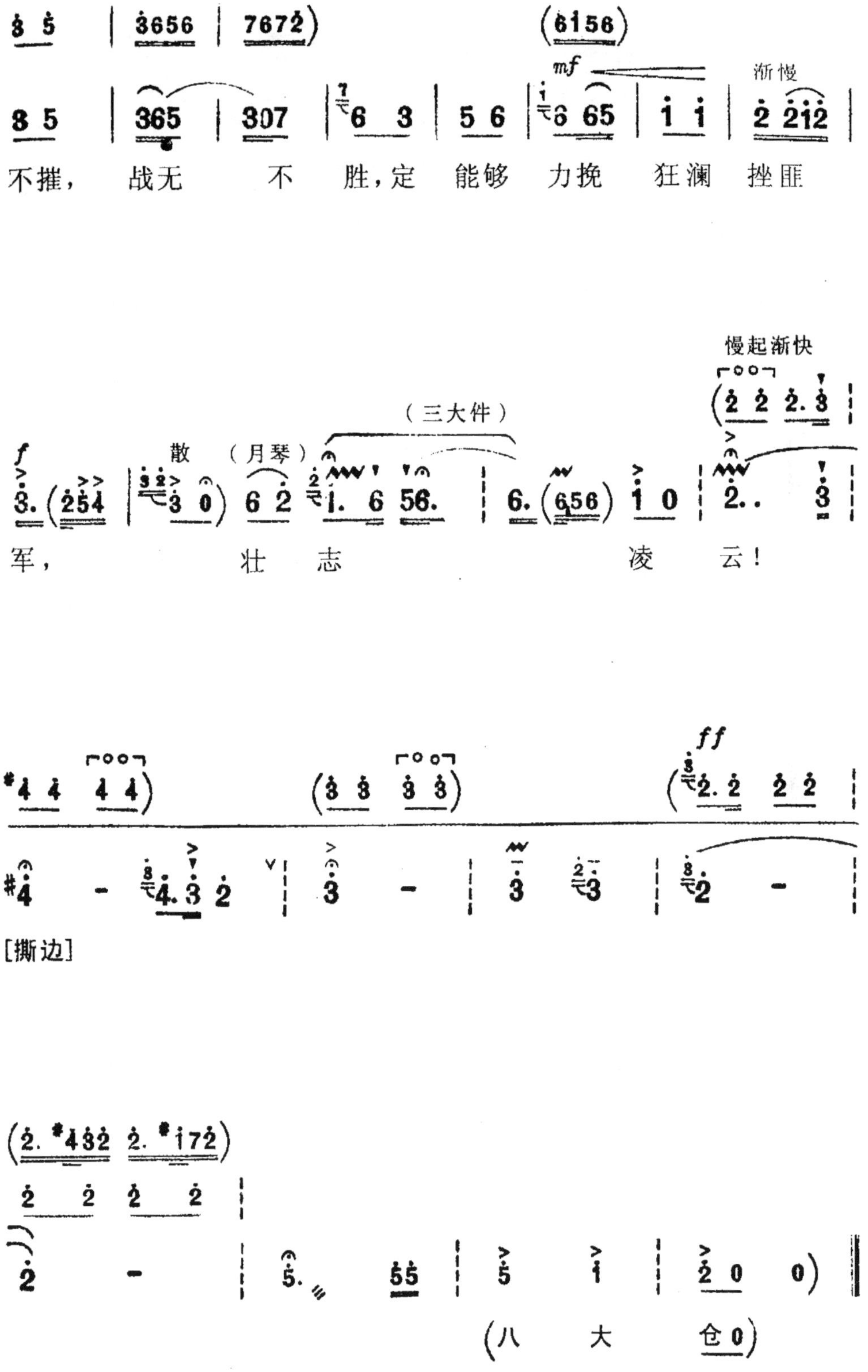

渐慢

不摧，战无 不 胜，定 能够 力挽 狂澜 挫匪

慢起渐快

（三大件）

散 （月琴）

军， 壮 志 凌 云！

[撕边]

(八 大 仓 0)

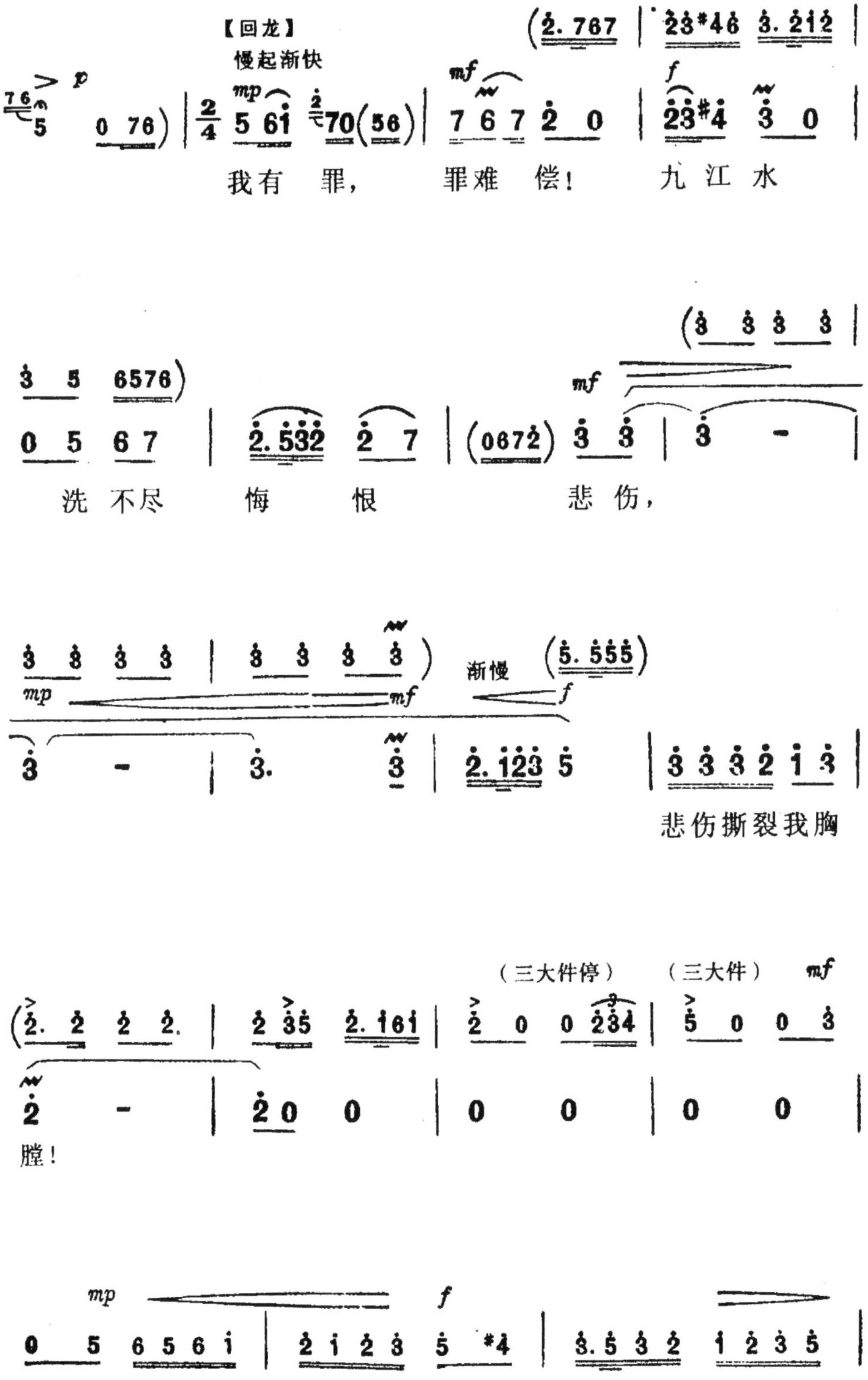

【回龙】

慢起渐快

我有罪，罪难偿！九江水

洗不尽悔恨悲伤，

渐慢

悲伤撕裂我胸

膛！

（三大件停）（三大件）

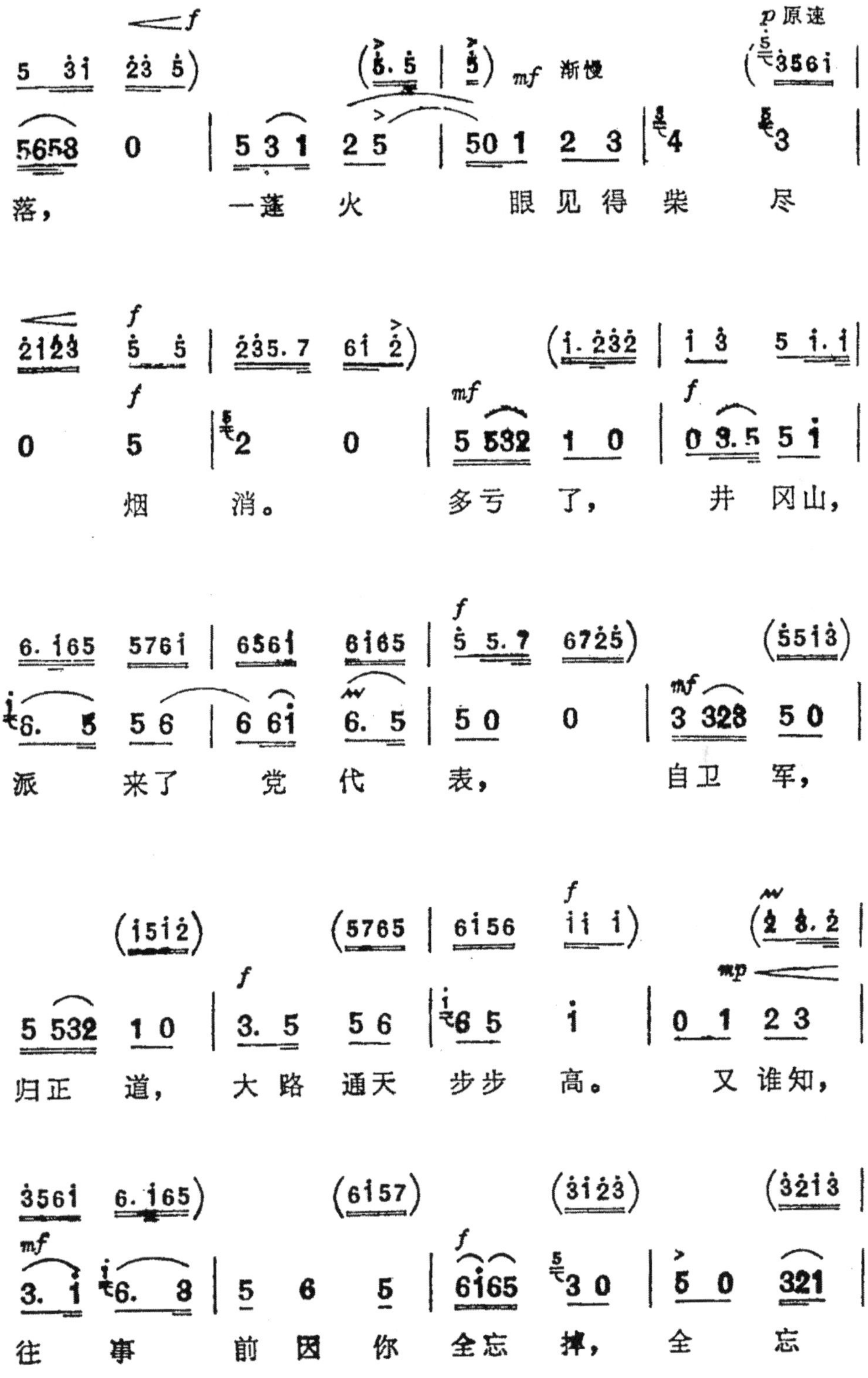

5 3̇1̇ 2̇3̇ 5̇) (5̇. 5̇ | 5̇) mf 渐慢 p 原速 (3̇5̇6̇1̇ |
5658 0 | 5 3 1 2 5 | 50 1 2 3 | 4 3 |
落， 一蓬 火 眼见得柴 尽

2̇1̇2̇3̇ f 5̇ 5̇ | 2̇3̇5. 7 6 1̇ 2̇) (1̇. 2̇3̇2̇ | 1̇ 3̇ 5 1̇. 1̇ |
0 f 5 | 2 0 | mf 5 532 1 0 | f 0 3.5 5 1̇ |
烟 消。 多亏 了， 井 冈山，

6. 1̇65 576 1̇ | 656 1̇ 6 1̇65 | f 5̇ 5. 7 672̇5̇) (5̇51̇3̇) |
6. 5 5 6 | 6 61̇ 6. 5 | 5 0 0 | mf 3 328 5 0 |
派 来了 党 代 表， 自卫 军，

(1̇51̇2̇) (5765 | 61̇56 f 1̇1̇ 1̇) (2̇ 3̇. 2̇ |
5 532 1 0 | f 3. 5 5 6 | 6 5 1̇ | mp 0 1 2 3 |
归正 道， 大 路 通天 步步 高。 又 谁知，

3̇561̇ 6. 1̇65) (61̇57) (3̇1̇2̇3̇) (3̇2̇1̇3̇ |
mf 3. 1̇ 6. 3 | 5 6 5 | f 61̇65 3 0 | 5 0 321 |
往 事 前因 你 全忘 掉， 全 忘

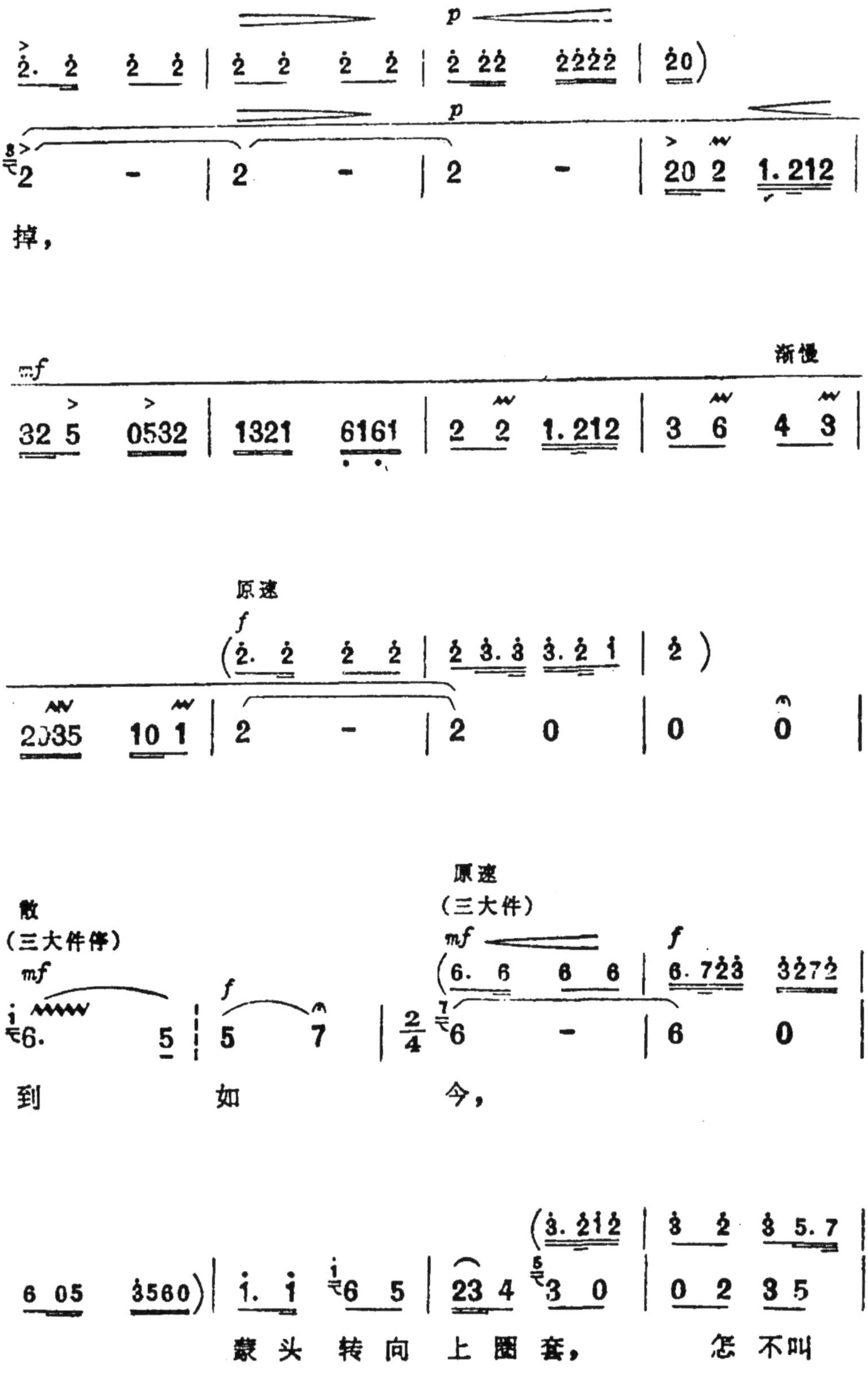

掉，

渐慢

原速

散

（三大件伴）

原速

（三大件）

到 如 今，

蒙头转向上圈套， 怎不叫

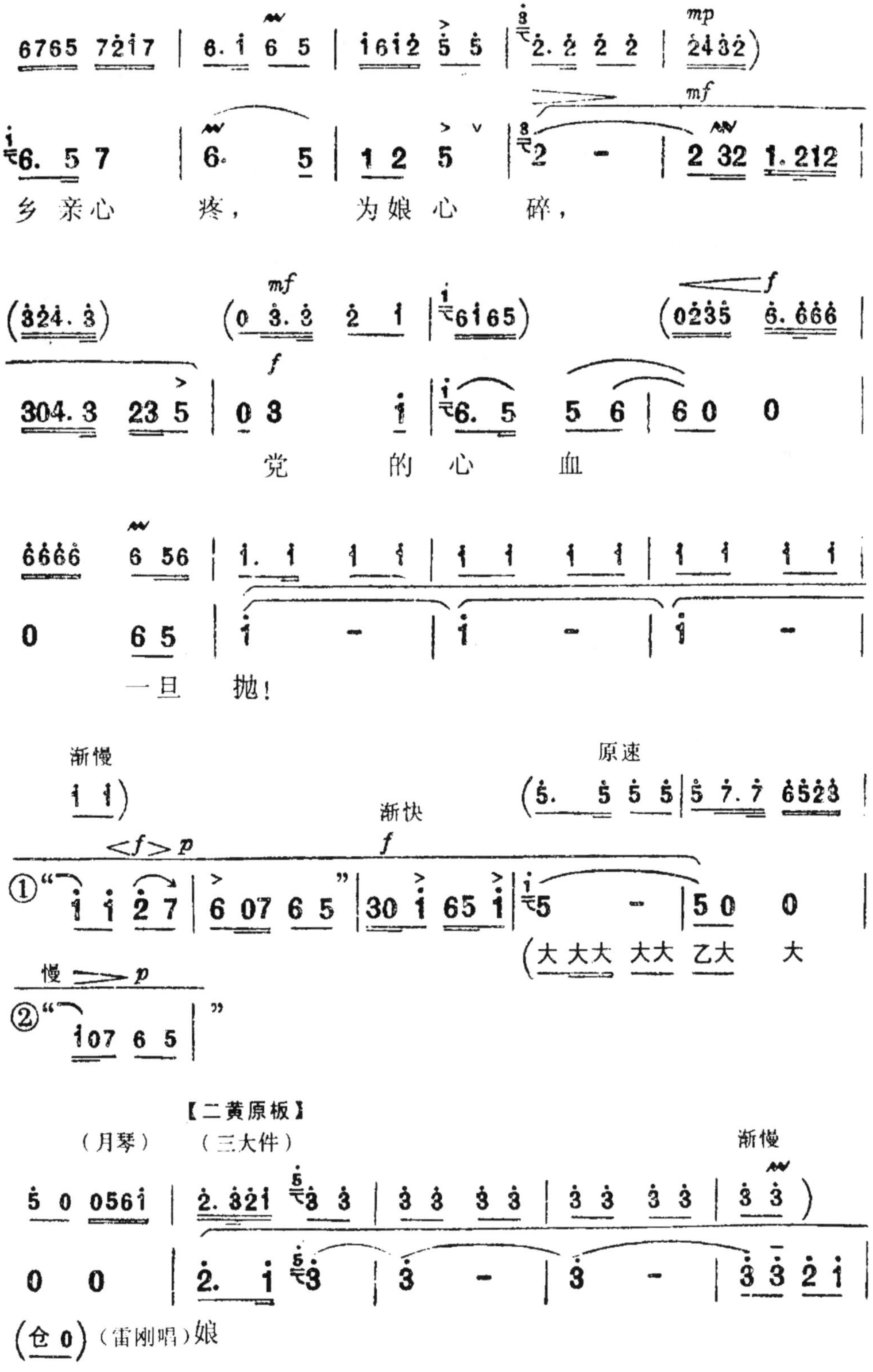

mp
6765 7217 | 6.1 6 5 | 1612 5 5 | 2. 2 2 2 | 2432)

mf
6. 5 7 | 6 5 | 1 2 5 | 2 - | 2 32 1.212 |

乡亲心 疼， 为娘心 碎，

mf f
(324. 3) (0 3. 3 2 1 | 6165) (0235 6. 666 |

f
304. 3 23 5 | 0 3 1 | 6. 5 5 6 | 6 0 0 |

党 的 心 血

6666 6 56 | 1. 1 1 1 | 1 1 1 1 | 1 1 1 1 |

0 6 5 | 1 - | 1 - | 1 - |

一旦 抛！

渐慢 原速
1 1) (5. 5 5 5 | 5 7. 7 6523 |

<f> p 渐快 f
①“1 1 2 7 | 6 07 6 5” | 30 1 65 1 | 5 - | 5 0 0 |

(大 大大 大大 乙大 大

慢 p
②“107 6 5 |”

【二黄原板】

(月琴) (三大件) 渐慢

5 0 0561 | 2. 321 3 3 | 3 3 3 3 | 3 3 3 3 | 3 3)

0 0 | 2. 1 3 | 3 - | 3 - | 3 3 2 1 |

(仓 0) (雷刚唱)娘

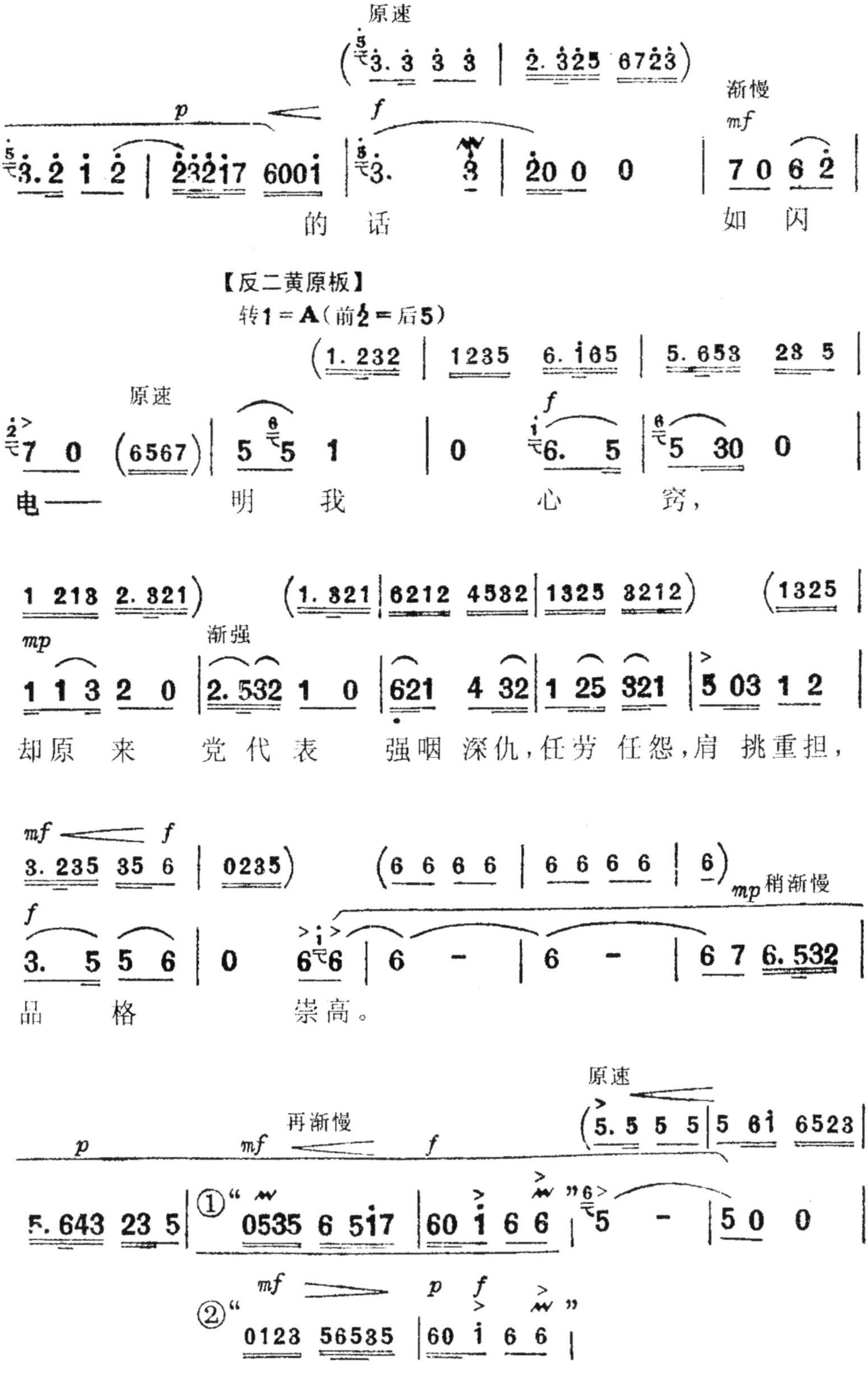

原速

渐慢

的　话　如　闪

【反二黄原板】

转1＝A（前2̇＝后5）

原速

电——　明　我　心　窍，

渐强

却原　来　党代表　强咽　深仇，任劳　任怨，肩　挑重担，

稍渐慢

品　格　崇高。

原速

再渐慢

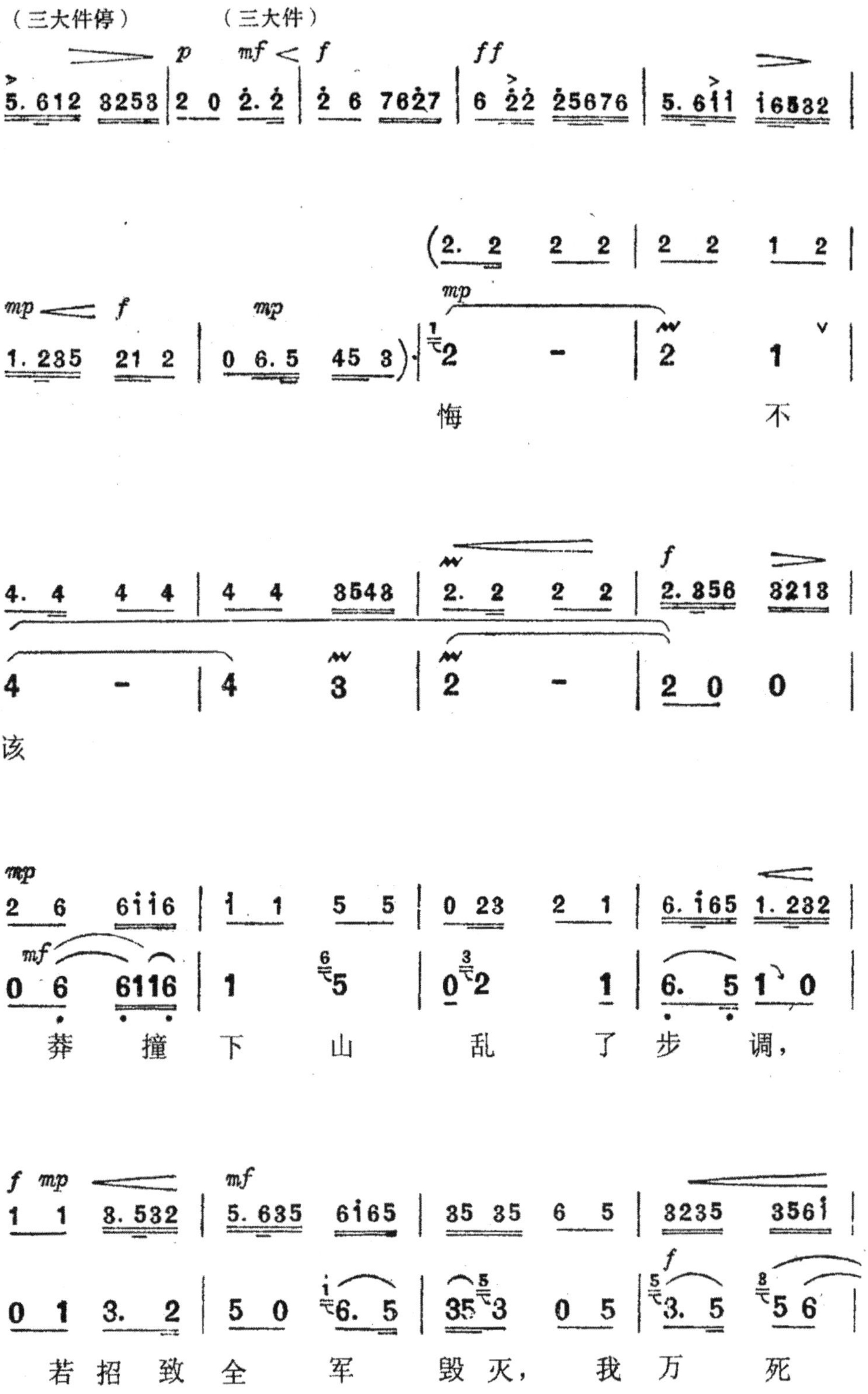

（三大件停）　（三大件）

p　mf < f　ff

5. 612 3253 | 2 0 2. 2 | 2 6 7627 | 6 22 25676 | 5. 611 16532 |

(2. 2 2 2 | 2 2 1 2 |

mp < f　mp　mp

1. 235 21 2 | 0 6. 5 45 3) | 2 - | 2 1 |

悔　不

4. 4 4 4 | 4 4 3543 | 2. 2 2 2 | 2. 356 3213 |

4 - | 4 3 | 2 - | 2 0 0 |

该

mp

2 6 6116 | 1 1 5 5 | 0 23 2 1 | 6. 165 1. 232 |

mf

0 6 6116 | 1 5 | 0 2 1 | 6. 5 1 0 |

莽撞下山乱了步调，

f mp　mf

1 1 3. 532 | 5. 635 6165 | 35 35 6 5 | 3235 3561 |

f

0 1 3. 2 | 5 0 6. 5 | 35 3 0 5 | 3. 5 5 6 |

若招致全军毁灭，我万死

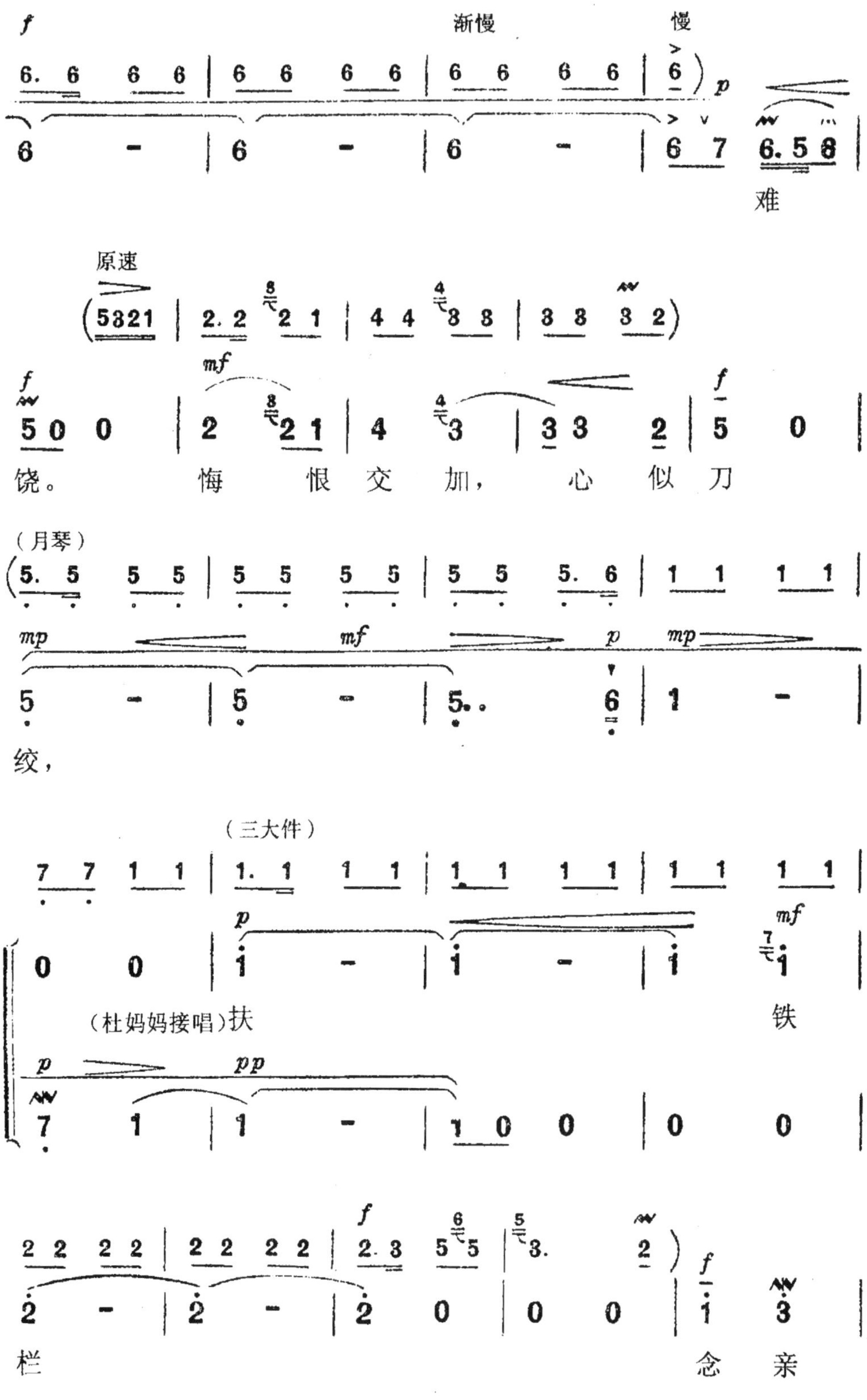

f 渐慢 慢

6. 6 6 6 | 6 6 6 6 | 6 6 6 6 | 6) p

6 - | 6 - | 6 - | 6 7 6.5 6 |

难

原速

(5321 | 2. 2 2 1 | 4 4 3 3 | 3 3 3 2)

f mf f

5 0 0 | 2 2 1 | 4 3 | 3 3 2 | 5 0 |

饶。悔 恨 交 加，心 似 刀

（月琴）

(5. 5 5 5 | 5 5 5 5 | 5 5 5. 6 | 1 1 1 1 |

mp mf p mp

5 - | 5 - | 5. 6 | 1 - |

绞，

（三大件）

7 7 1 1 | 1. 1 1 1 | 1 1 1 1 | 1 1 1 1 |

p mf

0 0 | 1 - | 1 - | 1 1 |

（杜妈妈接唱）扶 铁

p pp

7 1 | 1 - | 1 0 0 | 0 0 |

2 2 2 2 | 2 2 2 2 | 2. 3 5 5 | 3. 2)

f f

2 - | 2 - | 2 0 | 0 0 | 1 3 |

栏 念 亲

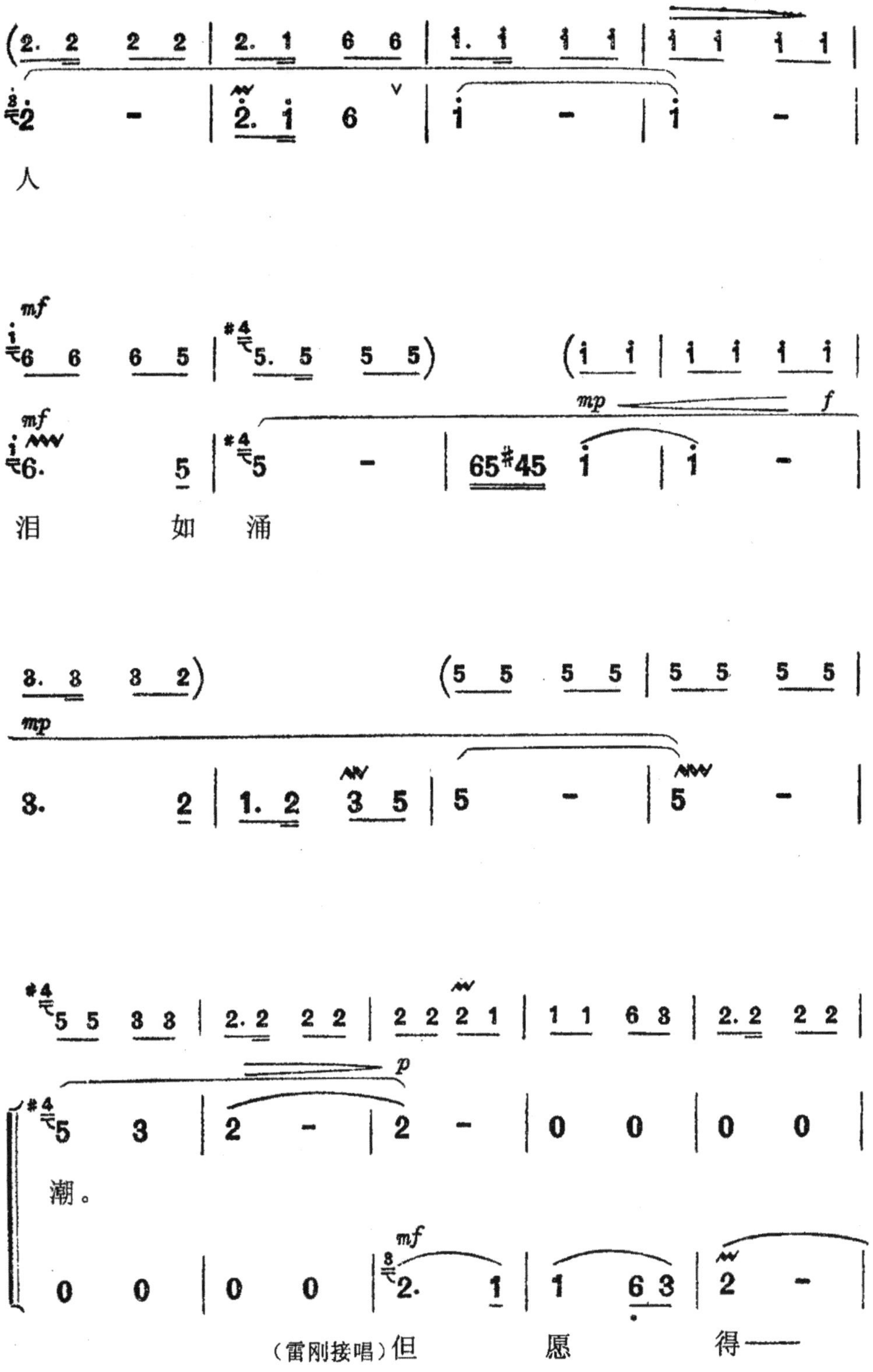

人

泪 如 涌

潮。

（雷刚接唱）但 愿 得——

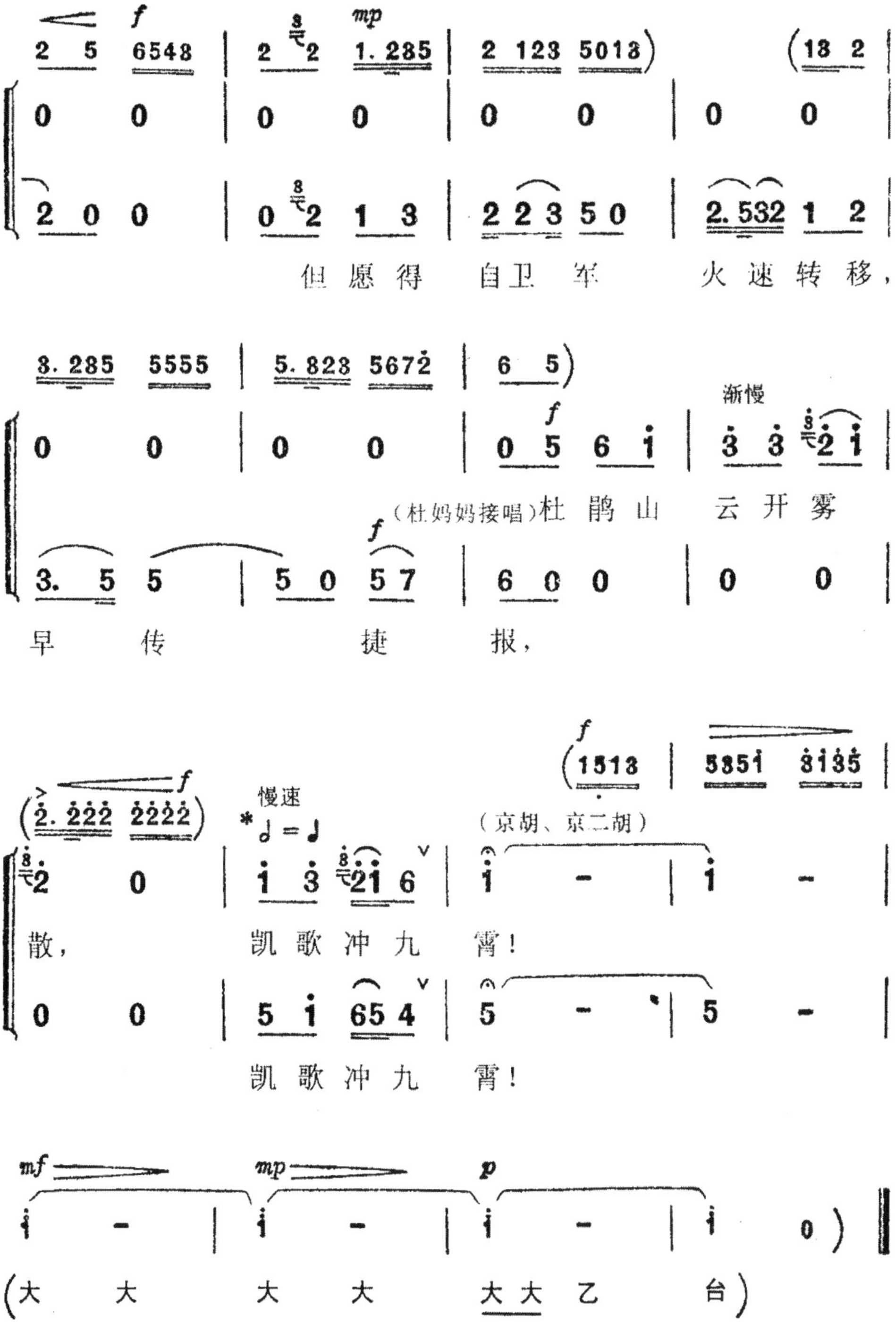

但愿得 自卫军 火速转移，

渐慢

（杜妈妈接唱）杜鹃山 云开雾

早 传 捷 报，

慢速

（京胡、京二胡）

散， 凯歌冲九 霄！

凯歌冲九 霄！

（大 大 大 大 大大 乙 台）

* 三大件分两部演奏，同唱腔。

怒　火　烧

第八场　雷　刚、郑老万、李石坚、杜妈妈对唱

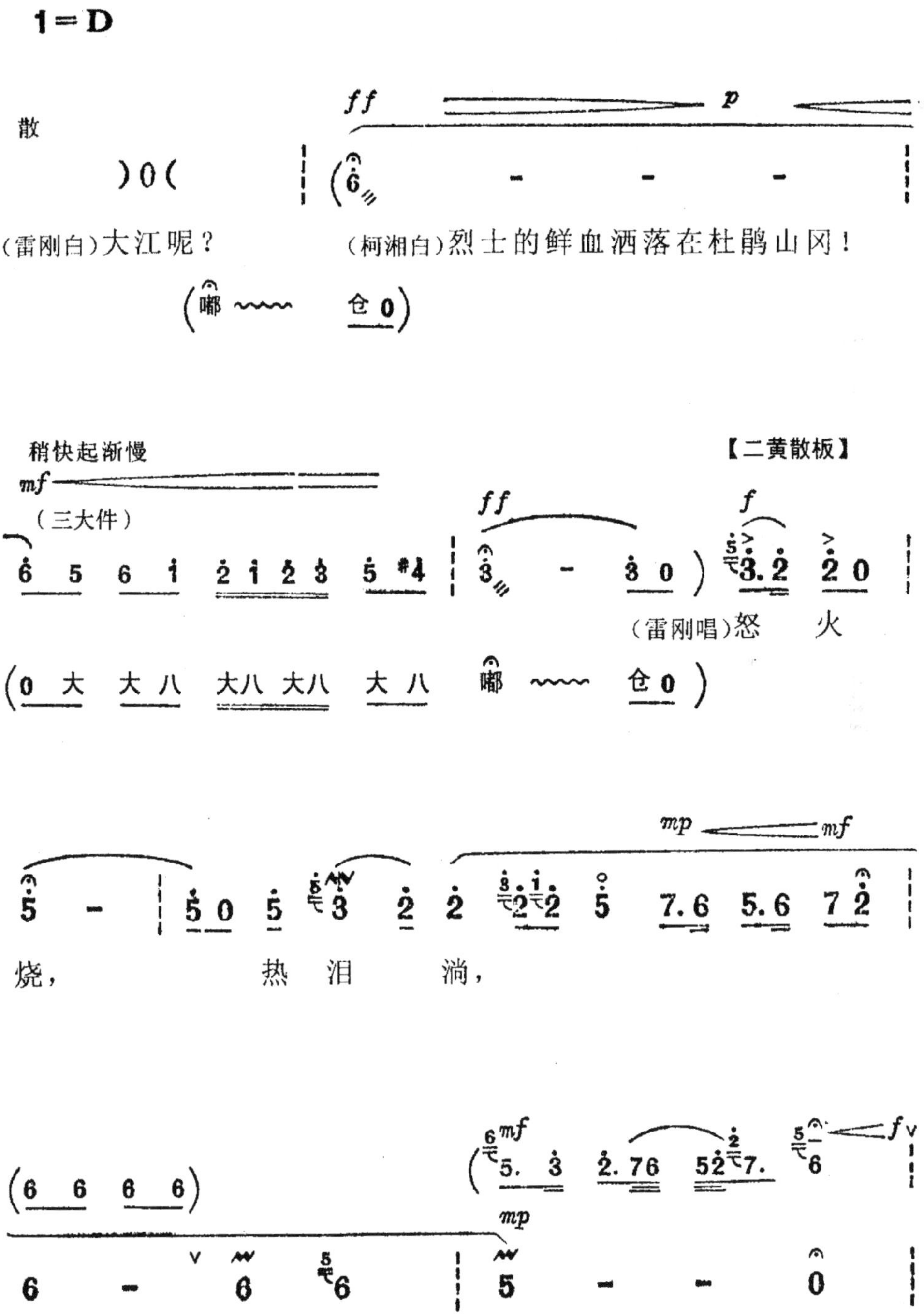

1＝D

散

) 0 (　(6 - - -

(雷刚白)大江呢？　(柯湘白)烈士的鲜血洒落在杜鹃山冈！

(嘟～～～ 仓 0)

稍快起渐慢

(三大件)

6 5 6 1 2 1 2 3 5 #4 | 3 - 3 0) 3.2 2 0 |

【二黄散板】

(雷刚唱)怒　火

(0 大 大八 大八 大八 大八 嘟～～～ 仓 0)

5 - | 5 0 5 3 2 2 2 2 5 7.6 5.6 7 2 |

烧，　热　泪　淌，

(6 6 6 6)　(5. 3 2.76 52 7. 6 |

6 - 6 6 | 5 - - 0 |

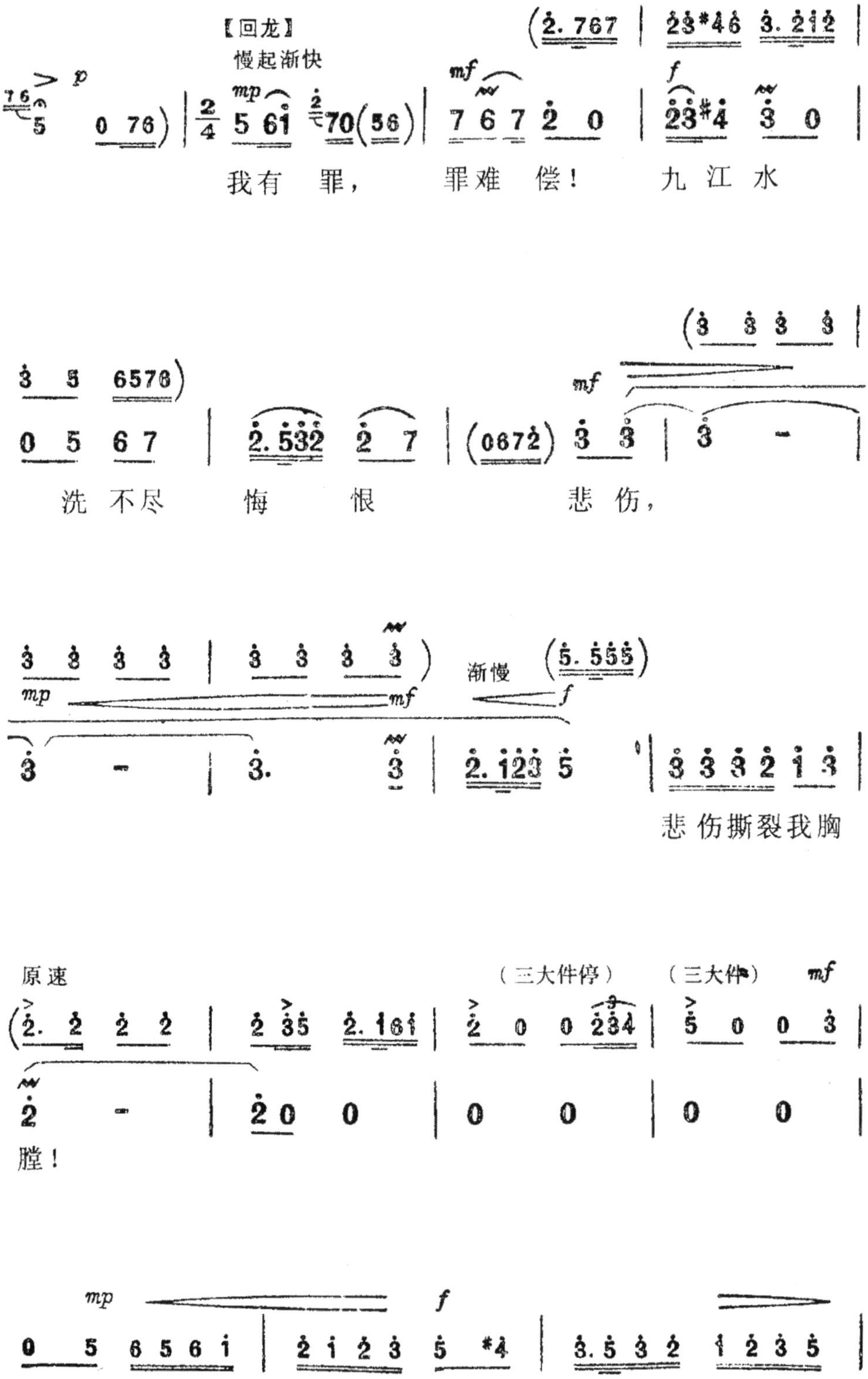

【回龙】

慢起渐快

我有罪，罪难偿！九江水

洗不尽悔恨悲伤，

渐慢

悲伤撕裂我胸

原速

（三大件停）（三大件）

膛！

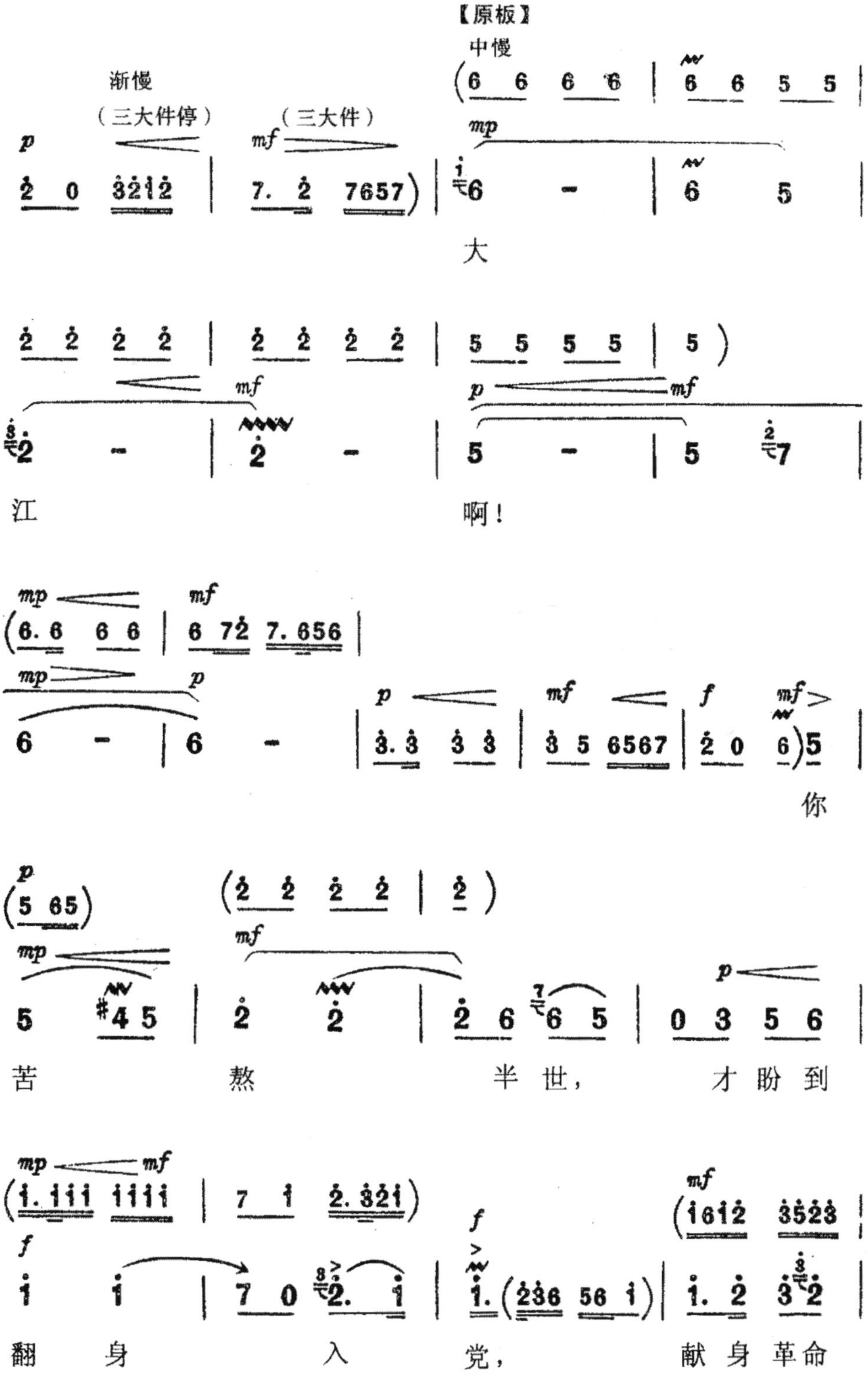

【原板】

中慢

渐慢

（三大件停）

（三大件）

p mf mp

2 0 3212 | 7. 2 7657) | 6 — | 6 5 |

大

2 2 2 2 | 2 2 2 2 | 5 5 5 5 | 5)

2 — | 2 — | 5 — | 5 7 |

江　　　　　　　　啊！

(6. 6 6 6 | 6 72 7. 656 |

6 — | 6 — | 3. 3 3 3 | 3 5 6567 | 2 0 6)5 |

你

(5 65) (2 2 2 2 | 2)

5 #4 5 | 2 2 | 2 6 6 5 | 0 3 5 6 |

苦　　熬　　半　世，　才　盼　到

(1. 111 1111 | 7 1 2. 321) (1612 3523 |

1 1 | 7 0 2. 1 | 1. (236 56 1) | 1. 2 32 |

翻　身　入　党，　献　身　革　命

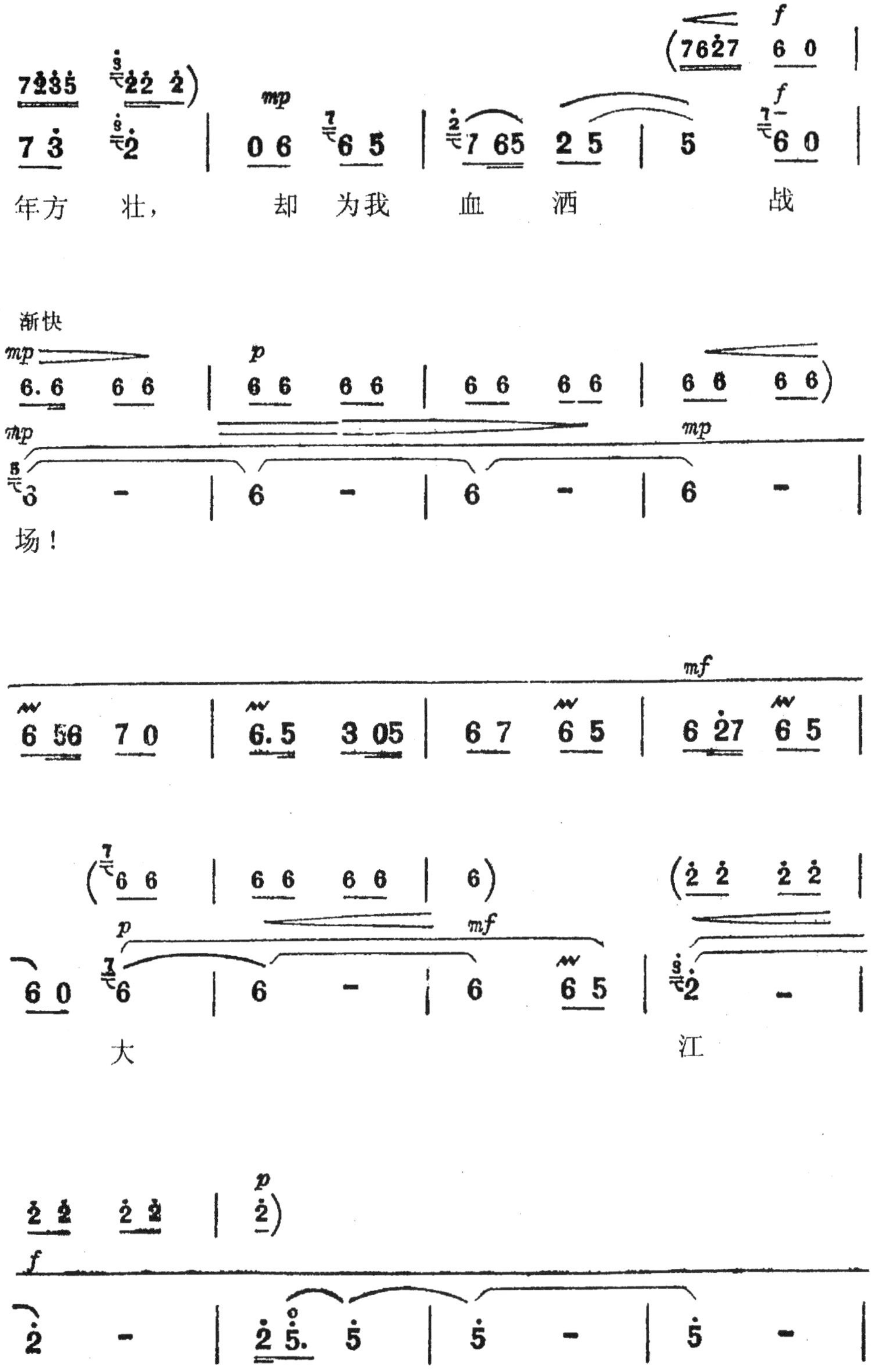

年方 壮，
却 为我 血 洒 战
渐快
场！
大
江

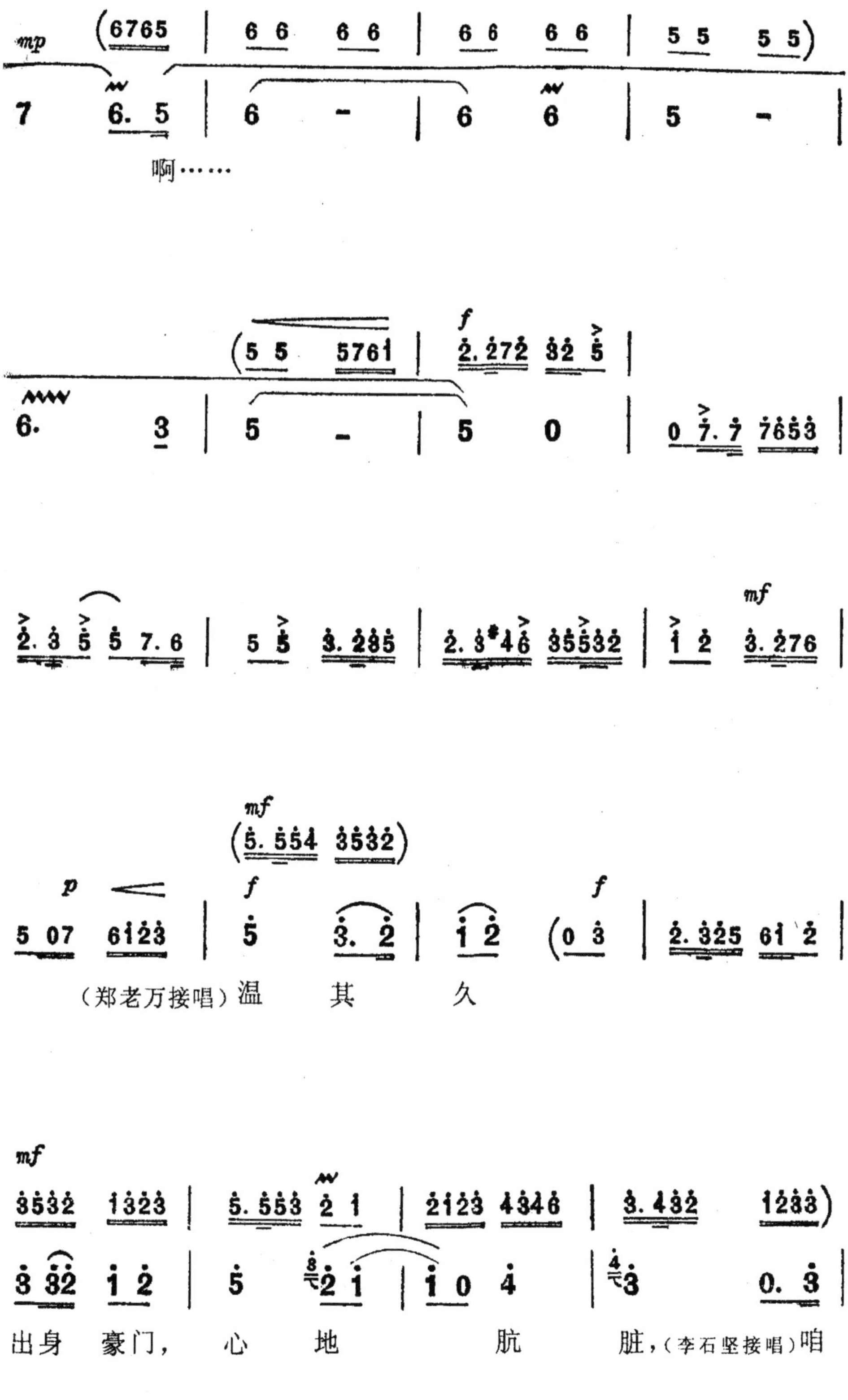

啊……

（郑老万接唱）温　其　久

出身　豪门，　心　地　肮　脏，（李石坚接唱）咱

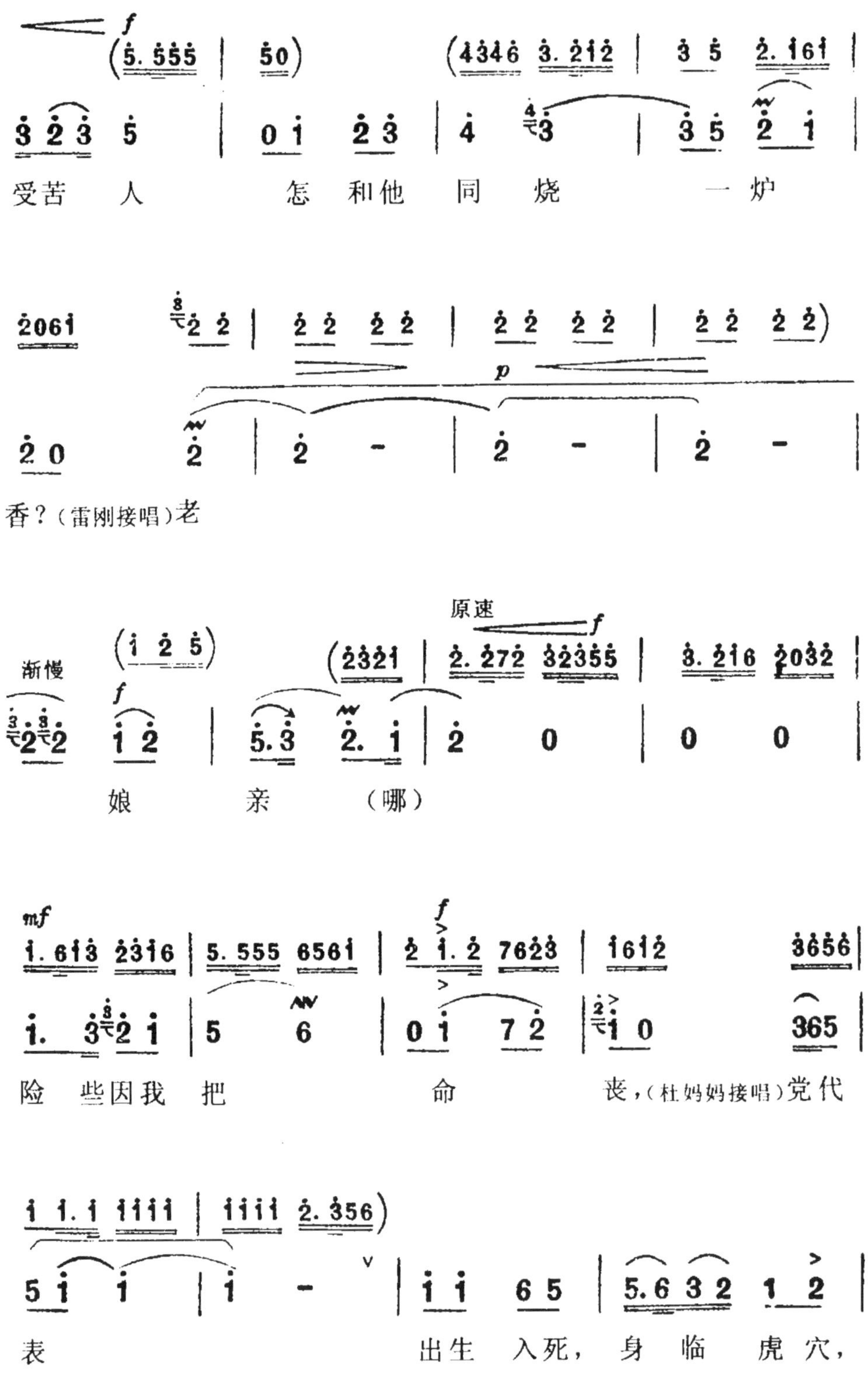

受苦人 怎和他同烧 一炉

香？（雷刚接唱）老

渐慢 原速

娘 亲 （哪）

险 些因我 把 命 丧，（杜妈妈接唱）党代

表 出生 入死，身 临 虎 穴，

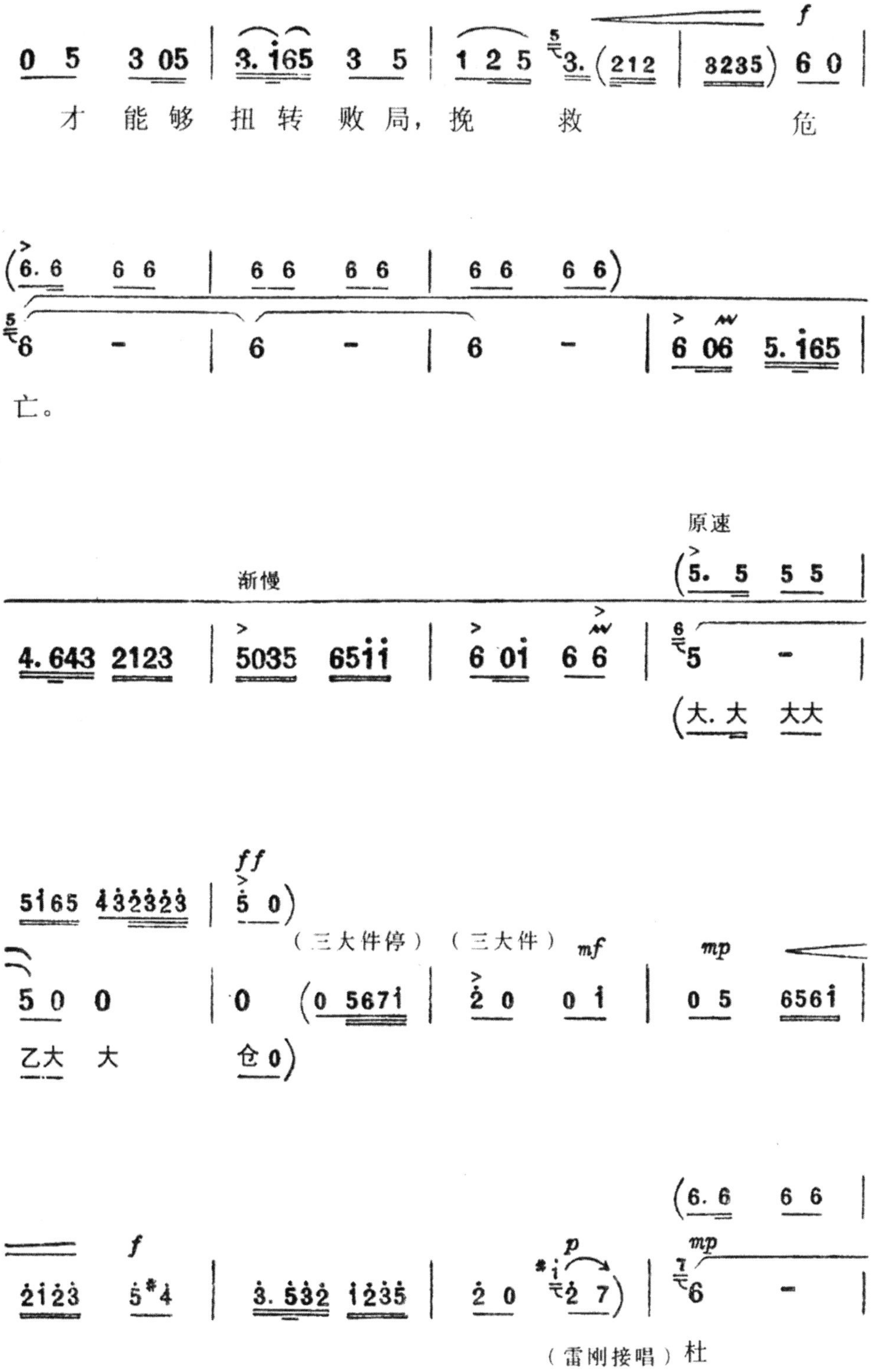

0 5 3 05 | 3. i65 3 5 | 1 2 5 3.(212 | 3235) 6 0 |
才 能 够 扭 转 败 局，挽 救 危

(6. 6 6 6 | 6 6 6 6 | 6 6 6 6)
6 - | 6 - | 6 - | 6 06 5. i65 |
亡。

渐慢 原速
(5. 5 5 5 |
4. 643 2123 | 5035 65ii | 6 0i 6 6 | 5 - |
(大. 大 大大

ff
5i65 432323 | 5 0)
（三大件停）（三大件） mf mp
5 0 0 | 0 (0 567i | 2 0 0 i | 0 5 656i |
乙大 大 仓 0)

(6. 6 6 6 |
f p mp
2i23 5 #4 | 3. 532 i235 | 2 0 i 2 7) | 6 - |
（雷刚接唱）杜

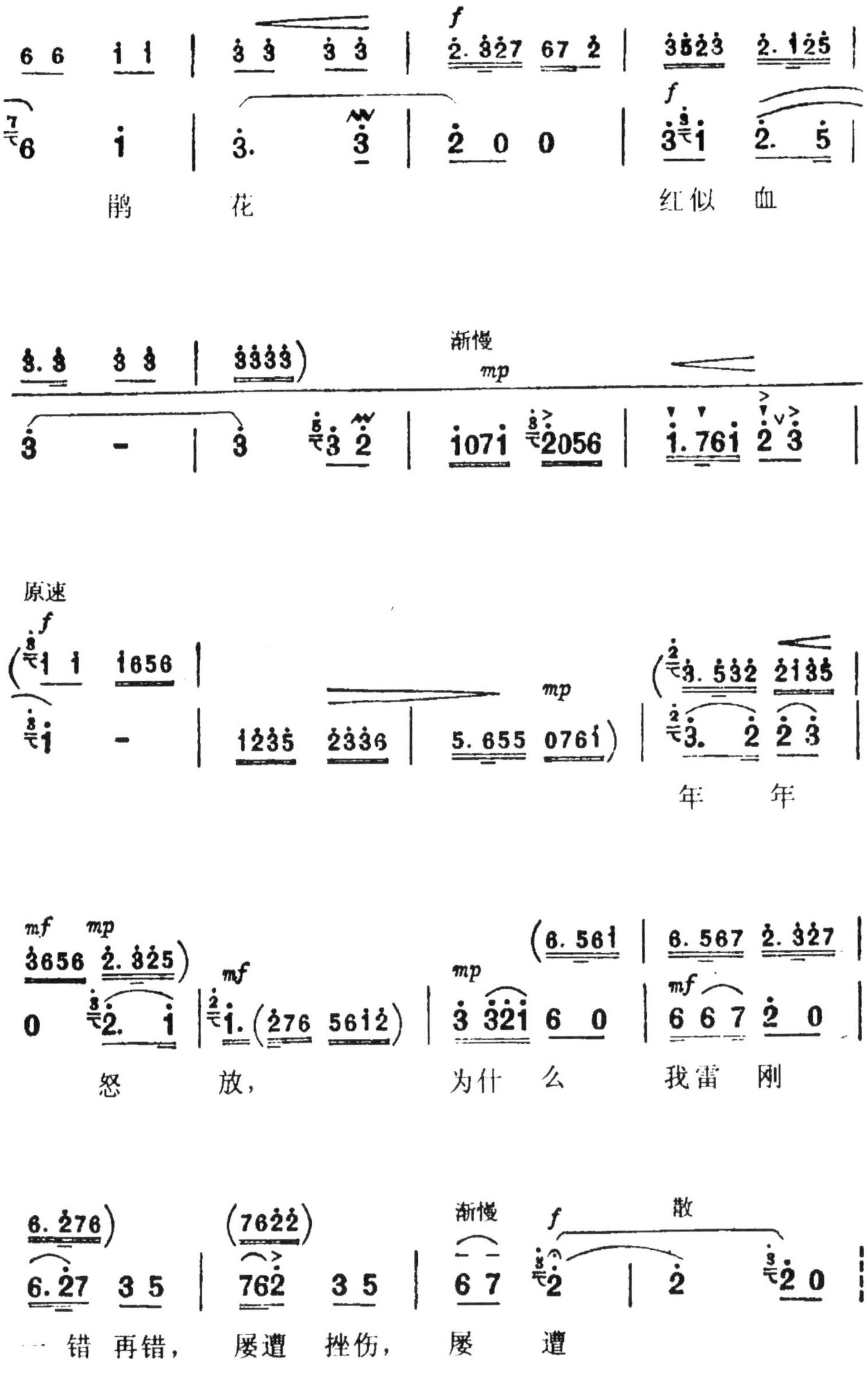

鹃　　花　　　红似　血

渐慢

原速

年　　年

怒　　放，　为什　么　　我雷　刚

一错　再错，　屡遭　挫伤，　屡　　遭

渐慢　　散

渐快　渐慢　mp

6 0 7 0 6. 5 3 5 6 5 | 7. 6

挫　伤？

mf　mp

5 6 7 6 - 0 05 | 5 - | 6. 0 ‖

血 的 教 训

第八场　柯　湘唱

1＝A

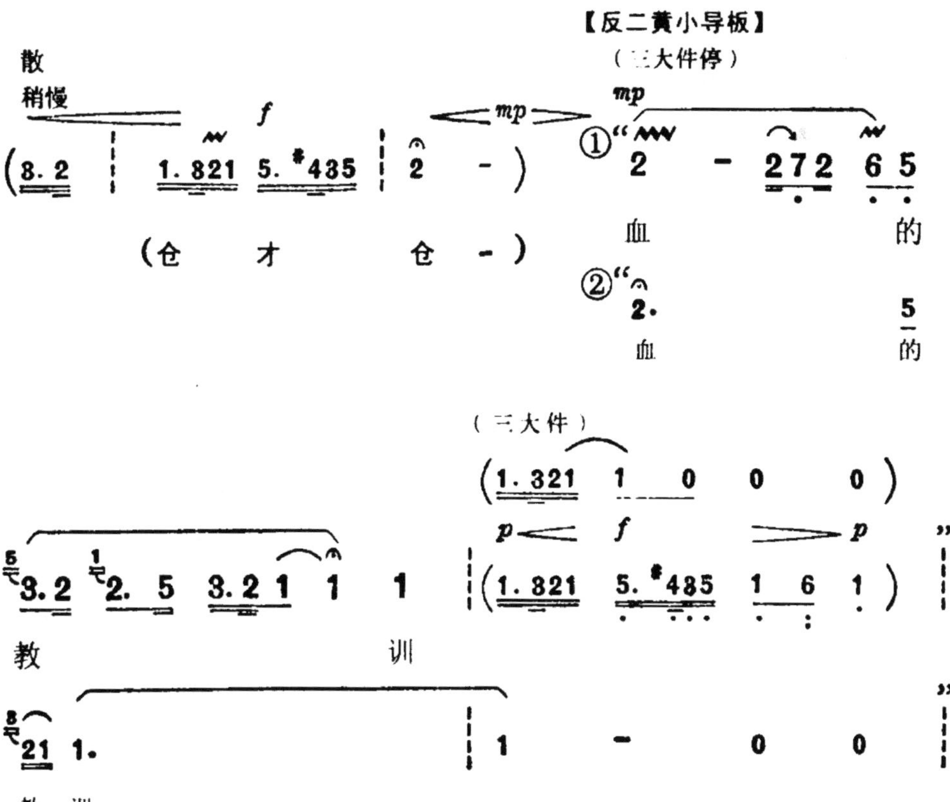

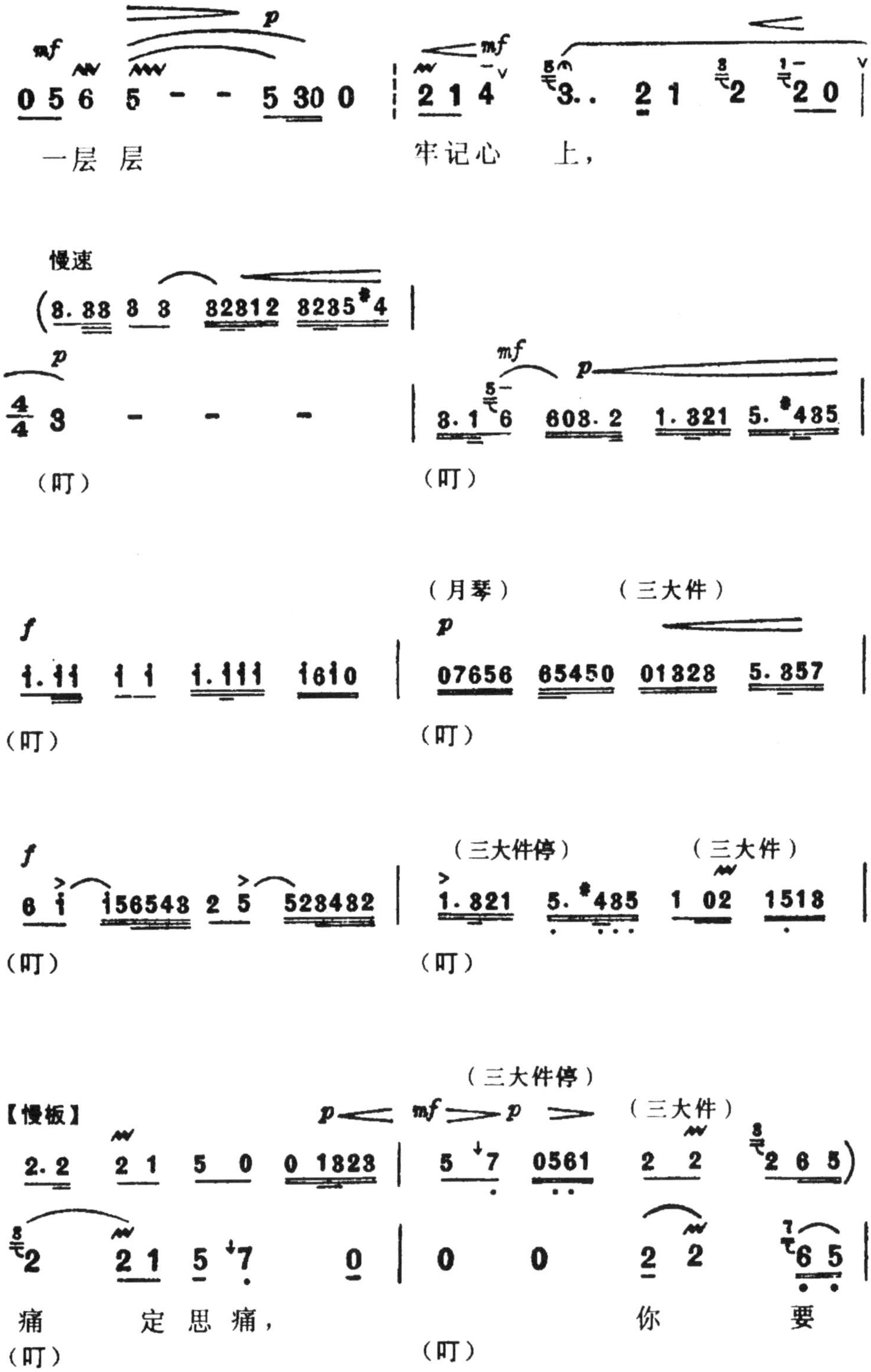

mf p mf
0 5 6 5 - - 5 30 0 | 2 1 4 3. . 2 1 2 2 0 |
一层 层 牢记心 上，
慢速
(8. 88 8 8 82812 8285 #4 |
p mf p
4/4 3 - - - | 8. 1 6 608. 2 1. 821 5. #485 |
(叮) (叮)
(月琴) (三大件)
f p
1. 11 1 1 1. 111 1610 | 07656 65450 01828 5. 857 |
(叮) (叮)
(三大件停) (三大件)
f
6 1 156548 2 5 528482 | 1. 821 5. #485 1 02 1518 |
(叮) (叮)
(三大件停)
【慢板】 p mf p (三大件)
2. 2 2 1 5 0 0 1823 | 5 7 0561 2 2 2 6 5)
2 2 1 5 7 0 | 0 0 2 2 6 5 |
痛 定 思 痛， 你 要
(叮) (叮)

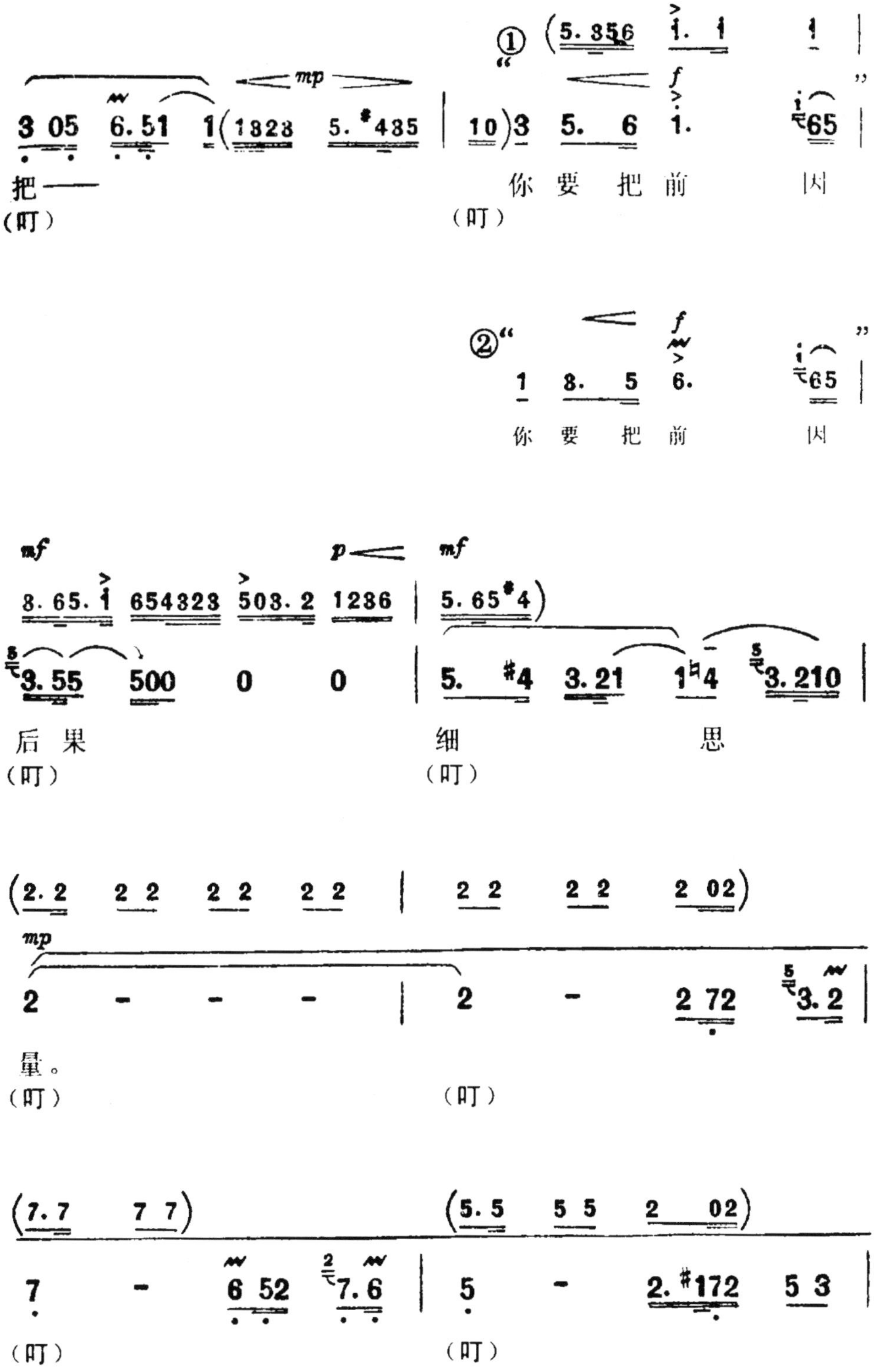

3 05 6.51 1(1323 5. #485 | 10)3 5. 6 1. 65 |

把——

(叮)

你要把前因

(叮)

① (5.356 1. 1 1 |

② 1 3. 5 6. 65 |

你要把前因

3.65.1 654323 503.2 1236 | 5.65#4)

3.55 500 0 0 | 5. #4 3.21 1♮4 3.210 |

后果 细 思

(叮) (叮)

(2.2 2 2 2 2 2 2 | 2 2 2 2 2 02)

2 - - - | 2 - 2 72 3.2 |

量。

(叮) (叮)

(7.7 7 7) (5.5 5 5 2 02)

7 - 6 52 7.6 | 5 - 2.#172 5 3 |

(叮) (叮)

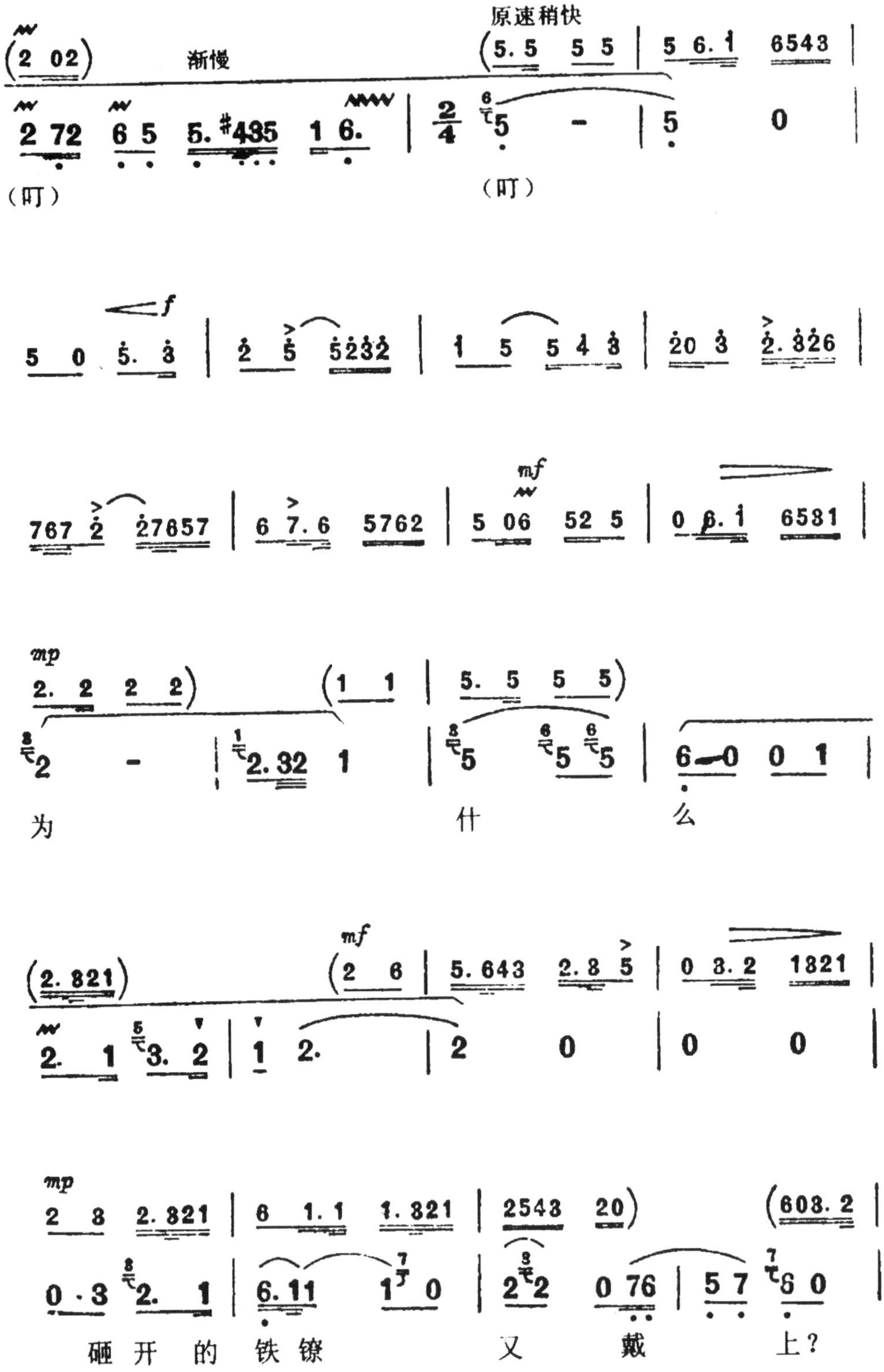

渐慢　　原速稍快

（叮）　（叮）

为　什　么

砸开的铁镣　又　戴　上？

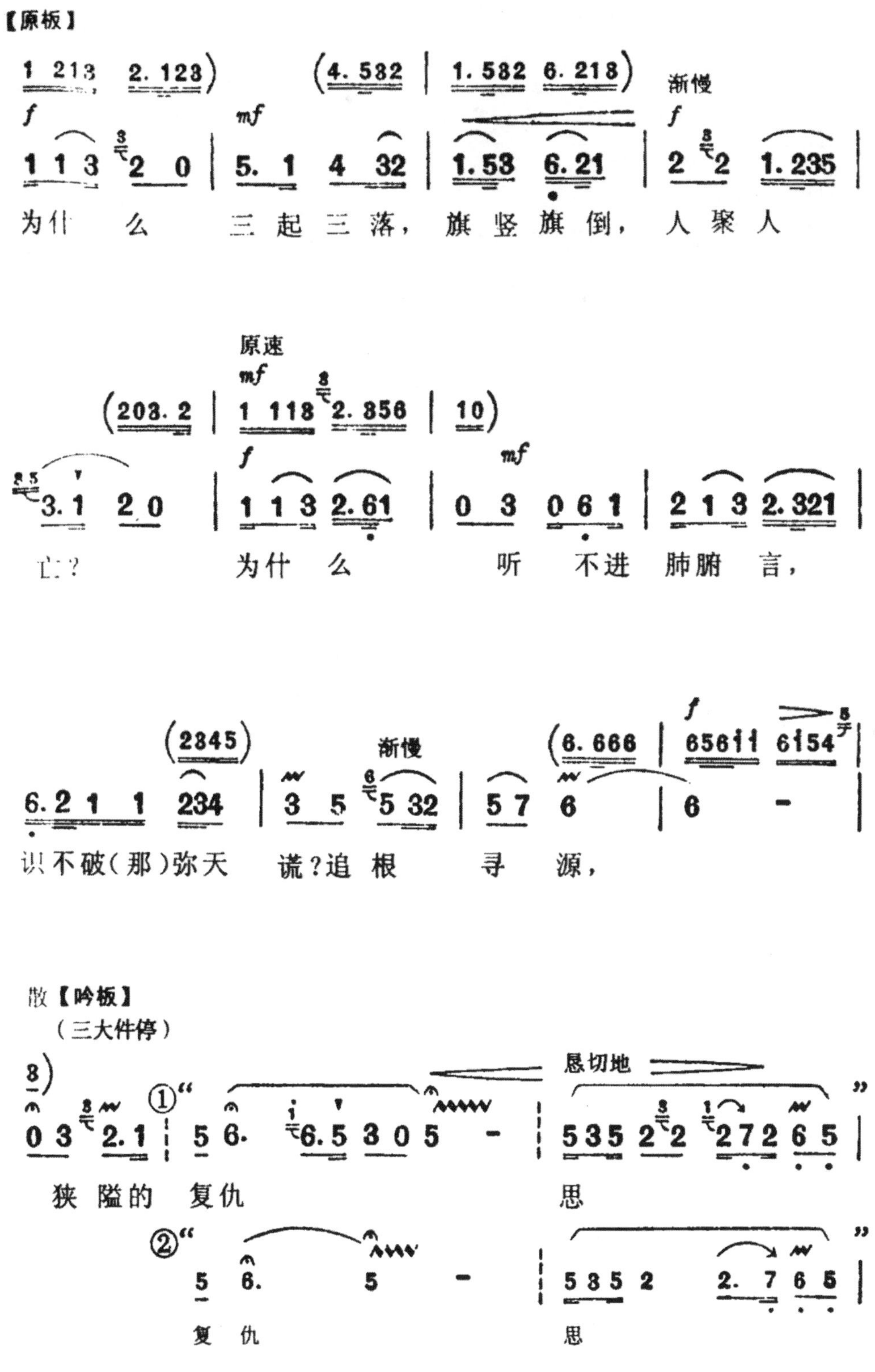

【原板】

1 213 2. 123) (4. 582 | 1. 582 6. 218)

渐慢

f mf f

1 1 3 2 0 | 5. 1 4 32 | 1. 53 6. 21 | 2 2 1. 235 |

为什么 三起三落，旗竖旗倒，人聚人

原速

mf

(203. 2 | 1 118 2. 856 | 10)

f mf

3. 1 2 0 | 1 1 3 2. 61 | 0 3 0 6 1 | 2 1 3 2. 321 |

亡？ 为什么 听 不进 肺腑 言，

(2845) (6. 666 | 65611 6154 |

渐慢 f

6. 2 1 1 234 | 3 5 5 32 | 5 7 6 | 6 - |

识不破（那）弥天谎？追根 寻 源，

散【吟板】

（三大件停）

8)

恳切地

0 3 2. 1 ①“ 5 6. 6. 5 3 0 5 - | 535 2 2 272 6 5 ”|

狭隘的 复仇 思

②“ 5 6. 5 - | 5 3 5 2 2. 7 6 5 ”|

复 仇 思

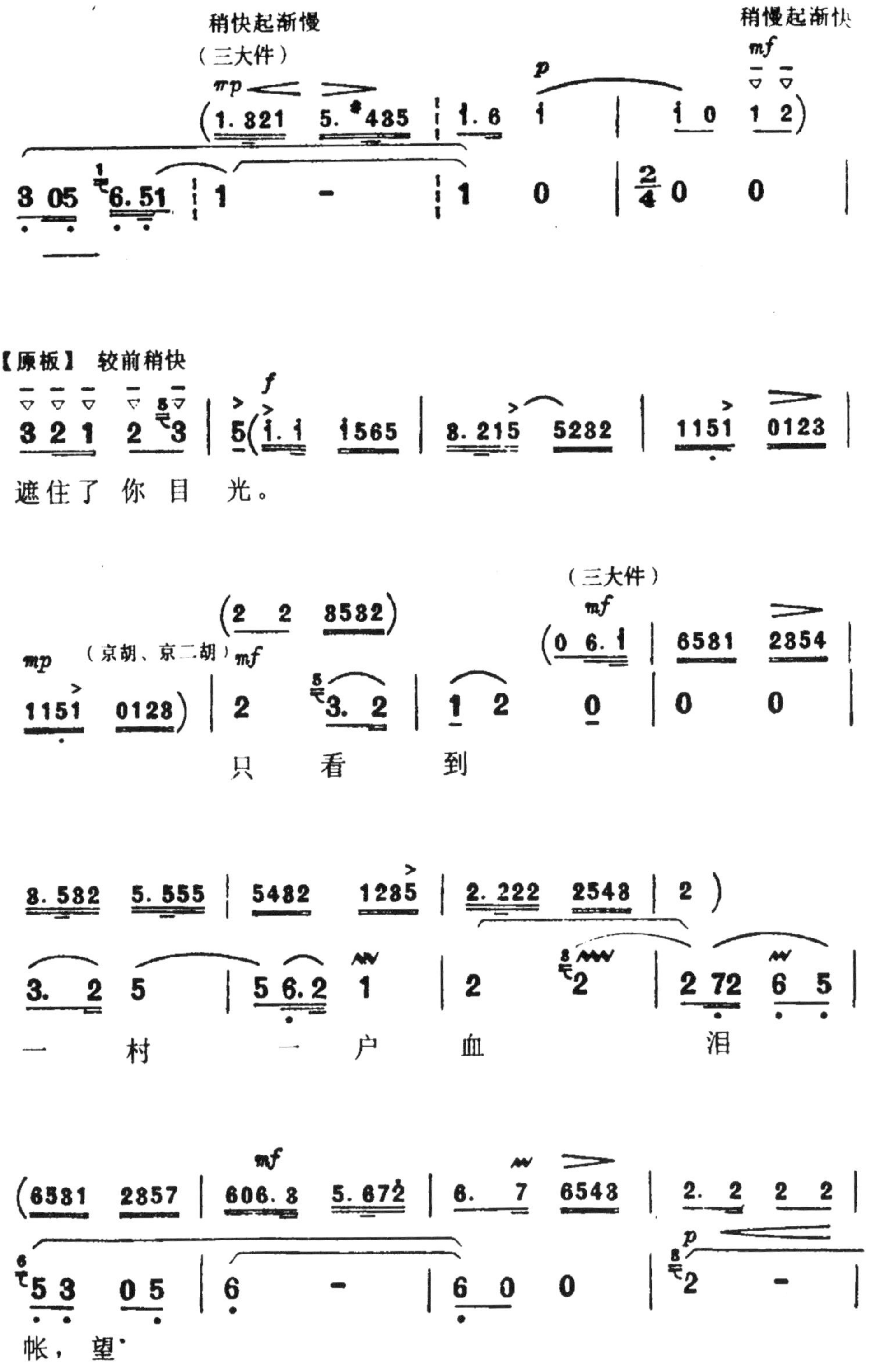

稍快起渐慢 （三大件） 稍慢起渐快

mp p mf

(1. 821 5. #435 | 1. 6 1 | 1 0 1 2)

3 05 6.51 | 1 - | 1 0 | 2/4 0 0 |

【原板】 较前稍快

f

3 2 1 2 3 | 5(1. 1 1565 | 3. 215 5282 | 1151 0123 |

遮住了你目光。

（三大件）

(2 2 3532)

mp （京胡、京二胡） mf mf

1151 0123) | 2 3. 2 | 1 2 0 | (0 6. 1 | 6531 2354 |

0 0 |

只 看 到

3. 532 5. 555 | 5432 1235 | 2. 222 2543 | 2)

3. 2 5 | 5 6.2 1 | 2 2 | 2 72 6 5 |

一 村 一 户 血 泪

mf

(6531 2357 | 606. 3 5. 672 | 6. 7 6543 | 2. 2 2 2 |

5 3 0 5 | 6 - | 6 0 0 | 2 - |

p

帐，望

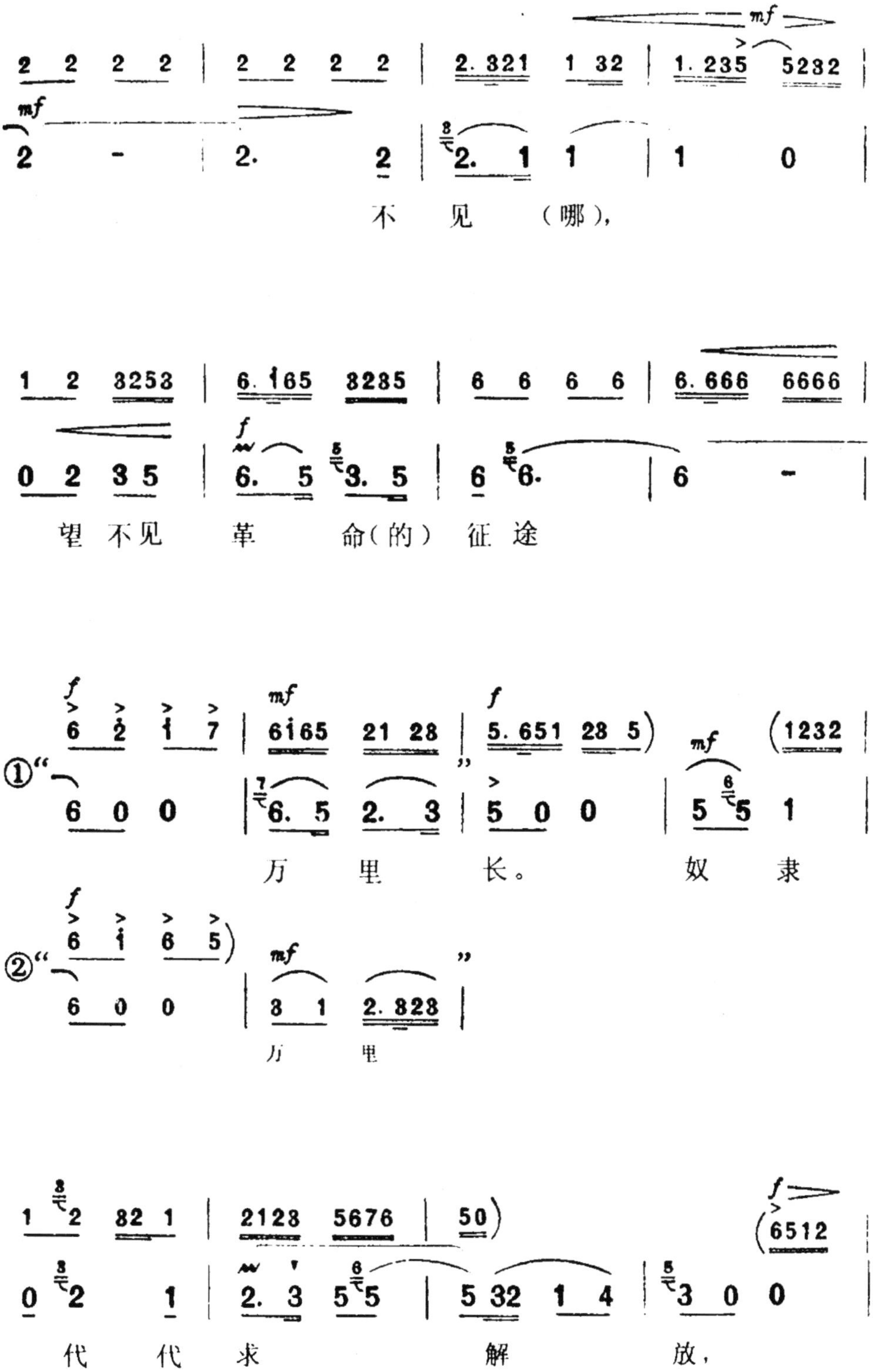

2 2 2 2 | 2 2 2 2 | 2.321 1 32 | 1.235 5232 |

2 - | 2. 2 | 2. 1 1 | 1 0 |

不 见 （哪），

1 2 3253 | 6.165 3235 | 6 6 6 6 | 6.666 6666 |

0 2 3 5 | 6. 5 3. 5 | 6 6. | 6 - |

望 不见 革 命（的） 征 途

①“ 6 2 1 7 | 6165 21 23 | 5.651 23 5) (1232 |

6 0 0 | 6. 5 2. 3 ” | 5 0 0 | 5 5 1 |

万 里 长。 奴 隶

②“ 6 1 6 5) |

6 0 0 | 3 1 2.323 ” |

万 里

1 2 32 1 | 2123 5676 | 50) (6512 |

0 2 1 | 2. 3 5 5 | 5 32 1 4 | 3 0 0 |

代 代 求 解 放，

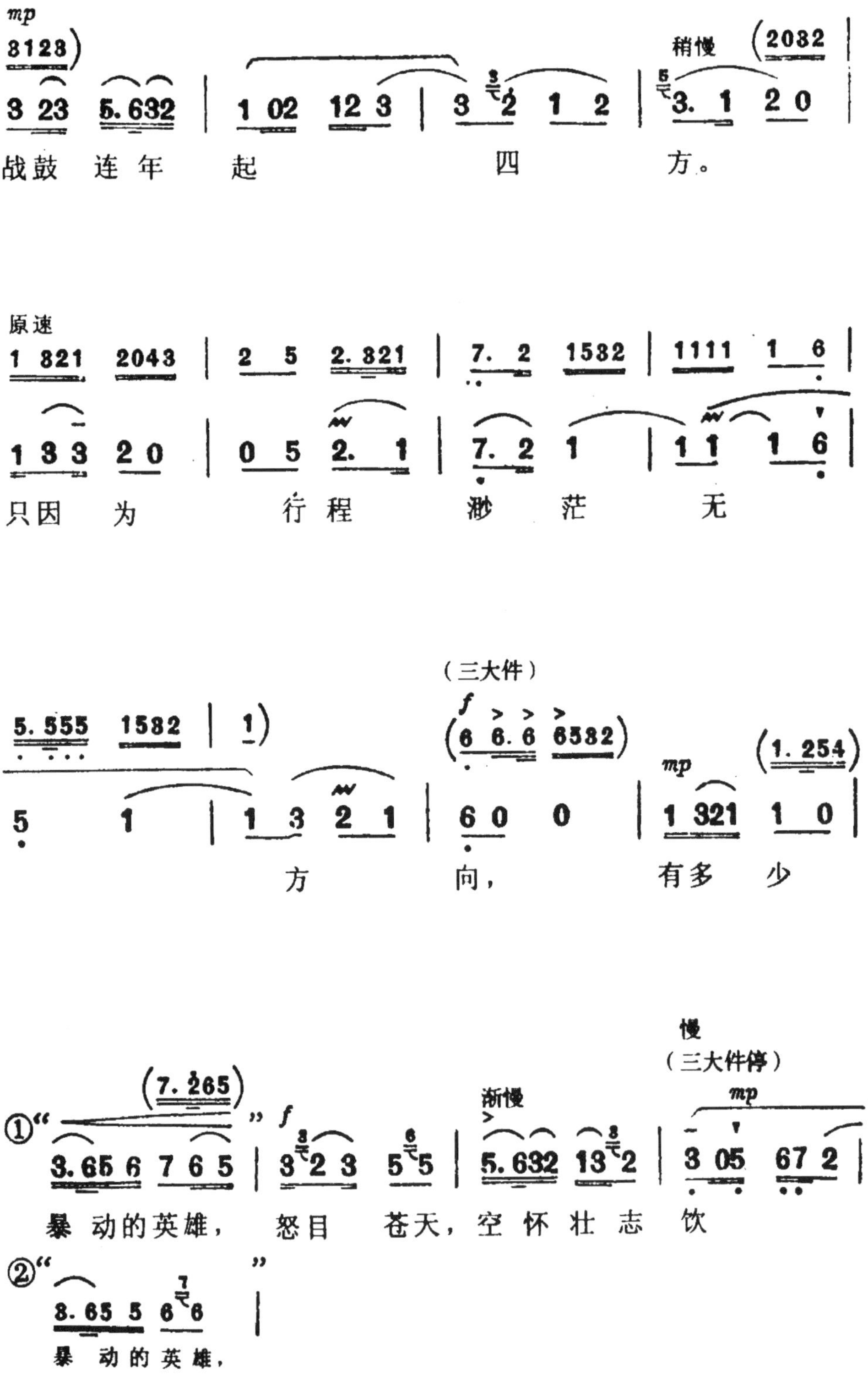

mp
(2032)
稍慢

8123)
3 23 5.632 | 1 02 12 3 | 3 2 1 2 | 3. 1 2 0 |
战鼓 连年 起 四 方。

原速
1 821 2043 | 2 5 2.821 | 7. 2 1532 | 1111 1 6 |
1 3 3 2 0 | 0 5 2. 1 | 7. 2 1 | 1 1 1 6 |
只因 为 行 程 渺 茫 无

（三大件）
f
5.555 1582 | 1) (6 6.6 6582) *mp* (1.254)
5 1 | 1 3 2 1 | 6 0 0 | 1 321 1 0 |
方 向， 有多 少

慢
（三大件停）
(7.265) 渐慢 *mp*
①“3.65 6 7 6 5” *f* | 3 2 3 5 5 | 5.632 13 2 | 3 05 67 2 |
暴 动的英雄， 怒目 苍天，空 怀 壮 志 饮
②“3.65 5 6 6” |
暴 动的英雄，

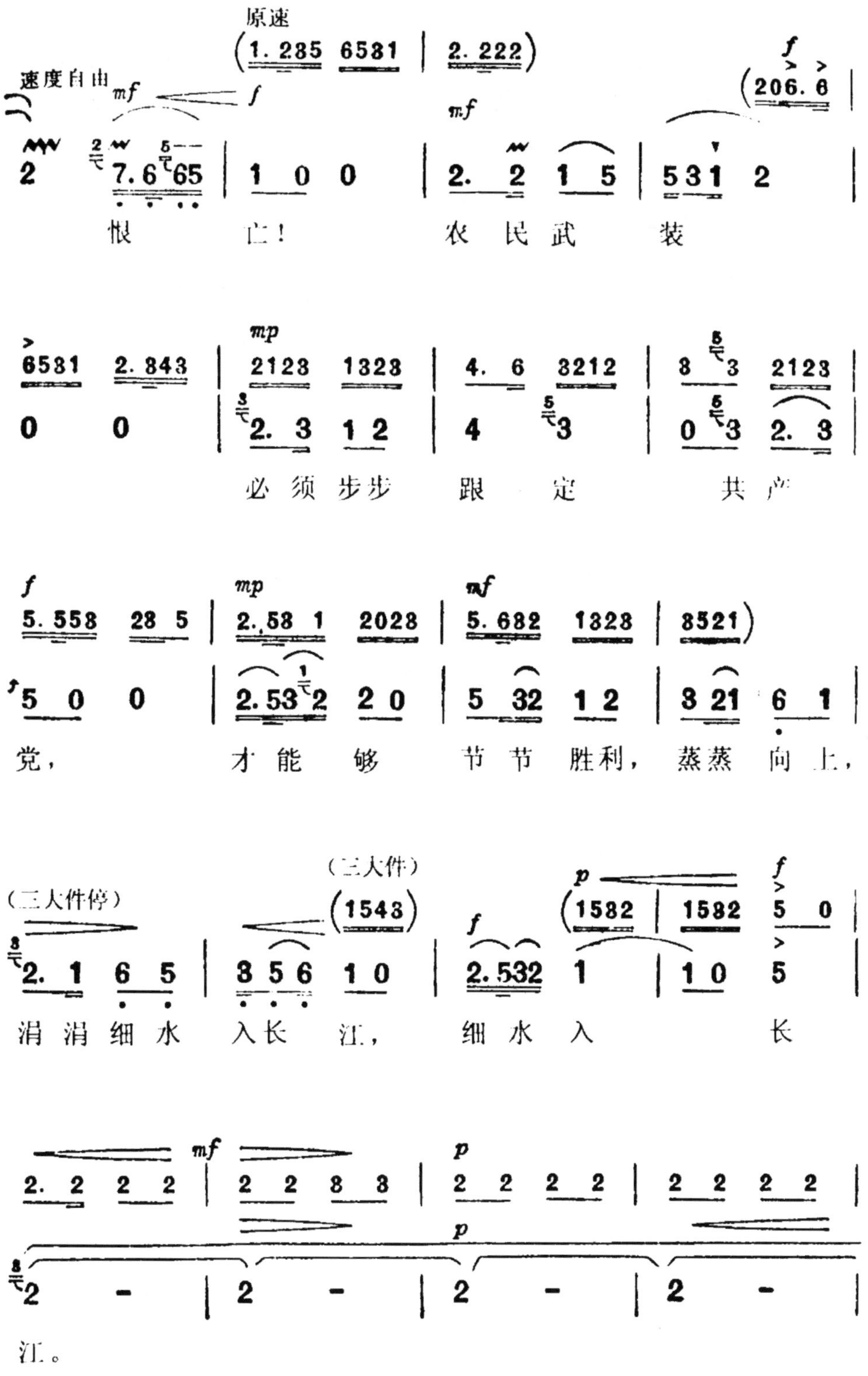

原速
速度自由 mf f mf f

(1. 285 6581 | 2. 222) (206. 6 |

2 2 7. 6 5 65 | 1 0 0 | 2. 2 1 5 | 531 2 |

恨 亡！ 农 民 武 装

6581 2. 843 | mp 2123 1323 | 4. 6 3212 | 3 5 3 2123 |

0 0 | 3 2. 3 1 2 | 4 5 3 | 0 5 3 2. 3 |

必 须 步步 跟 定 共 产

f 5. 553 23 5 | mp 2. 53 1 2023 | mf 5. 632 1323 | 3521) |

5 0 0 | 2. 53 1 2 2 0 | 5 32 1 2 | 3 21 6 1 |

党， 才 能 够 节 节 胜 利， 蒸 蒸 向 上，

(三大件停) (三大件) p f

(1543) (1582 | 1582 5 0 |

3 2. 1 6 5 | 3 5 6 1 0 | f 2. 532 1 | 1 0 5 |

涓 涓 细 水 入 长 江， 细 水 入 长

mf p

2. 2 2 2 | 2 2 3 3 | 2 2 2 2 | 2 2 2 2 |

p

3 2 - | 2 - | 2 - | 2 - |

江。

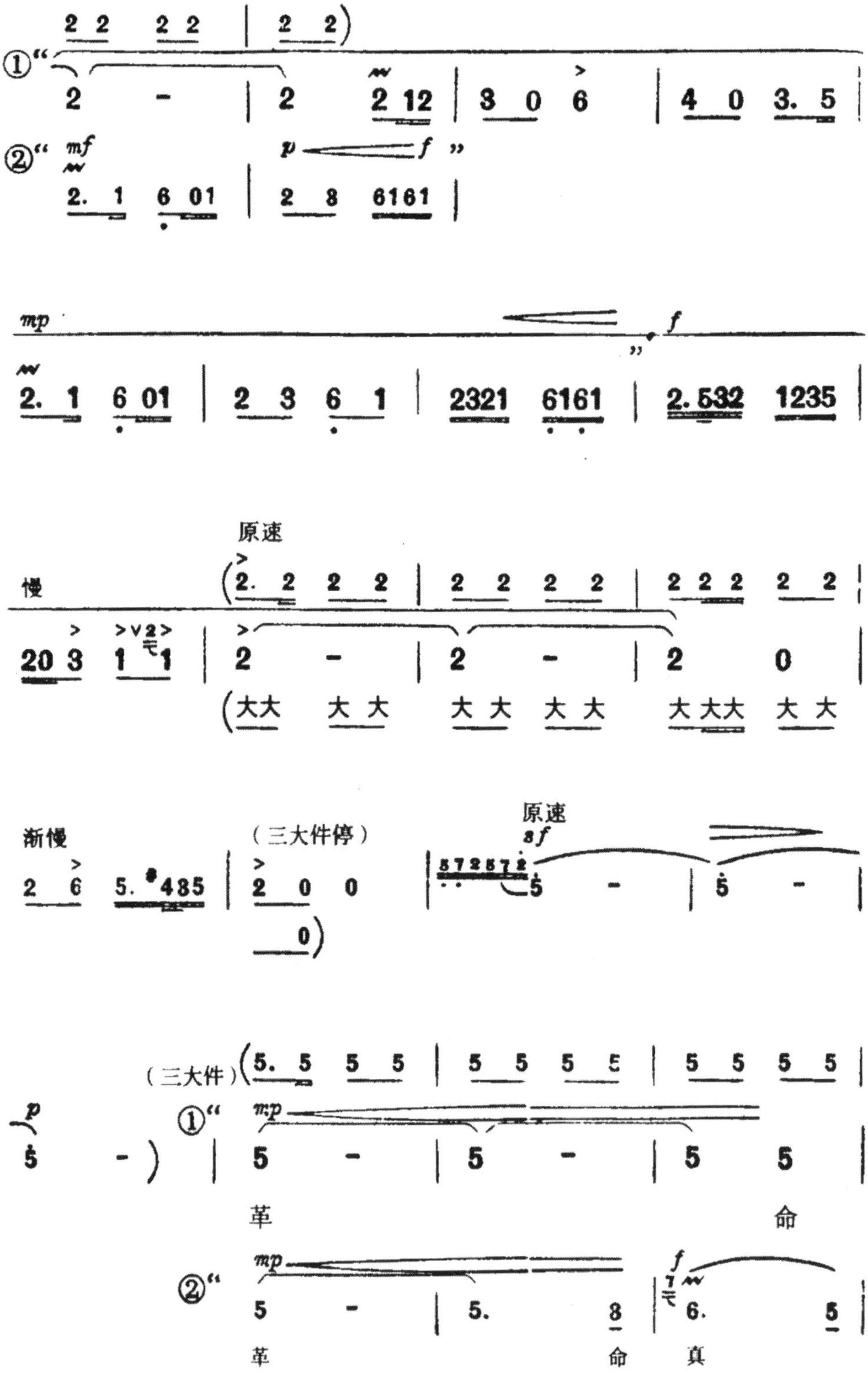

2 2 2 2 | 2 2)

①" 2 - | 2 2 12 | 3 0 6 | 4 0 3. 5 |

②" mf 2. 1 6 01 | p f " 2 3 6161 |

mp f

2. 1 6 01 | 2 3 6 1 | 2321 6161 | 2.532 1235 |

原速

慢 (2. 2 2 2 | 2 2 2 2 | 2 2 2 2 2 |

20 3 1 1 | 2 - | 2 - | 2 0 |

(大大 大 大 大 大 大 大 大 大大 大 大

渐慢 （三大件停） 原速 sf

2 6 5. 485 | 2 0 0 | 5 - | 5 - |

0)

（三大件）(5. 5 5 5 | 5 5 5 5 | 5 5 5 5 |

p ①" mp

5 -) | 5 - | 5 - | 5 5 |

革 命

②" mp f

5 - | 5. 3 | 6. 5 |

革 命 真

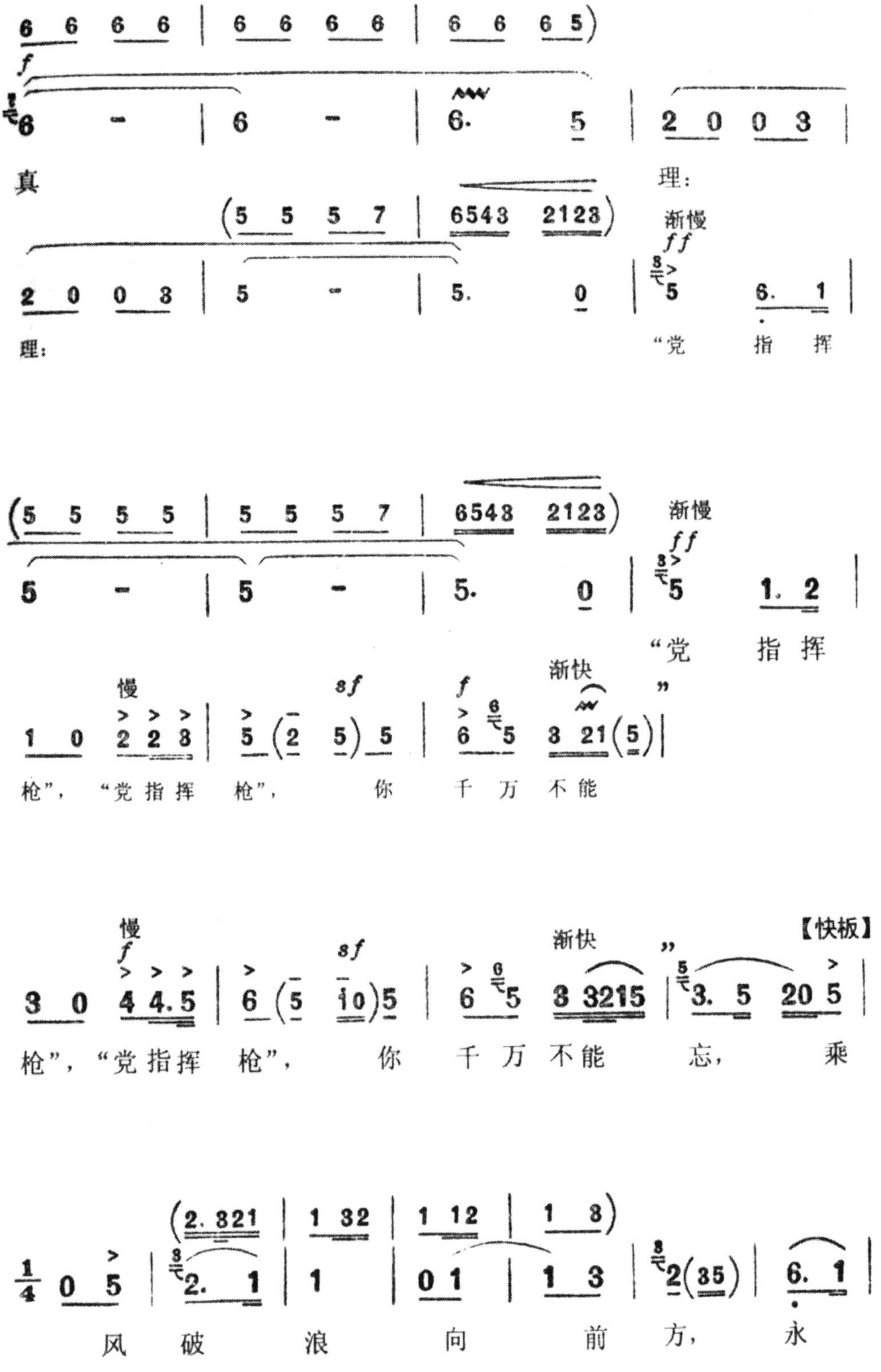

真 理：

理： 渐慢 "党 指 挥

渐慢 "党 指 挥

慢 渐快

枪"，"党指挥 枪"， 你 千 万 不能"

慢 渐快 【快板】

枪"，"党指挥 枪"， 你 千 万 不能 忘， 乘

风 破 浪 向 前 方， 永

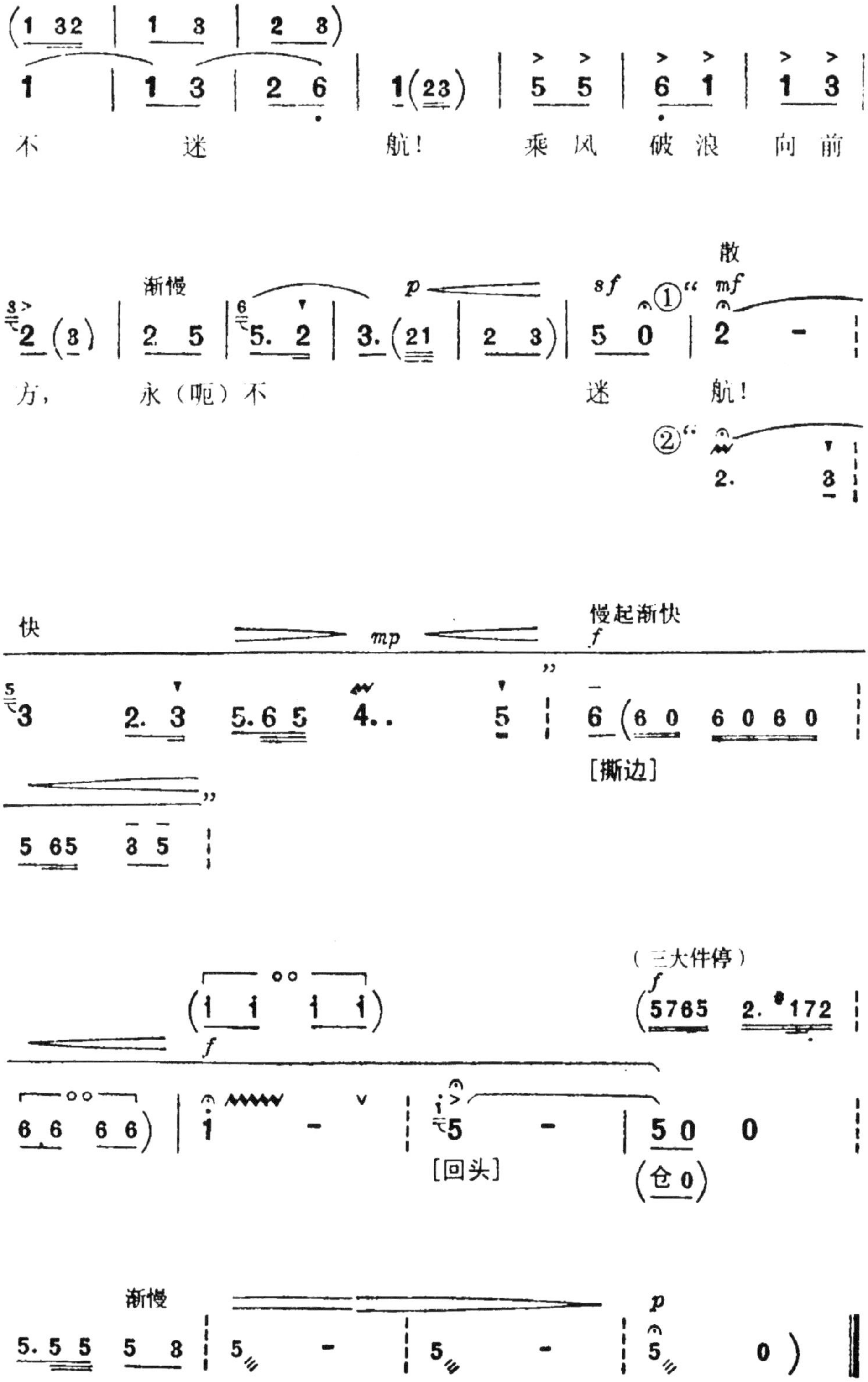

(1 32 | 1 3 | 2 3)

1 | 1 3 | 2 6 | 1(23) | 5 5 | 6 1 | 1 3 |

不 迷 航！ 乘风 破浪 向前

渐慢 p sf 散 mf

2 (3) | 2 5 | 5. 2 | 3.(21 | 2 3) | 5 0 | ①“ 2 - ¦

方， 永（呃）不 迷 航！

②“ 2. 3 ¦

快 mp 慢起渐快 f

3 2. 3 5.6 5 4.. 5 ¦ 6 (6 0 6 0 6 0 ¦

[撕边]

5 65 3 5 ¦

（三大件停）

(1 1 1 1) f (5765 2. #172 ¦

6 6 6 6) | 1 - | 5 - | 5 0 0 ¦

[回头] (仓 0)

渐慢 p

5. 5 5 5 3 ¦ 5 - ¦ 5 - ¦ 5 0) ‖

朝也思来暮也盼

第八场 柯 湘与众战士唱

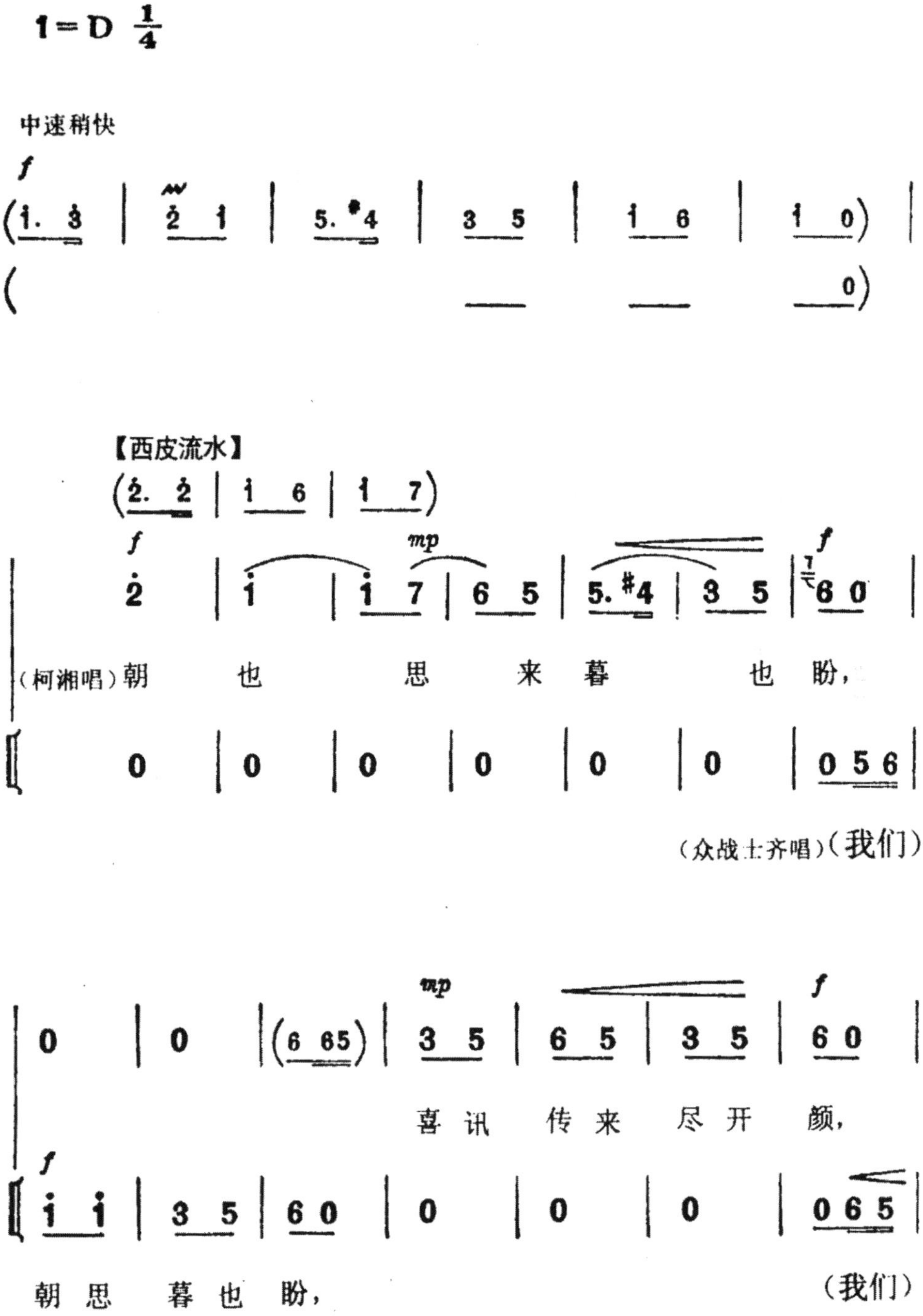

1=D 1/4

中速稍快

【西皮流水】

（柯湘唱）朝 也 思 来 暮 也 盼，

（众战士齐唱）（我们）

喜讯 传来 尽开 颜，

朝思 暮也 盼，

（我们）

消 灭 毒蛇 胆，

尽 开 颜。

转眼 可见 毛委 员，

（女声） 开赴 井冈 山，

（男声）

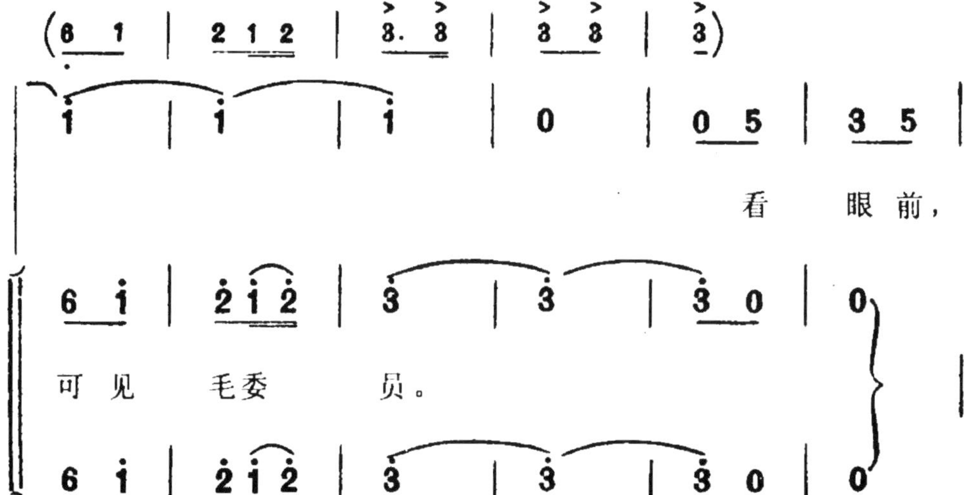

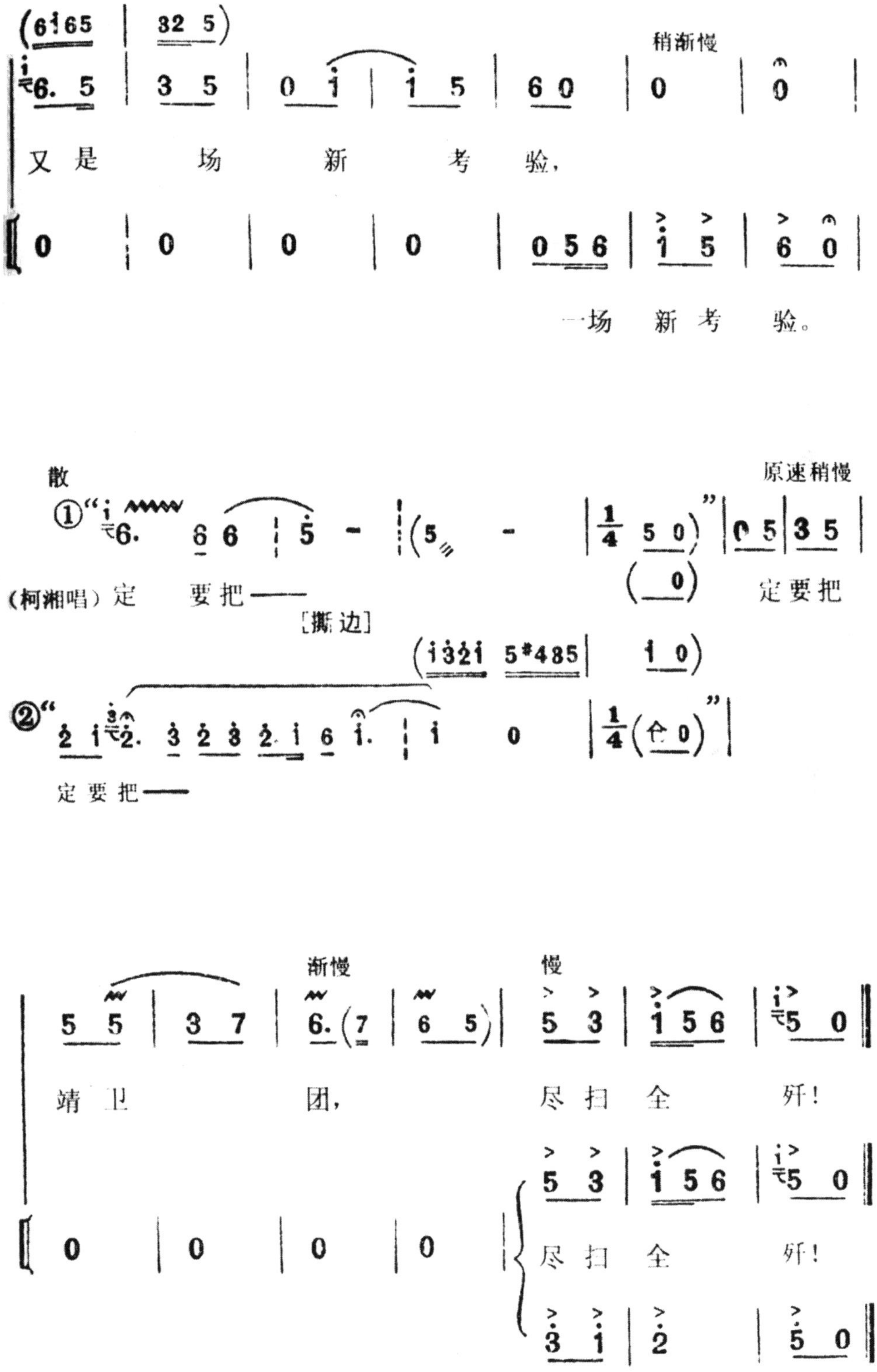

稍渐慢

又是场新考验，

一场新考验。

散

原速稍慢

（柯湘唱）定要把——

定要把

[撕边]

定要把——

渐慢

慢

靖卫团，尽扫全歼！

尽扫全歼！

乐谱符号说明

颤音:

(1) "〰、〰〰、〰〰〰"上颤音,实际效果为:

6 等于 676. 或 6i6.

6 等于 67676 或 6i6i6

6 等于 6 7 6767676 或 67676767……或等于

6 i 6i6i6i6 或 6i6i6i6i……

(2) "〰、〰〰、〰〰〰"下颤音,实际效果为:

6 等于656.

6 等于 65656

6 等于 6 5 6565656 或 65656565……

(颤音随符号长度之不同,声音颤动的长度亦不同。长的颤音有先慢后快的,有先快后慢的,还有全慢和全快的等等。)

(3) "tr ～～"大颤音,实际效果为:

5 - 等于 56565656 5656565656

(此种大颤音只用于器乐部分)

(4) ○ 假声演唱

𝄐 延长号

⌒ 滑音

∇	跳音
▼	顿音
↑	变音记号，偏高
↓	变音记号，偏低
>	重音
‖: :‖	反复
⌐oo¬	自由反复或自由延长
)0(	自由休止
$<$	渐强
$>$	渐弱
v	换气
///	震音
ppp	最弱
pp	很弱
p	弱
mp	中弱
mf	中强
f	强
ff	很强
fff	最强
sf	特强音
fp	强后弱
sfp	特强后突弱
	速度、节拍自由处理

锣鼓字谱说明

大	鼓单犍击
八	鼓双犍同击
八大	鼓双犍分击
嘟	鼓双犍滚击
拉	鼓双犍滚击为落音
多	鼓单犍轻击
龙冬	板、鼓单犍同时轻一击后，鼓单犍再轻一击或鼓单犍轻二击
乙、个	休止
扎、衣	板音
仓	大锣单击或大锣、小锣、饶钹同击
顷	大锣轻击或大锣、小锣、饶钹同时轻击
宫	大锣、小锣、饶钹同击闷音
匝	大锣、小锣、饶钹同击哑音
台	小锣单击
令	小锣轻击
才	饶钹单击或饶钹与小锣同击
扑	饶钹击闷音
Δ	吊钹
∇	双钹
叮	碰钟

柯湘奉党指示，从井冈山来到杜鹃山寻找雷刚所率农民自发暴发武装，途中不幸被捕。她在刑场上，面对敌人的刺刀，大义凛然，浩气昂扬，表现了共产党员生命不息战斗不止的英雄气概。

雷刚带领农民自卫军战士乔装改扮，击溃地主武装靖卫团，在刑场上救下柯湘。群情振奋，热烈拥戴柯湘为农民自卫军党代表。

“吐不尽满腹苦水，一腔冤仇……”柯湘向农民自卫军战士诉说自己的苦难家史。

“家住安源萍水头，三代挖煤做马牛”。柯湘向农民自卫军战士诉说自己的苦难家史。

农民自卫军在党的领导下进行了整训，面貌一新，充满朝气。雷刚参加了共产党，学习、练兵都非常努力。

雷刚不听柯湘的劝阻，贸然下山，铸成大错。面临着胜败存亡的严重局势，柯湘沉着镇静，依靠党支部，制定战斗方案，营救雷刚，力挽狂澜。

雷刚莽撞下山，中敌埋伏，被捕入监，在牢中与杜妈妈相逢。

柯湘回到杜鹃山，揭露了叛徒温其久勾结敌人、出卖革命的滔天罪行、自卫军同仇敌忾，清除内患。

鹃花似火，红旗招展。自卫军会合主力，全歼靖卫团，编入工农革命军，开赴井冈山，去见毛委员！

天津创作歌曲选

·1972·

天津人民出版社

这个图书室工作真负责，
这个《注意》签要保
留好，具有史料价值。

注意事项

1. 爱护图书，如有丢失、污损，照价赔偿。

2. 必须按期还书，外借期限半月。

3 图书不能互相转借。

天津创作歌曲选

天津市纪念毛主席《在延安文艺
座谈会上的讲话》发表三十周年
办公室　编

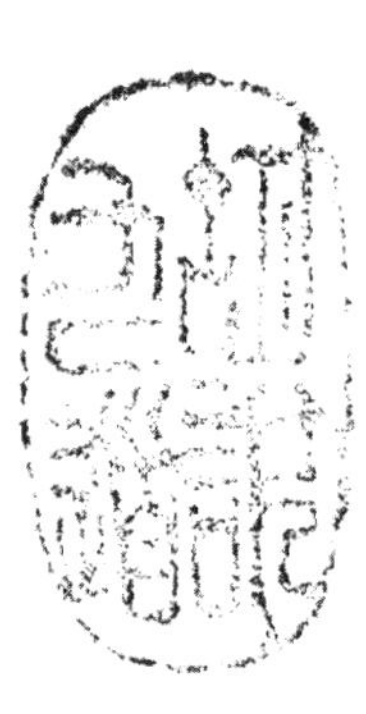

天津人民出版社

目　录

歌唱伟大光荣正确的
中国共产党

1＝F 2/4
中速 庄严热情地

集体作词
王 莘曲

|: 5 · 6 | 1 3 | 5 5 6 | 3 2 1 |
亿万人民热烈地欢呼
(5 5 5 6)
马列主义毛泽东思想
无产阶级文化大革命

6 · 5 | 4·2 4 6 | 5 — | 5 — |
放声歌唱，
光芒万丈，
胜利辉煌，

4 · 5 | 6 6 6 | i 6 | 5 3 |
歌唱毛主席亲手培育的
毛主席的革命路线
党在斗争中朝气蓬勃

2 · 6 | 1·2 3 5 | 2 — | 2 — |
中国共产党，
指引航向，
更加坚强，

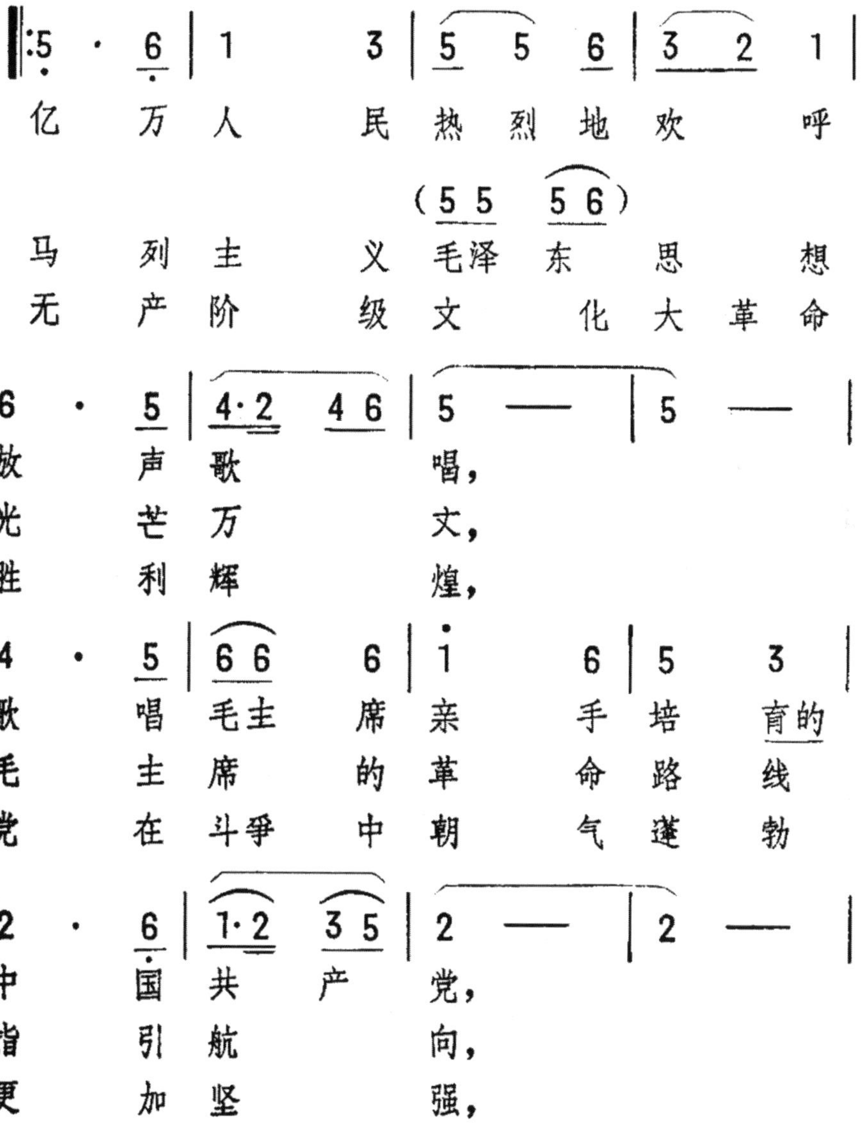

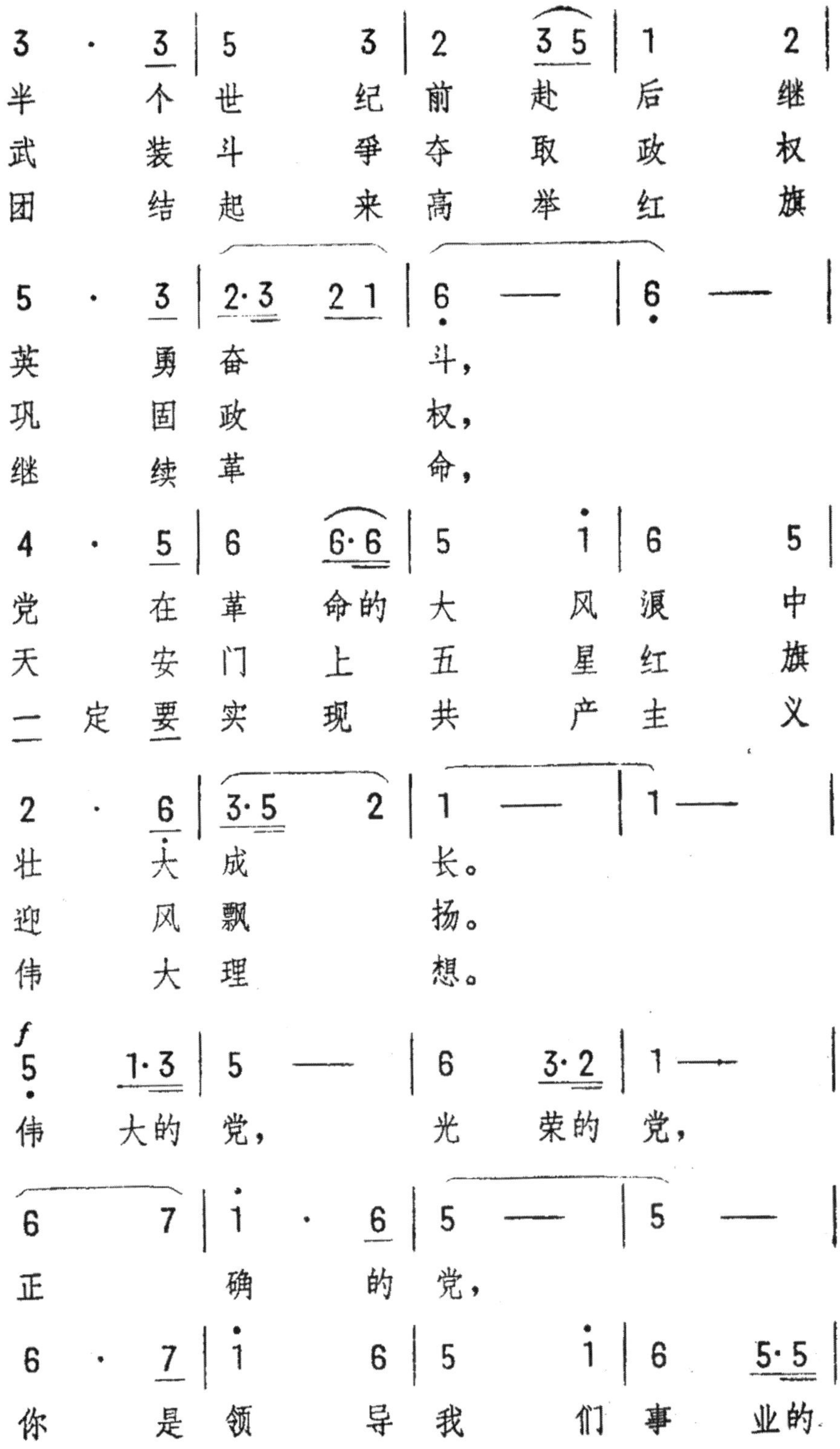

3 · 3 | 5 3 | 2 35 | 1 2 |

半个世纪前赴后继
武装斗争夺取政权
团结起来高举红旗

5 · 3 | 2·3 21 | 6 — | 6 — |

英勇奋斗，
巩固政权，
继续革命，

4 · 5 | 6 6·6 | 5 i | 6 5 |

党在革命的大风浪中
天安门上五星红旗
一定要实现共产主义

2 · 6 | 3·5 2 | 1 — | 1 — |

壮大成长。
迎风飘扬。
伟大理想。

f
5 1·3 | 5 — | 6 3·2 | 1 — |

伟大的党，光荣的党，

6 7 | i · 6 | 5 — | 5 — |

正确的党，

6 · 7 | i 6 | 5 i | 6 5·5 |

你是领导我们事业的

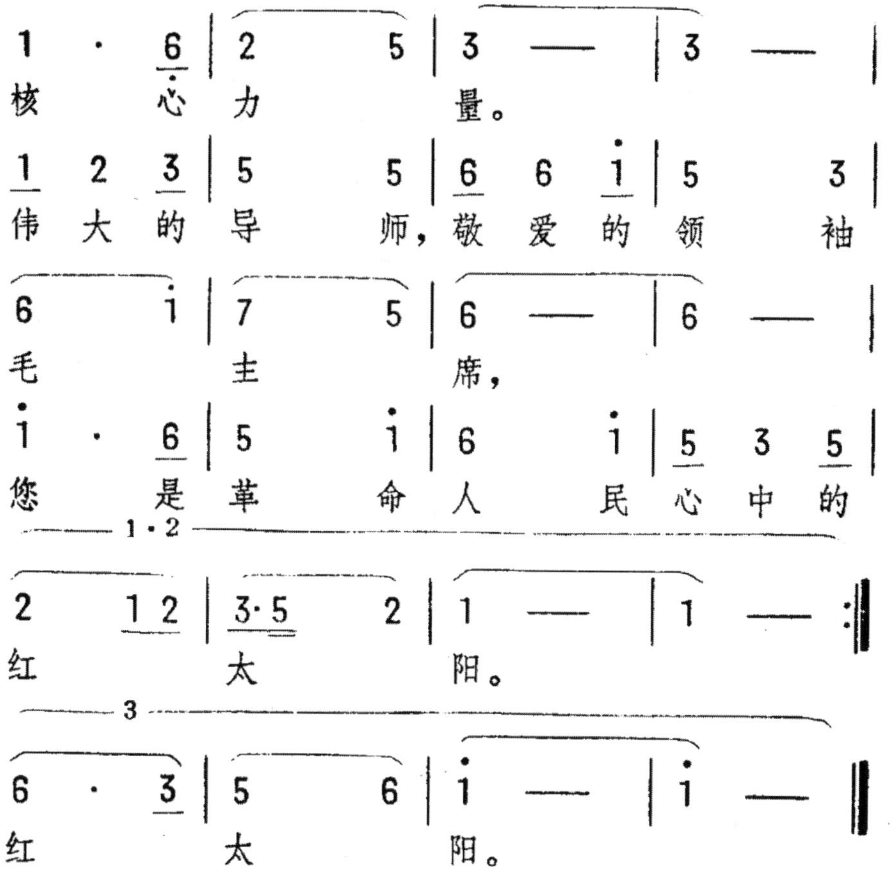

1 · 6 | 2 5 | 3 — | 3 — |
核 心 力 量。

1 2 3 | 5 5 | 6 6 i | 5 3 |
伟大的导师，敬爱的领袖

6 i | 7 5 | 6 — | 6 — |
毛主席，

i · 6 | 5 i | 6 i | 5 3 5 |
您是革命人民心中的

1·2

2 12 | 3·5 2 | 1 — | 1 — :‖
红太阳。

3

6 · 3 | 5 6 | i — | i — ‖
红太阳。

放声高唱《东方红》

1＝bE 2/4
中慢 深情地

韩伟词
施光南曲

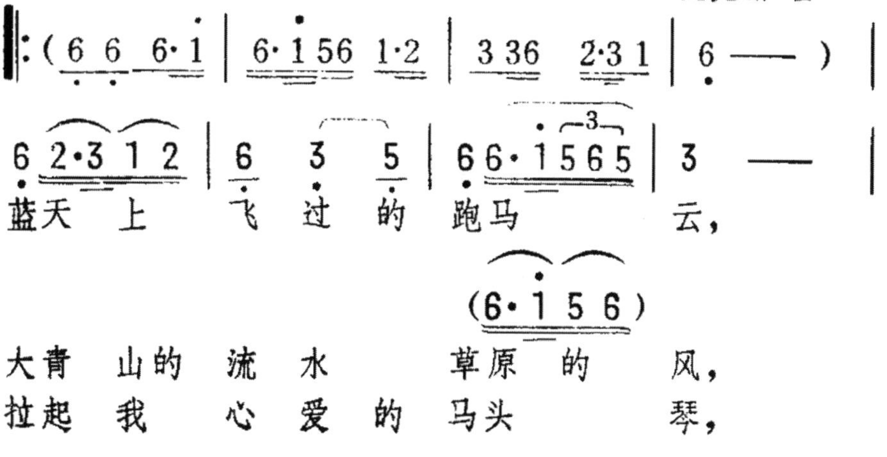

‖:(6 6 6·i | 6·i56 1·2 | 3 36 2·3 1 | 6 —) |

6 2·3 1 2 | 6 3 5 | 6 6·i565 | 3 — |
蓝天上飞过的跑马云，

(6·i 5 6)

大青山的流水草原的风，
拉起我心爱的马头琴，

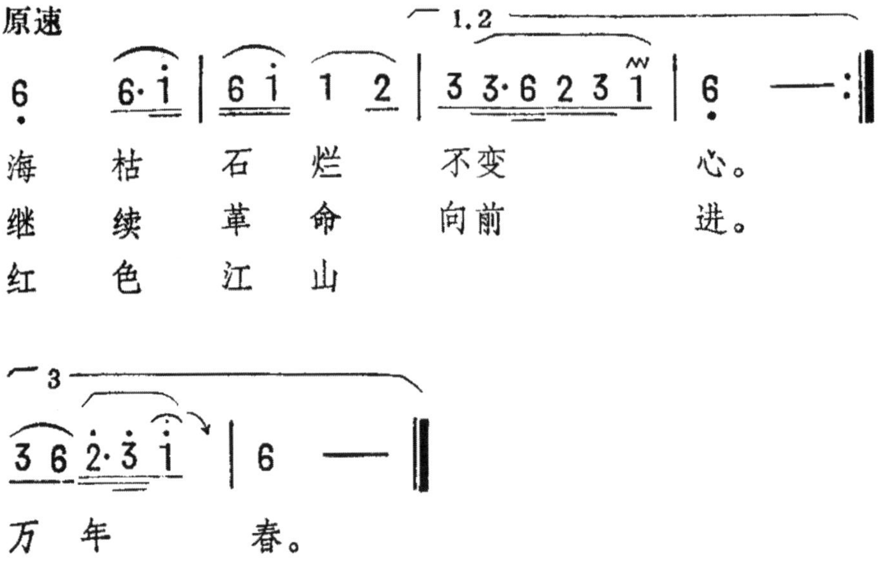

原速

1.2

6 6·i | 6 i 1 2 | 3 3·6 2 3 i | 6 — :‖

海 枯 石 烂 不变 心。

继 续 革 命 向前 进。

红 色 江 山

3

3 6 2·3 i | 6 — ‖

万 年 春。

跟着毛主席走在大路上

（二重唱）

1＝F 2/4 天津铁路工人文化宫词曲

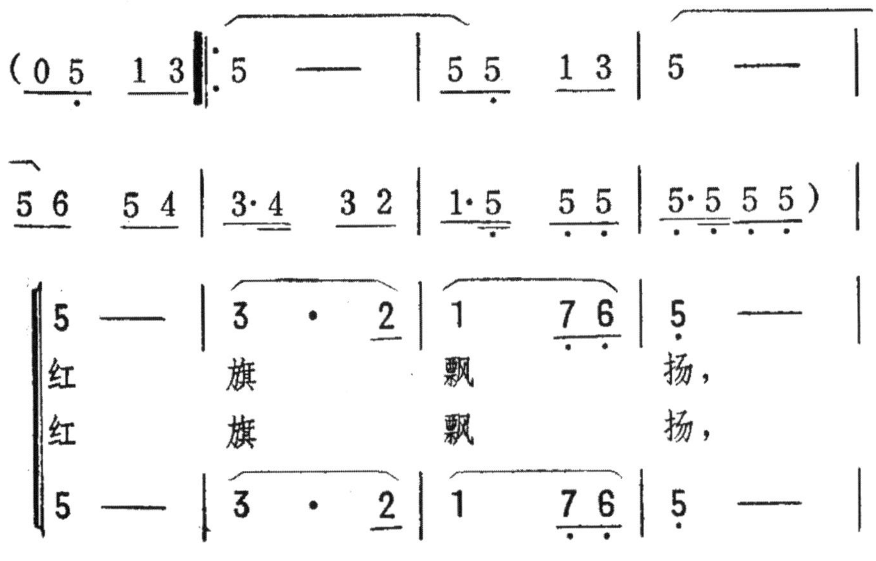

（0 5 1 3 ‖: 5 — | 5 5 1 3 | 5 — |

5 6 5 4 | 3·4 3 2 | 1·5 5 5 | 5·5 5 5） |

5 — | 3 · 2 | 1 7 6 | 5 — |

红 旗 飘 扬，

红 旗 飘 扬，

5 — | 3 · 2 | 1 7 6 | 5 — |

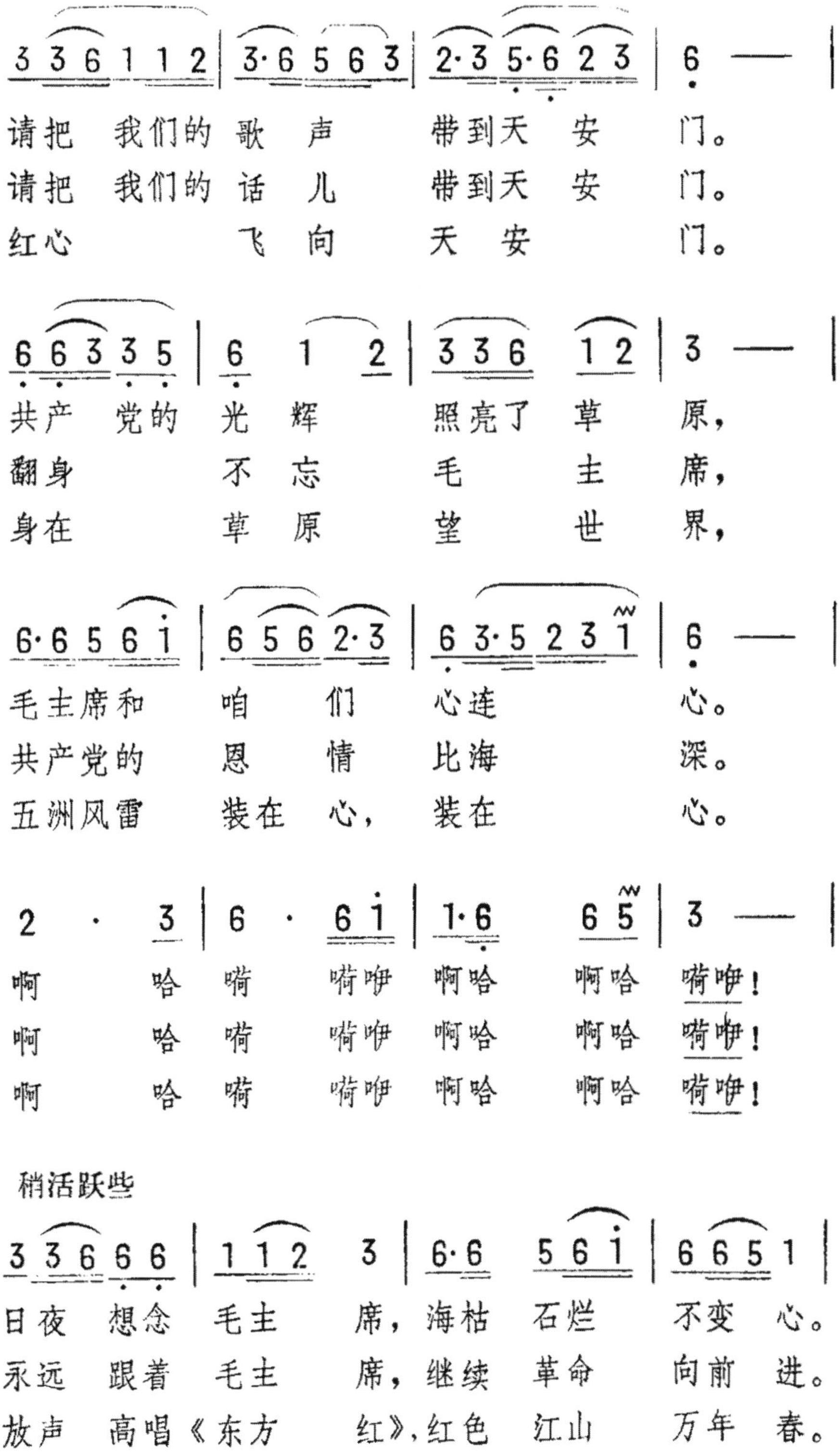

3 3 6 1 1 2 | 3·6 5 6 3 | 2·3 5·6 2 3 | 6 — |

请把 我们的 歌 声 带到天 安 门。
请把 我们的 话 儿 带到天 安 门。
红心 飞 向 天 安 门。

6 6 3 3 5 | 6 1 2 | 3 3 6 1 2 | 3 — |

共产 党的 光 辉 照亮了 草 原，
翻身 不 忘 毛 主 席，
身在 草 原 望 世 界，

6·6 5 6 1 | 6 5 6 2·3 | 6 3·5 2 3 1 | 6 — |

毛主席和 咱 们 心连 心。
共产党的 恩 情 比海 深。
五洲风雷 装在 心， 装在 心。

2 · 3 | 6 · 6 1 | 1·6 6 5 | 3 — |

啊 哈 嗬 嗬咿 啊哈 啊哈 嗬咿！
啊 哈 嗬 嗬咿 啊哈 啊哈 嗬咿！
啊 哈 嗬 嗬咿 啊哈 啊哈 嗬咿！

稍活跃些

3 3 6 6 6 | 1 1 2 3 | 6·6 5 6 1 | 6 6 5 1 |

日夜 想念 毛主 席，海枯 石烂 不变 心。
永远 跟着 毛主 席，继续 革命 向前 进。
放声 高唱《东方 红》，红色 江山 万年 春。

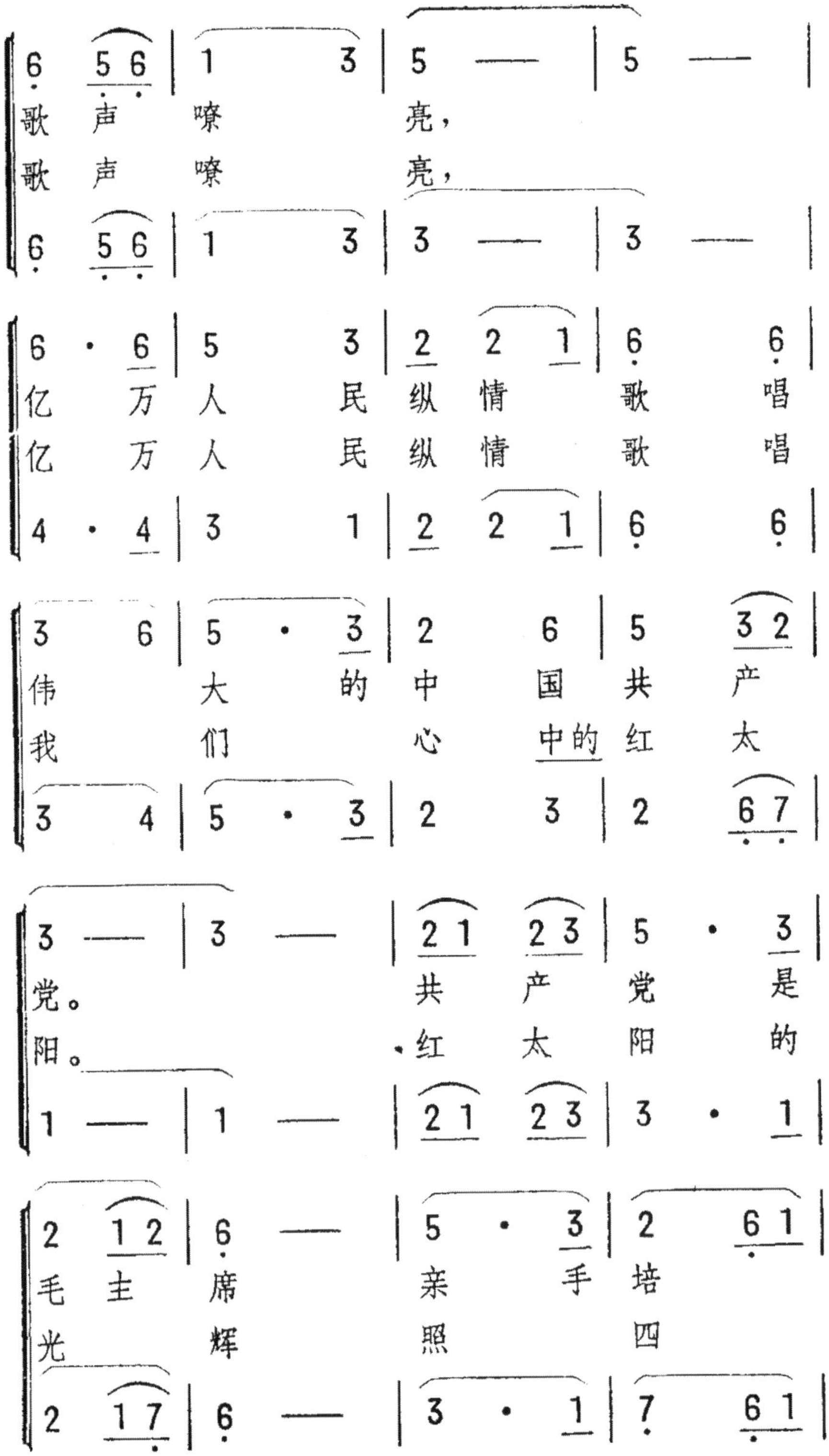

| 6 56 | 1 3 | 5 — | 5 — |
歌 声 嘹 亮，
歌 声 嘹 亮，
| 6 56 | 1 3 | 3 — | 3 — |

| 6 · 6 | 5 3 | 2 2 1 | 6 6 |
亿 万 人 民 纵 情 歌 唱
亿 万 人 民 纵 情 歌 唱
| 4 · 4 | 3 1 | 2 2 1 | 6 6 |

| 3 6 | 5 · 3 | 2 6 | 5 32 |
伟 大 的 中 国 共 产
我 们 心 中的 红 太
| 3 4 | 5 · 3 | 2 3 | 2 67 |

| 3 — | 3 — | 21 23 | 5 · 3 |
党。 共 产 党 是
阳。 红 太 阳 的
| 1 — | 1 — | 21 23 | 3 · 1 |

| 2 12 | 6 — | 5 · 3 | 2 61 |
毛 主 席 亲 手 培
光 辉 照 四
| 2 17 | 6 — | 3 · 1 | 7 61 |

| 2 — | 2 — | 5 3 5 6 | i · 7 |
育，　　　　　　共　产　党　是
方，　　　　　　毛　主　席　的
| 5 — | 5 — | 3 1 2 3 | 3 · 1 |

| 6 6 5 6 | 5 3 2 | 6 5 | 3 5 2 |
领导我们　事　业的　核　心　力
伟大思想　指　引着　胜　利　航
| 4 4 3 4 | 3 1 7 | 6 5 | 3 · 2 |

| 1 — | 1 — | 5 5 | 5 · 3 |
量。　　　　　共　产　党　是
向。　　　　　红　太　阳　的
| 1 — | 1 V 5 1 3 | 5 i | 7 6 5 |
　　　　　啊！

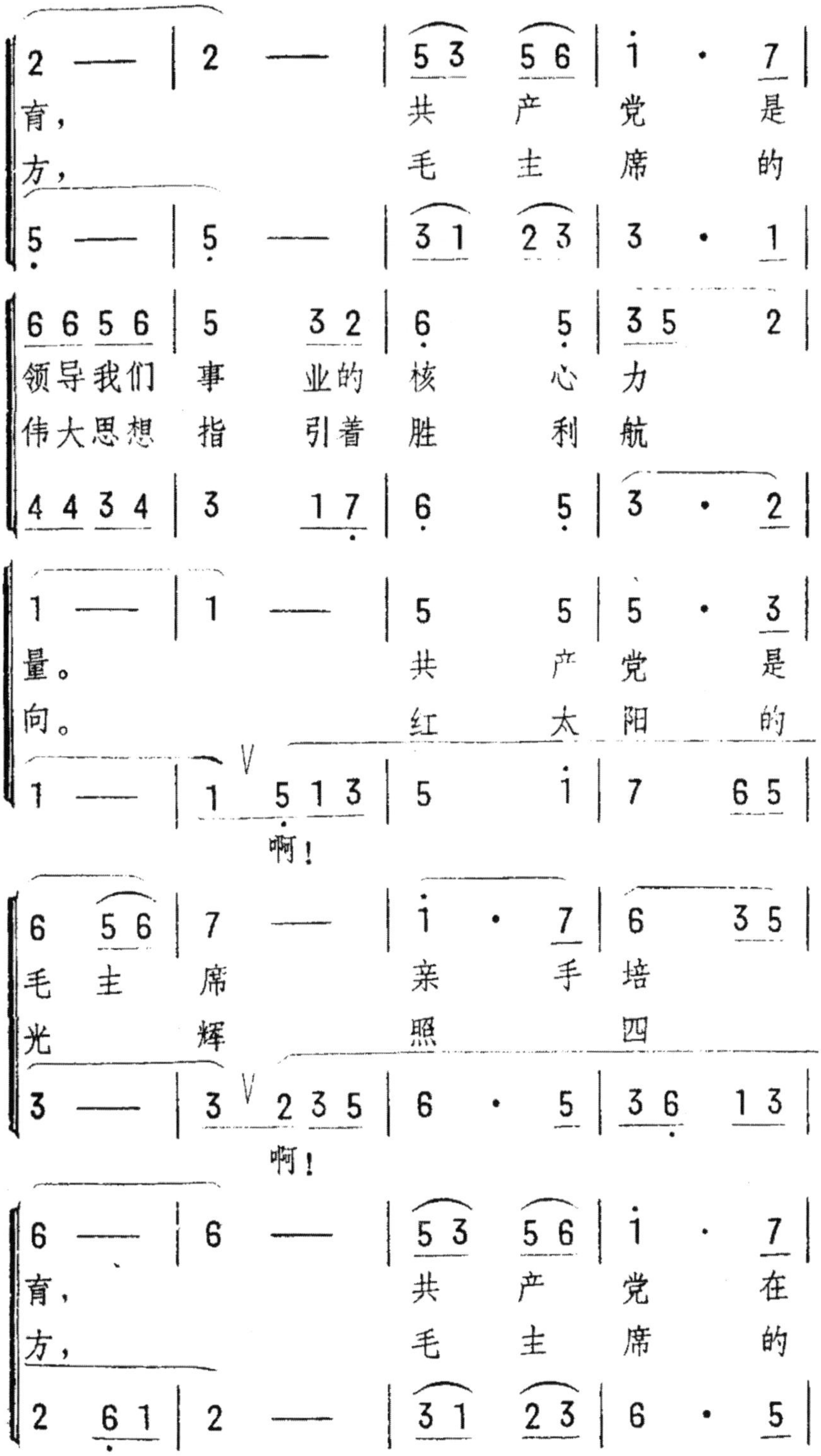

| 6 5 6 | 7 — | i · 7 | 6 3 5 |
毛　主　席　　亲　手　培
光　　辉　　照　　四
| 3 — | 3 V 2 3 5 | 6 · 5 | 3 6 1 3 |
　　　　　啊！

| 6 — | 6 — | 5 3 5 6 | i · 7 |
育，　　　　　共　产　党　在
方，　　　　　毛　主　席　的
| 2 6 1 | 2 — | 3 1 2 3 | 6 · 5 |

| 6 6 5 6 | 5 3 2 | 6 5 | 3 5 2 |
阶级斗爭风浪中壮大成
革命路线永远放光
| 4 4 3 4 | 3 1 7 | 6 5 | 3 2 |

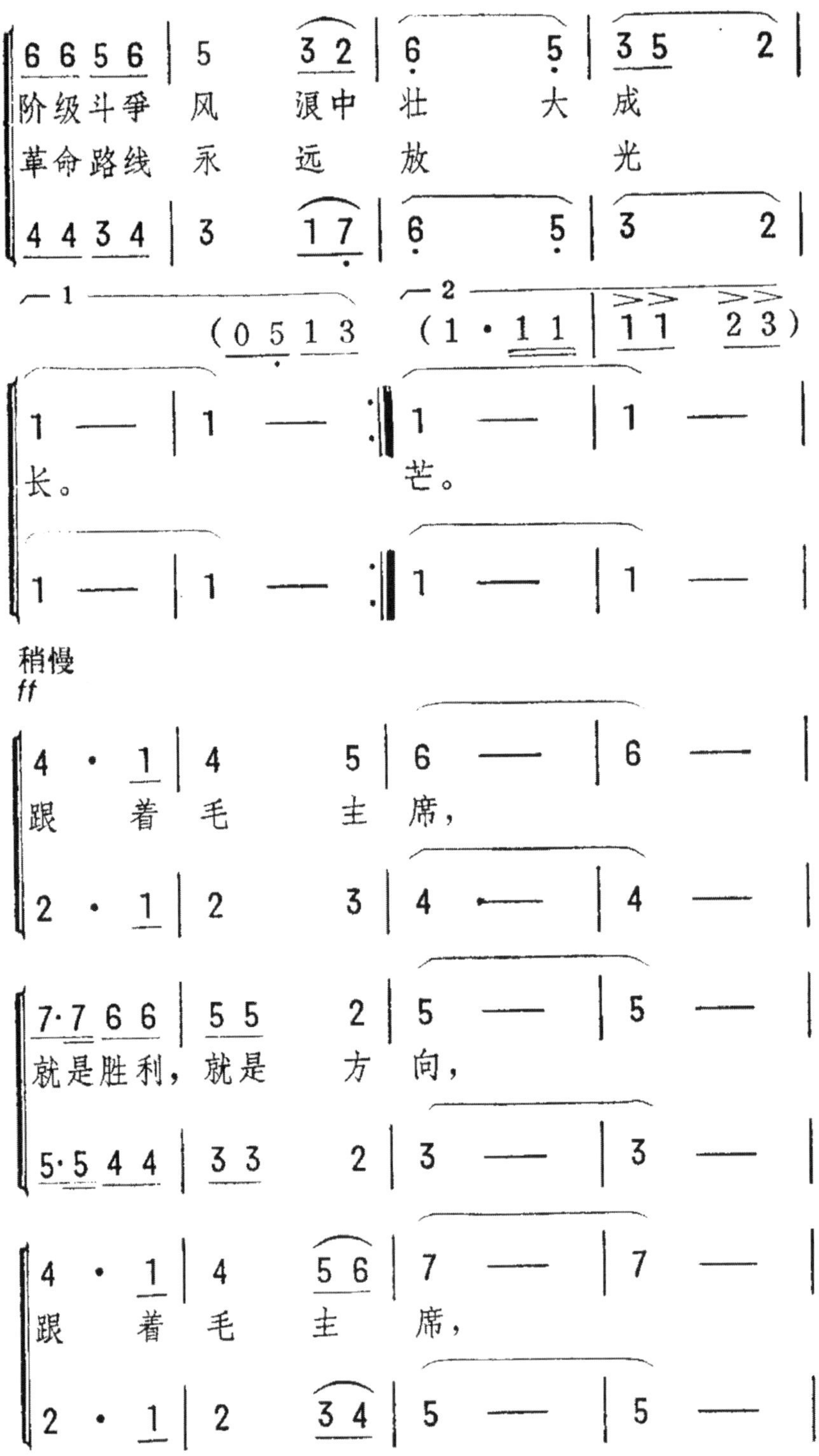

1. (0 5 1 3　2. (1 · 1 1 | 1 1 2 3)

| 1 — | 1 — :|| 1 — | 1 — |
长。芒。
| 1 — | 1 — :|| 1 — | 1 — |

稍慢
ff

| 4 · 1 | 4 5 | 6 — | 6 — |
跟着毛主席，
| 2 · 1 | 2 3 | 4 — | 4 — |

| 7·7 6 6 | 5 5 2 | 5 — | 5 — |
就是胜利，就是方向，
| 5·5 4 4 | 3 3 2 | 3 — | 3 — |

| 4 · 1 | 4 5 6 | 7 — | 7 — |
跟着毛主席，
| 2 · 1 | 2 3 4 | 5 — | 5 — |

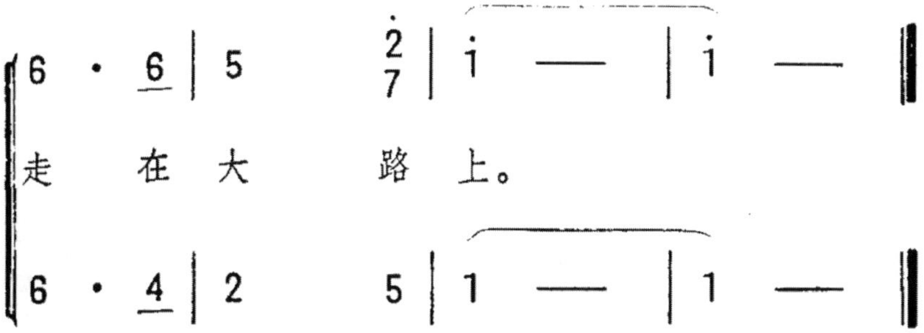

走在大路上。

最美的赞歌献给党

（女声独唱）

1＝#F 3/4

韩伟词
施光南曲

千条江河归大海，朵朵葵花朝太阳，

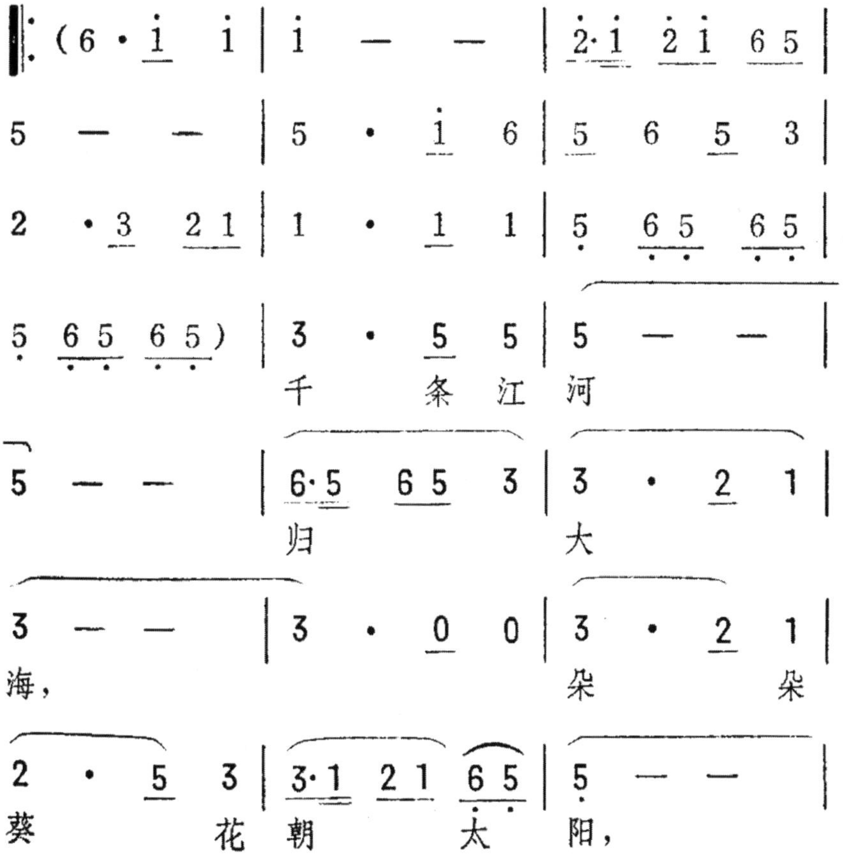

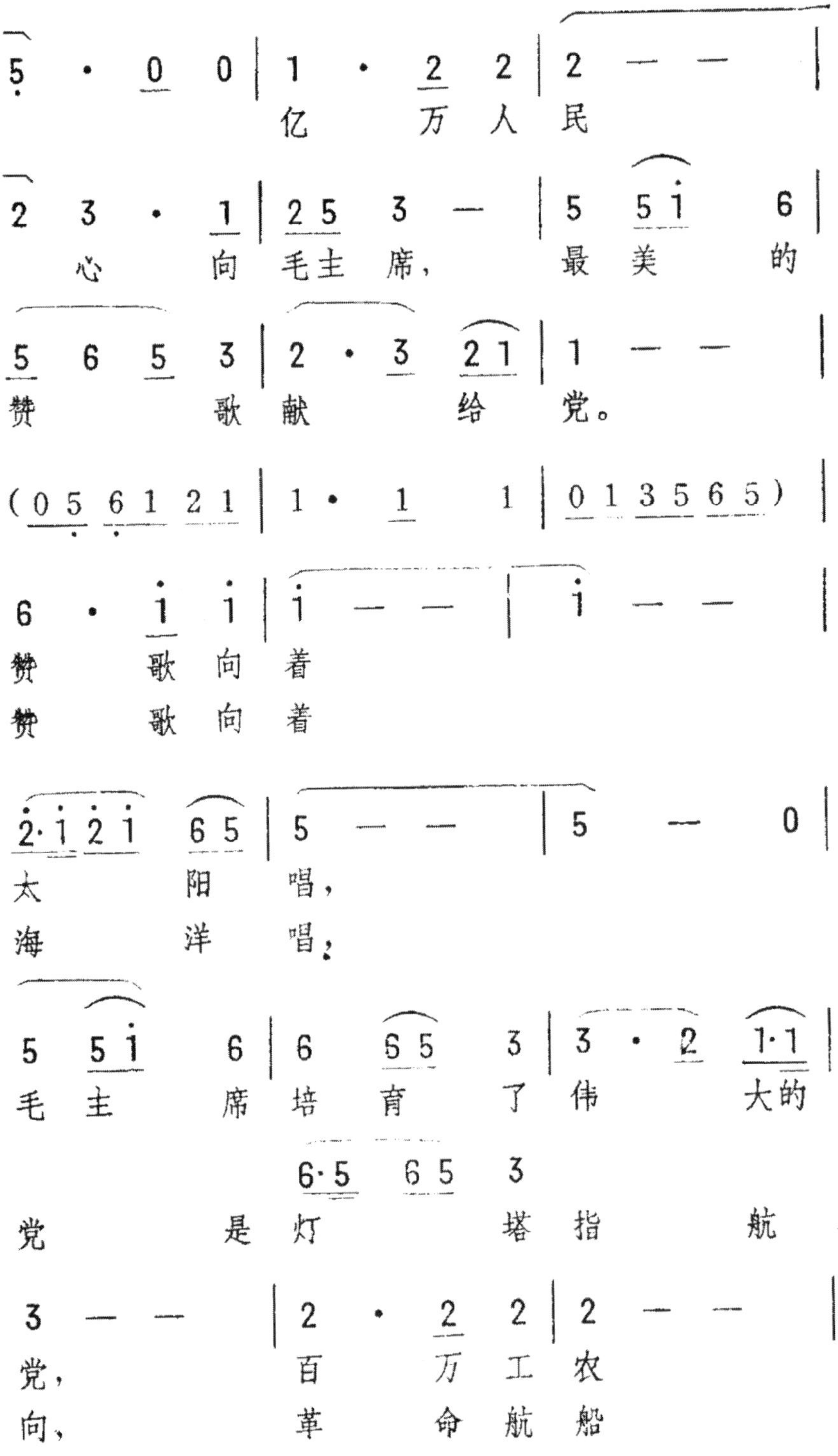

5 · 0 0 | 1 · 2 2 | 2 — — |

亿 万 人 民

2 3 · 1 | 25 3 — | 5 51̇ 6 |

心 向 毛主 席， 最 美 的

5 6 5 3 | 2 · 3 21 | 1 — — |

赞 歌 献 给 党。

(05 61 21 | 1· 1 1 | 01 35 65) |

6 · 1̇ 1̇ | 1̇ — — | 1̇ — — |

赞 歌 向 着

赞 歌 向 着

2̇·1̇2̇1̇ 65 | 5 — — | 5 — 0 |

太 阳 唱，

海 洋 唱；

5 51̇ 6 | 6 65 3 | 3 · 2 1·1 |

毛 主 席 培 育 了 伟 大的

6·5 65 3

党 是 灯 塔 指 航

3 — — | 2 · 2 2 | 2 — — |

党， 百 万 工 农

向， 革 命 航 船

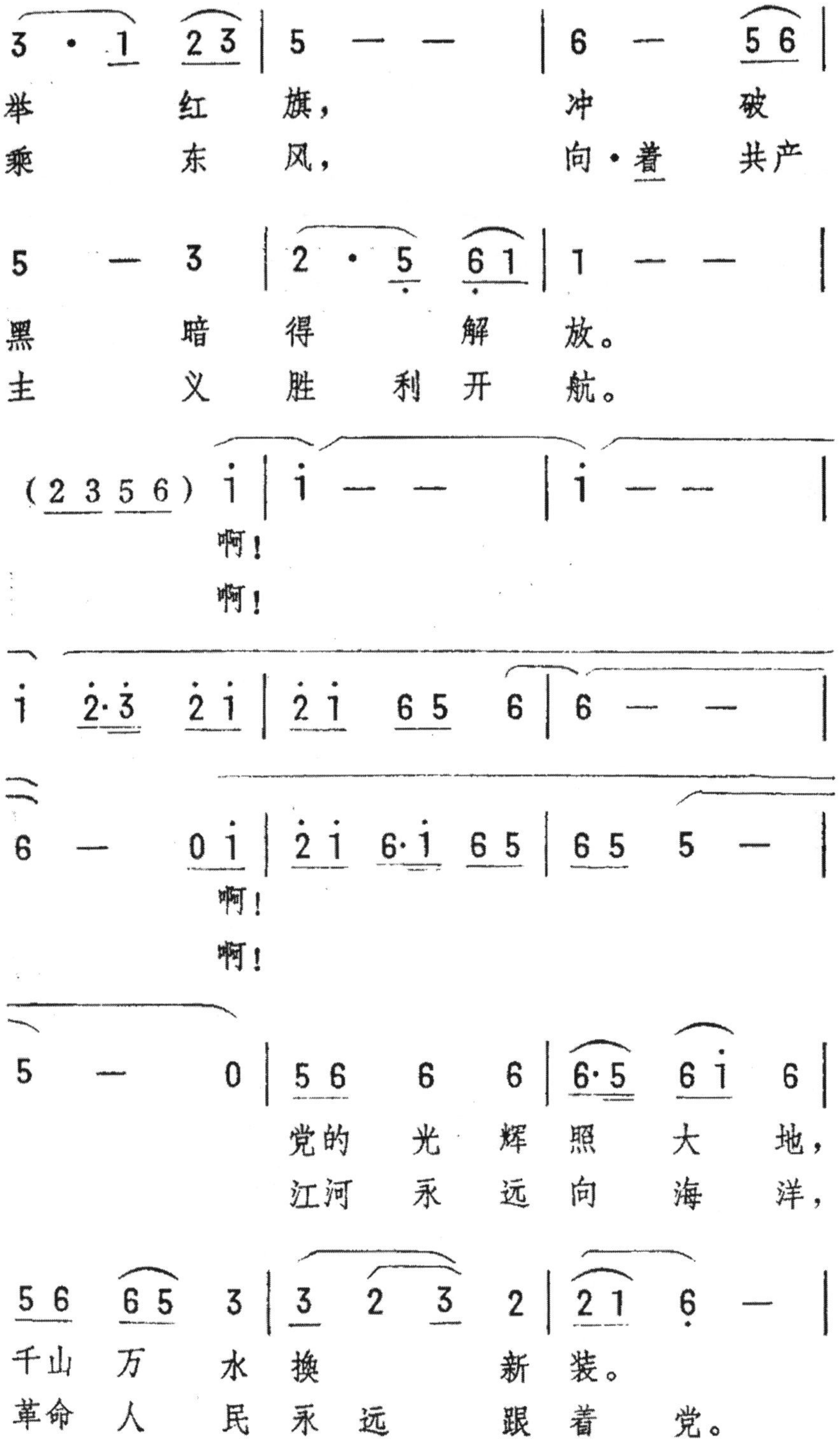

3 · 1 23 | 5 — — | 6 — 56 |

举 红 旗， 冲 破

乘 东 风， 向·着 共产

5 — 3 | 2 · 5 61 | 1 — — |

黑 暗 得 解 放。

主 义 胜 利 开 航。

(2356) i | i — — | i — — |

啊！

啊！

i 2·3 21 | 21 65 6 | 6 — — |

6 — 0i | 2i 6·i 65 | 65 5 — |

啊！

啊！

5 — 0 | 56 6 6 | 6·5 6i 6 |

党的 光 辉 照 大 地，

江河 永 远 向 海 洋，

56 65 3 | 3 2 3 2 | 21 6 — |

千山 万 水 换 新 装。

革命 人 民 永 远 跟 着 党。

革　命征　途风雷

毛　主席挥　手我前

1

激，　毛　泽　东

进，

思　想指　方　向。

2

渐慢

放　声

歌　唱红　太　阳。

贫下中牧歌唱党

（独　唱）

1＝F　4/4　　　　石惟正 词曲

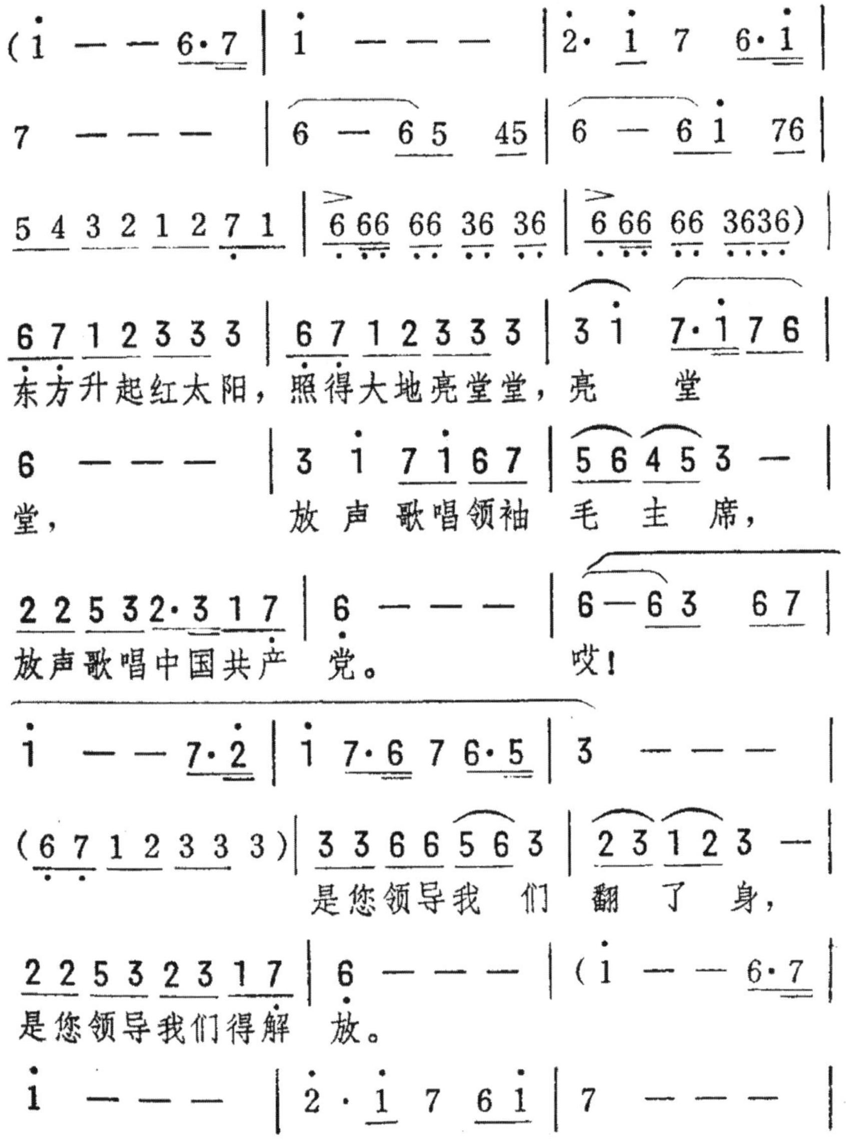

（i — — 6·7 | i — — — | 2· i 7 6·i |
7 — — — | 6 — 65 45 | 6 — 6i 76 |
5 4 3 2 1 2 7 1 | 6 66 66 36 36 | 6 66 66 3636）|
6 7 1 2 3 3 3 | 6 7 1 2 3 3 3 | 3 i 7·i 7 6 |
东方升起红太阳，照得大地亮堂堂，亮　堂
6 — — — | 3 i 7 i 6 7 | 5 6 4 5 3 — |
堂，　放声歌唱领袖　毛　主　席，
2 2 5 3 2·3 1 7 | 6 — — — | 6 — 6 3 6 7 |
放声歌唱中国共产　党。　哎！
i — — 7·2 | i 7·6 7 6·5 | 3 — — — |
（6 7 1 2 3 3 3）| 3 3 6 6 5 6 3 | 2 3 1 2 3 — |
是您领导我　们　翻　了　身，
2 2 5 3 2 3 1 7 | 6 — — — |（i — — 6·7 |
是您领导我们得解　放。
i — — — | 2 · i 7 6 i | 7 — — — |

6 — 6545 | 6 — 6176 | 5·6 54 32 34 |

5 55 55 55 55) | 5512345 | 65465 — |

祖国山河披新装，

5512345 | 65465 — | 33345433 |

大江南北红旗飘扬，永远沿着毛主席的

23123 — | 23456176 | 56453 — |

革命路线，各族人民团结战斗无比坚强。

6 — — — | 6 — — — | 0 6 7 1 7 |

哎！跟着伟大

2·1 7 6·6 | 5 45 6 54 | 3 — — — |

光荣正确的中国共产党，

2·3 5 6 | 3217·217 | 6 — — — |

昂首阔步奔向前方。

(33 34 54 32 | 12 71 666 | 33 34 54 32 |

12 71 666) | 33345432 | 17 12 333 |

万岁万岁毛主席！万岁万岁共产党！

33345432 | 17 12 333 | 6—6367 |

万岁万岁毛主席！万岁万岁共产党！哎！

1 — — 7·2 | 1 76 76·5 | 3 — — — |

2·356 | 7217 | 6 — — — | 6 — — — ‖

万岁万岁中国共产党！

我们伟大的祖国

1＝F 4/4
豪迈健壮行进

王普丰 词
王 莘 曲

5·5 |: 5 — 3·2 | 1 61 5 5 | 6·1 22 5 |
我们 伟 大 的 祖 国 屹 立在 世界 东
伟 大 的 祖 国 屹 立在 世界 东

3 — — 35 | 6 1 7 6 | 5 35 2 6 |
方， 我们 社 会 主 义 祖 国 到
方， 我们 社 会 主 义 祖 国 到

5·3 23 21 | 5 — — — | 1·7 6 5 |
处是 灿烂 阳 光。 各 族 人 民是
处是 灿烂 阳 光。 生 产 建 设

1·1 2 3 0 | 2·3 5 5 | 6·5 3 2 0 |
国家 主 人， 紧 密 团 结 斗志 昂 扬。
一日 千 里， 社 会 主 义 蒸蒸 日 上。

1·2 3 5 | 6·656 3 | 2 35·566 |
无 产 阶 级 文 化大革 命，开 创马列主义
我 们 祖 国 多 么美 好，毛主席革命路线

7·7 6 2 | 5 — — 1·1 | 1 76 5 35 |
崭 新 篇 章。 伟大 领袖 毛 主
光 芒 万 文。 伟大 领袖 毛 主

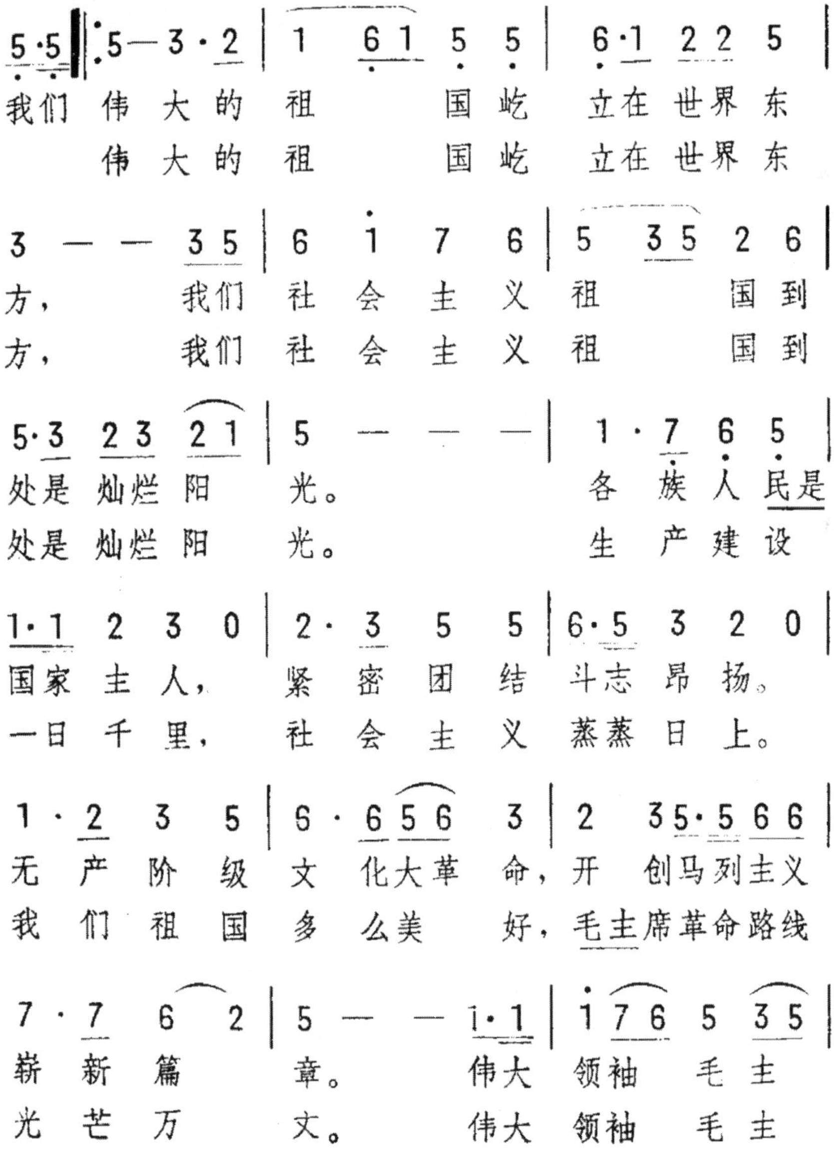

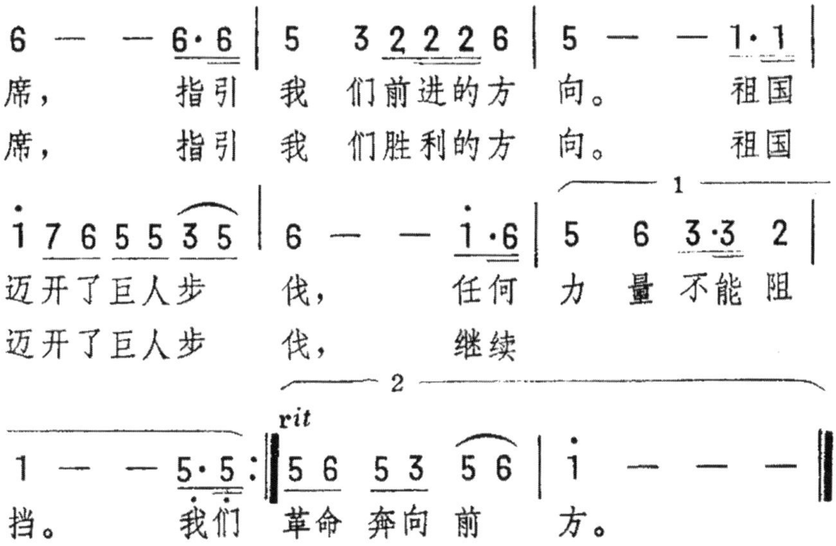

6 — — 6·6 | 5 3 2226 | 5 — — 1·1 |

席， 指引 我 们前进的方 向。 祖国

席， 指引 我 们胜利的方 向。 祖国

1 7 6 5 5 3 5 | 6 — — 1·6 | 5 6 3·3 2 |

迈开了巨人步 伐， 任何 力 量 不能 阻

迈开了巨人步 伐， 继续

1 — — 5·5 :‖ 5 6 5 3 5 6 | 1 — — — ‖

rit

挡。 我们 革命 奔向 前 方。

伟大的社会主义祖国在前进

1=D 2/4

天津革命歌曲创作学习班 词曲

雄伟豪迈地

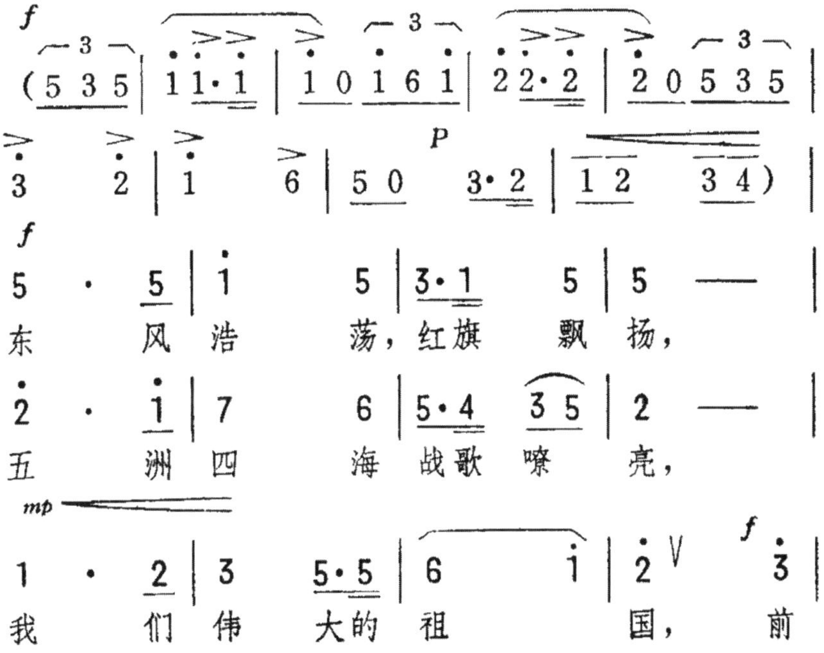

f

(5 3 5 | 1 1·1 | 1 0 1 6 1 | 2 2·2 | 2 0 5 3 5 |

3 2 | 1 6 | 5 0 3·2 | 1 2 3 4) |

P

f

5 · 5 | 1 5 | 3·1 5 | 5 — |

东 风 浩 荡，红旗 飘 扬，

2 · 1 | 7 6 | 5·4 3 5 | 2 — |

五 洲 四 海 战歌 嘹 亮，

mp

1 · 2 | 3 5·5 | 6 1 | 2 V 3 |

f

我 们 伟 大的 祖 国， 前

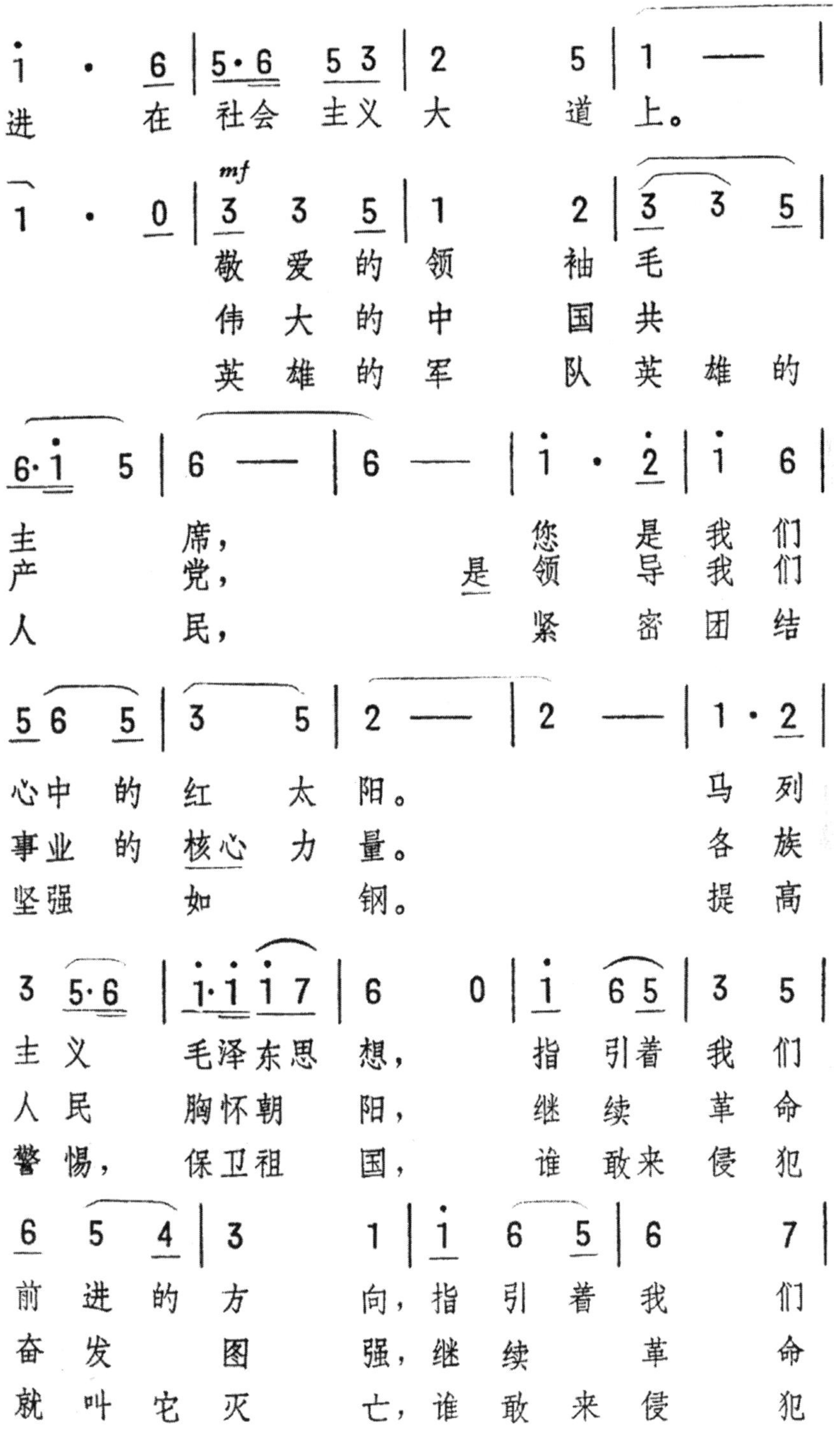

i · 6 | 5·6 53 | 2 5 | 1 — |

进 在 社会 主义 大 道 上。

mf

1 · 0 | 3 3 5 | 1 2 | 3 3 5 |

敬 爱 的 领 袖 毛

伟 大 的 中 国 共

英 雄 的 军 队 英 雄 的

6·i 5 | 6 — | 6 — | i · 2 | i 6 |

主 席， 您 是 我 们

产 党， 是 领 导 我 们

人 民， 紧 密 团 结

56 5 | 3 5 | 2 — | 2 — | 1 · 2 |

心中 的 红 太 阳。 马 列

事业 的 核心 力 量。 各 族

坚强 如 钢。 提 高

3 5·6 | i·i i7 | 6 0 | i 65 | 3 5 |

主 义 毛泽东思 想， 指 引着 我 们

人 民 胸怀朝 阳， 继 续 革 命

警 惕， 保卫祖 国， 谁 敢来 侵 犯

6 5 4 | 3 1 | i 6 5 | 6 7 |

前 进 的 方 向，指 引 着 我 们

奋 发 图 强，继 续 革 命

就 叫 它 灭 亡，谁 敢 来 侵 犯

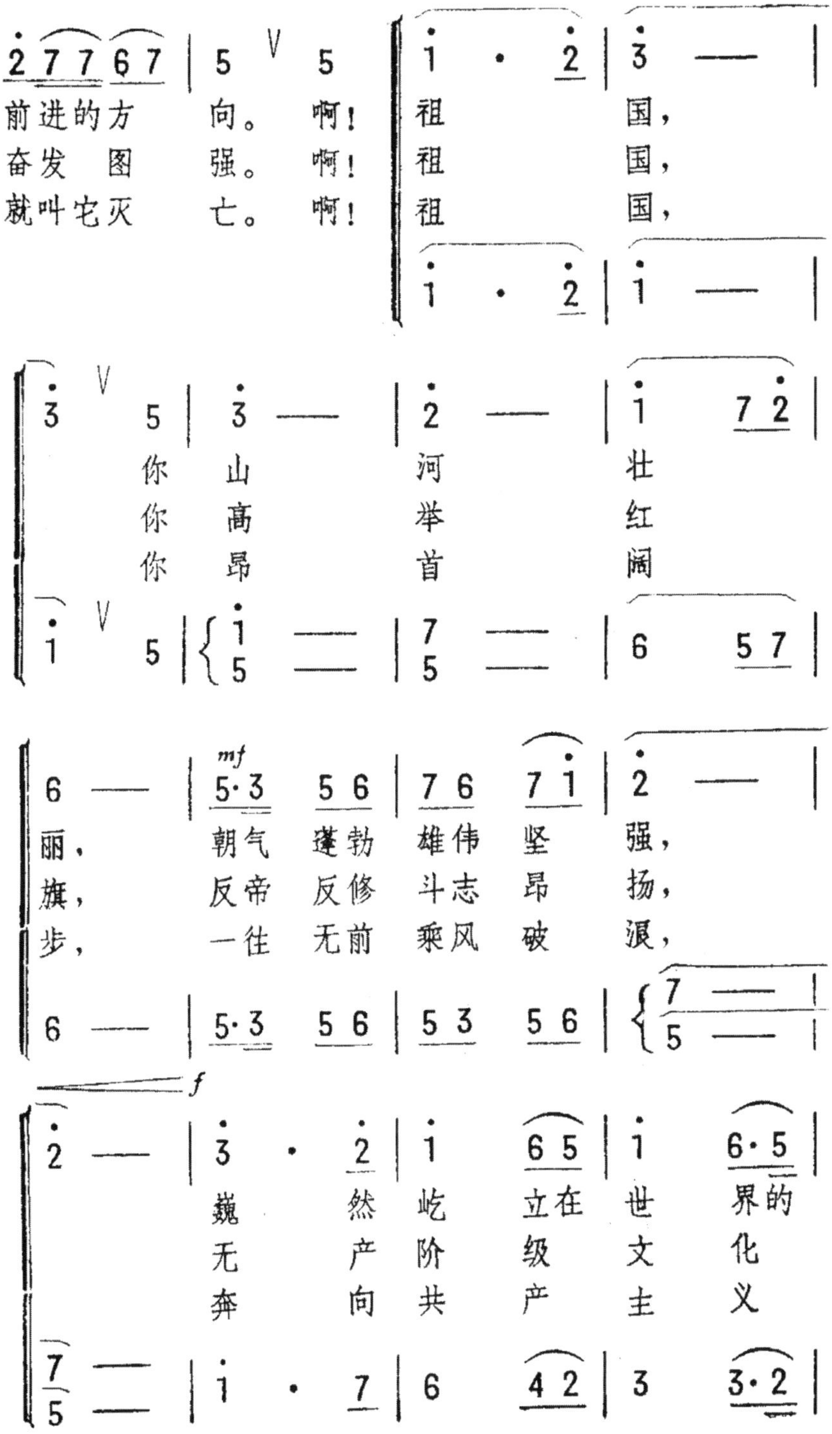

2 77 67 | 5 V 5 | 1 · 2 | 3 — |

前进的方 向。 啊！ 祖 国，

奋发 图 强。 啊！ 祖 国，

就叫它灭 亡。 啊！ 祖 国，

1 · 2 | 1 — |

3 V 5 | 3 — | 2 — | 1 72 |

你 山 河 壮

你 高 举 红

你 昂 首 阔

1 V 5 | 1/5 — | 7/5 — | 6 57 |

6 — | *mf* 5·3 56 | 76 71 | 2 — |

丽， 朝气 蓬勃 雄伟 坚 强，

旗， 反帝 反修 斗志 昂 扬，

步， 一往 无前 乘风 破 浪，

6 — | 5·3 56 | 53 56 | 7/5 — |

f

2 — | 3 · 2 | 1 65 | 1 6·5 |

巍 然 屹 立在 世 界的

无 产 阶 级 文 化

奔 向 共 产 主 义

7/5 — | 1 · 7 | 6 42 | 3 3·2 |

3 5 | 6 6 1 | 2 3 | 1 — | 1 ‖

东方，屹立在东方！

大革命胜利辉煌！

前方，奔向前方！

1 2 | 4 4 56 | 7 5 | 1 — | 1 ‖

前进！伟大的祖国

1＝D 2/4

天津轮胎厂文艺宣传队词曲

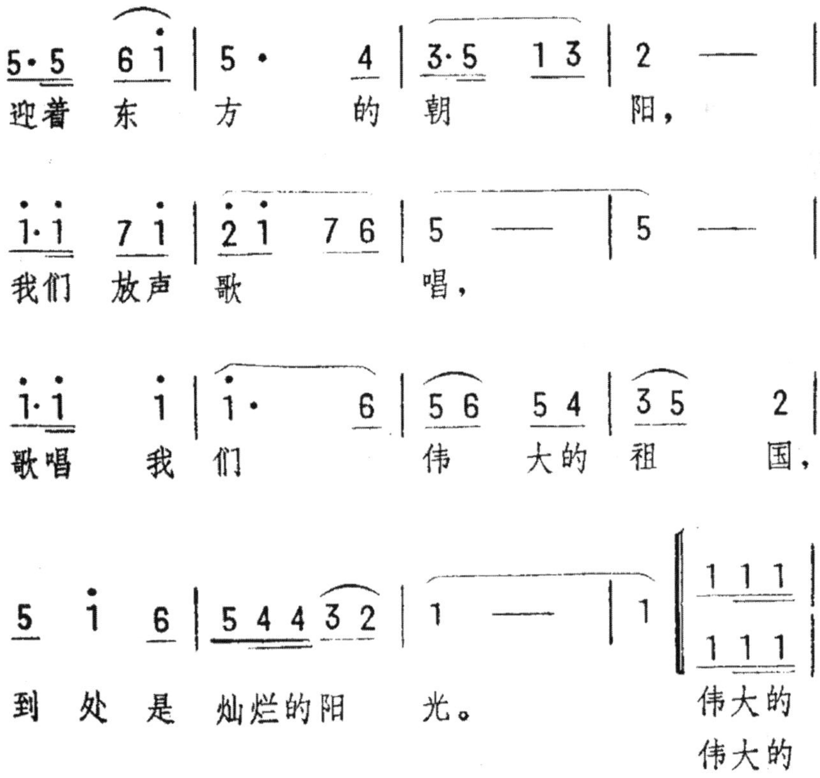

5·5 61 | 5· 4 | 3·5 13 | 2 — |

迎着东方的朝阳，

1·1 71 | 21 76 | 5 — | 5 — |

我们放声歌唱，

1·1 1 | 1· 6 | 56 54 | 35 2 |

歌唱我们伟大的祖国，

5 1 6 | 54432 | 1 — | 1 ‖ 111 | 111 |

到处是灿烂的阳光。伟大的 伟大的

| 4· 5 | 6 1̇ 7 6 | 2̇ — | 2̇ 1̇ 7 1̇ |
| 4· 5 | 6 1̇ 7 6 | 5 — | 5 5 5 5 |

领 袖 毛 主 席， 是 我们
中 国 共 产 党， 是 领导

| 2̇ 1̇ 7 | 6 1̇ 7 6 | 5 — | 5 4·5 |
| 6 6 5 | 3 1 2 3 | 5 — | 5 2·3 |

心 中的 红 太 阳， 您的
我们事业的核心 力 量， 指引

| 6 · 1̇ | 7 6 | 5 6 5 | 3 5 2 |
| 4 · 6 | 5 3 | 1 1 2 | 1 6̣ |

光 辉 思 想 照 耀 着 我 们
我们 去 实 现 共 产 主 义

| 1̇ 6 5 | 3 5 2 | 1 — | 1 5 |
| 3 2 3 | 5̣ 6̣ | 1 — | 1 5 |

前 进 的 方 向。 前
崇 高 的 理 想。 前

| 1̇ — | 1̇ 1̇ 7 1̇ | 2̇ 1̇ | 5 — |
| 6 — | 6 5 2 5 | 7 6 | 5 — |

进！ 亲 爱的 祖 国，
进！ 亲 爱的 祖 国，

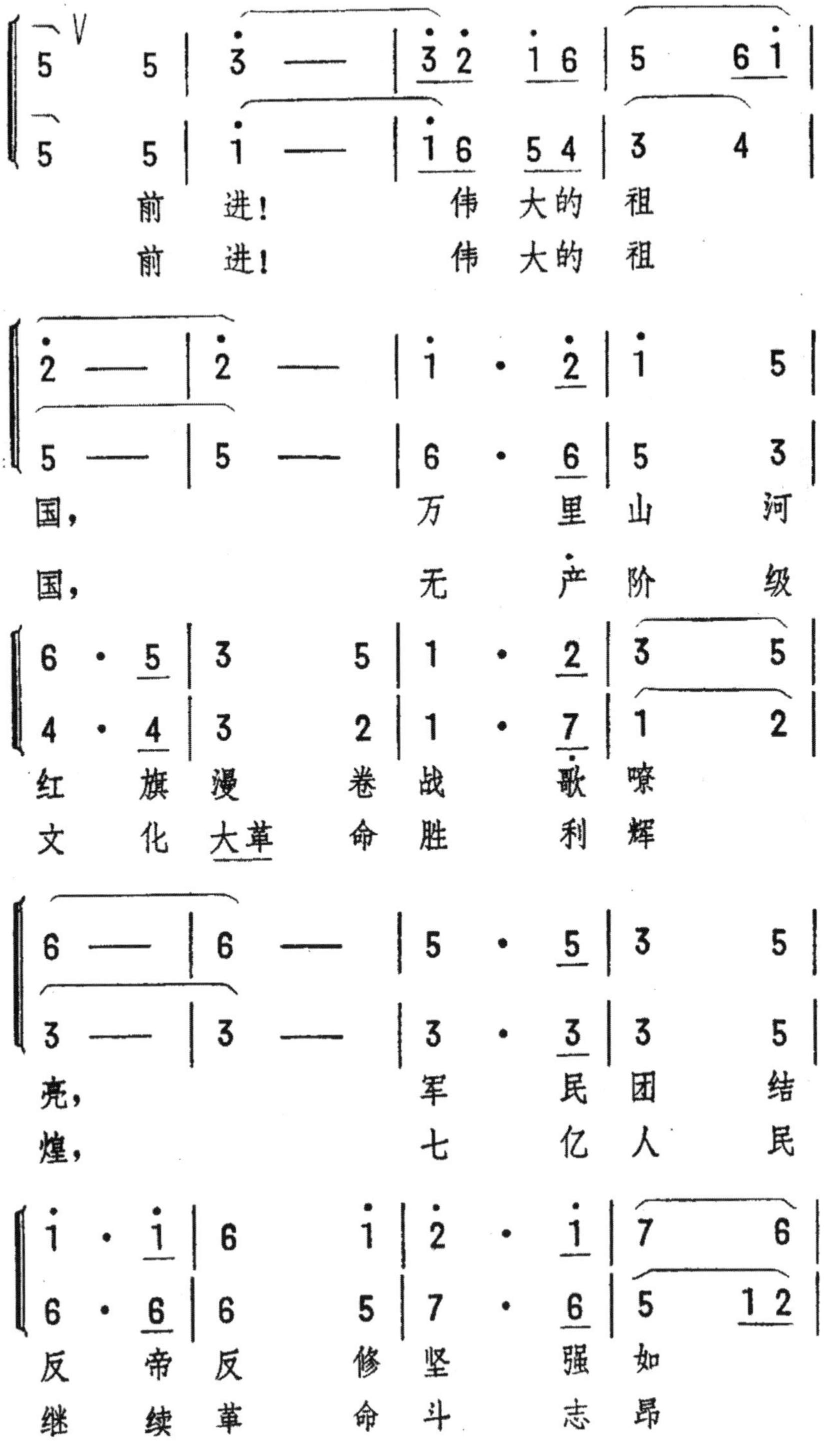

前　进！　伟　大的　祖
前　进！　伟　大的　祖

国，　万　里　山　河
国，　无　产　阶　级

红　旗　漫　卷　战　歌　嘹
文　化　大革　命　胜　利　辉

亮，　军　民　团　结
煌，　七　亿　人　民

反　帝　反　修　坚　强　如
继　续　革　命　斗　志　昂

5 V5·5 | 1 · 2 | 3·3 3 2 | 1·1 7 1 |
3 V5·5 | 6 · 7 | 1·1 1 7 | 6·6 5 6 |
钢，永远 沿 着 毛主 席的 革命 路
扬，永远 沿 着 毛主 席的 革命 路

2 — | 5 3 5 | 3 2 | 1 — | 1 0 ‖
7 — | 5 3 5 | 6 7 | 1 — | 1 0 ‖
线 奔向 前 方！
线 奔向 前 方！

永远沿着毛主席的革命路线向前进

1＝C 2/4　　　　齐志新、孙俊义 词
雄壮有力、坚定不移　　　　孙 俊 义 曲

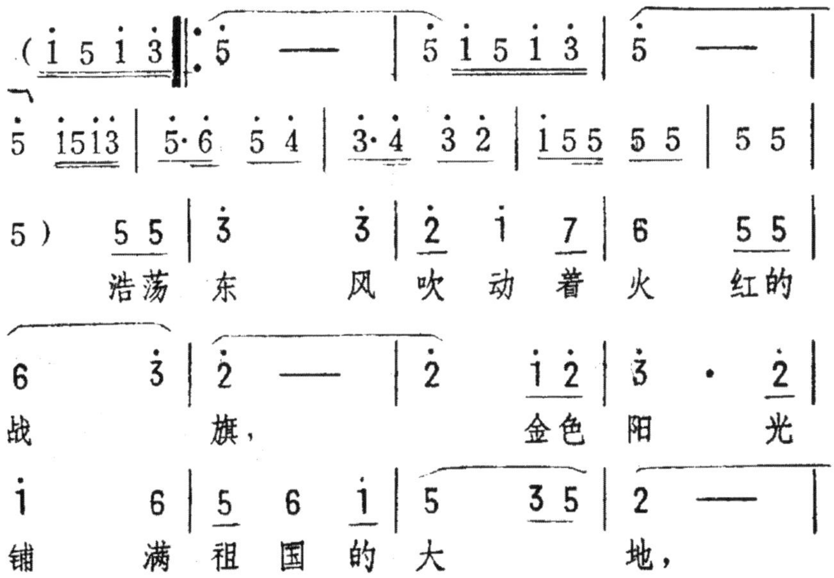

(1 5 1 3 ‖: 5 — | 5 1 5 1 3 | 5 — |
5 1513 | 5·6 5 4 | 3·4 3 2 | 1 5 5 5 5 | 5 5 |
5) 5 5 | 3 3 | 2 1 7 | 6 5 5 |
浩荡 东 风 吹 动 着 火 红的
6 3 | 2 — | 2 1 2 | 3 · 2 |
战 旗， 金色 阳 光
1 6 | 5 6 1 | 5 3 5 | 2 — |
铺 满 祖 国 的 大 地，

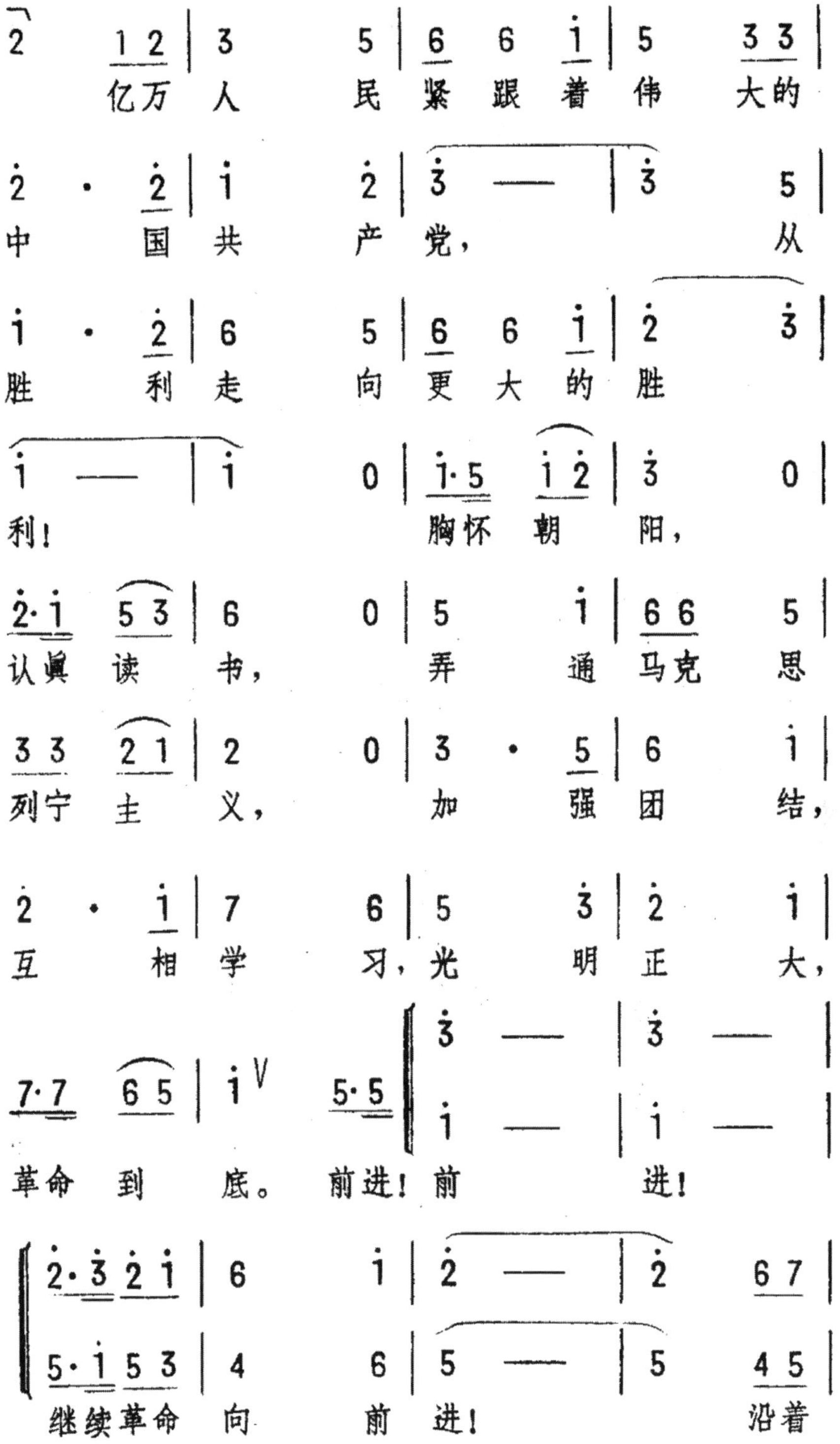

亿万人民紧跟着伟大的
中国共产党，从
胜利走向更大的胜
利！胸怀朝阳，
认眞读书，弄通马克思
列宁主义，加强团结，
互相学习，光明正大，
革命到底。前进！前进！
继续革命向前进！沿着

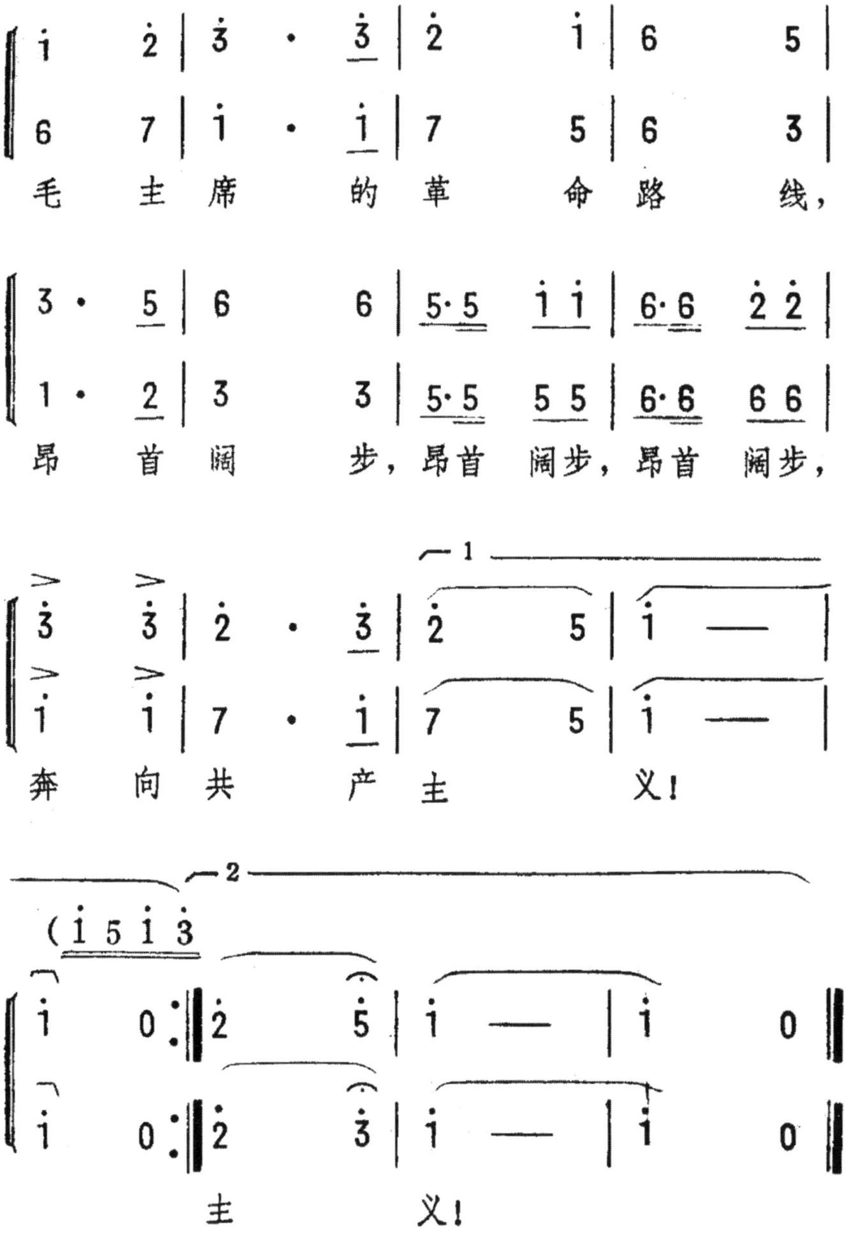

1 2 | 3̇ · 3̇ | 2̇ 1̇ | 6 5 |
6 7 | 1̇ · 1̇ | 7 5 | 6 3 |
毛主席的革命路线，

3 · 5 | 6 6 | 5·5 1̇1̇ | 6·6 2̇2̇ |
1 · 2 | 3 3 | 5·5 5 5 | 6·6 6 6 |
昂首阔步，昂首阔步，昂首阔步，

3̇ 3̇ | 2̇ · 3̇ | 2̇ 5 | 1̇ — |
1̇ 1̇ | 7 · 1̇ | 7 5 | 1̇ — |
奔向共产主义！

(1̇ 5 1̇ 3̇
1̇ 0 :‖ 2̇ 5̇ | 1̇ — | 1̇ 0 ‖
1̇ 0 :‖ 2̇ 3̇ | 1̇ — | 1̇ 0 ‖
主义！

战斗在伟大的七十年代

1＝D 2/4

天津革命歌曲创作学习班 词曲

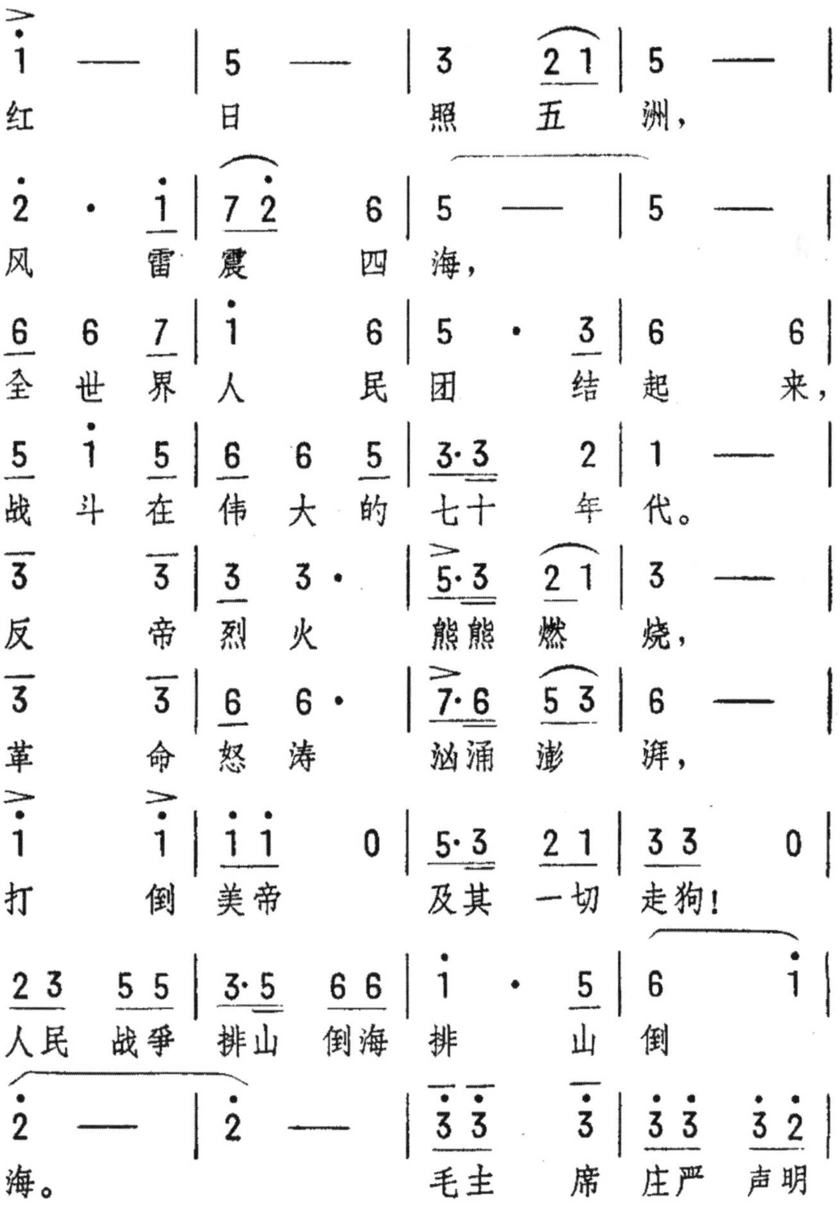

1 — | 5 — | 3 21 | 5 — |
红 日 照五 洲，

2 · 1 | 72 6 | 5 — | 5 — |
风 雷 震 四 海，

6 6 7 | 1 6 | 5 · 3 | 6 6 |
全世界 人 民 团 结 起 来，

5 1 5 | 6 6 5 | 3·3 2 | 1 — |
战斗在 伟大的 七十 年 代。

3 3 | 3 3 · | 5·3 21 | 3 — |
反 帝 烈 火 熊熊 燃 烧，

3 3 | 6 6 · | 7·6 53 | 6 — |
革 命 怒 涛 汹涌 澎 湃，

1 1 | 11 0 | 5·3 21 | 33 0 |
打 倒 美帝 及其 一切 走狗！

23 55 | 3·5 66 | 1 · 5 | 6 1 |
人民 战争 排山 倒海 排 山 倒

2 — | 2 — | 33 3 | 33 32 |
海。 毛主 席 庄严 声明

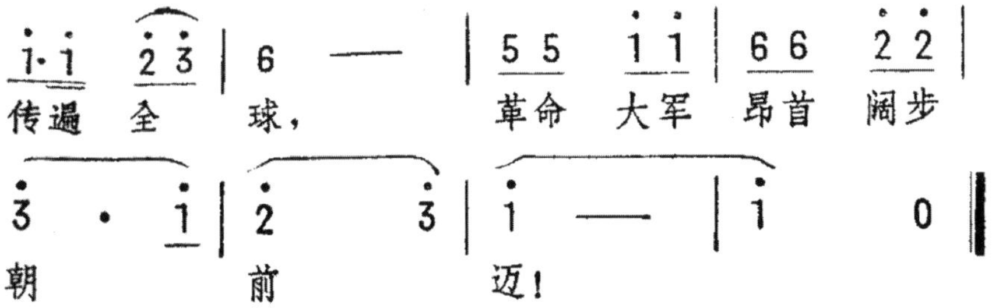

1·1 23 | 6 — | 55 11 | 66 22 |

传遍全球， 革命大军昂首阔步

3 · 1 | 2 3 | 1 — | 1 0 ‖

朝前迈！

放声高唱《国际歌》

1＝F 4/4

中速

天津革命歌曲创作学习班 词曲

5 53·1 | 72 5 — | 1 17 66 |

伟大的眞理， 战斗的号

5 — — — | 6·6 5 4·3 | 22 12 3·5 |

角， 《国际歌》声 响彻云霄，

6 67 62 | 5 — — — | 4 45 6 6 |

响彻云霄。 亿万人民

1 7·6 5 3 | 02 23 46 | 5·4 31 23 |

高歌猛进， 革命的烈 火在胸中燃

1 5·5 5·6 | 5 3·2 1 — | 1 23 5 1 |

烧。我们唱起《国际歌》， 紧密团结

6 2 5 — | 5671 — | 7· 65 35 |

心一条， 要为眞理而斗

6·05·165 | 4·321 5·5 | 5·6 5 3·2 |

争， 反帝反修决不动摇。我们唱起《国际

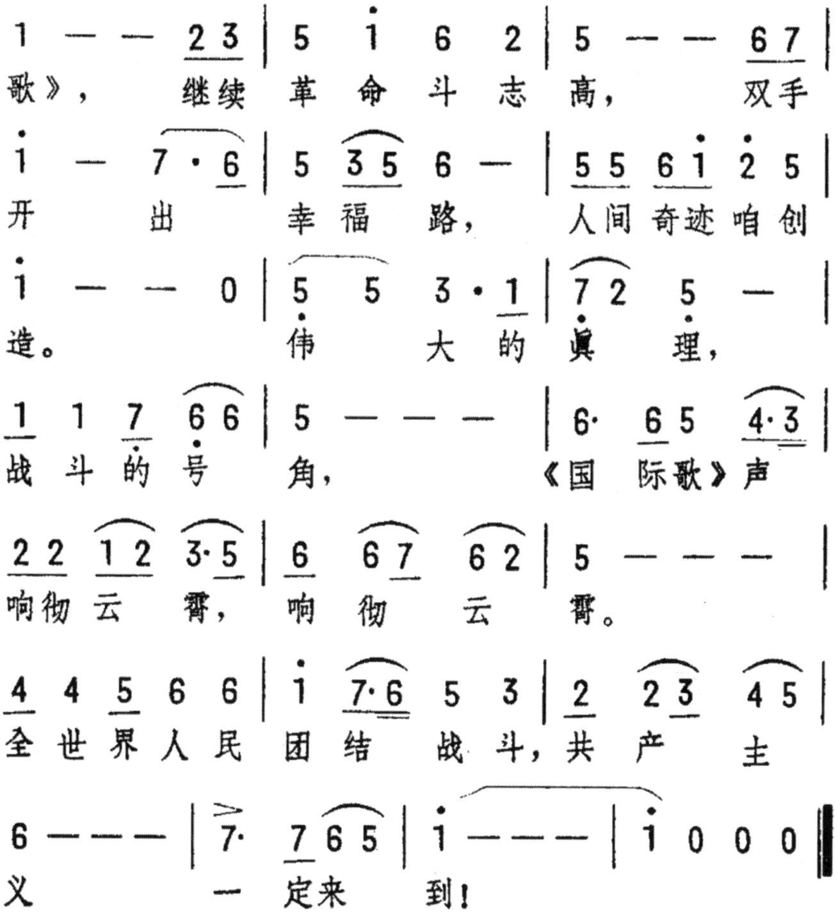

1 — — 2 3 | 5 i 6 2 | 5 — — 6 7 |
歌》，继续革命斗志高，双手

i — 7·6 | 5 3 5 6 — | 5 5 6 i 2 5 |
开出幸福路，人间奇迹咱创

i — — 0 | 5 5 3·1 | 7 2 5 — |
造。伟大的真理，

1 1 7 6 6 | 5 — — — | 6· 6 5 4·3 |
战斗的号角，《国际歌》声

2 2 1 2 3·5 | 6 6 7 6 2 | 5 — — — |
响彻云霄，响彻云霄。

4 4 5 6 6 | i 7·6 5 3 | 2 2 3 4 5 |
全世界人民团结战斗，共产主

6 — — — | 7· 7 6 5 | i — — — | i 0 0 0 ‖
义一定来到！

高举团结战斗的旗帜

1 = ♭E 2/4

晓兵 词
曹火星 曲

行进速度

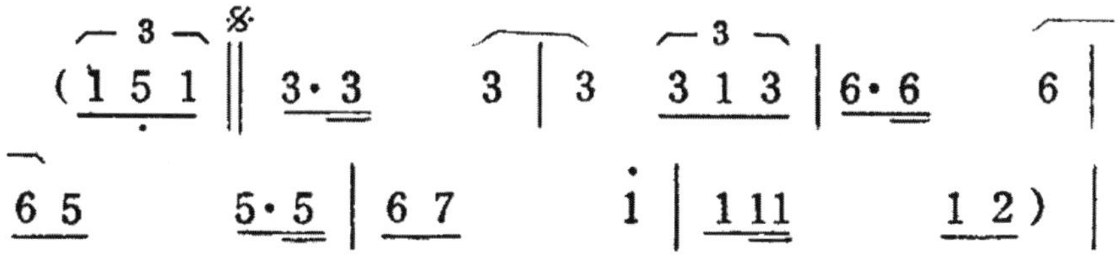

(1 5 1 ‖ 3·3 3 | 3 3 1 3 | 6·6 6 |
6 5 5·5 | 6 7 i | 1 1 1 1 2) |

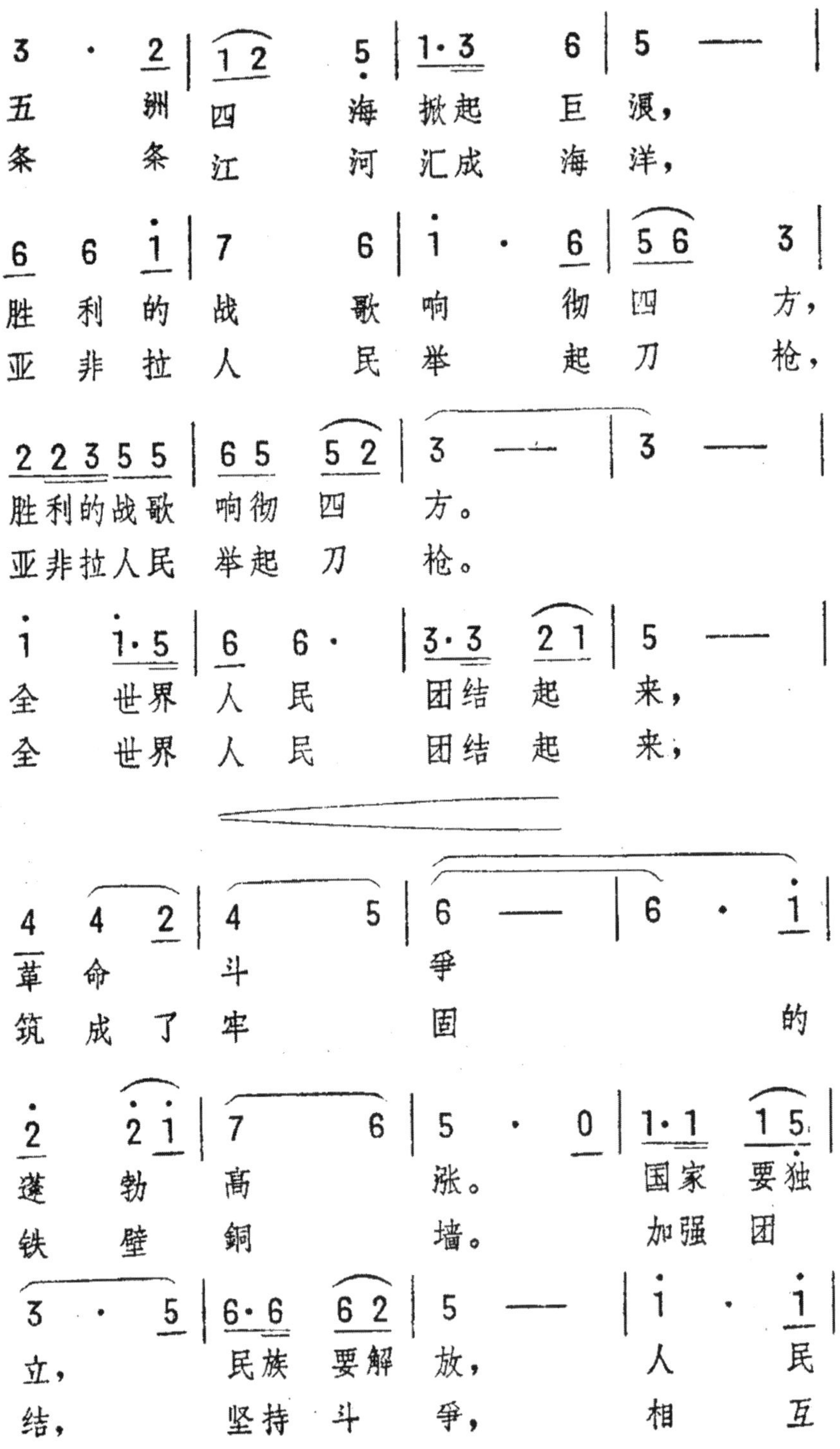

3 · 2 | 1 2 5 | 1·3 6 | 5 — |

五洲四海掀起巨浪，

条条江河汇成海洋，

6 6 1̇ | 7 6 | 1̇ · 6 | 5 6 3 |

胜利的战歌响彻四方，

亚非拉人民举起刀枪，

2 2 3 5 5 | 6 5 5 2 | 3 — | 3 — |

胜利的战歌响彻四方。

亚非拉人民举起刀枪。

1̇ 1̇·5 | 6 6· | 3·3 2 1 | 5 — |

全世界人民团结起来，

全世界人民团结起来，

4 4 2 | 4 5 | 6 — | 6 · 1̇ |

革命斗争

筑成了牢固的

2̇ 2̇ 1̇ | 7 6 | 5 · 0 | 1·1 1 5 |

蓬勃高涨。国家要独

铁壁铜墙。加强团

3 · 5 | 6·6 6 2 | 5 — | 1̇ · 1̇ |

立，民族要解放，人民

结，坚持斗争，相互

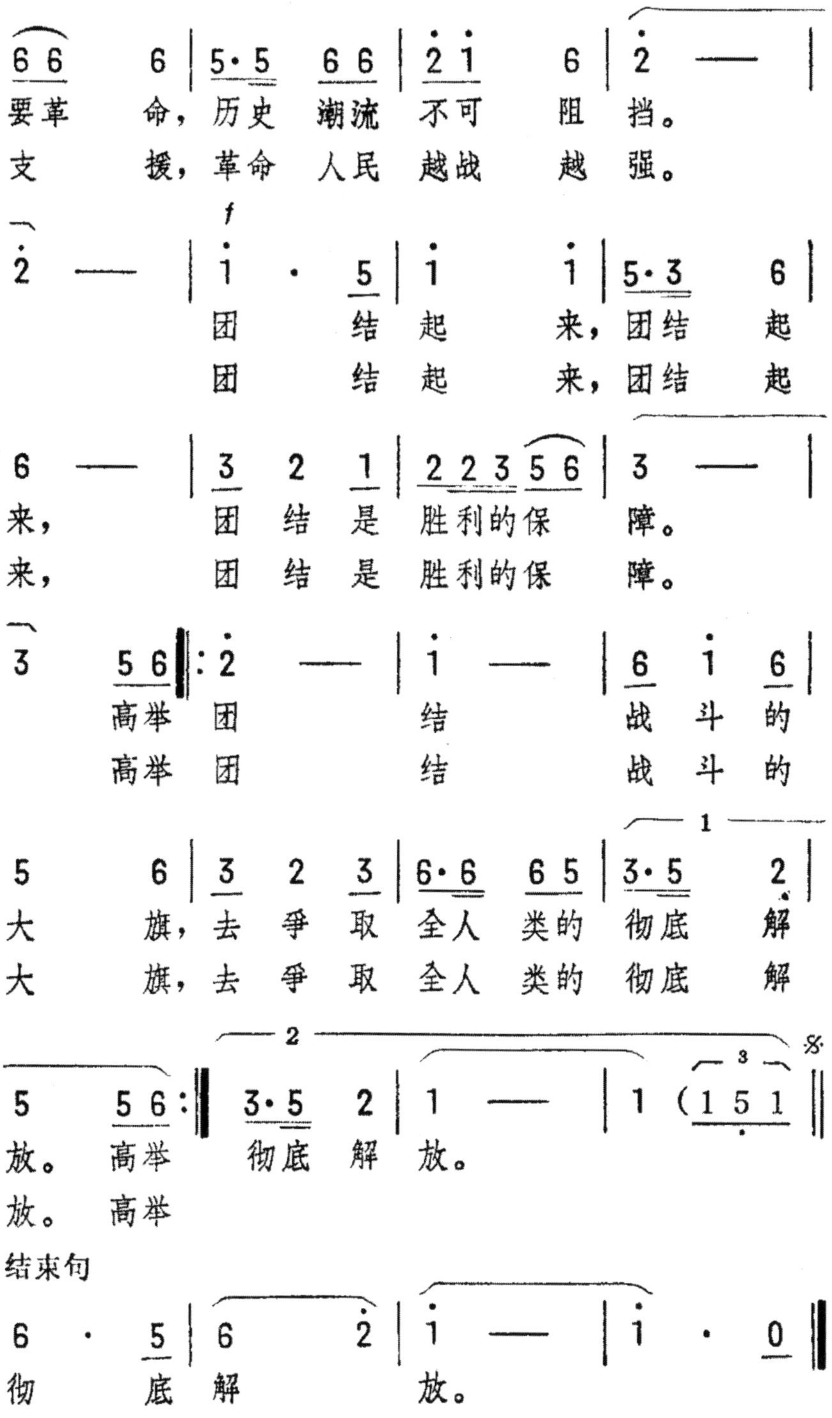

6 6 6 | 5·5 6 6 | 2 1 6 | 2 — |
要革命，历史潮流不可阻挡。
支援，革命人民越战越强。

2 — | 1 · 5 | 1 1 | 5·3 6 |
团结起来，团结起
团结起来，团结起

6 — | 3 2 1 | 2 2 3 5 6 | 3 — |
来，团结是胜利的保障。
来，团结是胜利的保障。

3 5 6 ‖: 2 — | 1 — | 6 1 6 |
高举团结战斗的
高举团结战斗的

1

5 6 | 3 2 3 | 6·6 6 5 | 3·5 2 |
大旗，去争取全人类的彻底解
大旗，去争取全人类的彻底解

2

5 5 6 :‖ 3·5 2 | 1 — | 1 (1 5 1 ‖
放。高举彻底解放。
放。高举

结束句

6 · 5 | 6 2 | 1 — | 1 · 0 ‖
彻底解放。

团结胜利向前进

天津革命歌曲创作学习班 词
王莘 曲

1 = ♭B 2/4

行进速度

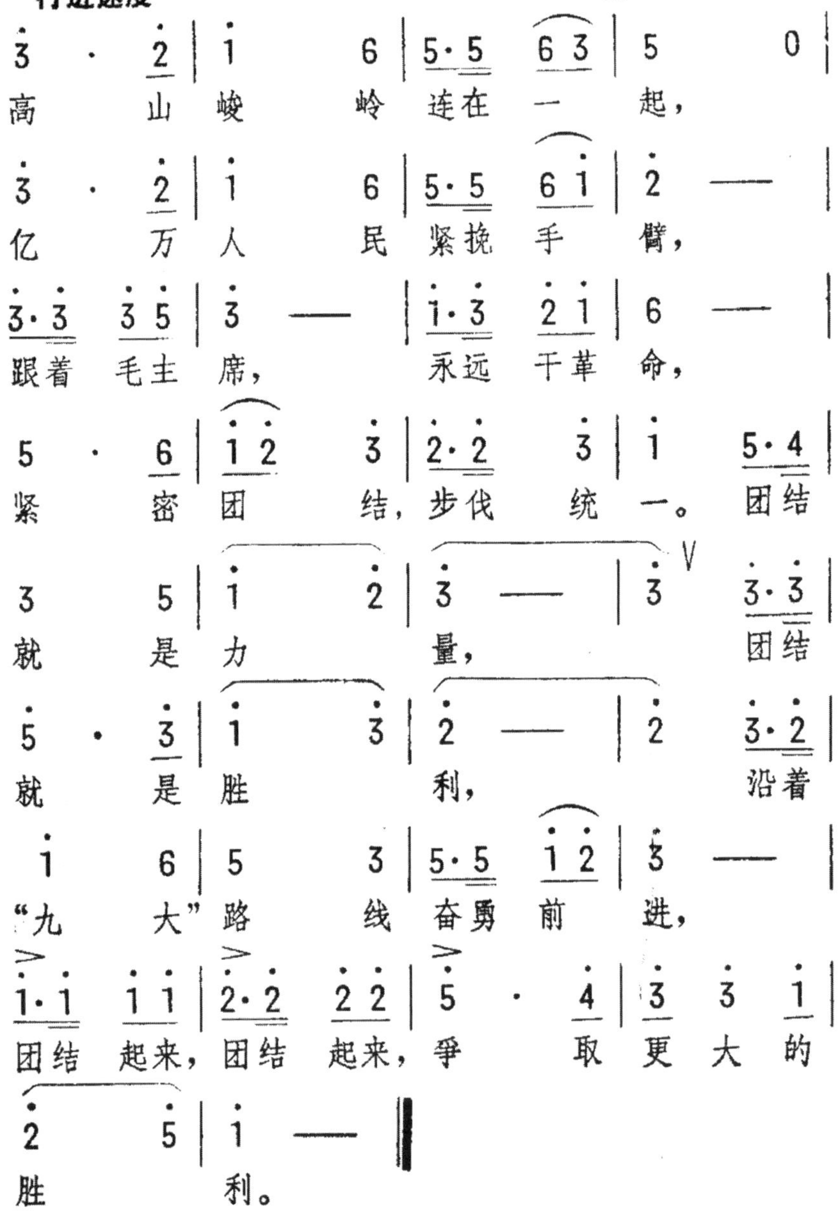

3 · 2 | 1 6 | 5·5 6 3 | 5 0 |
高 山 峻 岭 连在 一 起，

3 · 2 | 1 6 | 5·5 6 1 | 2 — |
亿 万 人 民 紧挽 手 臂，

3·3 3 5 | 3 — | 1·3 2 1 | 6 — |
跟着 毛主 席， 永远 干革 命，

5 · 6 | 1 2 3 | 2·2 3 | 1 5·4 |
紧 密 团 结，步伐 统 一。团结

3 5 | 1 2 | 3 — | 3 V 3·3 |
就 是 力 量， 团结

5 · 3 | 1 3 | 2 — | 2 3·2 |
就 是 胜 利， 沿着

1 6 | 5 3 | 5·5 1 2 | 3 — |
“九 大”路 线 奋勇 前 进，

1·1 1 1 | 2·2 2 2 | 5 · 4 | 3 3 1 |
团结 起来，团结 起来，争 取 更 大 的

2 5 | 1 — ‖
胜 利。

敌人磨刀我磨刀

（男声独唱）

天津纺织机械厂
文艺宣传队 词
许永义 曲

1＝F 2/4

小快板

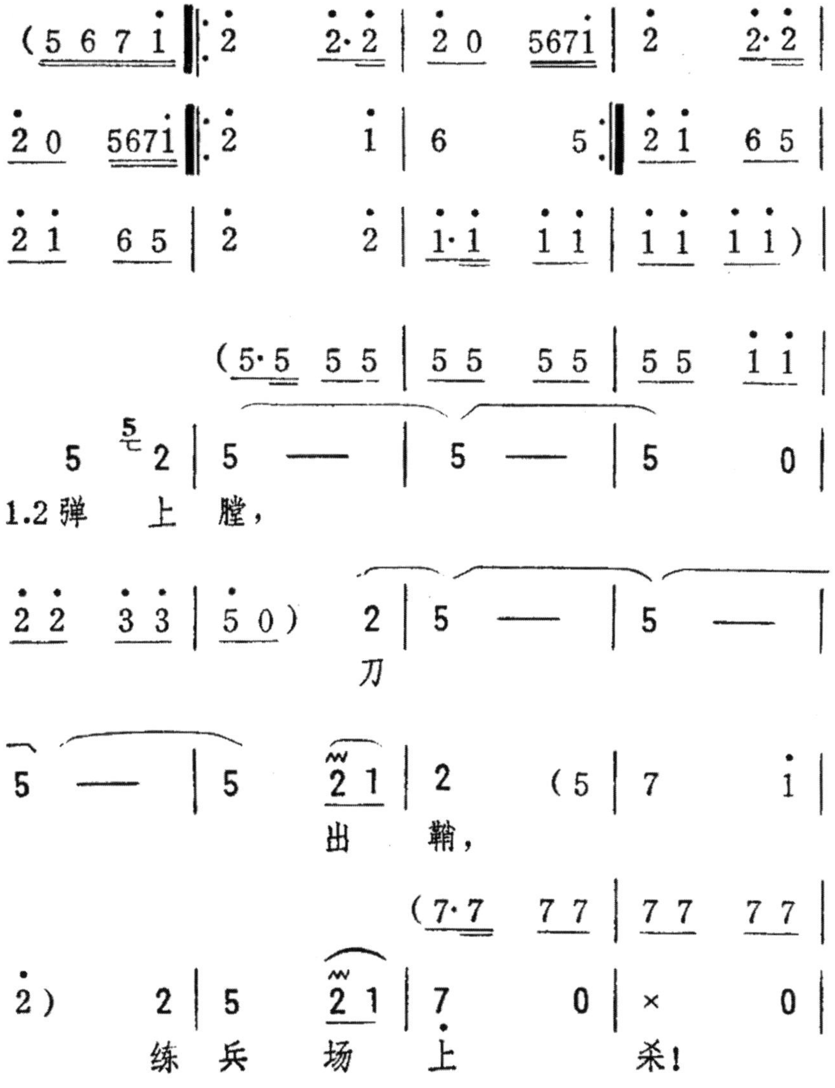

1.2 弹 上 膛，

刀

出 鞘，

练 兵 场 上 杀！

6765 6765 | 6765 6765 | 6 2 |
× 0 | × 0 | × × | 5) 2 |
杀！ 杀！ 杀！ 杀！ 杀

6 — | 6 — | 6 5 | 5 — |
声 高。

(55
5 — | 5 · 55 | 5 · 55 | 1 5 1 3 1 3 |

5 5) | 5 2 | 5 — | 2 5 2 1 |
1.弹 上 膛， 刀 出
2.弹 上 膛， 刀 出

2 — | 2 2 5 5 | 2 1 7 1 | 2 — |
鞘， 练兵 场上 杀 声 高。
鞘， 练兵 场上 杀 声 高。

2 — | 5 4 5 | 1 1 | 6 5 4 3 |
革 命 钢 枪 握 在
毛泽 东 思 想 来 武

2 · 4 | 6 6 6 5 | 4 5 2 | 1 — |
手， 仇恨 烈火 胸 中 烧。
装， 一轮 红日 心 头 照。

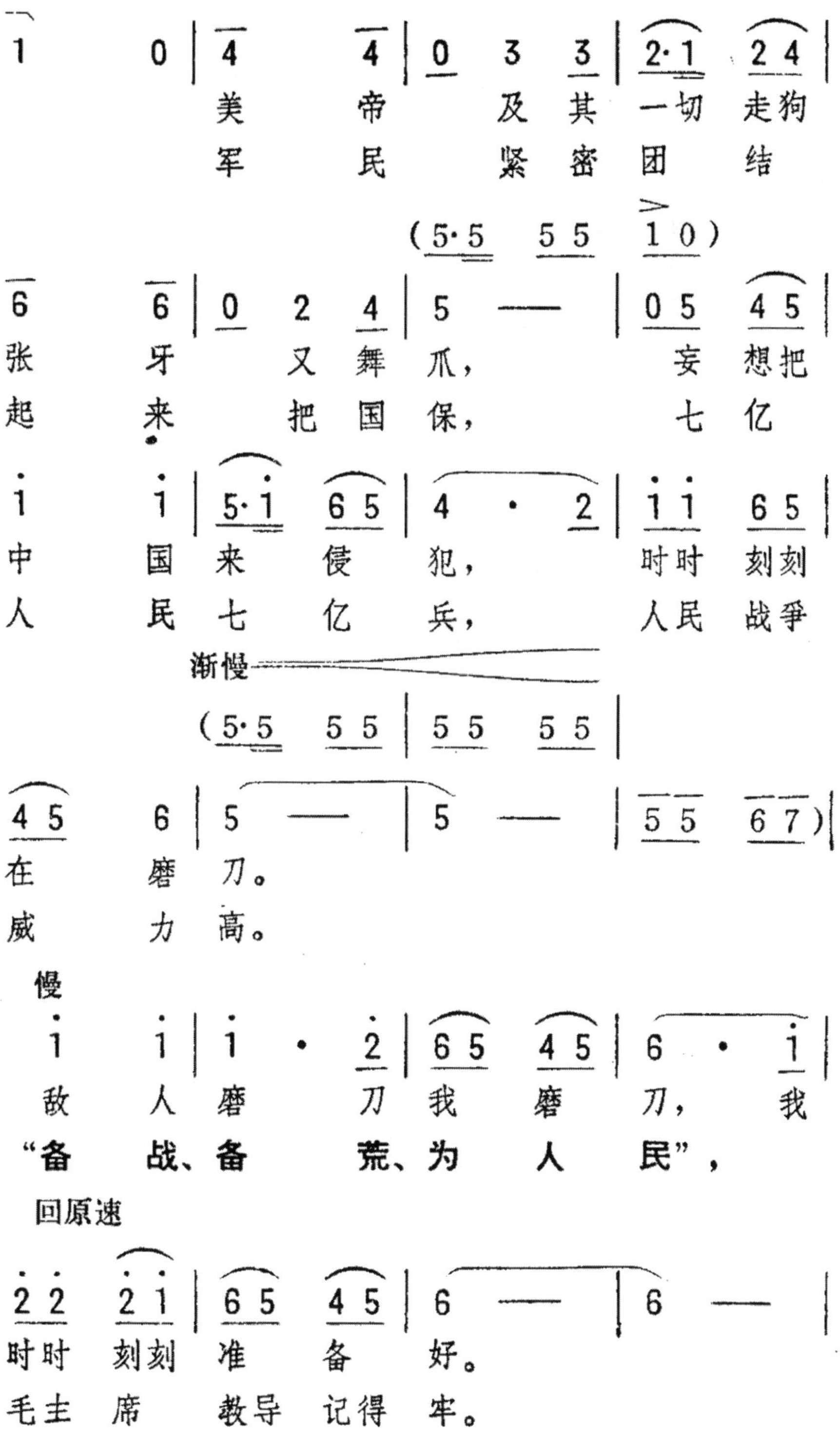

1 0 | 4 4 | 0 3 3 | 2·1 2 4 |
美 帝 及其 一切 走狗
军 民 紧密 团 结

(5·5 5 5 1 0)
6 6 | 0 2 4 | 5 — | 0 5 4 5 |
张 牙 又 舞 爪， 妄 想把
起 来 把 国 保， 七 亿

1 1 | 5·1 6 5 | 4 · 2 | 1 1 6 5 |
中 国 来 侵 犯， 时时 刻刻
人 民 七 亿 兵， 人民 战争

渐慢
(5·5 5 5 | 5 5 5 5 |
4 5 6 | 5 — | 5 — | 5 5 6 7) |
在 磨 刀。
威 力 高。

慢
1 1 | 1 · 2 | 6 5 4 5 | 6 · 1 |
敌 人 磨 刀 我 磨 刀， 我
“备 战、备 荒、为 人 民”，

回原速
2 2 2 1 | 6 5 4 5 | 6 — | 6 — |
时时 刻刻 准 备 好。
毛主 席 教导 记得 牢。

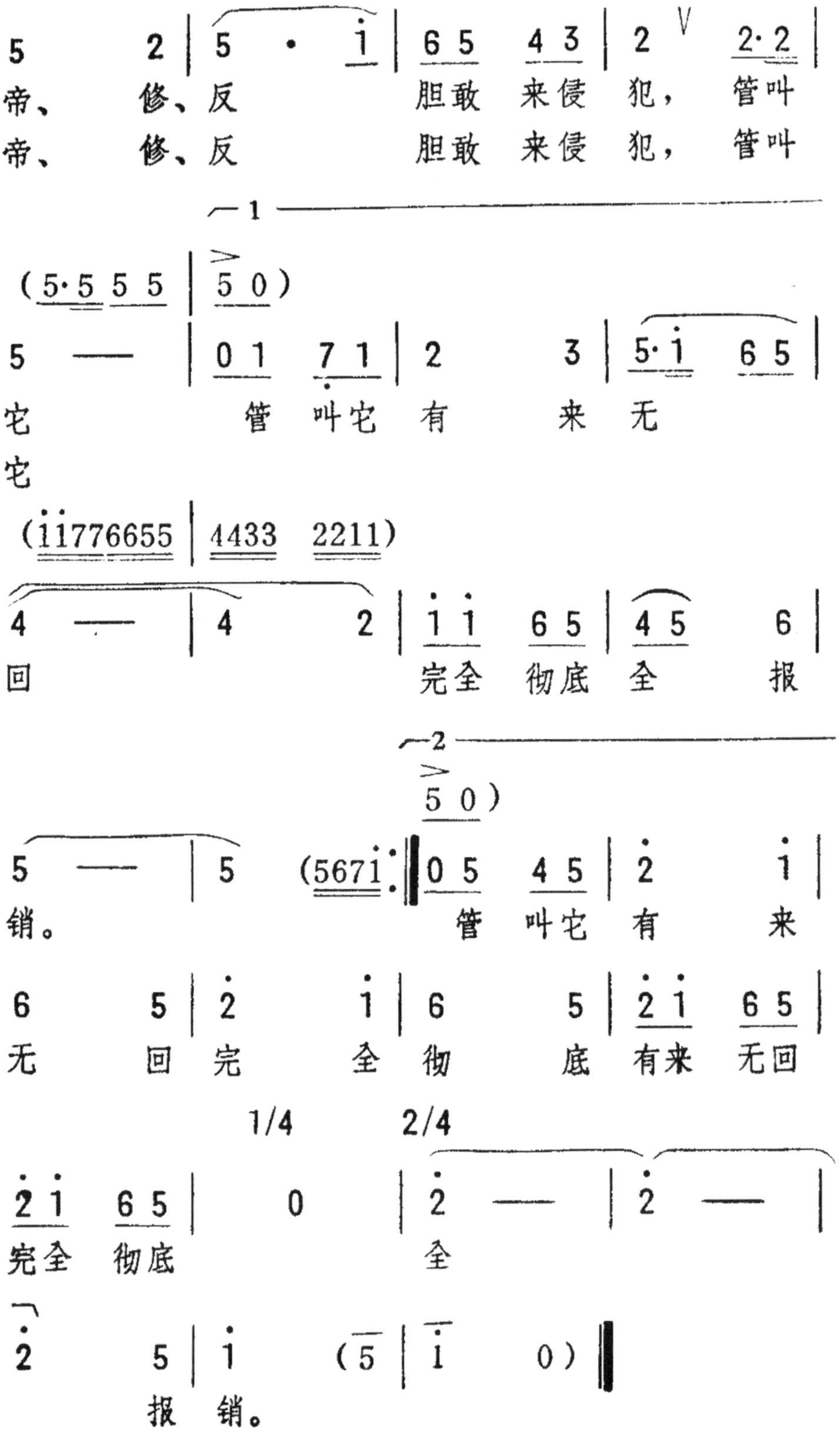

5 2 | 5 · i | 6 5 4 3 | 2 V 2·2 |
帝、修、反 胆敢 来侵 犯， 管叫
帝、修、反 胆敢 来侵 犯， 管叫

(5·5 5 5 | 5 0)
5 — | 0 1 7 1 | 2 3 | 5·i 6 5 |
宅 管 叫宅 有 来 无
宅

(ii776655 | 4433 2211)
4 — | 4 2 | i i 6 5 | 4 5 6 |
回 完全 彻底 全 报

5 0)
5 — | 5 (5671 :|| 0 5 4 5 | 2 i |
销。 管 叫宅 有 来

6 5 | 2 i | 6 5 | 2 i 6 5 |
无 回 完 全 彻 底 有来 无回

1/4 2/4
2 i 6 5 | 0 | 2 — | 2 — |
完全 彻底 全

2 5 | i (5 | i 0) ‖
报 销。

大庆精神代代传

$1 = {}^{b}B$　2/4

坚强有力

天津革命歌曲创作学习班 词曲

(5 5 5 | 5 · 5 5 | 3 5 1 2 | 3 2·5 | 1 —) |

3 — | 3 — | 2 1 6 | 5 0 |

高山我们搬，

豪情满胸怀，

高举革命旗，

1 5 | 3 2 1 | 6 — | 6 0 |

大海我们填，

重担挑在肩，

阔步奔向前，

1·1 1 2 | 1 5 | 3·3 3 5 | 6 V 3 |

学习大庆人，壮志冲云天，壮

学习大庆人，革命不怕难，革

“工业学大庆”，牢记在心间，牢

2 · 3 | 1 7 6 | 2 — | 2 0 |

志冲云天。

命不怕难。

记在心间。

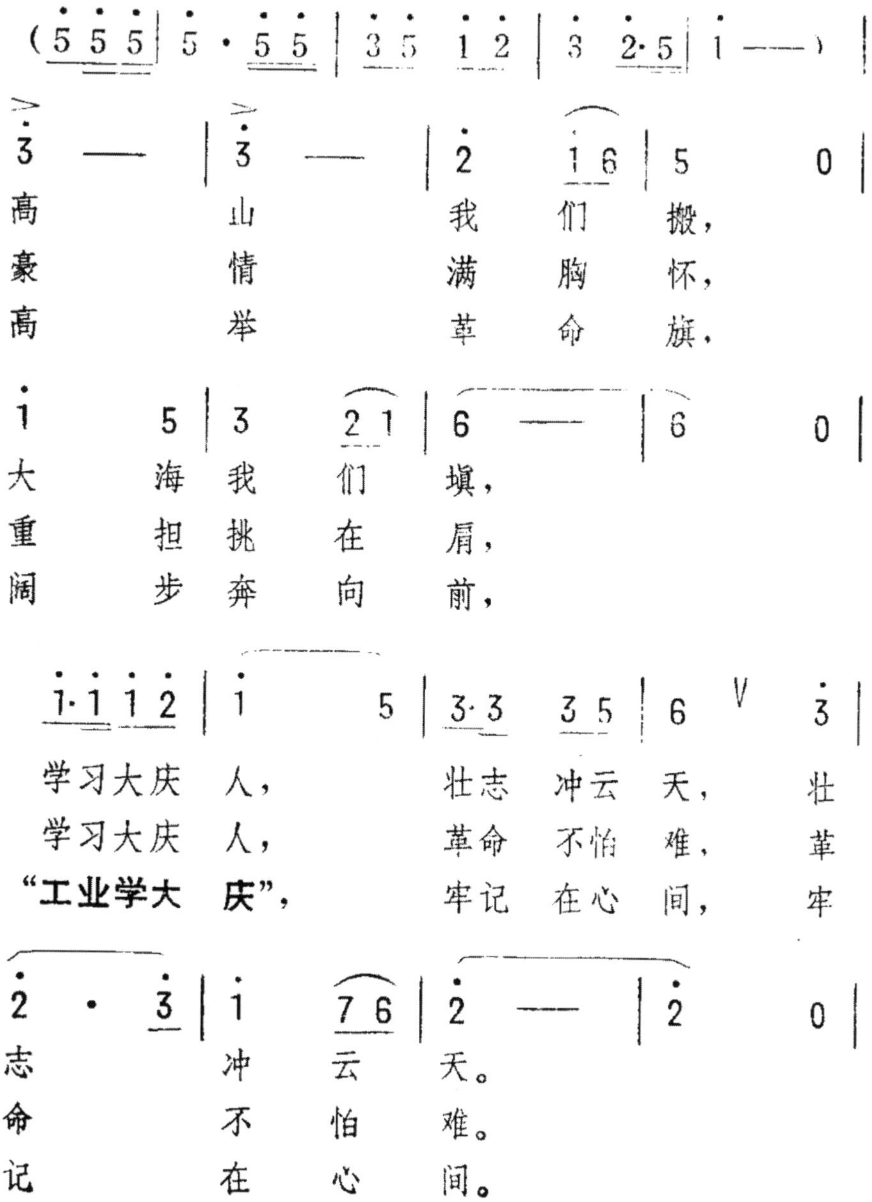

自力 更 生， 奋发 图 强，
“鞍钢 宪 法” 永放 光 芒，
胸怀 祖 国， 放眼 世 界，

凭 咱 这 一颗 红心 两 只 手，
咱 靠 这“两论”起家 开 新 路，
沿 着 毛主 席的 革命 路 线，

1·2

敢 教 日 月 换 新 天。
大 庆 精 神 代 代 传。
继 续

8

革 命 永 向 前！

海港工人之歌

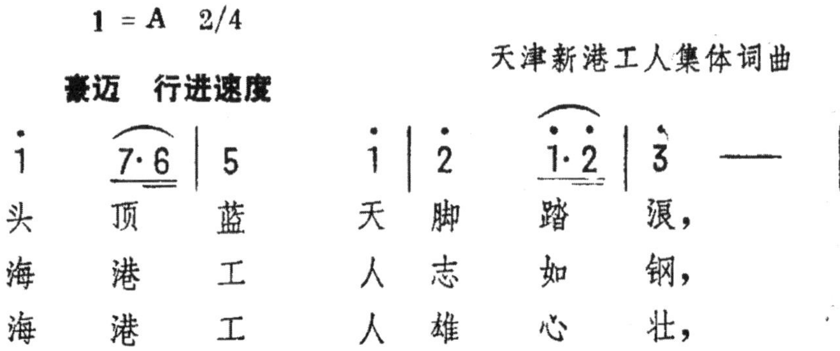

2·2 12 | 3 16 | 2 — | 2 — |

海港 工人 心 向 党。

革命 重担 挑 肩 上。

誓把 海港 换 新 装。

3 · 3 | 5 3 | 2 · 3 | 1 6 |

敢 于 斗 争，敢 于 胜 利，

双 手 一 擎 万 吨 起，

自 力 更 生 创 奇 迹，

2·3 21 | 2 3 | 5 — | 5 — |

革命 大印 我 们 掌，

“门吊”摇臂 货 满 仓，

大庆 是咱 好 榜 样，

3 · 3 | 2 3 | 1 2·1 | 6 — |

高 举 红 旗 向 前 进，

笑 迎 千 轮 送 万 船，

毛主 席的 著 作 认 眞 学，

2·3 21 | 5 2 | 1 V ‖ 5·5 | 5 · 6 |

5·5 | 3 · 4 |

胸怀 朝阳 有 力 量。海港 工

心连 五洲 四 大 洋。

继续 革命 向 前 闯。

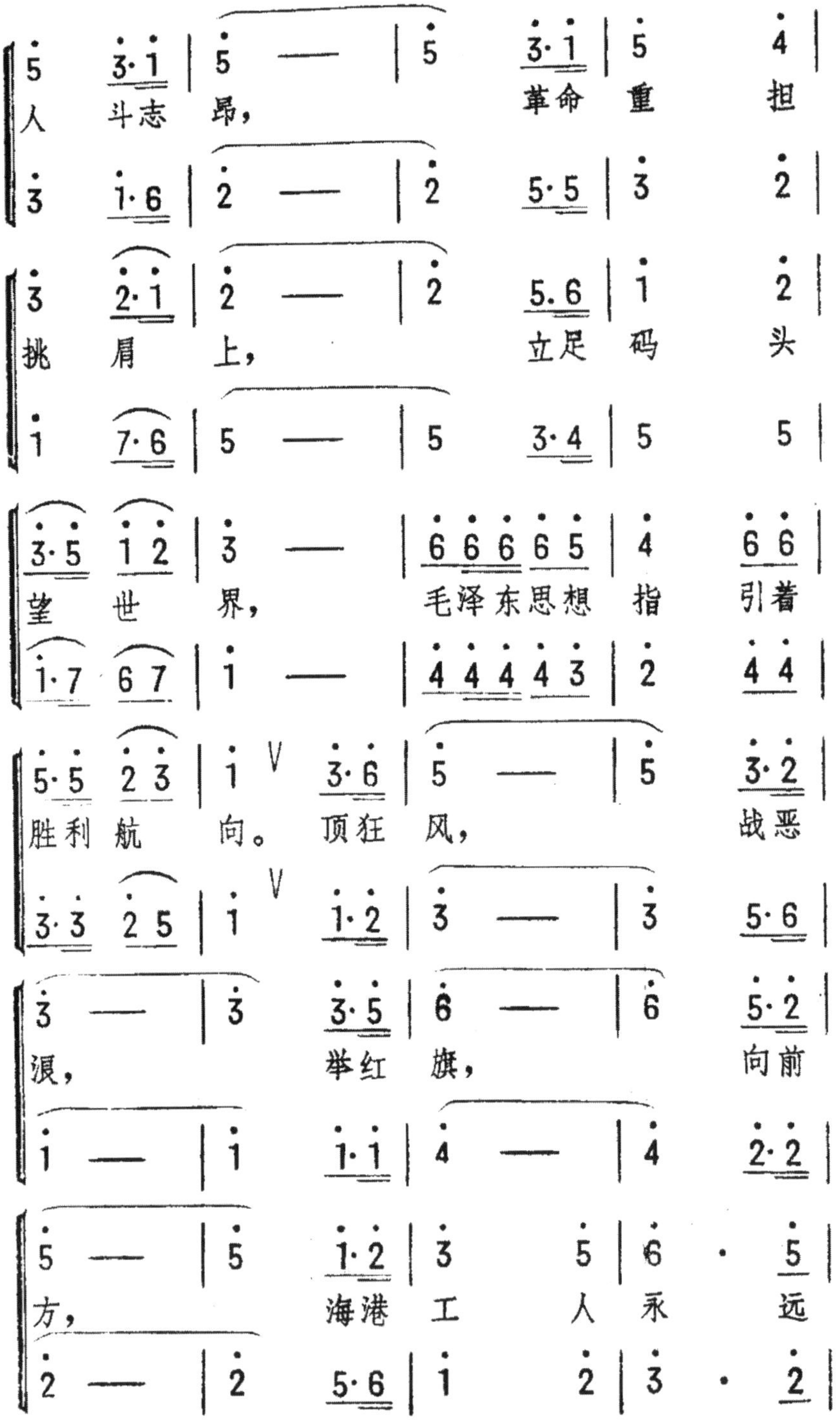

人 斗志 昂， 革命 重 担

挑 肩 上， 立足 码 头

望 世 界， 毛泽东思想 指 引着

胜利 航 向。顶狂 风， 战恶

浪， 举红 旗， 向前

方， 海港 工 人 永 远

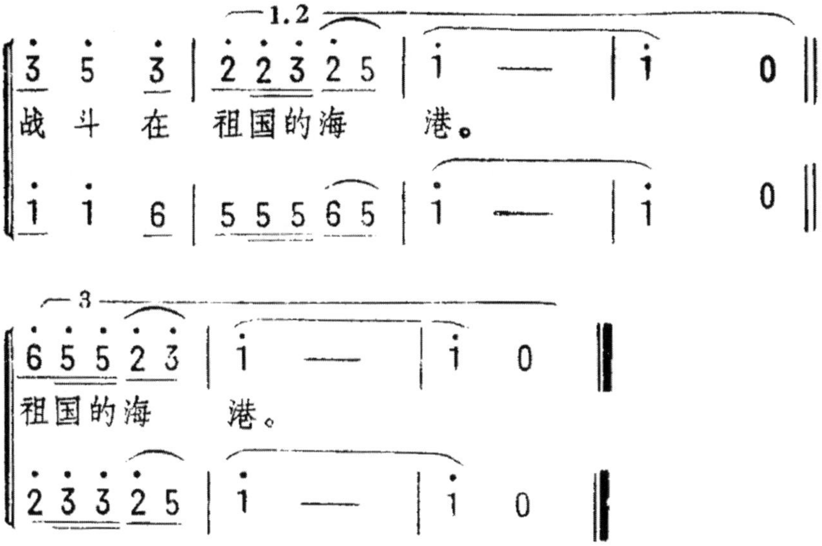

战斗在祖国的海港。

祖国的海港。

纺织工人学大庆

（女声小合唱）

1＝A 2/4
激情满怀

齐志新、孙俊义 词
孙俊义 曲

捷报满天飞，嘿！跃进战鼓响哎，
“工业学大庆”，嘿！字字放光芒哎，
车间是战场，嘿！机器做刀枪哎，

6·6 3̇3̇ | 2̇1̇ 6 | 3·3 6 6 | 5 2 3 |

机器飞转鼓干劲，马达轰鸣添力量。
政治挂帅方向明，人换思想厂换装。
身在车间望全球，誓为人类得解放。

3 5 6 | 1̇ 3 5 | 6 3̇ 2̇ | 1̇ 5 6 |

迎朝霞，披月光，搞会战，激情昂，
学铁人，做铁人，举红旗，向前闯，
抓革命，促生产，夺胜利，雄心壮，

1̇·6 5 6 | 1̇ 6 | 3̇ — | 3̇ × |

飞车巧织红彩绸，嘿！
银梭飞舞唱新歌，嘿！
纺机欢腾奏凯歌，嘿！

6 · 3̇ | 2̇ 1̇ 6 | 6 3̇ | 2̇ · 3̇ |

咱为革命纺织忙哎
咱为革命纺织忙哎
咱为革命纺织忙哎

1̇·2̇ 1̇ 5 | 6 6 ‖ 3̇ · 5̇ | 1̇ 6 1̇ |
啊！
3̇·5 3̇ 2̇ | 1̇ 6 |
朵朵葵花向阳
0 0 | 0 0 |

纺织忙哟。
纺织忙哟。
纺织忙哟。

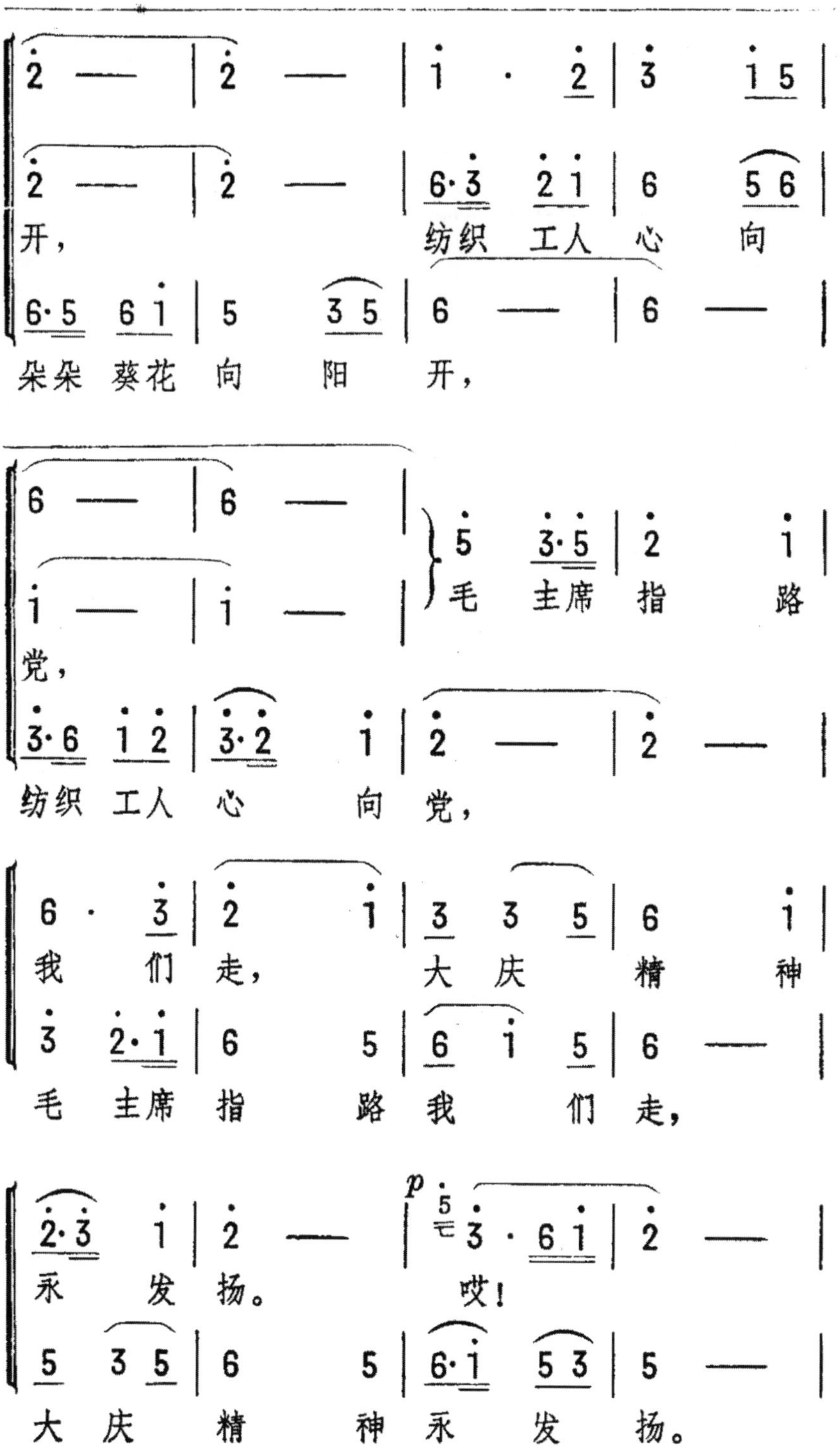

2 — | 2 — | 1 · 2 | 3 15 |
2 — | 2 — | 6·3 21 | 6 56 |
开， 纺织 工人 心 向
6·5 61 | 5 35 | 6 — | 6 — |
朵朵 葵花 向 阳 开，

6 — | 6 — | 5 3·5 | 2 1 |
1 — | 1 — | 毛 主席 指 路
党，
3·6 12 | 3·2 1 | 2 — | 2 — |
纺织 工人 心 向 党，

6 · 3 | 2 1 | 3 3 5 | 6 1 |
我 们 走， 大 庆 精 神
3 2·1 | 6 5 | 6 1 5 | 6 — |
毛 主席 指 路 我 们 走，

2·3 1 | 2 — | *p* 3 · 61 | 2 — |
永 发 扬。 哎！
5 35 | 6 5 | 6·1 53 | 5 — |
大 庆 精 神 永 发 扬。

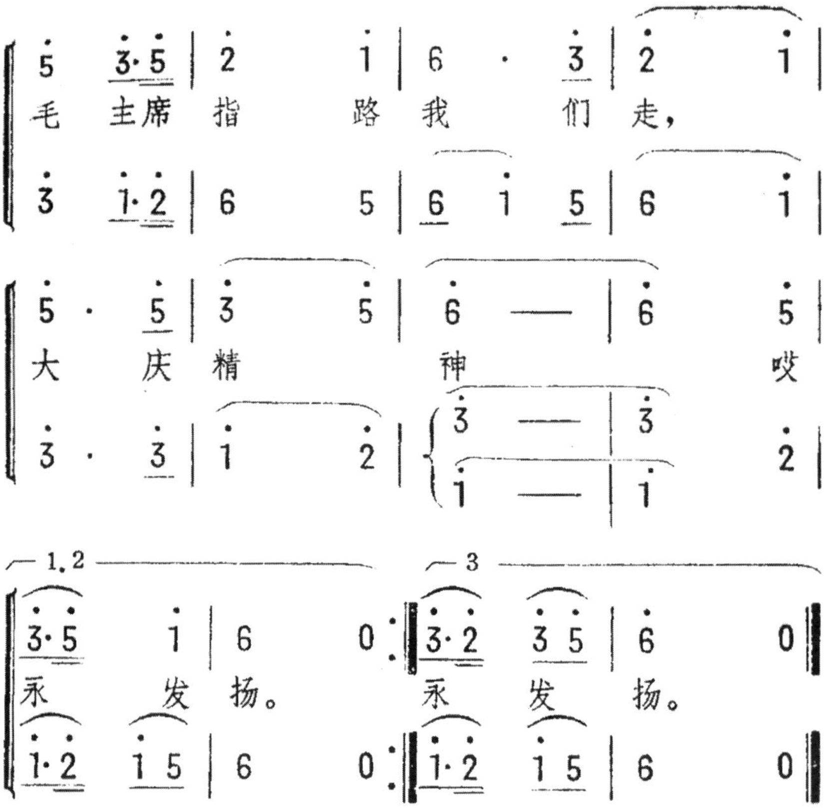

5 3·5 | 2 1 | 6 · 3 | 2 1 |
毛 主席 指 路 我 们 走，
3 1·2 | 6 5 | 6 1 5 | 6 1 |

5 · 5 | 3 5 | 6 — | 6 5 |
大 庆 精 神 哎
3 · 3 | 1 2 | 3 — | 3 2 |
1 — | 1

1.2 3
3·5 1 | 6 0 :‖ 3·2 3 5 | 6 0 ‖
永 发 扬。 永 发 扬。
1·2 1 5 | 6 0 :‖ 1·2 1 5 | 6 0 ‖

我为革命运输忙

1 = D 2/4

六九八五工程指挥部
文艺学习班 词曲

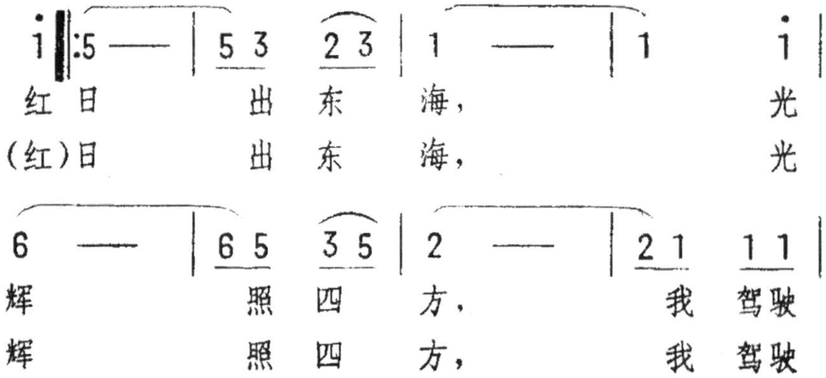

1 ‖: 5 — | 5 3 2 3 | 1 — | 1 1 |
红 日 出 东 海， 光
(红)日 出 东 海， 光

6 — | 6 5 3 5 | 2 — | 2 1 1 1 |
辉 照 四 方， 我 驾驶
辉 照 四 方， 我 驾驶

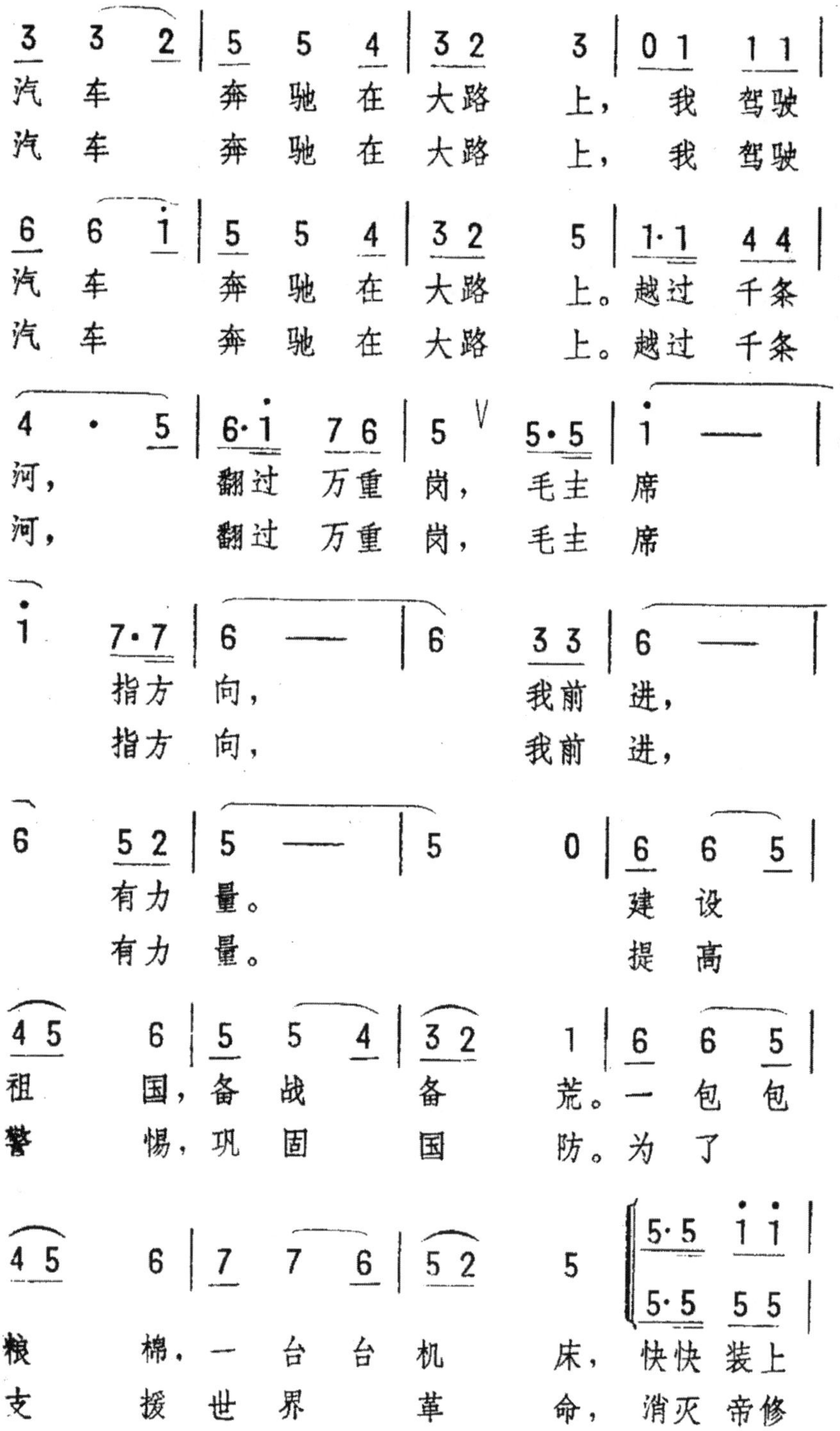

3 3 2 | 5 5 4 | 3 2 3 | 0 1 1 1 |
汽 车 奔 驰 在 大路 上，我 驾驶
汽 车 奔 驰 在 大路 上，我 驾驶

6 6 1̇ | 5 5 4 | 3 2 5 | 1·1 4 4 |
汽 车 奔 驰 在 大路 上。越过 千条
汽 车 奔 驰 在 大路 上。越过 千条

4 · 5 | 6·1̇ 7 6 | 5 V 5·5 | 1̇ — |
河， 翻过 万重 岗， 毛主 席
河， 翻过 万重 岗， 毛主 席

1̇ 7·7 | 6 — | 6 3 3 | 6 — |
指方 向， 我前 进，
指方 向， 我前 进，

6 5 2 | 5 — | 5 0 | 6 6 5 |
有力 量。 建 设
有力 量。 提 高

4 5 6 | 5 5 4 | 3 2 1 | 6 6 5 |
祖 国，备 战 备 荒。一 包 包
警 惕，巩 固 国 防。为 了

4 5 6 | 7 7 6 | 5 2 5 | 5·5 1̇ 1̇ / 5·5 5 5 |
粮 棉，一 台 台 机 床，快快 装上
支 援 世 界 革 命，消灭 帝修

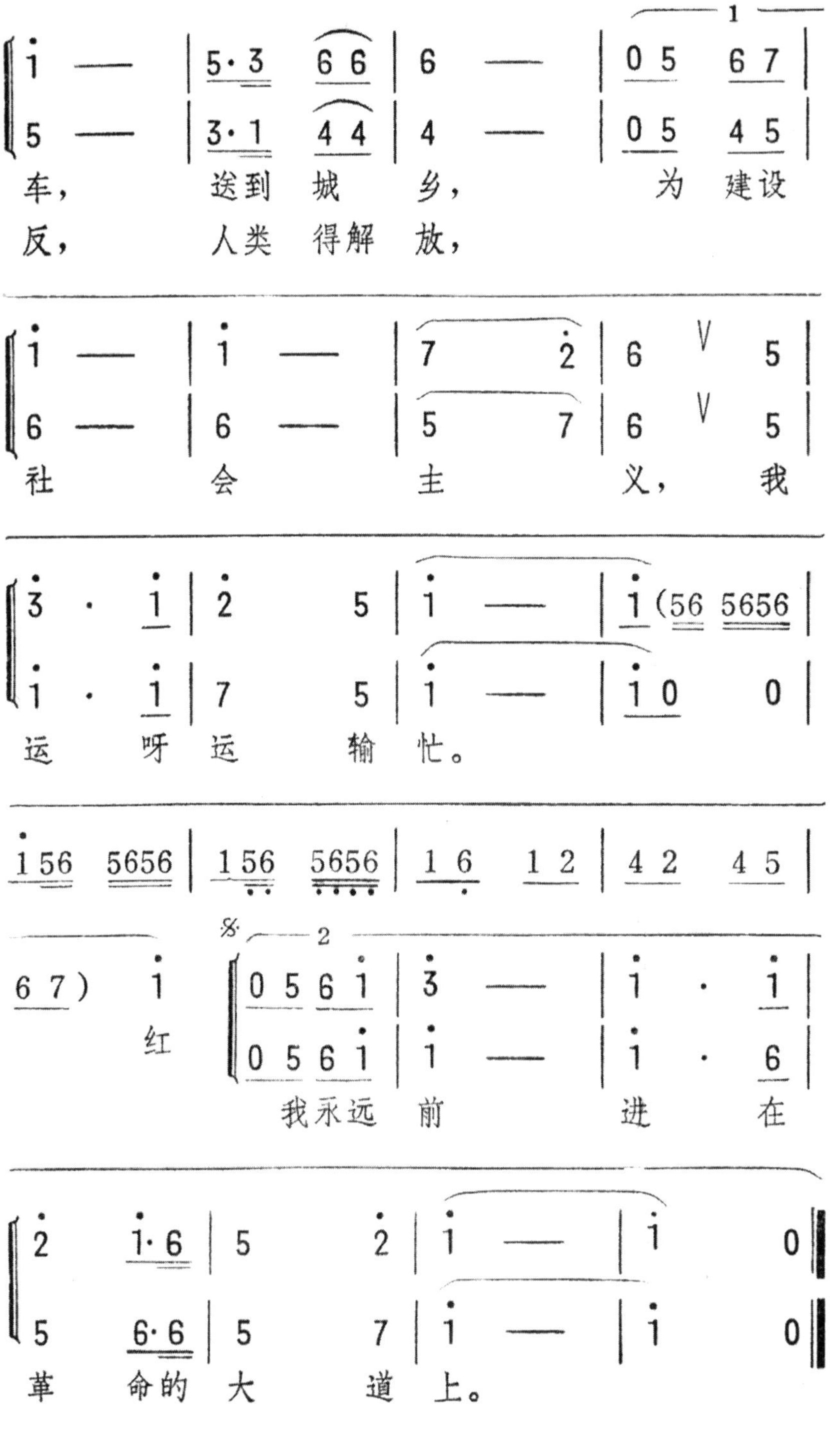

1 — | 5·3 66 | 6 — | 0 5 67 |
5 — | 3·1 44 | 4 — | 0 5 45 |
车， 送到 城 乡， 为 建设
反， 人类 得解 放，

1 — | 1 — | 7 2 | 6 V 5 |
6 — | 6 — | 5 7 | 6 V 5 |
社 会 主 义， 我

3 · 1 | 2 5 | 1 — | 1 (56 5656 |
1 · 1 | 7 5 | 1 — | 1 0 0 |
运 呀 运 输 忙。

1 56 5656 | 1 56 5656 | 1 6 1 2 | 4 2 4 5 |

6 7) 1 | 0 5 6 1 | 3 — | 1 · 1 |
0 5 6 1 | 1 — | 1 · 6 |
红 我永远 前 进 在

2 1·6 | 5 2 | 1 — | 1 0 ‖
5 6·6 | 5 7 | 1 — | 1 0 ‖
革 命的 大 道 上。

我们是保全工

1＝F　2/4

天津大沽化工厂
文艺宣传队　词曲

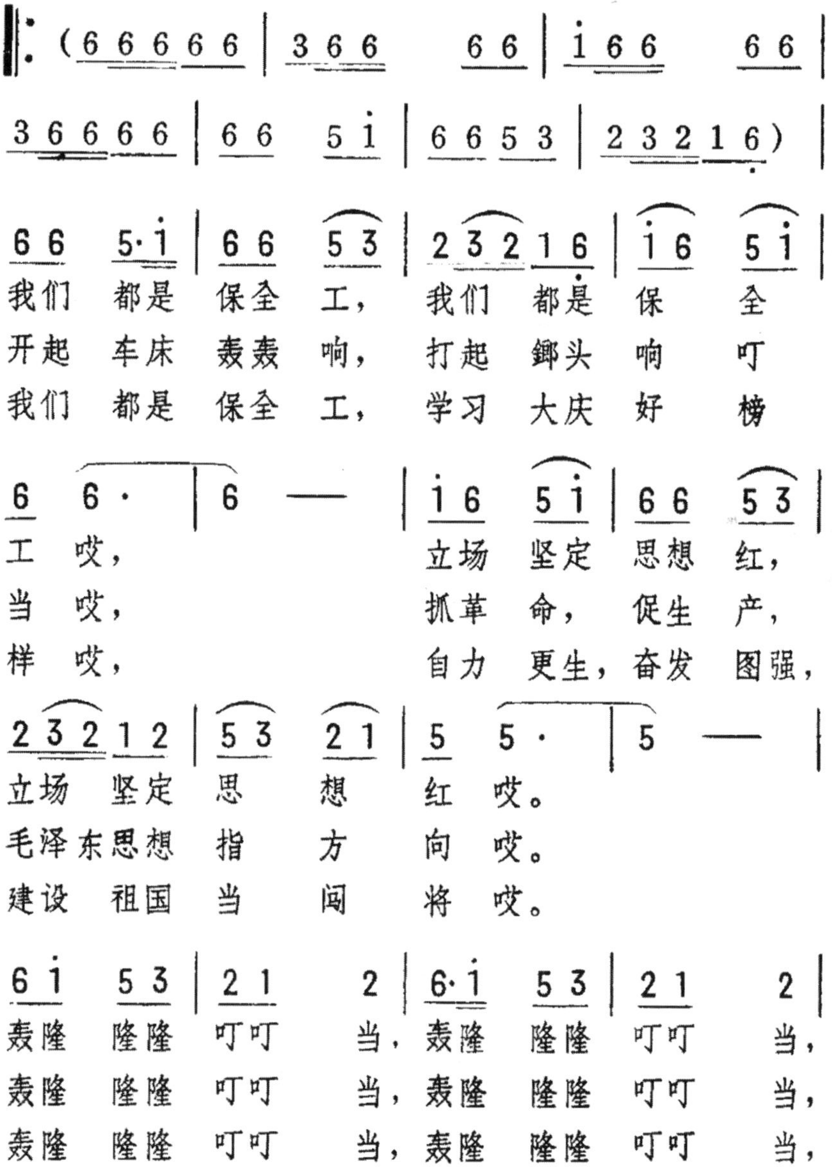

‖: (66666 | 366　66 | i̇66　66 |
36666 | 66　5i̇ | 6653 | 23216) |

66　5·i̇ | 66　53 | 23216 | i̇6　5i̇ |
我们　都是　保全　工，　我们　都是　保　全
开起　车床　轰轰　响，　打起　鎯头　响　叮
我们　都是　保全　工，　学习　大庆　好　榜

6　6· | 6　— | i̇6　5i̇ | 66　53 |
工　哎，　立场　坚定　思想　红，
当　哎，　抓革　命，　促生　产，
样　哎，　自力　更生，奋发　图强，

23212 | 53　21 | 5　5· | 5　— |
立场　坚定　思　想　红　哎。
毛泽东思想　指　方　向　哎。
建设　祖国　当　闯　将　哎。

6i̇　53 | 21　2 | 6·i̇　53 | 21　2 |
轰隆　隆隆　叮叮　当，轰隆　隆隆　叮叮　当，
轰隆　隆隆　叮叮　当，轰隆　隆隆　叮叮　当，
轰隆　隆隆　叮叮　当，轰隆　隆隆　叮叮　当，

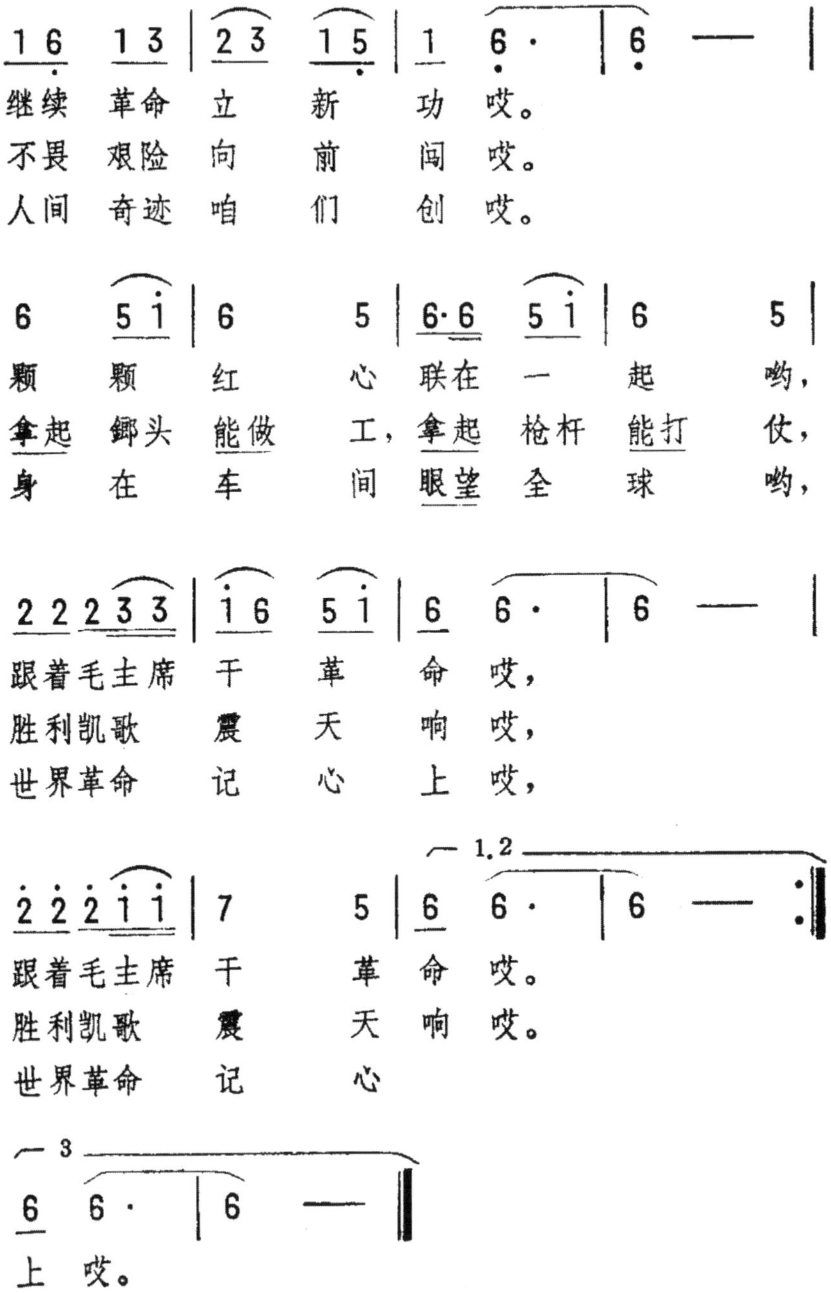

16 13 | 23 15 | 1 6· | 6 — |

继续 革命 立 新 功 哎。

不畏 艰险 向 前 闯 哎。

人间 奇迹 咱 们 创 哎。

6 51 | 6 5 | 6·6 51 | 6 5 |

颗 颗 红 心 联在 一 起 哟，

拿起 锄头 能做 工，拿起 枪杆 能打 仗，

身 在 车 间 眼望 全 球 哟，

22233 | 16 51 | 6 6· | 6 — |

跟着毛主席 干 革 命 哎，

胜利凯歌 震 天 响 哎，

世界革命 记 心 上 哎，

1.2

22211 | 7 5 | 6 6· | 6 — :|

跟着毛主席 干 革 命 哎。

胜利凯歌 震 天 响 哎。

世界革命 记 心

3

6 6· | 6 — ||

上 哎。

我们是矿山新一代

1＝F 4/4 2/4

中速 自豪地

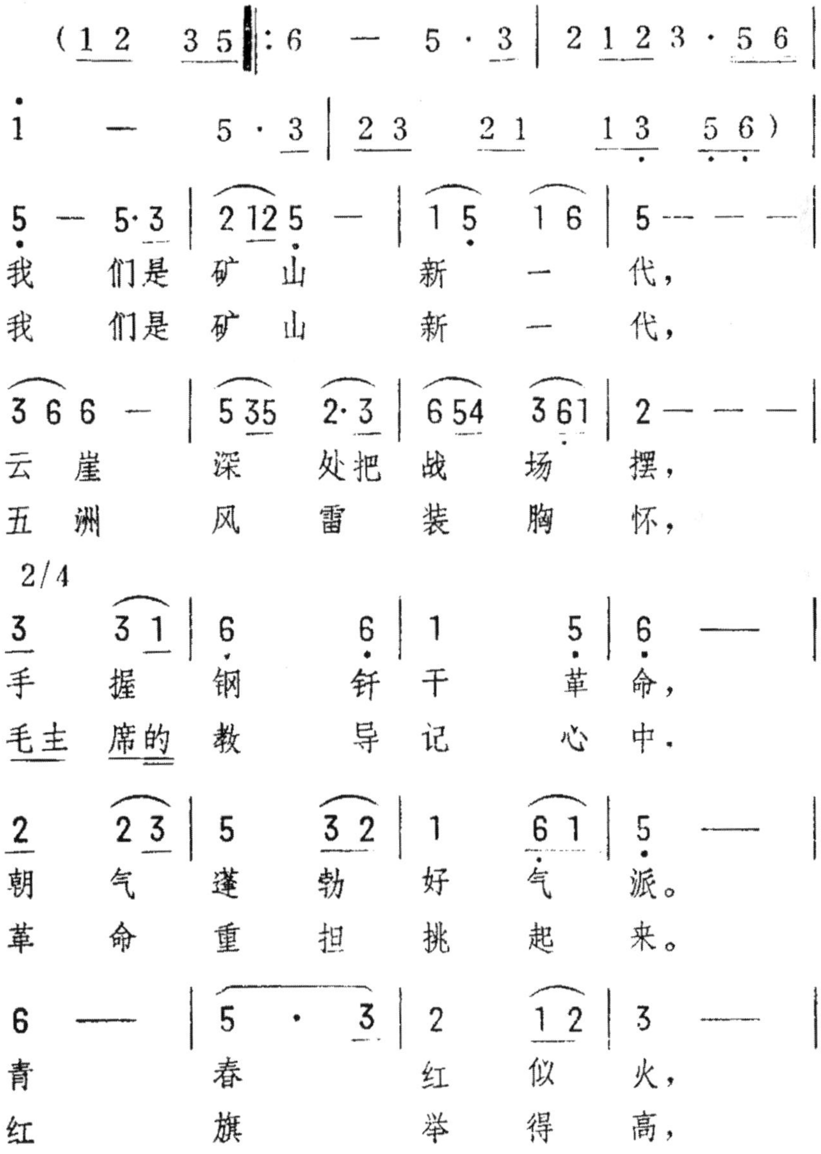

谭成健 词
郭兆胜 曲

我们是矿山新一代，
我们是矿山新一代，

云崖深处把战场摆，
五洲风雷装胸怀，

手握钢钎干革命，
毛主席的教导记心中。

朝气蓬勃好气派。
革命重担挑起来。

青春红似火，
红旗举得高，

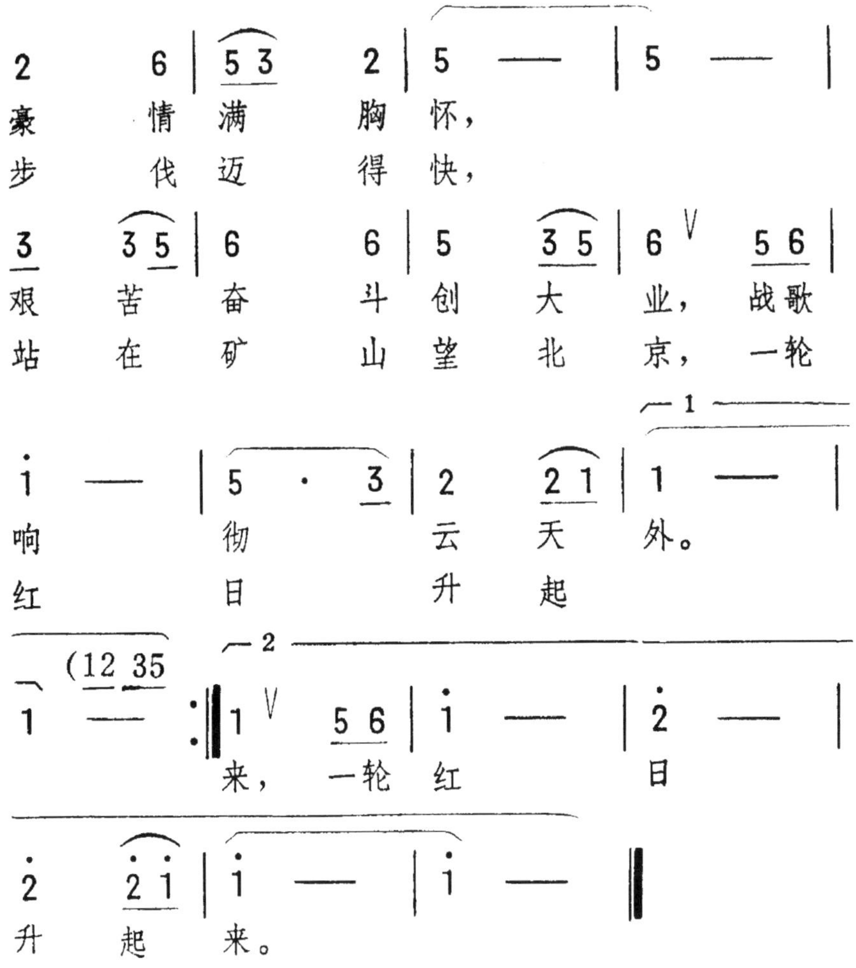

2 6 | 5 3 2 | 5 — | 5 — |
豪情满胸怀，
步伐迈得快，

3 3 5 | 6 6 | 5 3 5 | 6 V 5 6 |
艰苦奋斗创大业，战歌
站在矿山望北京，一轮

1 — | 5 · 3 | 2 2 1 | 1 — |
响彻云天外。
红日升起

(12 35
1 — :‖ 1 V 5 6 | 1 — | 2 — |
来，一轮红日

2 2 1 | 1 — | 1 — ‖
升起来。

大寨红花遍地开

1 =F 2/4

天津革命歌曲创作学习班词曲

中速

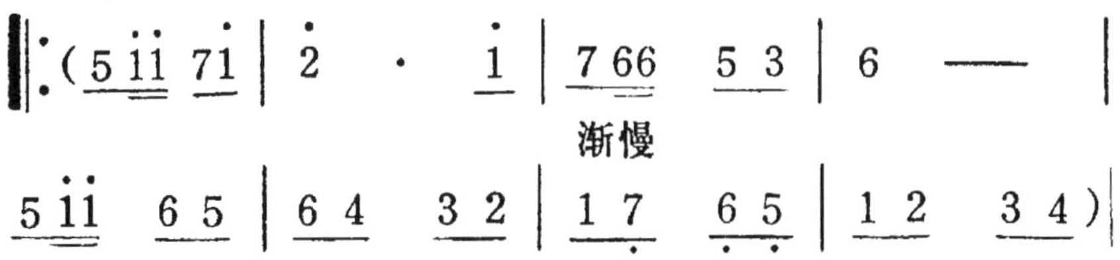

‖: (5 11 71 | 2 · 1 | 7 66 5 3 | 6 — |

渐慢

5 11 6 5 | 6 4 3 2 | 1 7 6 5 | 1 2 3 4) |

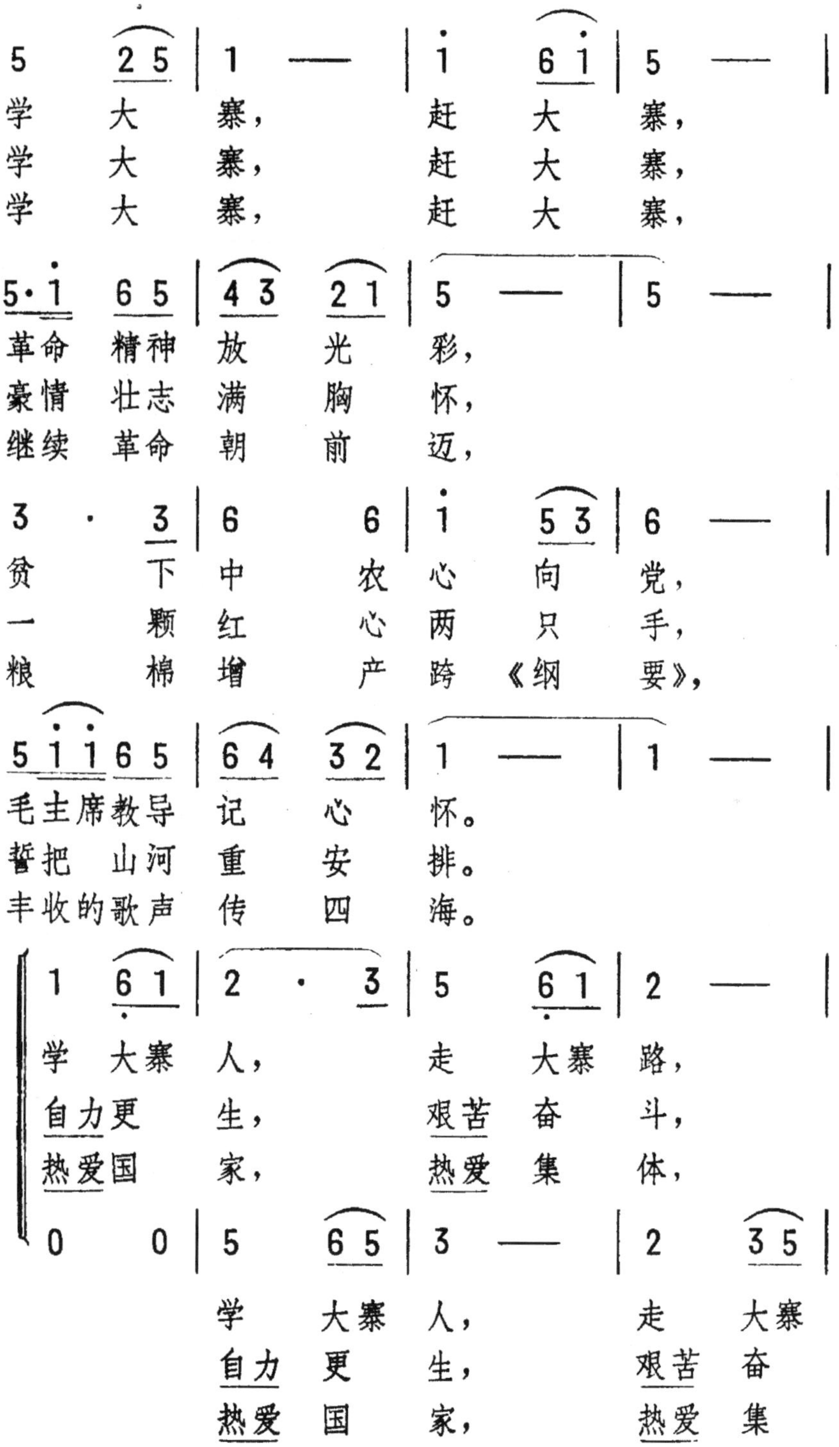

5 2 5 | 1 — | i 6 i | 5 — |
学 大 寨， 赶 大 寨，
学 大 寨， 赶 大 寨，
学 大 寨， 赶 大 寨，

5·i 6 5 | 4 3 2 1 | 5 — | 5 — |
革命 精神 放 光 彩，
豪情 壮志 满 胸 怀，
继续 革命 朝 前 迈，

3 · 3 | 6 6 | i 5 3 | 6 — |
贫 下 中 农 心 向 党，
一 颗 红 心 两 只 手，
粮 棉 增 产 跨《纲 要》，

5 i i 6 5 | 6 4 3 2 | 1 — | 1 — |
毛主席教导 记 心 怀。
誓把 山河 重 安 排。
丰收的歌声 传 四 海。

1 6 1 | 2 · 3 | 5 6 1 | 2 — |
学 大寨 人， 走 大寨 路，
自力更 生， 艰苦 奋 斗，
热爱国 家， 热爱 集 体，

0 0 | 5 6 5 | 3 — | 2 3 5 |
学 大寨 人， 走 大寨
自力 更 生， 艰苦 奋
热爱 国 家， 热爱 集

1̇ · 6 | 5 1̇ | 6·4 3 5 | 2 — |

思想领先，政治挂帅，
改天换地，移山填海，
站在田头，放眼世界，

6 — | 3·2 3 3 | 1·1 6̣ 1 | 2 — |

路，思想领先，政治挂帅，
斗，改天换地，移山填海，
体，站在田头，放眼世界，

5 5 1̇ | 2̇·2̇ 2̇ 1̇ | 7 6 5 3 | 6 — |

毛主席革命路线指方向，
毛主席为咱绘宏图，
毛主席指出幸福路，

3 3 3 | 6·6 6 6 | 3 2 | 1 — |

5 1̇ 7 1̇ | 2̇ 1̇ 7 6 | 5 — | 5 6 |

大寨红花遍地开。
大寨红花遍地开。
大寨红花遍地开。

1 5 3 5 | 6 2 | 5 — | 5 3 |

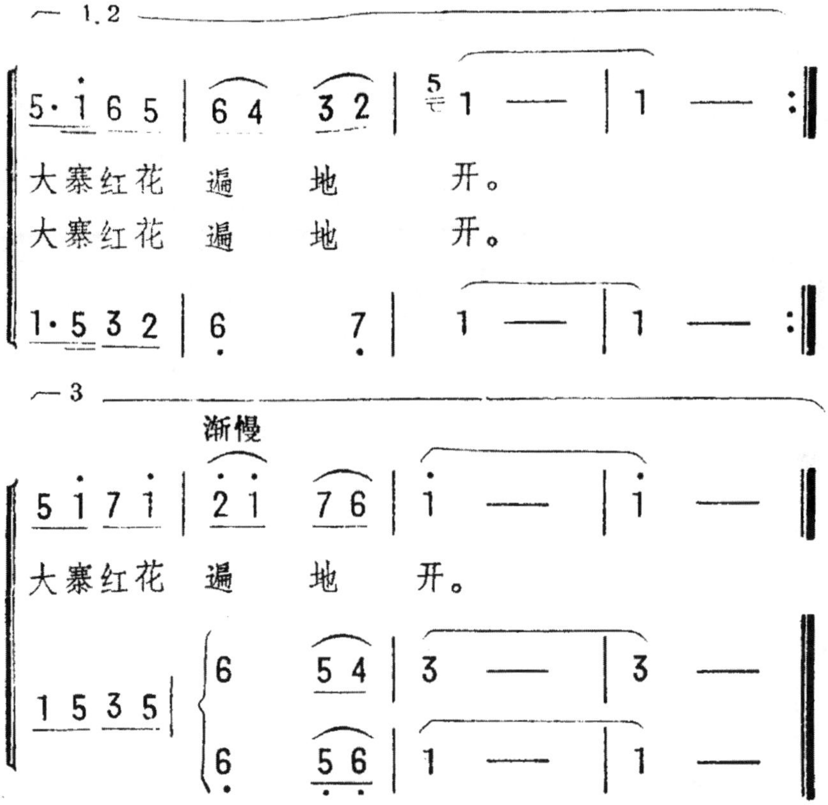

1.2

5·1̇65 | 64 32 | 1 — | 1 — :‖
大寨红花遍地开。
大寨红花遍地开。
1·532 | 6 7 | 1 — | 1 — :‖

3

渐慢

5 1̇ 7 1̇ | 2̇1̇ 76 | 1̇ — | 1̇ — ‖
大寨红花遍地开。
1535 | 6 54 | 3 — | 3 — ‖
6 56 | 1 — | 1 — ‖

放声高唱丰收歌

1＝D 2/4
欢快、喜悦地

天津东郊区文艺创作学习班 词曲

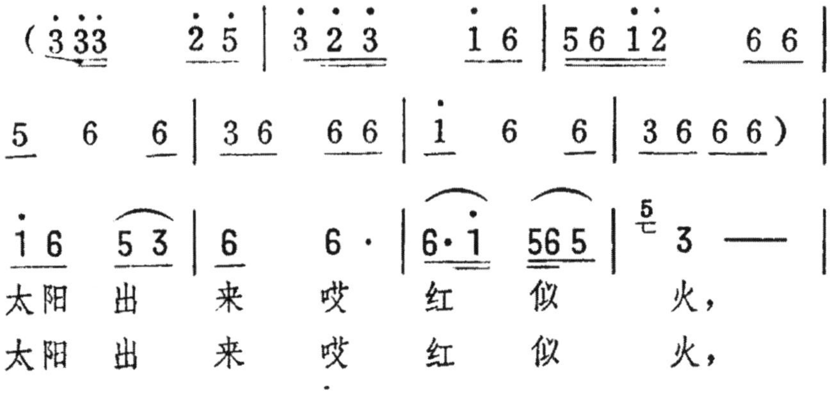

(3̇3̇3̇ 2̇5 | 3̇2̇3̇ 1̇6 | 56 1̇2̇ 66 |
5 6 6 | 36 66 | 1̇ 6 6 | 3666) |
1̇6 53 | 6 6· | 6·1̇ 565 | 3 — |
太阳出来哎红似火，
太阳出来哎红似火，

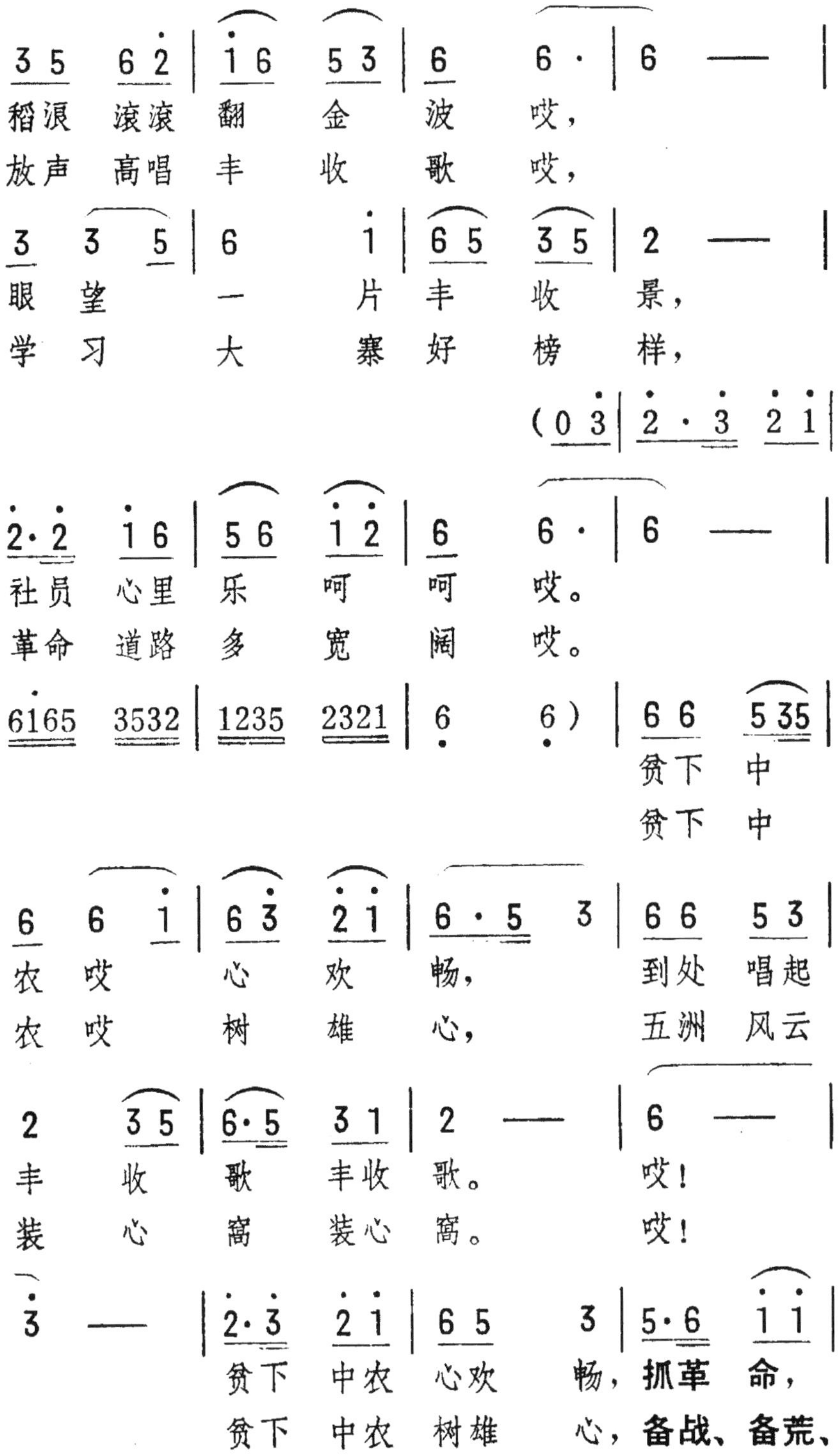

3 5 6 2 | 1 6 5 3 | 6 6· | 6 — |

稻浪 滚滚 翻 金 波 哎，

放声 高唱 丰 收 歌 哎，

3 3 5 | 6 1 | 6 5 3 5 | 2 — |

眼 望 一 片 丰 收 景，

学 习 大 寨 好 榜 样，

(0 3 | 2·3 2 1 |

2·2 1 6 | 5 6 1 2 | 6 6· | 6 — |

社员 心里 乐 呵 呵 哎。

革命 道路 多 宽 阔 哎。

6165 3532 | 1235 2321 | 6 6) | 6 6 5 35 |

贫下 中

贫下 中

6 6 1 | 6 3 2 1 | 6·5 3 | 6 6 5 3 |

农 哎 心 欢 畅， 到处 唱起

农 哎 树 雄 心， 五洲 风云

2 3 5 | 6·5 3 1 | 2 — | 6 — |

丰 收 歌 丰收 歌。 哎！

装 心 窝 装心 窝。 哎！

3 — | 2·3 2 1 | 6 5 3 | 5·6 1 1 |

贫下 中农 心欢 畅，**抓革 命，**

贫下 中农 树雄 心，**备战、备荒、**

6 5 3 5 | 5 3 5 6 | i 6 i | 2 2· |
促生产，铁牛欢唱银镰舞哎，
为人民，贫下中农誓做大寨人哎，

2 — | 3 3 3 2 5 | 3 3· | 2· 3 |
双手画出哎好
心中的太阳哎永

i 5·i | 6 6· | 6 — ‖
山河哎。
不落哎。

俺队里来了一帮年轻人

（女声表演唱）

1 = ♭B 2/4　　宋国生 词曲

活跃、欢快

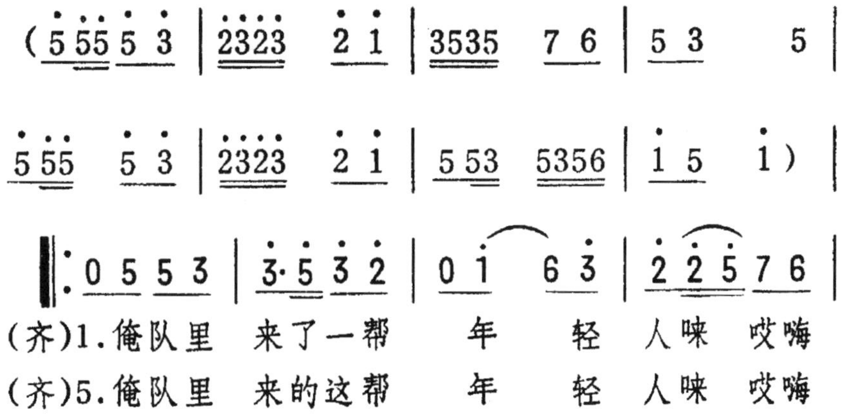

（5 55 5 3 | 2323 2 1 | 3535 7 6 | 5 3 5 |
5 55 5 3 | 2323 2 1 | 5 53 5356 | i 5 i） |

‖: 0 5 5 3 | 3·5 3 2 | 0 i 6 3 | 2 2 5 7 6 |
（齐）1.俺队里 来了一帮 年 轻 人咪 哎嗨
（齐）5.俺队里 来的这帮 年 轻 人咪 哎嗨

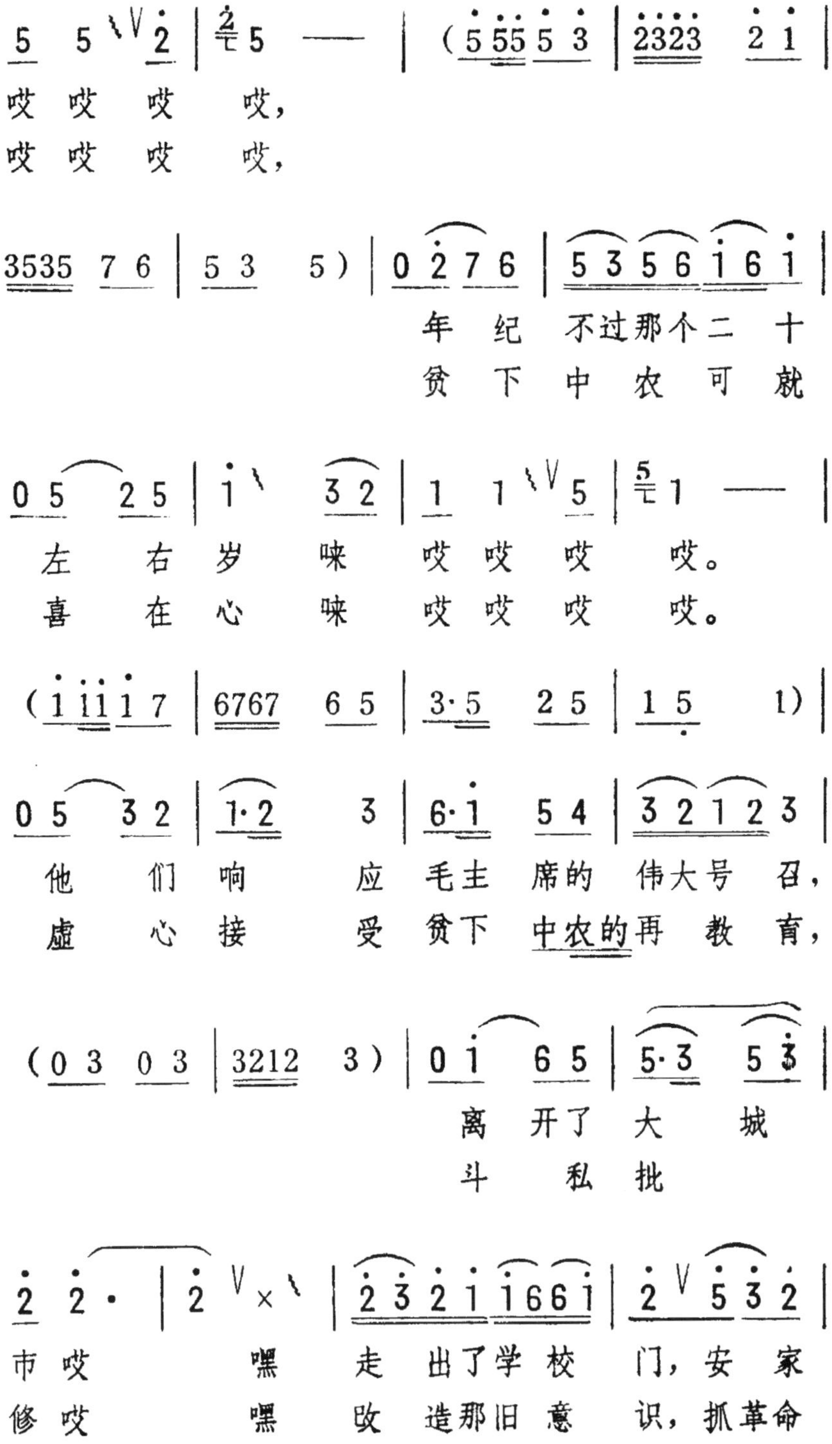

5 5 2 | 5 — | (5 55 5 3 | 2323 2 1 |

哎 哎 哎 哎，
哎 哎 哎 哎，

3535 7 6 | 5 3 5) | 0 2 7 6 | 5 3 5 6 1 6 1 |

年 纪 不过那个二 十
贫 下 中 农 可 就

0 5 2 5 | 1 3 2 | 1 1 5 | 1 — |

左 右 岁 咪 哎 哎 哎 哎。
喜 在 心 咪 哎 哎 哎 哎。

(1 11 1 7 | 6767 6 5 | 3·5 2 5 | 1 5 1) |

0 5 3 2 | 1·2 3 | 6·1 5 4 | 3 2 1 2 3 |

他 们 响 应 毛主 席的 伟大号 召，
虚 心 接 受 贫下 中农的再 教 育，

(0 3 0 3 | 3212 3) | 0 1 6 5 | 5·3 5 3 |

离 开了 大 城
斗 私 批

2 2· | 2 × | 2 3 2 1 1 6 6 1 | 2 5 3 2 |

市 哎 嘿 走 出了学 校 门，安 家
修 哎 嘿 改 造那旧 意 识，抓革命

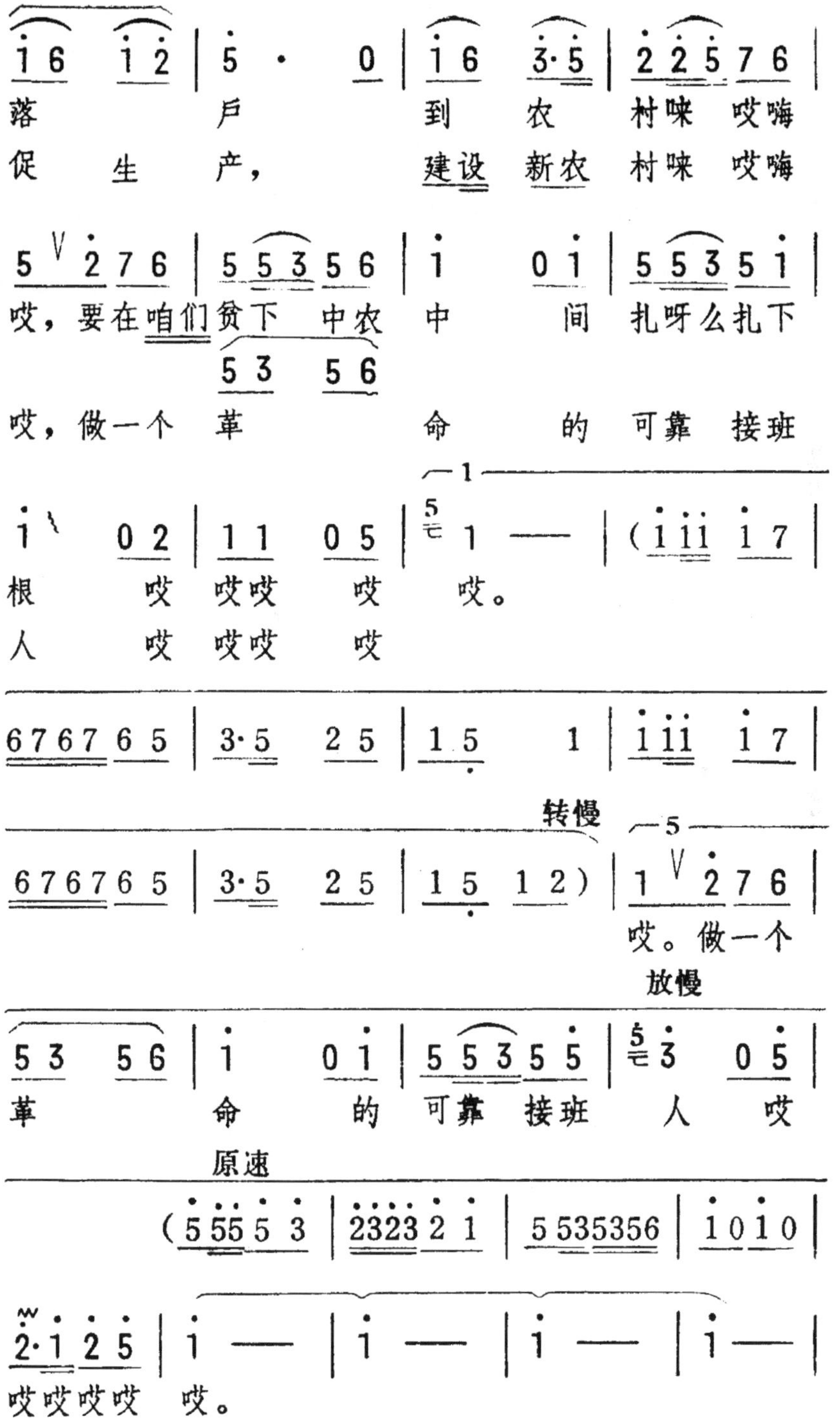

1̇6 1̇2̇ | 5 · 0 | 1̇6 3̇·5 | 2̇2̇5 7 6 |
落 戶 到 农 村 咪 哎 嗨
促 生 产， 建设 新农 村 咪 哎 嗨

5 V 2̇ 7 6 | 5 5 3 5 6 | 1̇ 0 1̇ | 5 5 3 5 1̇ |
哎，要在咱们贫下 中农 中 间 扎呀么扎下
5 3 5 6
哎，做一个 革 命 的 可靠 接班

1̇ 0 2 | 1 1 0 5 | 5/1 — | (1̇ 1̇1̇ 1̇ 7 |
根 哎 哎哎 哎 哎。
人 哎 哎哎 哎

6767 6 5 | 3·5 2 5 | 1 5 1 | 1̇ 1̇1̇ 1̇ 7 |

转慢
6767 6 5 | 3·5 2 5 | 1 5 1 2) | 1 V 2̇ 7 6 |
哎。做一个

放慢
5 3 5 6 | 1̇ 0 1̇ | 5 5 3 5 5 | 5/3 0 5 |
革 命 的 可靠 接班 人 哎

原速
(5̇ 5̇5̇ 5̇ 3̇ | 2̇3̇2̇3̇ 2̇ 1̇ | 5 535356 | 1̇ 0 1̇ 0 |

2̇·1̇ 2̇ 5̇ | 1̇ — | 1̇ — | 1̇ — | 1̇ — |
哎哎哎哎 哎。

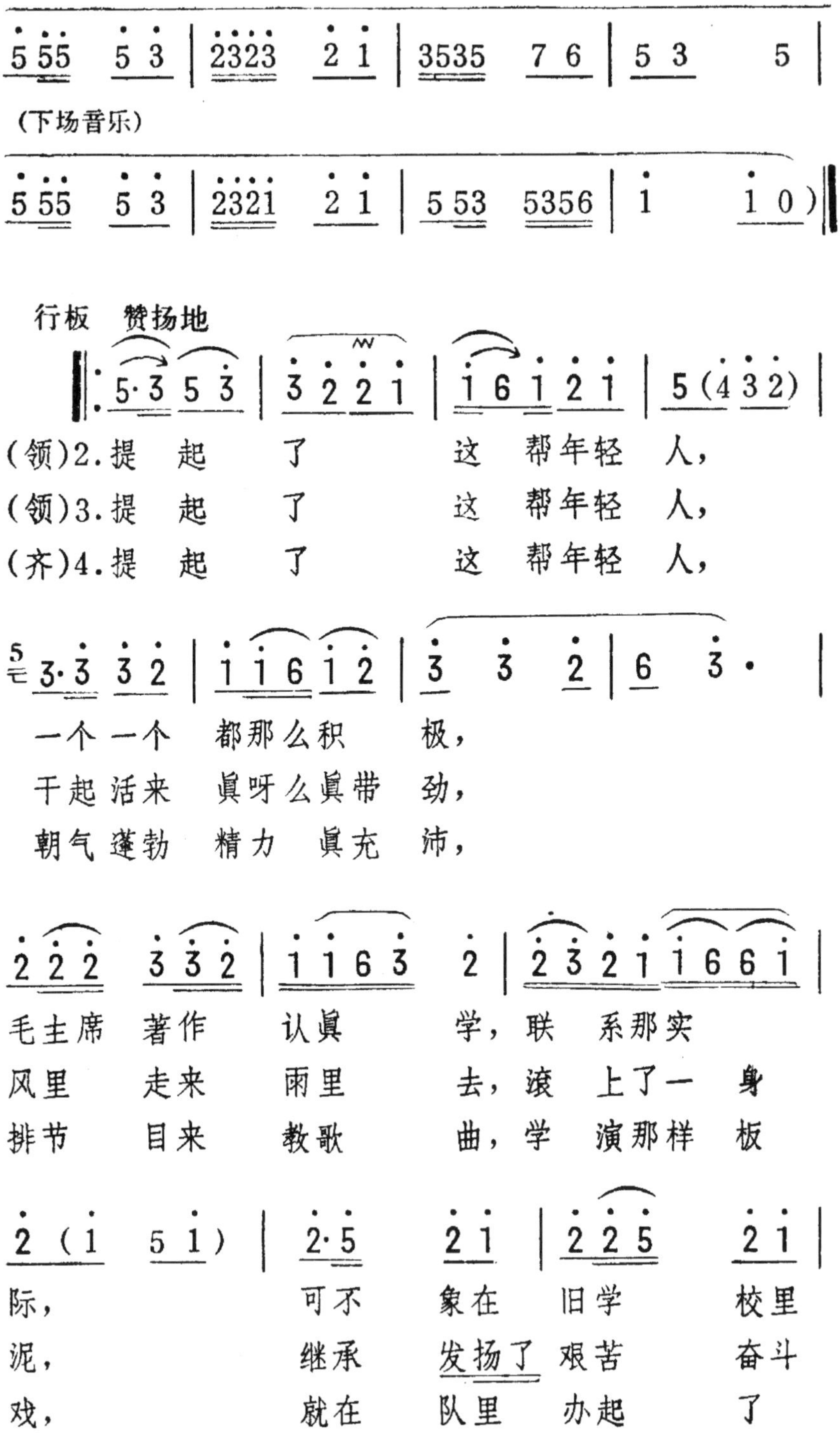

5 55 5 3 | 2323 2 1 | 3535 7 6 | 5 3 5 |

(下场音乐)

5 55 5 3 | 2321 2 1 | 5 53 5356 | 1 1 0) ‖

行板　赞扬地

‖: 5·3 5 3 | 3 2 2 1 | 1 6 1 2 1 | 5 (4 3 2) |

(领)2.提　起　了　　这　帮年轻　人，

(领)3.提　起　了　　这　帮年轻　人，

(齐)4.提　起　了　　这　帮年轻　人，

3·3 3 2 | 1 1 6 1 2 | 3 3 2 | 6 3· |

一个一个　都那么积　极，

干起活来　眞呀么眞带　劲，

朝气蓬勃　精力　眞充　沛，

2 2 2 3 3 2 | 1 1 6 3 2 | 2 3 2 1 1 6 6 1 |

毛主席　著作　认眞　学，联　系那实

风里　走来　雨里　去，滚　上了一　身

排节　目来　教歌　曲，学　演那样　板

2 (1 5 1) | 2·5 2 1 | 2 2 5 2 1 |

际，　可不　象在　旧学　校里

泥，　继承　发扬了　艰苦　奋斗

戏，　就在　队里　办起　了

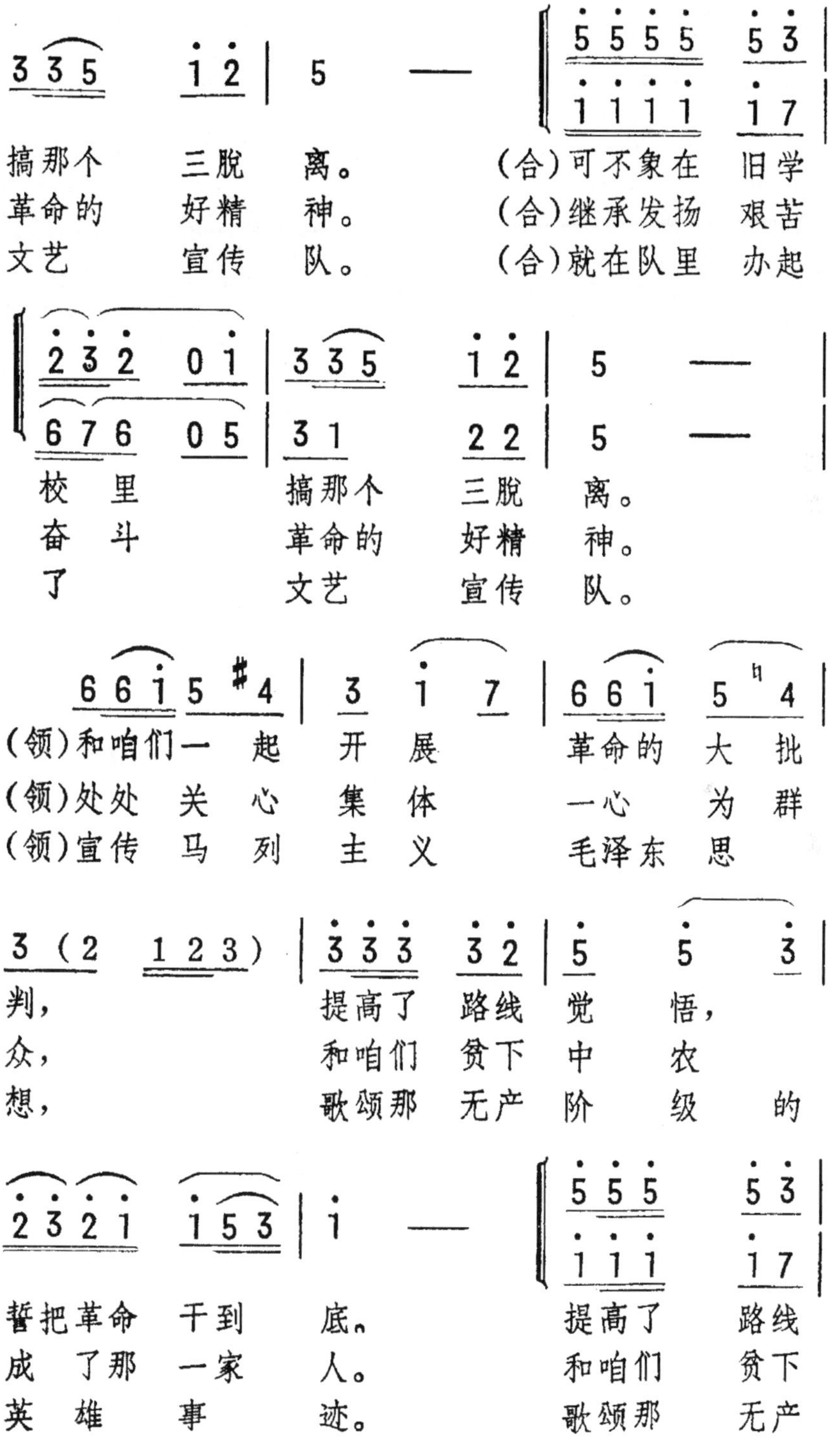

335 12 | 5 — ‖ 5555 53 |
1111 17 |

搞那个 三脱 离。 (合)可不象在 旧学
革命的 好精 神。 (合)继承发扬 艰苦
文艺 宣传 队。 (合)就在队里 办起

‖ 232 01 | 335 12 | 5 — |
676 05 | 31 22 | 5 — |

校 里 搞那个 三脱 离。
奋 斗 革命的 好精 神。
了 文艺 宣传 队。

661 5 #4 | 3 1 7 | 661 5 ♮4 |

(领)和咱们一 起 开 展 革命的 大 批
(领)处处 关 心 集 体 一心 为 群
(领)宣传 马 列 主 义 毛泽东 思

3 (2 123) | 333 32 | 5 5 3 |

判, 提高了 路线 觉 悟,
众, 和咱们 贫下 中 农
想, 歌颂那 无产 阶 级 的

2321 153 | 1 — ‖ 555 53 |
111 17 |

誓把革命 干到 底。 提高了 路线
成 了那 一家 人。 和咱们 贫下
英 雄 事 迹。 歌颂那 无产

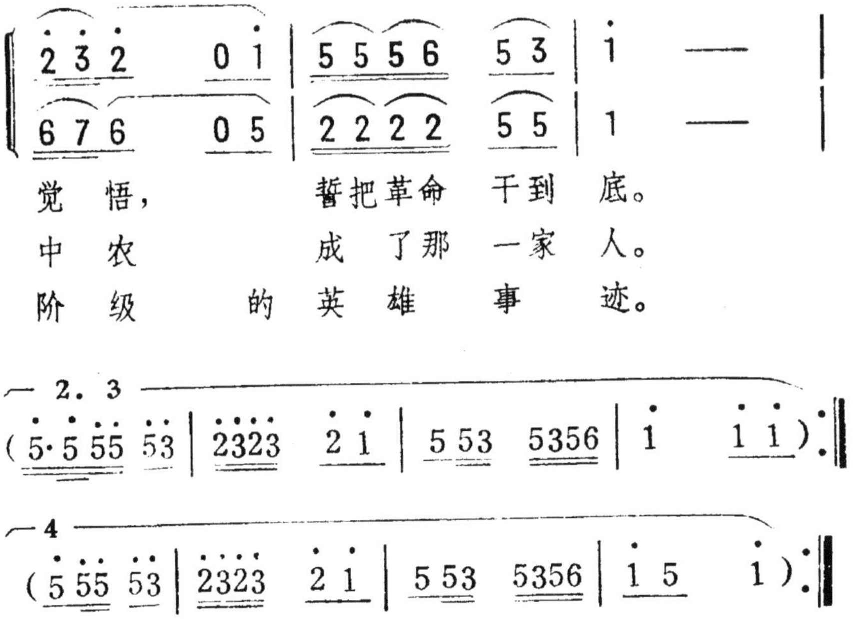

觉 悟, 誓把革命 干到 底。
中 农 成 了那 一家 人。
阶 级 的 英 雄 事 迹。

我们是毛主席的红小兵

（儿童歌曲）

1＝^{b}E　2/4
进行速度

童波、王莘 词
王　莘 曲

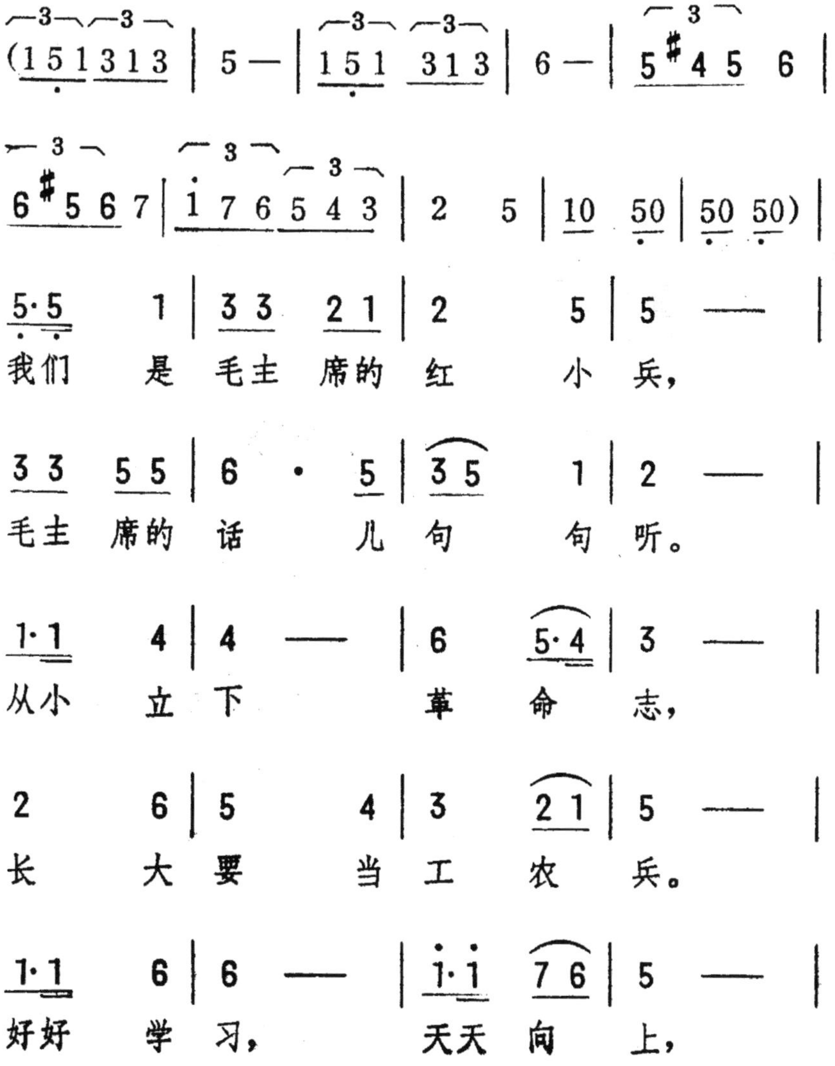

(1 5 1 3 1 3 | 5 — | 1 5 1 3 1 3 | 6 — | 5 #4 5 6 |
6 #5 6 7 | i 7 6 5 4 3 | 2 5 | 10 50 | 50 50) |

5·5 1 | 3 3 2 1 | 2 5 | 5 — |
我们 是 毛主 席的 红 小 兵，

3 3 5 5 | 6 · 5 | 3 5 1 | 2 — |
毛主 席的 话 儿 句 句 听。

1·1 4 | 4 — | 6 5·4 | 3 — |
从小 立 下 革 命 志，

2 6 | 5 4 | 3 2 1 | 5 — |
长 大 要 当 工 农 兵。

1·1 6 | 6 — | i·i 7 6 | 5 — |
好好 学 习， 天天 向 上，

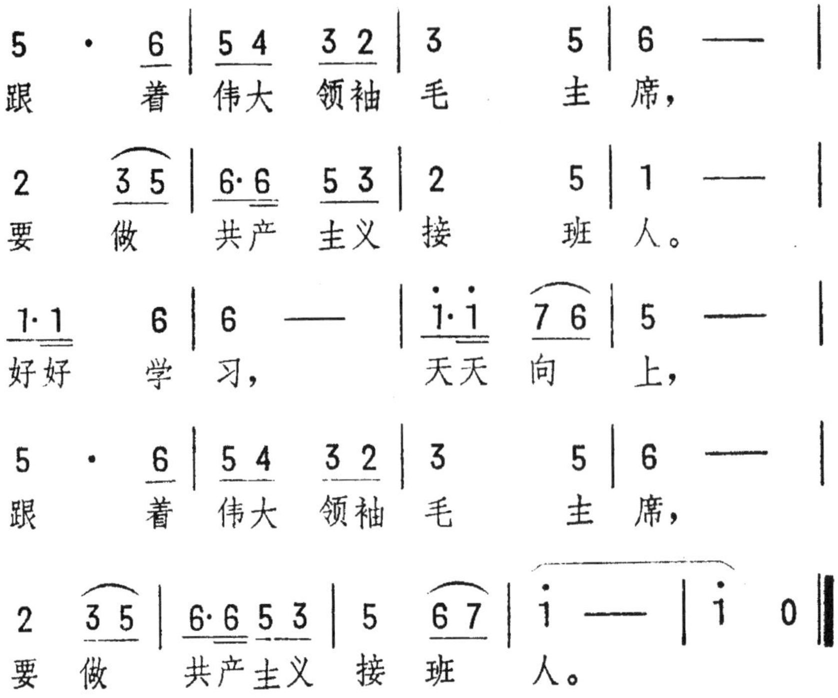

5 · 6 | 54 32 | 3 5 | 6 — |
跟着伟大领袖毛主席，

2 35 | 6·6 53 | 2 5 | 1 — |
要做共产主义接班人。

1·1 6 | 6 — | i·i 76 | 5 — |
好好学习，天天向上，

5 · 6 | 54 32 | 3 5 | 6 — |
跟着伟大领袖毛主席，

2 35 | 6·653 | 5 67 | i — | i 0 ‖
要做共产主义接班人。

红小兵成长全靠党

（儿童歌曲）

集体作词
天津塘沽区文艺创作学习班曲

1＝C 2/4

5 3 | 12 30 | 55 i3 | 5 — |
青青小松树，生长靠太阳，

i i | 65 30 | 51 23 | 2 — |
战胜冰和雪，挺立在山岗。

1 · 2 | 35 6 | ii 6i | 2 — |
我们红小兵，成长全靠党，

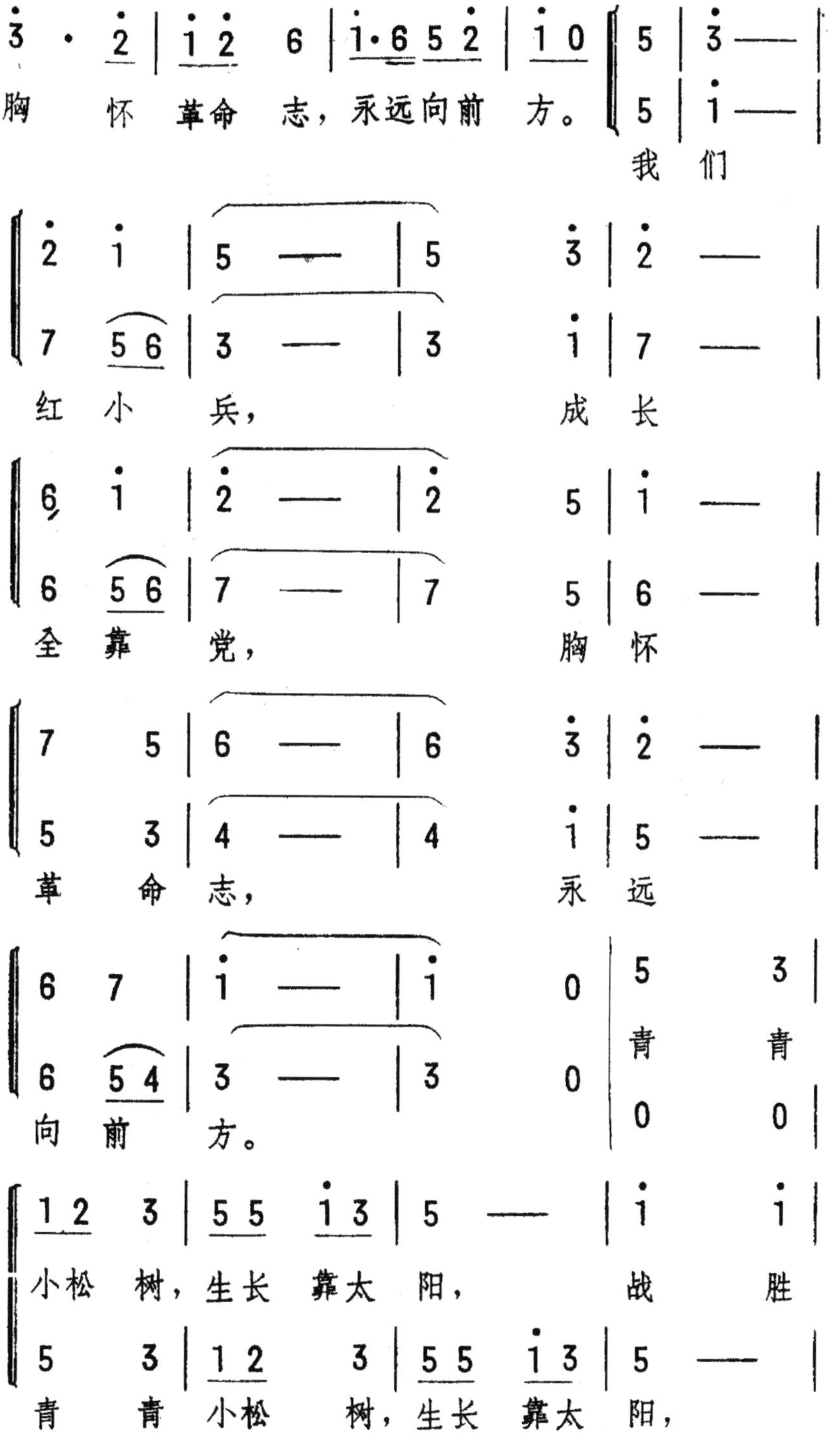

3̇ · 2̇ | 1̇ 2̇ 6 | 1̇·6 5 2̇ | 1̇ 0 | 5 | 3̇ — |
胸 怀 革命 志，永远向前 方。
5 | 1̇ — |
我 们

2̇ 1̇ | 5 — | 5 3̇ | 2̇ — |
7 5 6 | 3 — | 3 1̇ | 7 — |
红 小 兵， 成 长

6 1̇ | 2̇ — | 2̇ 5 | 1̇ — |
6 5 6 | 7 — | 7 5 | 6 — |
全 靠 党， 胸 怀

7 5 | 6 — | 6 3̇ | 2̇ — |
5 3 | 4 — | 4 1̇ | 5 — |
革 命 志， 永 远

6 7 | 1̇ — | 1̇ 0 | 5 3 |
青 青
6 5 4 | 3 — | 3 0 | 0 0 |
向 前 方。

1 2 3 | 5 5 1̇ 3 | 5 — | 1̇ 1̇ |
小松 树，生长 靠太 阳， 战 胜
5 3 | 1 2 3 | 5 5 1̇ 3 | 5 — |
青 青 小松 树，生长 靠太 阳，

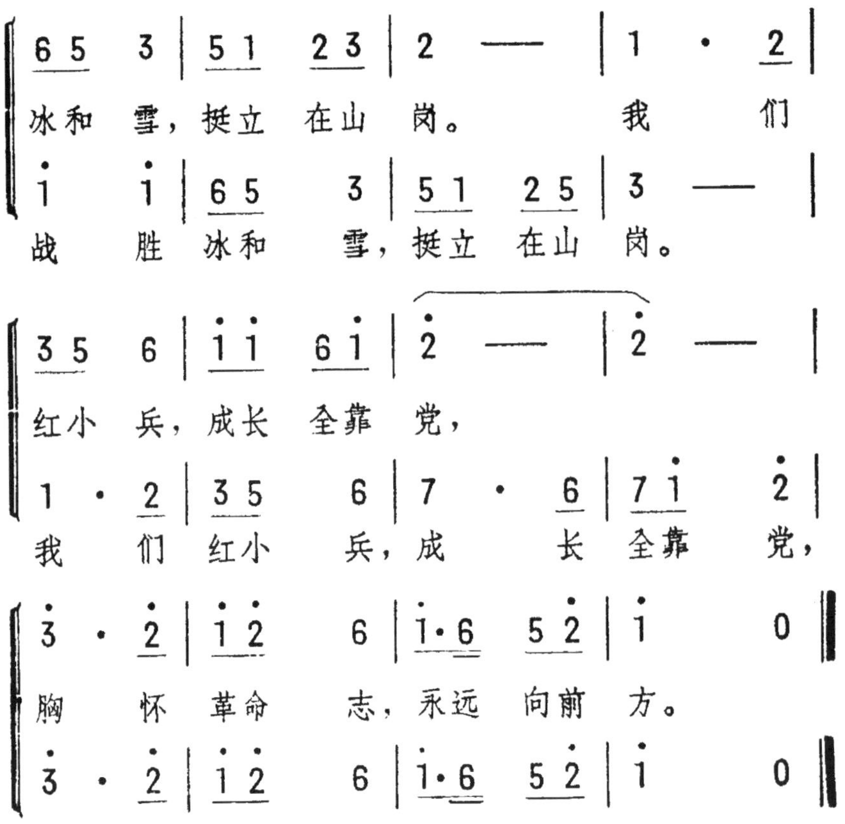

冰和雪，挺立在山岗。我们
战胜冰和雪，挺立在山岗。

红小兵，成长全靠党，
我们红小兵，成长全靠党，

胸怀革命志，永远向前方。

红小兵之歌

（儿童歌曲）

1=D 2/4

天津革命歌曲创作学习班 词曲

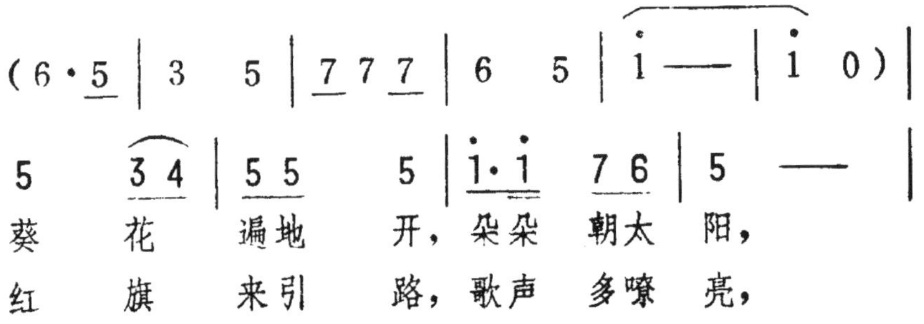

葵花遍地开，朵朵朝太阳，
红旗来引路，歌声多嘹亮，

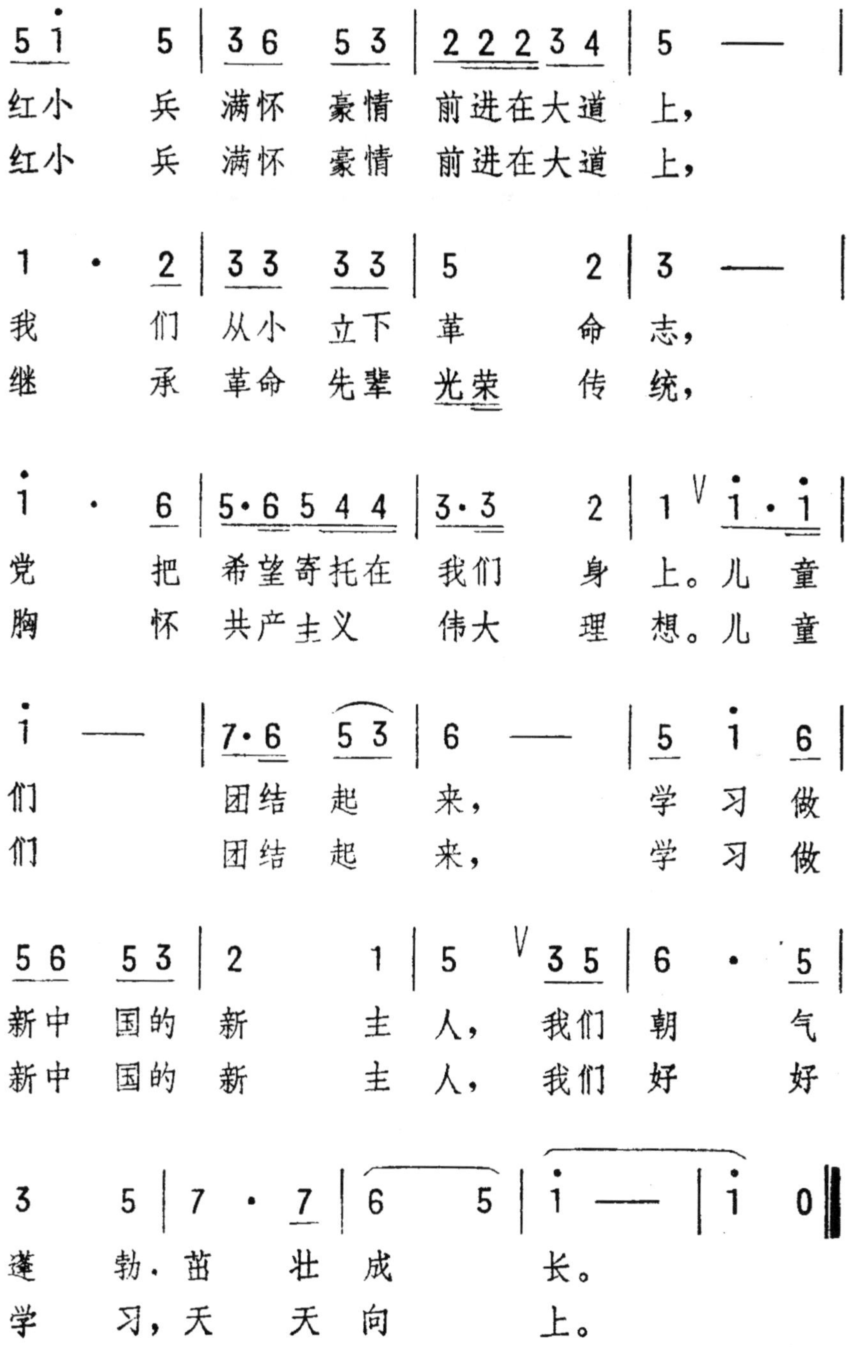

5 i 5 | 3 6 5 3 | 2 2 2 3 4 | 5 — |

红小 兵 满怀 豪情 前进在大道 上，

红小 兵 满怀 豪情 前进在大道 上，

1 · 2 | 3 3 3 3 | 5 2 | 3 — |

我 们 从小 立下 革 命 志，

继 承 革命 先辈 光荣 传 统，

i · 6 | 5·6 5 4 4 | 3·3 2 | 1 V i · i |

党 把 希望寄托在 我们 身 上。儿 童

胸 怀 共产主义 伟大 理 想。儿 童

i — | 7·6 5 3 | 6 — | 5 i 6 |

们 团结 起 来， 学 习 做

们 团结 起 来， 学 习 做

5 6 5 3 | 2 1 | 5 V 3 5 | 6 · 5 |

新中 国的 新 主 人， 我们 朝 气

新中 国的 新 主 人， 我们 好 好

3 5 | 7 · 7 | 6 5 | i — | i 0 ‖

蓬 勃，苗 壮 成 长。

学 习，天 天 向 上。

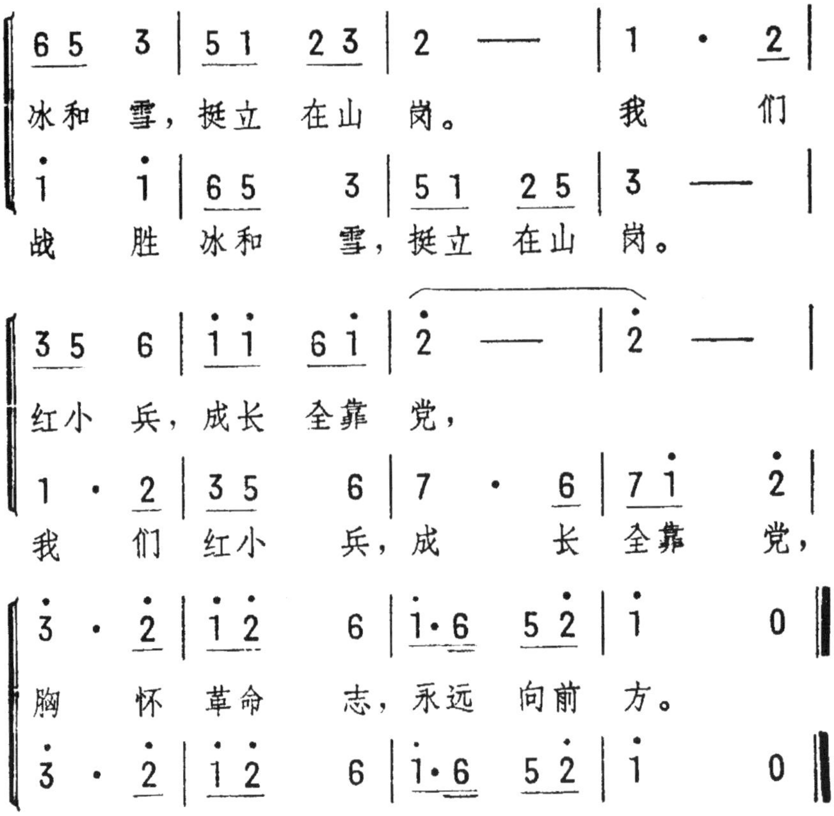

| 6 5 3 | 5 1 2 3 | 2 — | 1 · 2 |
冰和 雪，挺立 在山 岗。 我 们
| i i | 6 5 3 | 5 1 2 5 | 3 — |
战 胜 冰和 雪，挺立 在山 岗。

| 3 5 6 | i i 6 i | 2 — | 2 — |
红小 兵，成长 全靠 党，
| 1 · 2 | 3 5 6 | 7 · 6 | 7 i 2 |
我 们 红小 兵，成 长 全靠 党，

| 3 · 2 | i 2 6 | i·6 5 2 | i 0 ||
胸 怀 革命 志，永远 向前 方。
| 3 · 2 | i 2 6 | i·6 5 2 | i 0 ||

红小兵之歌

（儿童歌曲）

1=D 2/4

天津革命歌曲创作学习班 词曲

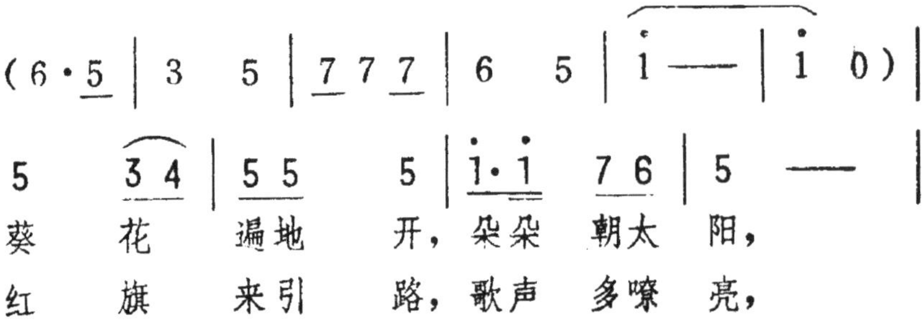

(6·5 | 3 5 | 7 7 7 | 6 5 | i — | i 0) |

5 3 4 | 5 5 5 | i·i 7 6 | 5 — |
葵 花 遍地 开，朵朵 朝太 阳，
红 旗 来引 路，歌声 多嘹 亮，

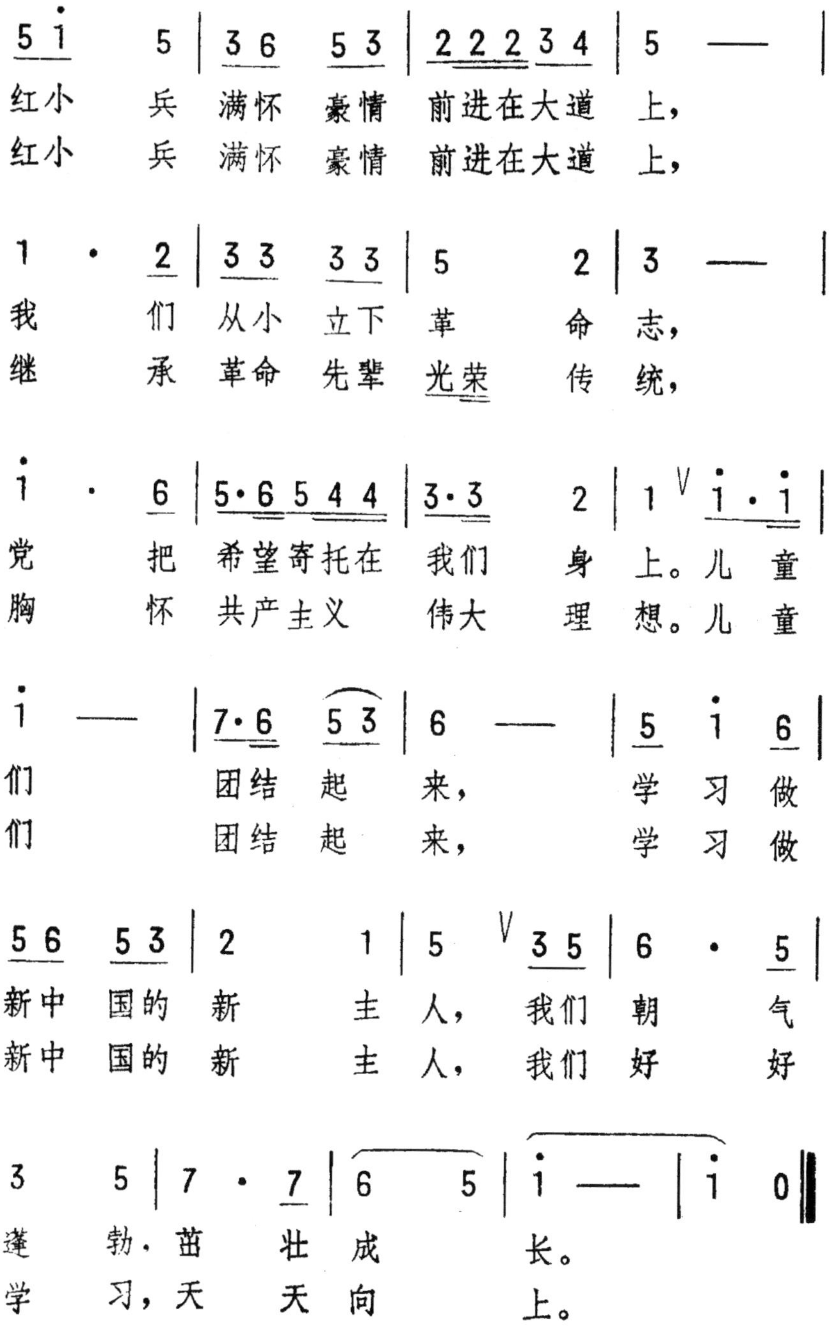

5 i 5 | 3 6 5 3 | 2 2 2 3 4 | 5 — |

红小 兵 满怀 豪情 前进在大道 上，

红小 兵 满怀 豪情 前进在大道 上，

1 · 2 | 3 3 3 3 | 5 2 | 3 — |

我 们 从小 立下 革 命 志，

继 承 革命 先辈 光荣 传 统，

i · 6 | 5·6 5 4 4 | 3·3 2 | 1 V i · i |

党 把 希望寄托在 我们 身 上。儿 童

胸 怀 共产主义 伟大 理 想。儿 童

i — | 7·6 5 3 | 6 — | 5 i 6 |

们 团结 起 来， 学 习 做

们 团结 起 来， 学 习 做

5 6 5 3 | 2 1 | 5 V 3 5 | 6 · 5 |

新中 国的 新 主 人， 我们 朝 气

新中 国的 新 主 人， 我们 好 好

3 5 | 7 · 7 | 6 5 | i — | i 0 ||

蓬 勃，茁 壮 成 长。

学 习，天 天 向 上。

为革命而学

（儿童歌曲）

1＝F 2/4　　　　天津河东区第二中心小学词曲

5 5 | 5 · 3 | 2 1 2 | 5 — |
坐 在 课 堂 抬 头 望，
坐 在 课 堂 抬 头 望，

1 1 1 1 7 | 6 6 | 5 — | 5 — |
毛主席对咱 把 话 讲，
心中 升起 红 太 阳，

6 6 5 | 4 3 | 2 2 1 2 | 3 5 |
您 教导 我 们 好好 学 习，
毛泽 东 思 想 光芒 万 丈， 把

6 · 5 | 4 3 5 | 2 — | 2 V 3 5 |
天 天 向 上。 我为
心 儿 照 亮。 我为

6 — | 6 · 5 | 4 5 | 6 — |
革 命 来 学 习，
革 命 来 学 习，

4 — | 4 · 3 | 2 1 2 | 3 — |

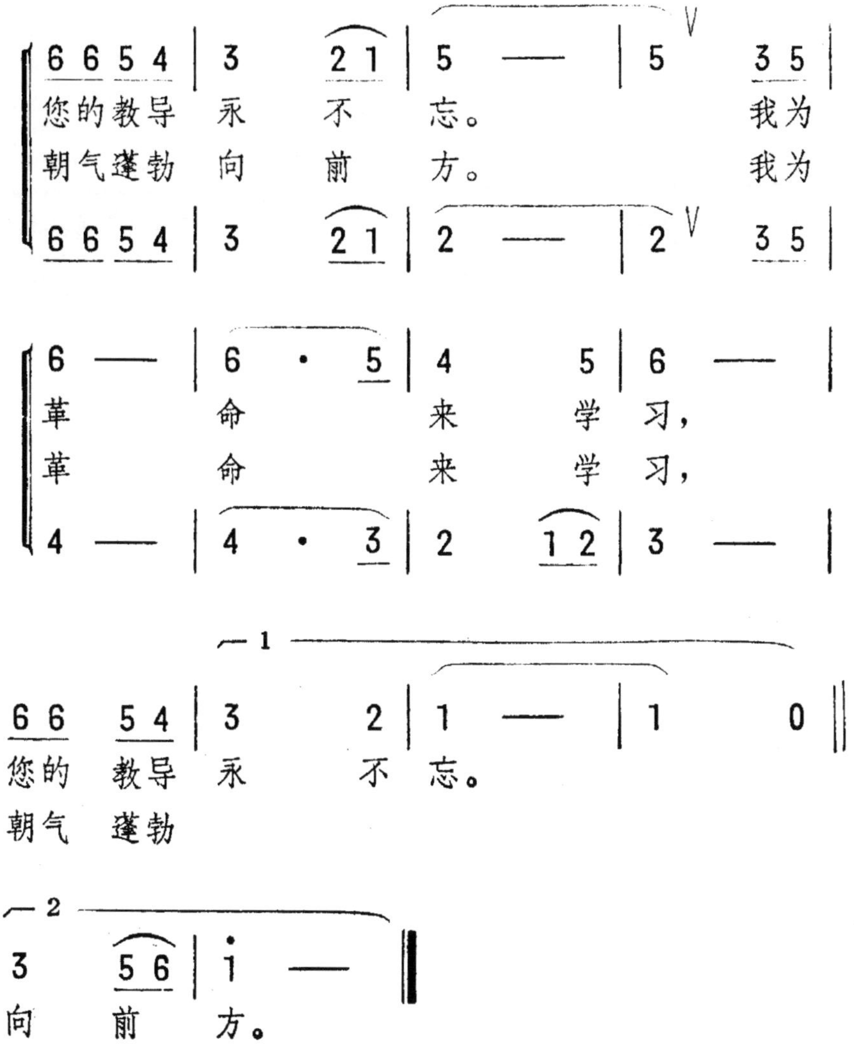

6654 | 3 21 | 5 — | 5 35 |
您的教导 永 不 忘。 我为
朝气蓬勃 向 前 方。 我为
6654 | 3 21 | 2 — | 2 35 |

6 — | 6 · 5 | 4 5 | 6 — |
革 命 来 学 习，
革 命 来 学 习，
4 — | 4 · 3 | 2 12 | 3 — |

1
66 54 | 3 2 | 1 — | 1 0 ‖
您的 教导 永 不 忘。
朝气 蓬勃

2
3 56 | i — ‖
向 前 方。

编 后

在毛主席《在延安文艺座谈会上的讲话》的光辉照耀下，在各级党组织和革委会的领导下，近年来，我市业余、专业文艺工作者创作了不少革命歌曲。为了适应革命形势的需要，我们从收集到的革命歌曲中初选了二十七首，编成这本歌集，推荐给工农兵群众，进一步征求意见。

让我们沿着毛主席无产阶级的革命文艺路线，坚持“**文艺为工农兵服务，为无产阶级政治服务，为社会主义服务**”的方向，认真学习革命样板戏的创作经验，运用革命的现实主义和革命的浪漫主义相结合的创作方法，敢于革命，勇于实践，鼓足干劲，力争上游，努力创作出更多更好的革命歌曲，发挥革命文艺“**团结人民、教育人民、打击敌人、消灭敌人**”的战斗作用，用优异的成绩，迎接毛主席《在延安文艺座谈会上的讲话》发表三十周年！

《文革史料叢刊》李正中 輯編
古月齋叢書3-8

文革史料叢刊 內容簡介

至今中國大陸對於文化大革命仍有極大的爭議，官方和自由派認為文革是錯誤的，自由派甚至認為毛澤東要對此負責。極左派仍支持文革的正當性，認為走資派鄧小平篡奪黨和國家，建立修正主義國家。文革最大的貢獻，就是它本身的失敗，透過失敗破解中國的改革文明進程，也引起我們對整個人類歷史更深遠的思索。

本書輯編李正中是一位歷史研究者，也是文革受難者，他以史學家角度鉅細靡遺地蒐集整理文革遺物，舉凡手寫稿、油印品，鉛印文字、照片、繪畫，傳單、小報、造反隊的隊旗、臂標等等。歷時數十年歲月蒐集的內容包羅萬象，以供來者深入研究這一段歷史。

「無史料，即無歷史」。史料可分為有意史料與無意史料兩類者，本叢刊為無意史料，都是文革之時不知不覺之中，所留下來的直接史料，更具有學術研究的意義。有了充分的史料，自然會有高明之士運用其正確的史觀深入研究，而有所造就。臺灣蘭臺出版社以服務學術界為原則，不以營利為目的，目前已出版至第六輯，希望有利於文革及其相關的研究。

蘭臺出版社書訊 文革史料叢刊（第一輯—第六輯）

第一輯共六冊，圓背精裝

ISBN：978-986-5633-03-5

第一冊	頁數：758
第二冊	頁數：514
第三冊	頁數：474
第四冊	頁數：542
第五冊	頁數：434
第六冊	頁數：566

第一冊：最高指示及中央首長關於文化大革命講話

第二冊：批判劉少奇與鄧小平罪行大字報選編

第三冊：劉少奇與鄧小平反動言論彙編

第四冊：反黨篡軍野心家罪惡史選編

第五冊：文藝戰線上兩條路線鬥爭大事紀

第六冊：文革紅衛兵報紙選編

古月齋叢書 3 定價 30000元(再版)

第二輯共五冊，圓背精裝

ISBN：978-986-5633-30-1

第一冊	頁數：188
第二冊(一)	頁數：416
第二冊(二)	頁數：414
第二冊(三)	頁數：434
第三冊	頁數：470

第一冊：文件類

（一）中共中央文

（二）地方文件 6

第二冊：文論類（

第二冊：文論類（

第二冊：文論類（

第三冊：講話類

古月齋叢書 4 定價 20000元

第三輯共五冊，圓背精裝

ISBN：978-986-5633-48-6

第一冊	頁數：239
第二冊	頁數：284
第三冊	頁數：372
第四冊(一)	頁數：368
第四冊(二)	頁數：336

第一冊：大事記類
第二冊：會議材料類
第三冊：通訊類
第四冊（一）：雜誌、簡報類
第四冊（二）：雜誌、簡報類

第四輯共五冊，圓背精裝

ISBN：978-986-5633-50-9

第一冊	頁數：308
第二冊(一)	頁數：456
第二冊(二)	頁數：424
第三冊(一)	頁數：408
第三冊(二)	頁數：440

第一冊：參考資料、報紙類
第二冊（一）：戰報類
第二冊（二）：戰報類
第三冊（一）：大批判、大學報集
第三冊（二）：大批判、大學報集

第五輯共五冊，圓背精裝

ISBN：978-986-5633-54-7

第一冊	頁數：468
第二冊	頁數：518
第三冊	頁數：428
第四冊	頁數：452
第五冊	頁數：466

第一冊－第五冊：
大批判、大學報集

第六輯共五冊，圓背精裝

ISBN：978-986-5633-59-2

第一冊	頁數：460
第二冊(一)	頁數：422
第二冊(二)	頁數：382
第三冊(一)	頁數：311
第三冊(二)	頁數：389

第一冊-第五冊：
劇本、歌曲集

購書方式

書款請匯入：

銀行
戶名：蘭臺網路出版商務有限公司
土地銀行營業部（銀行代號005）
帳號：041-001-173756

劃撥帳號
戶名：蘭臺出版社
帳號：18995335

100 台北市中正區重慶南路1段121號8樓之14
TEL：（8862）2331-1675 FAX：（8862）2382-6225
E-mail：books5w@gmail.com
網址：http://bookstv.com.tw/